Siegfried Mattl

Die Strahlkraft der Stadt
Schriften zu Film und Geschichte

Herausgegeben von Drehli Robnik

Österreichisches Filmmuseum
SYNEMA – Gesellschaft für Film und Medien

Ein Buch von SYNEMA ≡ Publikationen
Die Strahlkraft der Stadt. Schriften zu Film und Geschichte
Band 27 der FilmmuseumSynemaPublikationen

Dieses Buch wurde publiziert mit Unterstützung der Kulturabteilung
der Stadt Wien (Wissenschafts- und Forschungsförderung).

Lektorat: Alexander Horwath
Korrektur: Joe Rabl
Grafisches Konzept, Gestaltung und Produktion: Gabi Adébisi-Schuster
Abbildungen: Sylvia Mattl-Wurm (Backcover), Ingo Zechner (S. 5), Sammlung Österreichisches Filmmuseum
Druck: REMAprint
Gedruckt auf FSC-zertifiziertem Papier
Verlags- und Herstellungsort: Wien

ISBN 978-3-901644-66-5

Österreichisches Filmmuseum und SYNEMA – Gesellschaft für Film & Medien
sind vom Bundeskanzleramt Österreich / Kunst und Kultur – Abt. (II/3) Film
sowie von der Kulturabteilung der Stadt Wien geförderte Institutionen.

BUNDESKANZLERAMT ▪ ÖSTERREICH

Inhalt

Siegi played guitar
Hier als Gast der Band *Bewegung Heller Maschinen*,
Wien, am 15. September 2011

Drehli Robnik

Alles einsetzen

Spiel, Stadt, Sammlung: Siegi Mattls filmischer Geschichts-Sinn

Beim Bedenken der Fragestellungen, die Siegfried Mattls Forschungen an, zu und mit Film angetrieben haben, gewinne ich den Eindruck, dass diese sich nicht in einer methodologischen Systematik oder Liste disziplinärer Ankerplätze darlegen lassen. Stattdessen kommen mir aus Zeiten mit Siegi – wie alle ihn nannten, auch er sich selbst – und aus seinen Filmschriften wirksame Worte entgegen, die etwas von Begriffen, aber mehr noch von Motiven haben. Mattls Filmschriften über diese Wort-Motive anzuvisieren scheint mir sinnvoll, zumal das erste von ihnen *Sinn* lautet.

Als ich mich das erste Mal mit Mattl traf, Ende 1999 im Café Sperl in Wien, um mit ihm ein Exposé meiner Doktorarbeit zu besprechen, meinte er, ihm gefalle gut, dass darin die Frage nach dem Sinn filmischer Geschichtsbilder betont sei. Ich pflichtete ihm hocherfreut bei, konnte mich aber gar nicht erinnern, *Sinn* explizit erwähnt zu haben. Sein Insistieren auf Sinn – auch dort, wo keiner (zu lesen) war – blieb mir im Gedächtnis und scheint mir programmatisch; Sinn ist kein zentraler oder häufiger Ausdruck in Mattls Filmschriften, aber als Frage durchgängig präsent.

Film und Geschichte, diese Beziehung »macht« Sinn. Sie ist nicht nur das Vorkommen des einen im jeweils anderen, heißt nicht bloß, dass Filme in der Geschichte (und manchmal wieder in Archiven) auftauchen oder Geschichte in Filmen abgebildet ist, was sich jeweils mit (Jahres-)Zahlen und Checklisten zur Stil- oder Faktentreue verrechnen lässt. Vielmehr bedeutet Sinn im Zusammenhang von Film und Geschichte zunächst einmal, dass Orientierung erst durch »Einstellung« entsteht, durch Perspektive und Kadrierung, die wertet, setzt und auswählt, indem sie dieses zeigt und jenes im Off belässt. Diese Auswahl, diese Sinn-Setzung, wird jedoch immer wieder irritiert, unterlaufen, bestritten, abgeändert, ist oft auch genötigt, ihre eigenen Positionierungen zu reflektieren. Zugleich ist der Sinn (Deleuze zufolge)[1] jene Linie, die Dinge und Fakten einerseits und die Aussagen über sie und Bilder von ihnen andrerseits in einem unruhigen, verschobenen, problematischen, aber nichtsdestoweniger unauflöslichen Bezug zueinander hält. Es geht also um Einsätze und Kräfteverhältnisse im Wechsel der Einstellungen, nicht bloß um »Formales«, ebenso wie es um die Eigenlogik von Formbildungen, nicht bloß um »Faktisches«, geht. Diese, nun ja, Sinngebungen von Sinn stehen für Facetten dessen, was Mattl zur Beziehung von Film und Geschichte hingezogen hat.

1 Vgl. Gilles Deleuze, *Logik des Sinns*, Frankfurt/M. 1993.

Mattls Eintritt in diese Beziehung hat seine prägnanteste konzeptuelle Rahmung in den einschlägigen Überlegungen zweier Theoretiker, die er ab Mitte der Nullerjahre häufig zitiert (zumal in jenen Aufsätzen, die dieses Buch unter dem Abschnittstitel »Forschungsfragen« versammelt). Da ist zum einen Jacques Rancières Annahme, der Sinn von Film als Bild von Geschichte, ja, die intrinsische »Geschichtlichkeit des Films«, liege darin, dass Film das Vermächtnis demokratisch-egalitärer Utopien zur Geltung bringt bzw. regelrecht archiviert. Film ist in Rancières Sicht politisch, weil er teilhat an der »Aufteilung des Sinnlichen«: Diese legt fest, wer im Sozialen an welchen Orten in welchen Rollen und Tätigkeiten wahrnehmbar sein kann. Die (in einem weiten Sinn) »polizeiliche« Aufteilung ist immer wieder umstritten. Ohne diesen Streit, ohne das Anders-als-vorgesehen-wahrnehmbar-Werden der Leute gibt es keine Geschichte. Allerdings teilt Mattl weder Rancières Purismus des unvorhergesehenen Erscheinens als einer Politik, die selten ist, noch seinen Fokus auf Kunst als Modell dieser Seltenheit. Einengung von Film auf Kunst-Fragen weist Mattl zurück; ihm geht es um jene Macht-

Durchkreuzungen im Sozialen, die den Sinn von Geschichte bilden. Darin steht er Siegfried Kracauer näher: Mal ausführlich, mal en passant bezieht er sich auf Kracauers Quasiprogramm, Film und Geschichte seien Erfahrungsweisen dessen, was (im Sinne der jeweiligen Macht- und Wahrnehmungsordnungen) nicht fürs Gesehenwerden vorgesehen ist.

Es »wäre seine Idee von Philosophie«, den »schäbigen, verachteten« Dingen und verdinglichten Existenzen – vor allem ihrem Immer-wieder-sich-Absetzen vom »universalen Funktionszusammenhang« – eine Aufmerksamkeit zu widmen, die »ihnen ihr unkenntliches Leben zu entlocken« versucht; eine Aufmerksamkeit, die sie freisetzt, nicht verwaltet.[2] Was Adorno über Kracauer schrieb, gilt auch für Mattls »Philosophie«: noch ein Wort, das er kaum verwendet, zugleich eine Tätigkeit der Sinn-Auslotung, die er oft schreibend ausübt. Die machtkritische, demokratisch-utopische Hinwendung zu den »schäbigen« und »verachteten« Bild-Dingen (und was an Menschlichem und an Vermögen in ihnen ist): Dieser »Turn«, um es in der Sprache der disziplinären Wissenschaft zu sagen (die Mattl auch beherrschte, aber in Sachen Film selten sprach), ist das philosophische, das Sinn-Moment der Wendung zum *ephemeren Film*, die der Zeithistoriker Mattl in

2 Theodor W. Adorno, »Der wunderliche Realist. Über Siegfried Kracauer« in: ders., *Noten zur Literatur III*, Frankfurt/M. 1965, S. 108.

seinem Umgang mit Film vollzog: zu kommunalen Werbefilmen, unternehmerischen Auftragsfilmen, minoritären Bewegungsfilmen und teils anonymen Amateurfilmen. Ein Move weg von den Movies, vielleicht – so könnte Mattls filmforschender Weg von Hans Moser und Ridley Scott zum Amateurfilm *Wien Stadt meiner Träume* und zur Selbstdokumentierung der Wiener *Burggarten*-Besetzer/innen auf den ersten Blick erscheinen. Diese Teleologie wird allerdings durch eine Art Wiedereintritt der jeweils außenliegenden Filmbilder unterlaufen: Schon die frühen Filmschriften befassen sich, ohne Sonderstatusmarkierungen, auch mit Genrefilmen, die im Mainstreamkontext nichts weniger als ephemer sind (etwa *War Hunt* oder *The Relic*), während Mattls ganz mit dem ephemeren Film verflochtenes »Spätwerk« sich unversehens kanonischen Filmen über Bob Dylan zuwendet, quasi aus dem Nichts – oder weil er Gleichklänge vernimmt zwischen den Kino-Ephemera und dem *shaky, faky* »Dokumentarischen« der Dylan-Filme. Auch im Sinn der Absetzung von Teleologie sind Mattls Texte in diesem Band nicht werkchronologisch geordnet. Am Ende steht ein Vortrag von 2004, in dem schon »alles da« ist, was seine Filmthemen betrifft, von Lumière und Ephemer über Kanonisches von Dreyer und Kubrick bis zum Glam von *Velvet Goldmine*.

Siegi und der Sinn also; Mattl und die Macht. Es geht um ein Wahrnehmen, das mit herrschenden Hierarchien und Normen sozialer Platzzuweisung bricht. Darin liegt der Sinn des Sehens, das Filme geschichtlich macht (und durch das Filme Geschichte mitmachen). Zum Sinn kommt *Sehen* hinzu, regelrechter Seh-Sinn. Für einen linken Historiker Jahrgang 1954, sozialisiert in jenem Sound-Epistem, das Larry Grossberg »Rock-Formation« nannte, ist es erstaunlich, welch marginale Rolle das Hören in Mattls Filmschriften spielt.[3] Stattdessen deckt das häufige Wort »visuell« ein weites Feld ab, auf dem andere auch mal »audiovisuell« oder generell »sinnlich« schreiben würden. Wie manch andere »typische« Mattl-Worte – »dissimulieren« oder »indes« – ist »visuell« bei ihm mit einer Verheißung von Prägnanz aufgeladen. Es reimt sich auch mit der »Vision«, die er in seiner *Gladiator*-Studie zum Bild der Macht (und ihrer Prekarität) im antiken Rom hervorhebt. Die Überführung von Macht-Sinn (der auch Sinn macht, nicht bloß Herrschaft bedeutet) in die Vision bringt uns zum dritten Mattl-Motiv, zur *Strahlkraft*.

In frühen »film-urbanistischen« Texten zu *Sonnenstrahl* und zu »Film versus Museum« stellt Mattl mit Lacan bzw. Deleuze ein vom menschlichen Bewusstsein entbundenes »Weltauge« bzw. Licht/Auge »in den Dingen« in den Raum. Diesem Seh-Sinn – in dem auch Vertovs Kamera-Auge mitschwingt und Mattls spätere Referenz auf Kracauers Kamera-Realität anklingt – kommen Funktionen zu, die weit übers optische Erfassen hinausgehen, bis hin zur Bildung von Subjekten und Gemeinschaften. Das »Strahlen« ist also ein passendes Wort-Motiv für das bei Mattl so markante Überschießen eines Kernbereichs, aber auch für sein unver-

---

3 Dies umso mehr, wenn man bedenkt, dass er um 2005 als Sänger und E-Gitarrist der Sixties-Seventies-Cover-Band The New Historicism aktiv war.

kennbares, weltoffenes Grinsen (»He could lick 'em by smiling,« sang David Bowie in »Siegi Stardust«) und für den »Hoffnungsstrahl«, von dem Siegi in seiner letzten SMS an mich schrieb. Als ich Sylvia Mattl-Wurm Anfang 2016 erzählte, ich wolle die Filmschriften ihres verstorbenen Mannes unter den Buchtitel *Die strahlende Stadt* stellen, meinte sie zu Recht, das klinge nach Tschernobyl oder Fukushima, und schlug jenen Titel vor, den das Buch nun trägt.

Die Strahlkraft der Stadt ist eine Ausstrahlung, ein Flair, ein atmosphärischer Sinn, wie Mattl ihn am Beispiel Wiens in seinem längsten Text (»Filmgeschichte als Sozialgeschichte«) beschreibt. Das meint nichts Unaussprechliches, sondern Wirkungen von Politik, von Planen, Regieren und »Visionieren« der Stadt – und von Leben, die sich all dem fügen oder auch nicht. Vor allem diesen »Gegenfügungen« (noch so ein Mattl-Wort)[4], Momenten von Unfug, Insubordination und Ermächtigung, gelten die Kräfte des »Strahlens« ephemerer Filme. Mattl legt uns ein filmisches Wahr-Nehmen und sinnhaftes Sehen nahe, das den Nicht-Übersehenen ihren Wahrheitsanspruch lässt, ihren Glamour, ihren Reiz (statt sie als Fälle von Unrichtigkeit zu verrechnen) – und das diesen Anspruch wahrt, sei er auch noch so klein: als »Anrede« an jene, die als zeit- und kontextversetzte Betrachter/innen diese Strahlkraft wahrnehmen.

Gewahrt wird im Archiv, einem für Mattl zentralen Ort historiografischer Tätigkeit. Und gewahrt werden nicht »Wertanlagen« oder symbolisches Kapital, sondern Dinge oder Filme (wie auch das, was in ihnen erscheint). Dinge, denen etwas – wer weiß, was – zugetraut wird. Archiv-Schätze gibt es kraft eines Wert-Schätzens, das zugleich auf ein mögliches Strahlen setzt.

Das Archiv ist Ort des vierten Wort-Motivs: *Sammeln* ist ein Alles-Sehen; nicht Allmacht, sondern Wahrnehmen über herrschende Aufteilungen hinaus (»*Wer* darf sich *wo* zeigen«); auch ein Sammeln filmischer Seh-Akte, Seh-Weisen und ihrer Sinngebungen. »Für manche Leute, nicht nur für ausgesprochene Cineasten, erzählt sich das eigene Leben durch oder entlang von Kino-Ereignisse(n). Was man einmal gewesen ist, was man gefühlt, gedacht und vom Leben erwartet hat, lagert sich in Raumfiguren um diese starken Erinnerungen an«, schreibt Mattl 2004. Eine diesbezügliche Anekdote – oder Zufalls-Flash-Konstellation – lädt den Begriff des Sammelns mit Sinn auf. Im Mai 2014 gab Mattl einer Wiener Heurigenrunde von Geschichts- und Medienwissenschaftler/inne/n eine starke Kino-Kindheitserinnerung zum Besten: In einem »Wildwestfilm« (so die damalige Diktion) ruft ein freches Mädchen einen Stier immer wieder bei seinem Namen »Vindicator«. Internet-Recherchen vor Ort ergaben, dass es sich um die Familienwesternkomödie *The Rare Breed* (1966) mit James Stewart und Maureen O'Hara handelte, in der ein junger Zuchtstier namens Vindicator auftritt; das Mädchen spielte Juliet Mills. Der Zu-

---

4 Vgl. Drehli Robnik, »Fügungen und Gegenfügungen. Film-Wissen und Geschichtsblitzvermittlungen in Siegi Mattls Studien zu Hollywood/Film/Theorie«, in: Werner Michael Schwarz, Ingo Zechner (Hg): *Die helle und die dunkle Seite der Moderne. Festschrift für Siegfried Mattl*, Wien, Berlin 2014, https://www.academia.edu/10162502 (25.4.2016).

ruf dieses seltsamen Namens ging mir ebenso wenig aus dem Kopf wie Mattl, und ich
fand den Sinn der Strahlkraft, die »Vindicator!«
auf mich ausübte, alsbald in *Geschichte* – dem
letzten, posthum veröffentlichten Buch von
Kracauer, den manche in Wien »den anderen
Siegi« nennen. Der zwölfjährige Siegfried
Mattl sieht den im März 1966 als *Rancho River*
in Österreich gestarteten Stewart-&-Stier-Wes-
tern in Mürzzuschlag im Kino, um den Ruf
nach dem Vindicator nicht mehr zu vergessen;
zur selben Zeit, ein halbes Jahr vor seinem
Tod, schreibt der 77-jährige Siegfried Kracauer
in New York Zeilen wie diese in seine un-
vollendete *Geschichte*: »[D]ie ›vollständige Ansammlung der kleinsten Fakten‹ ist aus dem
Grund erforderlich, dass nichts verloren gehen
soll. Es ist, als verrieten die faktisch orientierten
Darstellungen Mitleid mit den Toten. Dies
vindiziert die Gestalt des *Sammlers*.« – Im Original *History* heißt es: »It is as if the fact-oriented
accounts breathed pity with the dead. This
vindicates the figure of the *collector*.«[5]
Das muss Mattl geprägt haben – die von Kino
und Kracauer strahlkräftig (mehr denn »sichtbar«) vorgespurte Konstellation von Vindicator[6] und Sammler: der Sammler als vindizierte
Figur, Sammeln als Tätigkeit, die selbst vindi-
zierend wirkt. Das Sammeln setzt in anteilneh-
mender, sinnerfüllter Beziehung zu den gesam-
melten »kleinsten Fakten« Ansprüche durch, die
ansonsten übergangen würden – und beruft
sich dabei auf eine Gerechtigkeit, die nicht notwendig mit institutionellem Recht kongruent
ist. Kracauer, um quasi-juridische Worte nicht
verlegen (siehe seine auch bei Mattl zitierten

»lost causes« der Geschichte), schreibt anstelle
des Vindizierens mitunter von einer »redefini-
tion, and rehabilitation, of certain modes of
thinking peculiar to historians«[7] (er könnte auch
schlicht *redemption* sagen). Der *mode of thinking
peculiar to Mattl* hingegen nutzt gern das Raum-
Bild vom »Einsetzen in Rechte«: In *Bringing
Up Baby* werden »die Affekte in ihre höheren
Rechte gegenüber dem attentiven Blick ein-
[gesetzt]«, das Publikum von *Gladiator* wird
»in sein Recht auf Skopophilie und Entertainment« eingesetzt, Rancières Strukturalismus-
kritik setzt die subjektive Praxis der Rede
(gegenüber der Sprache als System) »in ihre
Rechte als Erkenntnisgegenstand« ein.
Der Sinn des Archivs liegt im Sammeln als
einer Rettung, die Recht (durch)setzt. Mattls
»Film versus Museum« bietet nichts weniger
als eine Geschichtsfabel, in der ein Film-Mons-
ter das Museum vor sich selbst rettet: Mattl liest
das Wüten des titelgebenden *Relic* (*Das Relikt*,
1997) im Chicagoer Naturgeschichtsmuseum
als Rache der aus ihrem Leben gerissenen
und zu Objekten mortifizierten Dinge an der
Sammlungsinstitution wie auch als Eindringen
der Erlebniskultur und ihrer Dynamiken in
einen vormaligen Bildungstempel – und als

---

5 Siegfried Kracauer, *Geschichte – Vor den letzten Dingen*,
Frankfurt/M. 1971, S. 130; ders., *History – The Last Things
Before the Last*, New York 1969, S. 136. Auf S. 150 der
Übersetzung von Kracauers *Geschichte* 2009 (Frank-
furt/M.) ist »vindicates« mit »rechtfertigt« übersetzt.
Mattl las *Geschichte* meist in den textidenten Frankfurter
Ausgaben von 1971 und 1973.
6 Der Begriff ist auch als Name für Comic-Superhelden/
Superwaffen gebräuchlich; diesen und andere Hinweise
zur Rechtsfigur *vindex/vindicator* verdanke ich Lia Musitz.
7 Kracauer, *History*, S. 211.

Vorschlag zu einer »Allianz der Medien des Realen«: Vielleicht können Museumssammlungen
auch der Ort für »groteske« Wesenheiten sein,
der ihre Ansprüche wahrt. Eine solche Allianz
geht auch der Historiker ein, der ohne Augenzwinkern ein Monster-Movie für komplexe
Erkenntnismanöver nutzt, mit dem Ziel, Dinge
und Leben weder dem Zustand von Relikten
zu überlassen noch als Reliquien zu verehren,
sondern ihre oft unkenntlichen Akte des »Unvernehmens« wahrzunehmen. Paradigmatisch
dafür sind Mattls (von ihm unerwähnte) Mitarbeit an und Bemerkungen über *Der Hammer
steht auf der Wies'n da draußen*. Der Titel dieses
Dokumentarfilms (1981) über Arbeiterproteste
in einem von der Schließung bedrohten steiri-
schen Stahlwerk bewahrt die empörte Äuße-
rung eines Arbeiters auf, der damit Maschinen
meinte, die nach Werksstilllegung als Relikte
auf der Wiese landen. Die Aufnahmen wiederum, die am Bildrand Mattl als Interviewer und
im Zentrum einen wortgewandt gegen die
protestunwillige sozialdemokratische Führung
aufbegehrenden Gewerkschafter zeigen, sind
ein Musterbeispiel für die filmische Rettung
(Vindizierung) eines »Wortereignisses«, eines
widerständigen Sprechakts im Sinn Rancières.

Es ist kein Zufall, dass Mattl auch mit Ran-
cières Äußerungen im Modus archivarischer
Rettung verfährt. Für seinen 2009 verfassten
Beitrag geht er an der Hipness dieses Theore-

tikers vorbei und gleich ins Archiv: Er hebt
einen frühen, unübersetzten Rancière-Aufsatz
zu (Film-)Bildern einer postdisziplinären All-
tagspolitik ans Licht, der – wie kann es anders
sein? – in der von ihm zitierten Passage die
Chiffre des Vindizierens enthält. Was Mattl
mit »fordernd« übersetzt, lautet im Original
»revendicatif« und bezieht sich auf die Erhebung eines rechtlichen oder politischen
Anspruchs. Ist Rancière, Ruth Sonderegger[8]
zufolge, ein Sammler von Streit-Akten, so gilt
das Sammeln bei Mattl vielleicht nicht kategorisch Fällen von politisiertem Streit. Mit
Nachdruck aber gilt es regierungspolizeilich
unvorhergesehenen Erscheinungen: Das Sammeln als protodemokratische All-Wahrneh-
mung – eben auch sozialer Ephemera – setzt
sie in ihr Recht auf Wahrheitsfähigkeit ein.

Als ich Mattl am abrupten Beginn der
Wiener (und bald europaweiten) »Uni brennt«-
Proteste im Herbst 2009 fragte, wie toll er es
finde, dass die Studierenden-Demos gleich am
ersten Tag den Autoverkehr in Wiens Innenstadt lahmlegten, meinte er, es sei nicht gut, mit
dem stärksten Mittel zu eröffnen; nachfolgende
Ansprüche ließen sich dann nicht mehr mit
der Drohung erhöhter Einsätze bekräftigen.
Die Bewegung (in) der Stadt und ihre Verfor-
mungen (sei es auch durch »Bewegungen«)
sowie Fragen nach dem »Einsatz« – dies bringt
uns zu den letzten Mattl'schen Wort-Motiven,
zur *Stadt* und zum *Spiel*. Die Stadt ist bei Mattl
nicht administrative Einheit, sondern unvorher-
sehbare Vielheit, die die Verwaltungsroutine
durchkreuzt. Die Strahlkraft demokratischer,
aber auch die Selbstwidersprüche herrschaft-

8 Ruth Sonderegger, »Affirmative Kritik. Wie und warum
Jacques Rancière Streit sammelt«, in: Drehli Robnik,
Thomas Hübel, Siegfried Mattl (Hg.), *Das Streit-Bild.
Film, Geschichte und Politik bei Jacques Rancière*,
Wien 2010.

licher Filmbilder zeugen davon. (Letzteres betrifft »proletarische Filme«, die Marschkolonnen zeigen wollen, aber die Wahrnehmung ungefügiger Mengen erlauben; oder einen Stadtplanungsfilm, dessen Propaganda für mustergültiges Wohnen an Gefangene denken lässt.) Wien, auch das einst »rote«, ist hier Stadt par excellence: Ihr gilt der erste Abschnitt des Buches, der Texte in der Entstehungsreihenfolge der darin behandelten Filme (circa 1900–1980) versammelt. Film und Geschichte in der Stadt: Ephemerer Film gibt der Stadtgeschichtsschreibung Material-Impulse und wird, so etwa *Vienne en tramway* von 1906, Schauplatz von Ablenkungen der Aufmerksamkeit, von Neubewertungen des urban Vorfindlichen (Straßenarbeiter »zählen mehr« als die Universität); darin keimt Geschichte. Zumindest ihr Sinn: Heimsuchung eines Innen durch ein Außen – wie bei einer Totalansicht, deren Zentrum »Look out!« ruft, während der Blick abgeleitet zu beiläufigem Geschehen am Rand.

Die Intimität von Stadt, Film und Geschichte erfährt in Mattls genuiner Sammler-Gestalt eine Zuspitzung: Dieser filmaffine Historiker *war selbst Stadt* im dargelegten Sinn einer Versammlung von vielem Möglichen, von Öffnung, Überraschung und Schmäh. Er, der so viel mit und in Sammlungen arbeitete, war selbst eine – im Kreis von (jungen) Forschenden, die sich um seine Strahlkraft versammelten und in die er mit vollem Einsatz investierte: nicht in »Humankapital« (oh nein!), sondern in Erhalt, Betrieb, Erneuerung dessen, was Leute Leiwandes tun konnten; in die Möglichkeiten, die so viele in Projekten fanden, die er initiierte

und pflegte. In diesem Sinn war Mattl ein unmögliches Subjekt, *strange attractor,* seltsame Sammlung und Stadt: machtvoll – Siegi war eine Macht – ohne Autorität und »Karriere«, ein im Außer-sich aufgehender, uneitler Dandy, nie vernetzt, ohne verschmitzt zu sein, grinsend über den Irrsinn politischer wie auch wissenschaftsdisziplinärer Herrschafts- und Herrenrituale. Den friedlichen Sieg hatte er im Namen, zumal den kleinen, nicht-triumphalen Siegi.

Ein Kurzschluss wie jener, dem zufolge ein Historiker (in diesem Glücksfall) Stadt *ist,* gilt auch für das Institut, dem er ab 1986 angehörte und das er von 2005 bis 2015 leitete. Stadt war neben Film ein Fokus von Mattls breit gestreuter Arbeit. Seine Filmschriften versammelt dieses Buch (aber unter Weglassung einzelner Texte und vermerkter Kürzung um einzelne Absätze, dafür durch »Hebung« aus oft unzugänglichen Publikationskontexten). Dass das schwerpunktmäßig mit *urban* und *visual history* befasste *Ludwig Boltzmann Institut für Geschichte und Gesellschaft* diesen »Allerweltsnamen« oder auch: radikal weltoffenen Namen beibehält, ohne darin etwa »Film« aufzunehmen, hat manch pragmatischen Grund – und einen »transzendentalen«: Wenn du es angehst wie Mattl, dann gilt: Film *ist* Geschichte und Gesellschaft.

Film sammelt Stadt (und vice versa). Von einem Vortrag aus dem Jahr 2003, der hier den Auftakt bildet, ist mir Mattls T-Shirt-tauglicher, auf filmische Stadtwahrnehmung gemünzter Satz unvergesslich: »Alles, worauf man trifft, wird gleich wahrscheinlich.« Diese Gleichheit im Scheinen des Wahren (Scheinen ist Strahlkraft, nicht Trug) hat ein politisches Moment: In ihr drückt sich die Kontingenz von Gesellschaft aus. Hegemonietheoretisch gesagt: Wenn in der Stadt und in der Politik Wahrscheinlichkeiten oft unkalkulierbar und Planungen riskant sind, dann gilt es, als Sammler/in vieles – alles – im Spiel zu halten, ebenso aber als Spieler/in zu setzen, auch auf strittige Positionen. Spieleinsatz und Glücksspiel waren Mattl, einem notorisch risikofreudigen Tarockierer, als Themen und Denkfiguren nahe – vom Spiel mit Zufallsrollen in *Opernball* und der Macht, die sich in der Gladiatoren-Arena aufs Spiel setzt, über den Gambler *Barry Lyndon* und Mattls unveröffentlichten Professur-Bewerbungsvortrag »Vom Vorsorgestaat zur Risikogemeinschaft« (über »Glücksspiel als Indikator gesellschaftlichen Wandels«, 2007 am Wiener Institut für Zeitgeschichte) bis zum Spieleinsatz beim Abwägen von Fremdem und Vertrautem im Umgang mit Privatfilmen. Spieleinsatz ist auch eine Kategorie der Sinnerschließung im Verhältnis von Film und Geschichte – am direktesten in Mattls Auseinandersetzung mit Kracauer und dessen Diktum »Die Wendung zur Photographie ist das *Vabanque-Spiel* der Geschichte« im Aufsatz »Die Photographie«. Kracauer visiert darin 1927 die zunehmende Durchdringung von Geschichte und Gesellschaft durch »photographische Medien« an, mit Film im Flucht-

punkt. Wenn Mattl nun einwendet, Kracauers Vabanque-Spiel »schein[e] nie eröffnet worden zu sein«, erhebt er damit einen Anspruch auf äußerste Erhöhung des Einsatzes: Wenn alles, was an Sinn in der Geschichte ist, auf die Karte der fotografischen Medien, quasi auf *eine* Kino-Karte, gesetzt wird, muss diese Setzung – so sie Kracauers Film- und Archiv-Spirit treu bleibt – dorthin führen, wo Geschichte, ihre Erfahrung und ihr Schreiben, ganz im Film zu fassen ist. Das Vabanque muss in die Auseinandersetzung mit Filmbildern führen, die aus der Kontingenz sozialen Lebens hervorgehen bzw. in diese eingreifen – und an denen eben diese Kontingenz wahrnehmbar wird und bleibt: dass nichts *zwangsläufig* so geschehen ist. Selbst einem verhängnisvollen Geschehen wie dem nationalsozialistischen »Anschluss« Österreichs 1938 ist an Amateurfilmbildern anzusehen, dass es sich im Sozialen gewaltsam, aber nichtsdestotrotz teilweise wirr und wackelig vollzog.

Bleiben zwei bei Mattl implizierte Formen, in denen jüngere *populare* Kultur in das Spiel mit Unwägbarkeiten von Geschichte und Gesellschaft eintritt. Die eigentümliche Verwendung von »popular« statt »populär« erfolgt seitens einiger Wiener Wissenschaftler/innen, darunter Mattl, die in den 1990ern politische Anliegen der angloamerikanischen Cultural Studies aufgriffen, im Sinn einer Gebrauchsverfremdung, um die im Pop(ulär)kulturellen und seinen Labels sedimentierten *power struggles* im Blick zu behalten.[9] Mattls häretisch-bittere Diagnose zur »Kontrollgesellschaft und ihren Cultural Studies« von 2001 (noch ein unpublizierter Professur-Bewerbungsvortrag am Wiener Institut

9 Vgl. Roman Horak, »Über die nicht ganz so schönen Künste. Massenkulturdebatte vs. Arbeit am Kulturbegriff«, in: Roman Horak, Wolfgang Maderthaner, Siegfried Mattl, Lutz Musner, Otto Penz (Hg.), *Randzone. Zur Theorie und Archäologie von Massenkultur in Wien 1950–1970*, Wien 2004, S. 27.

für Zeitgeschichte), wonach das einst herrschaftskritische Wissen im flexiblen, kreativ-ökonomischen Kontroll-Kapitalismus womöglich bloß zur »Kategorisierung erfolgreicher postmoderner Identitätsfindungen« in soziokulturellen »Selbstadaptionsprozesse der Individuen« beitragen werde, dieses Verdikt hallt in seiner Aufmerksamkeit für soziale Vorgänge der »Adaption« nach. Leute adaptieren sich: an neue Medien, Techniken, Regimes, an deren Geplantes wie Ungeplantes. Aber sie stellen sich den Kontingenzen der Kämpfe (darunter solchen ums und im Gedächtnis, denen die Texte im dritten Abschnitt dieses Buchs gelten) auch durch ein Fingieren von Selbst-Sein. Das ist – wie der Wahr-Schein – nicht Lüge und Irrtum, sondern ein Spiel, das vieles einsetzt, nicht zuletzt sich selbst. Von der »Authentizität« als »notwendiger Fiktion«, als Inszenierung in Kräfteverhältnissen, lesen wir bei Mattl in verschiedensten Themenfeldern, vom Gewerkschafter bis zum Gladiator, von Rancière bis Todd Haynes. Auf die »notwendige Fiktion der Authentizität« im Zeichen des Glam, mit der dieses Buch endet, antwortet der Schlussabsatz des Bob-Dylan-Aufsatzes, der, ebenfalls rund um die notwendige Fiktion der Authentizität, Mattl'sche Motive versammelt: Gegenkräfte in Bewegung, das Strahlen von Ambivalenz, das Aufrechterhalten des Spieleinsatzes. Mattl schreibt hier über das Ende von *I'm Not There* (2007), als Dylan / Billy the Kid seinen – oder auch Woody Guthries – alten Gitarrenkoffer wiederfindet, auf dem unter Staub zu lesen ist: »This machine kills fascists«. Ein Relikt, das gesammelt sein will; ein Anspruch. Und während der Mann mit der Gitarre im Zug davonfährt, sinniert die finale Voice-over über einen Raum der Geschichte – Archiv und Kino: »It's like you got yesterday, today and tomorrow all in the same room. There's no tellin' what can happen.« So, look out, und: Saluti!

~

Dank für Hilfe bei der Arbeit an diesem Buch gebührt Gabi Adébisi-Schuster, Ruth Beckermann, Karin Harrasser, Gabu Heindl, Karin Kaltenbrunner, Amàlia Kerekes, Ernst Kieninger (Filmarchiv Austria), Sylvia Mattl-Wurm, Brigitte Mayr und Michael Omasta (Synema – Gesellschaft für Film und Medien), Agnes Meisinger (*Zeitgeschichte*), Lia Musitz, Manfred Neuwirth (Medienwerkstatt Wien), Vrääth Öhner, Christiana Perschon, Joachim Schätz, Werner Michael Schwarz, Reinhard Sieder (*Österreichische Zeitschrift für Geschichtswissenschaften*), Katalin Teller, Margarete Titz (Böhlau-Verlag), Heidemarie Uhl, Andreas Ungerböck (*Ray*), Ingo Vavra (Turia + Kant), Andrea Winklbauer (Jüdisches Museum Wien), Ingo Zechner, sowie vom Österreichischen Filmmuseum: Marcus Eberhardt, Roland Fischer-Briand, Andrea Glawogger, Alexander Horwath, Eszter Kondor, Regina Schlagnitweit und Elisabeth Streit.

Wien-Erdberg, 25. April 2016

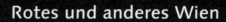

Rotes und anderes Wien

Vienne en tramway (1906, Pathé Frères)

A Sense of Place

Wien im Film – Tramway, Millionen, Maskerade

Die Begriffe, die heute bezüglich der Veränderungen der letzten Jahrzehnte im Umlauf sind, haben auf die eine oder andere Weise mit Städten und mit Raum zu tun. Das reicht von der Erläuterung der neuen Weltordnung als Netzwerk globaler Städte über die Militärdoktrin des *Urban Warfare* bis zur Beschreibung von Gesellschaft als soziale Kartografie. Die Wiederkehr des Raums als Thema ist vor allem mit einer Krise der modernen Planung assoziiert, die den Stadtraum unter dem Gesichtspunkt effektiver Zeitabläufe technisch-funktional organisierte. Der Umschlag erfolgte dort, so David Harvey, wo Architektur wie soziale Bewegungen eine Rückkehr zur Stadt als imaginativem Raum von Pluralismus und Individualität forderten.[1] Wenn heute von »Stadt« die Rede ist, dann meinen die meisten damit wieder wie Georg Simmel um 1900 eine Lebensart und Mentalität, die sich aus der Überlagerung unterschiedlichster Handlungen, aus Unabhängigkeit von Konventionen und einem hohen Maß an Subjektivität ergibt.

Eine heute besonders anziehende Charakterisierung dieser urbanen Kultur lieferte 1911 der deutsche Kritiker Hermann Kienzl: Er nannte die großstädtische Mentalität eine »kinematographische Seele«[2] und meinte damit die Fähigkeit, ohne Verpflichtung zu einer Haltung von einem flüchtigen Eindruck zum anderen überzugehen. Natürlich waren Großstädter niemals jene a-subjektiven Registrierapparate, als die solche Kritiker sie gesehen haben: In Großstädten existierten immer auch soziale und kulturelle Milieus, Nachbarschaften, Berufsgemeinschaften, ethnische oder familiäre Netzwerke, die Individuen stabile Orientierungen und Ethiken boten. Dennoch ergibt die Annäherung von Großstadt und Kinematograph, wie eben im Begriff »kinematographische Seele«, Sinn. Das Kino trainiert Menschen, mit der Fülle und dem Tempo optischer Eindrücke in der Stadt umzugehen. Der Film macht aber mehr aus den flüchtigen Eindrücken, als Kienzl suggeriert. Die Bilder – etwa der *phantom ride* der Pathé-Kameraleute am Ring 1906 in *Vienne en tramway* – fügen dem Gezeigten etwas hinzu, machen aus möglicherweise beliebigen Räumen bestimmte Orte: Orte, die es wert sind, gefilmt und betrachtet oder zum Gesprächsstoff zu werden. Der Film konstruiert bereits damit einen *sense of place* – Sinn und Gefühl für den

1 Vgl. David Harvey, *The Condition of Postmodernity*, Cambridge, MA, Oxford 1991.
2 Zit. n. Ben Singer, »Modernity, Hyperstimulus, and the Rise of Popular Sensationalism«, in: Leo Charney, Vanessa R. Schwartz (Hg.), *Cinema and the Invention of Modern Life*, Berkeley, Los Angeles, London 1995, S. 92.

Ort, unabhängig von der Erfahrung des Einzelnen und von kulturellen Konventionen.

Selbstverständlich sind die Wiener Plätze, die zwischen 1896 und 1910 u. a. von den Lumière- und Pathé-Operateuren gefilmt werden, nicht neutrale Räume, sondern Repräsentationsräume der Wiener Bourgeoisie. Opernkreuzung, Ring, Trabrennplatz oder Burgmusik sind inszenierte und theatralische Räume – aber nur im Rahmen eines verbindlichen Zeit- und Verhaltensschemas. Letztlich macht der pittoreske Blumenkorso im Prater nur Sinn, wenn die Teilnehmer der Konkurrenz unter den aristokratischen und bürgerlichen Familien eine bestimmte Abfolge einhalten – und wenn sie selbst und ihre Wagen dem Publikum bekannt sind. Die Kamera bringt einen radikal anderen Standpunkt, ja, einen radikal demokratischen Einbruch zur Geltung. Der Filmhistoriker David Clarke bezieht sich zur Verdeutlichung dieser Qualität auf die soziale Figur des Fremden. Dem Fremden[3] ist das Gewebe an kulturellen Bedeutungen in der Großstadt zunächst verschlossen; er wird deshalb allen Dingen, die ihm begegnen, Aufmerksamkeit schenken und Vermutungen anstellen, ohne vorschnell zu urteilen. Alles, worauf man trifft, wird gleich wahrscheinlich.[4] Ebendies drücken die vier Minuten von *Vienne en tramway*, einer Kamera-Fahrt durch Wien, aus: Sicherlich kennen wir Parlament und Burgtheater und deren kulturelle Bedeutung. Im Gegensatz zur perspektivischen Darstellung auf Architekturzeichnungen und Ansichtskarten verschiebt die unbewegte Einstellung aus der fahrenden Tramway aber die Bedeutungen. Sie produziert

einen homogenen Raum, der entlang einer Zeitachse in kontinuierlicher Bewegung durchmessen wird und in dem zufällige Begegnungen unsere Aufmerksamkeit erregen. Nicht die Universität, sondern der Straßenarbeiter, mit seinen zur Tramway-Fahrt gegenläufigen Bewegungen, zieht Interesse auf sich; Passanten und Fahrzeuge lassen uns Vermutungen anstellen über den Grund ihrer Anwesenheit, ihre Herkunft und ihr augenblickliches Ziel.

Was ist daran für Historiker interessant? Zunächst die Emphase, die Begeisterung für die banalen Begebenheiten des großstädtischen Alltags. Das ist keine Selbstverständlichkeit. Stadtgeschichtsschreibung folgt ja im Regelfall einem anderen Modell. Sie ist vor allem beherrscht von den Perspektiven der Angst und der Krise, die mit dem rapiden Entwicklungsschub der Großstädte einhergingen und sich in politischen Debatten der Stadthygiene, der Sozialkritik und der Polizei niederschlugen. Ein Beispiel: Während Pathé seine Kameraleute durch Wien fahren lässt, sind die Lichtbildvorträge des Richters Emil Kläger über »Die Quartiere des Elends und des Verbrechens« *talk of the town*. Diese Quartiere liegen nicht irgendwo an der Peripherie, sondern unterhalb der Ringstraße und des Naschmarktes. Dort haben sich Obdachlose in der Kanalisation eine zweite, in-

3 Um 1900 sind gerade einmal 38 Prozent der Einwohner Wiens auch Bürger der Stadt, ein Drittel der Einwohner sind Tschechen, ein Zehntel erst in zweiter Generation zugewanderte Juden. Der Großteil der Wiener lebt unter der theoretischen Bedrohung durch das Schubgesetz.
4 Vgl. David B. Clarke, »Previewing the Cinematic City«, in: ders. (Hg.), *The Cinematic City*, London 1997, S. 4.

offizielle Stadt geschaffen.[5] Das ist aber nur der Anlass, um die Großstadt Wien als ein von Gespenstern bedrohtes Gemeinwesen darzustellen. Die Stadt wird in der Literatur zum Raum des Unheimlichen und Unbekannten. Der Film wird diese Perspektive in den 1920er Jahren ebenfalls aufgreifen; man denke nur an Fritz Langs *Metropolis* (1927) und *M – Eine Stadt sucht einen Mörder* (1931). Aber zu diesem Zeitpunkt haben sich die Großstadt und der Film bereits entscheidend verändert. Was hingegen der frühe, vor allem »dokumentarische« Film konstruiert, ist die Großstadt und die Masse als sich selbst bewunderndes *Spektakel* (ein Begriff, der sich als Bezeichnung heutiger Stadtkultur wieder eingebürgert hat).

Was die isolierten Individuen in der Großstadt um 1900 zusammenhält, das sind, wie Vanessa Schwartz am Beispiel Paris eindrucksvoll beschreibt, die spektakulären Realitäten: Die durch die Massenpresse und Medien wie Wachsfigurenkabinette, Vaudeville-Theater, Panoramen und das Kino herausgehobenen und verdichteten Alltagsbegebenheiten, die *faits divers*, schaffen Verbindungen zwischen den Menschen, zeigen ihnen, was sie gemeinsam haben.[6] Unfälle, Kaufhauseröffnungen, Sportveranstaltungen und anderes mehr bilden den Stoff, aus dem ein kaleidoskopisches Bild

der Stadt geformt wird. Wir sollten (mit Schwartz) die »städtische Öffentlichkeit« um 1900 nicht als politische Öffentlichkeit[7] verstehen, sondern als Produktion eines Publikums. Die Produktion von Öffentlichkeit als Publikum hat ihre Voraussetzungen: Die Dinge, die sozusagen aus zweiter Hand erfahren werden, müssen anziehend sein. Sie müssen direkt wirken und auf Vorwissen oder Erzählungen verzichten können. Sie müssen rein visuell konsumierbar sein. Panoramen, Fotografien und Wachsfigurenkabinette leisten Vorarbeit, doch erst der Film wird diese vollständige Ausrichtung auf die visuelle Attraktion herbeiführen, die für die Großstädte markant wird.

Wir stehen einem Paradox gegenüber: Der frühe Film zeigt die Szene der Stadt, aber zugleich stellt er diese Szene, d.h., das Vergnügen an der Zirkulation der Bilder, selbst her. Clarke warnt deshalb davor, Film als Repräsentation der Stadt aufzufassen; das hieße nämlich, dass die Stadt an sich existiert, unabhängig von den Tätigkeiten, sozialen Beziehungen und kulturellen Konventionen. Tatsächlich aber gibt es viele und je nach sozialer und kultureller Zusammensetzung des Publikums variierende Images der Stadt. Der frühe (dokumentarische) Film ist eine neue urbane Praxis, die nicht zuletzt durch die Zurechnung der Kinos zu den sozialen Räumen der Unterschichten territoriale Ansprüche der »städtischen Massen« begleitet. Bezeichnenderweise gibt es keine Bestrebungen der Stadtverwaltung und der Stadtpolitik, den Film in der frühen Zeit als Repräsentationsmittel einzusetzen. Sie misstrauten, so scheint es, der Realitätsdimension

---

5 Vgl. Wolfgang Maderthaner, Lutz Musner, *Die Anarchie der Vorstadt. Das andere Wien um 1900*, Frankfurt/M., New York 1999.
6 Vgl. Vanessa R. Schwartz, *Spectacular Realities. Early Mass Culture in Fin-de-Siècle Paris*, Berkeley, Los Angeles, London 1998.
7 In Wien sind um 1900 bloß vier Prozent der Bevölkerung wahlberechtigt.

des »Kinos der Attraktionen« (Tom Gunning). Metropolen, auch Wien, repräsentierten sich bei den internationalen Städteausstellungen, die um 1904 erstmals veranstaltet wurden, lieber durch solide architektonische und kunstgewerbliche Typen, durch Musik- und Theaterveranstaltungen und die Gastronomie. Ich sehe daher den frühen Film eher auf der Seite einer widerständigen popularen Kultur, auch dort, wo er herrschaftlich kodifizierte Orte darbot.

Der Film liefert aber nicht nur ein sensorisches Bild, auf dem das Spektakel beruht. Mit der Entwicklung von erweiterten Optiken, Kamerabewegung und Montage werden die Möglichkeiten, Räume mit Eigenschaften zu verbinden, d. h., symbolische Bilder unterschiedlicher städtischer Räume zu produzieren, komplexer. Sobald sich ganze Erzählungen in den Film einschreiben können und ein filmischer »Text« entsteht, wird es interessant, diese Kinostücke als Manifeste konkurrierender Vorstellungen vom Wesen der Stadt zu lesen.[8] Oder von der Geschichte Wiens, wie die Filme *Wo sich das Rathaus die Steuern holt* (1923) und *Wo sind die Millionen?* (1925). Letzterer, ein Werbefilm für einen Wiener Fahrradhändler, führt uns auf der Suche nach einem verborgenen Schatz in rasantem Tempo durch eine chaotische Stadt. Diese braucht keine sich selbst erläuternden Landmarks mehr; sie ist kein Organismus, der nach Mustern von Nähe und Ferne, oben und unten, links und rechts beurteilt werden könnte. Ihre Ordnung hat nichts mehr mit Alltagserfahrung und vertrauten Wegen zu tun, sondern mit Information. Die Stadt ist die Überlagerung von schriftlichen, akustischen und technischen Zeichen, von Zeitungsmeldungen, Radiowellen und Stadtplänen. Jeder kann in diesem Wien Erfolg haben (also die Millionen finden), sofern er ein moderner urbaner Mensch ist, am besten, wie wir zu Beginn des Films sehen, ein Detektiv aus Tarnopol. Vor allem aber muss man mobil und mobilisiert sein, denn die Stadt ist nichts anderes als ein Verkehrsraum, in dem andere immer schon ein potenzielles Hindernis darstellen. Die sichtbare Anwesenheit der Filmkamera, die sich selbst immer wieder als Mittelpunkt des Geschehens hervorhebt, deutet jedoch an, dass die Jagd auf die Millionen nur durch ihren medialen Rückfluss in die Stadt Sinn ergibt. Die Großstadt ist ein offener Raum, der jedem eine Chance bietet. Die Regeln allerdings setzen die Medien.

Elisabeth Büttner und Christian Dewald haben die Propagandafilme des Roten Wien, zu denen auch *Wo sich das Rathaus die Steuern holt* zählt, als »Universum Pim«[9] bezeichnet. *Das Notizbuch des Mr. Pim* war der Titel eines abendfüllenden Spielfilms, den die Sozialdemokraten in ihrer Wahlkampagne 1930 einsetzten. Gerahmt durch eine Liebesgeschichte, geht es in *Mr. Pim* um die Vorführung des kommunalen Wohnbaus, der Wien bis heute prägt. In *Wo sich das Rathaus die Steuern holt* regiert, so wie in *Mr. Pim*, nicht die bewegte Kamera, sondern die panoramatische Einzeleinstellung auf stabile Architekturen und soziale Formationen. Dieser

8 Vgl. James Donald, *Imagining the Modern City*, London 1999.
9 Elisabeth Büttner, Christian Dewald, *Das tägliche Brennen. Eine Geschichte des österreichischen Films von den Anfängen bis 1945*, Salzburg, Wien 2002.

Blickpunkt suggeriert ein zugleich ordnendes und überwachendes Subjekt, ein politisch-moralisches Zentrum, mit dem man sich identifizieren kann. Die Stadt, die sich hier präsentiert, ist eine duale Stadt. Auf der einen Seite das kaleidoskopische metropolitane Vergnügen, das durch unterschiedliche Darstellungsmittel (Zitate aus diversen Dokumentar- und Spielfilmen) jede visuelle Kohärenz vermissen lässt; auf der anderen Seite die soziale Stadt der Kinderfreibäder, Altersheime und kommunalen Wohnbauten, die bereits durch die Einheitlichkeit im Bildstil moralische Stärke zeigt.

Im »Universum Pim« begegnen wir Wien als einer hochregulierten Stadt der sozialen Planung, in der die Essenz der Großstadt, die Ausdifferenzierung sozialer, kultureller und ökonomischer Milieus und die Bedeutung zufälliger Begegnungen getilgt sind. Die Imagination Wiens als fordistischer Stadt hat gegenüber der Imagination des großstädtischen Spektakels und der sozialen wie kulturellen Mobilität – in Stadtfilmen der frühen 1930er Jahre wie *Sonnenstrahl* (1933) oder *Ein Sonntag im Sommer in Wien* (*Salto in die Seligkeit,* 1934) – die Oberhand gewonnen; zumindest in der kollektiven Erinnerung und in historischen Dokumentationen. Erst mit der Erosion des Glaubens an die moderne Stadtplanung und an das klassische Modell sozialdemokratischer Stadtpolitik wurden auch die Filme wiederentdeckt, die zeitgenössisch ein anderes, ein konsumeristisches, individualistisches und dynamisches Wien konstruierten.

Die volle Bedeutung der Filme für ein Bild der Vergangenheit, das ja immer auch unsere aktuellen Einstellungen und Erwartungen färbt, ergibt sich aber aus dem, was kürzlich der Stadtkulturforscher Karl Schlögl die »Wende zum Raum« nannte. Auch die kollektive Erinnerung wird in diesem Sinne zu einem Raum. Immer weniger Historiker wagen es noch, die nachwirkende Vergangenheit als Chronologie richtungsbestimmender Ereignisse zu behandeln. Deren Stelle hat nunmehr ein Ensemble von »Gedächtnisorten« eingenommen. Ganz allgemein gesprochen: Nicht abstrakte Daten, sondern kulturelle Artefakte bilden Geschichte. Filme sind – vielleicht sogar in besonderem Maß – solche potenziellen »Gedächtnisorte«. Für manche Leute, nicht nur für ausgesprochene Cineasten, erzählt sich das eigene Leben durch oder entlang von Kino-Ereignisse(n). Was man einmal gewesen ist, was man gefühlt, gedacht und vom Leben erwartet hat, lagert sich in Raumfiguren um diese starken Erinnerungen an. In dieser Vermischung entsteht Zuneigung zu einem mythopoetischen Ort. Eben dieses Angebot macht in besonders prägnanter Art jenes Kinogenre der 1930er Jahre, das bezeichnenderweise Wien-Film genannt wurde. Wie Willi Forsts *Maskerade* (1934) zeigt, kann der Film sogar vollständig auf das reale Bild der Stadt verzichten und sich mit Allegorien begnügen. Außerhalb der Interieurs, Salons, Ateliers und Theatersäle existierte die Stadt als beiläufige und harmlose Schattenwelt, sozusagen als exterritoriales Gebiet für Betrunkene und Prostituierte. Die wirkliche Stadt hingegen findet sich in den sozialen Räumen: in der – von Forst mit leichter Ironie gezeichneten – geschlossenen ständischen Gemeinschaft mit

ihren scheinbar unverwechselbaren Physiognomien. (Als *Stände*staat definierte sich auch der
Staat des Austrofaschismus, der den politischen
Rahmen des Wien-Films bildet.) Vorbilder
dafür finden sich in der Fotografie, etwa in den
Serien sogenannter »Wiener Typen« schon zur
Weltausstellung 1873: Das imaginierte menschliche Inventar sollte ein unveränderliches Sub-
strat des Wienerischen repräsentieren. Auch literarische Stadtporträts der Jahrhundertwende,
etwa Felix Saltens *Wiener Adel* und *Wurstelpra-
ter*, gingen diesen Weg der Bildung von Typen,
denen sie jeweils bestimmte Orte, man müsste
eigentlich sagen: räumliche Institutionen der
Stadt zuwiesen – die Hofburg, den Jockey-Klub,
den Graben oder den Prater. Entwicklungen,
Aufbrüche oder Untergänge finden hier nicht
statt. Alles ist letztlich aufgehoben in der sich

endlos wiederholenden Bewegung des Walzer-
tanzes. Diese Stadt wird nicht vom Zufall,
schon gar nicht von Planung, sondern vom
Schicksal regiert. Sie *hat* keine Geschichte, sie *ist*
Geschichte: Soziale Monumente wie die Figuren der Aristokratin, des Künstlers, der Dienstboten brauchen nur das jeweilige Kostüm der
Zeit anzulegen, um aktuell zu bleiben. Einmal
josephinisch, dann wieder biedermeierlich oder
auch gründerzeitlich: Es ist diese Stadtmythe,
die sich am erfolgreichsten der Stadt entlang
entwickelt hat. Vielleicht ist es aber auch nur
der für unsere Ohren so verblüffende Dialog im
Schlussteil von *Maskerade*, der mir diesen Eindruck aufdrängt; da heißt es: »Es darf niemand
erfahren, was hier passiert ist … Beinahe hätt'
ich wirklich meine Pflicht vergessen … Denken
Sie nicht mehr an die ganze Geschichte.«

Kontrast der Bewegungsformen

Die filmische Begleitung von Revolution und Restauration 1918/19

12. November 1918. Wien, Ringstraße. Regennasse Fahrbahnen und Plätze. Menschenmassen, Regenschirme, Hüte, Mützen, Kopftücher, aufsteigender Zigarettenrauch. Die Tramway bahnt sich ihren Weg durch das Gewimmel. *Ausrufung der Republik in Wien* – ein Film, produziert von der staatlichen Filmstelle im Auftrag des deutschösterreichischen Staatsrats.[1] Eine der ersten Einstellungen fokussiert auf das Weiß eines mächtigen Transparents, das die Rampe vor der Parlamentshalle beherrscht; darauf ist in improvisierter Blockschrift und mit Doppel-L »Hoch die soziallistische Republik« zu lesen. Die nächsten Einstellungen sind von einer limitierten Topografie geprägt: Schwarzenbergplatz, Bellaria, Parlament. Wie die Schauplätze sind auch die ästhetischen Mittel eng begrenzt: langsame Schwenks über die vom Schwarzenbergplatz in die Ringstraße einströmenden Demonstranten; Aufnahmen der Menschenmasse vor der Bellaria aus der Perspektive des Spaliers, in leichter Aufsicht; »Gegenschüsse« aus der Menge auf das Parlament und die Bellaria; aus der Parlamentshalle gefilmte Schlusseinstellungen. Dunkle, verknotete Fahnenbahnen teilen das Bild vertikal.

Eine Zeit lang wurde die österreichische Zeitgeschichtsschreibung von der Kontroverse dominiert, ob der Untergang der Habsburgermonarchie und die Gründung der Republik 1918 Ergebnis einer Revolution gewesen seien oder Folge eines militärisch-politischen Zusammenbruchs.[2] Die provisorische Nationalversammlung, die von den deutschen Abgeordneten des Reichsrats konstituiert wurde, nötigte Kaiser Karl erst dann zur Abdankung, als die Revolution in Deutschland den Anschluss Deutschösterreichs in greifbare Nähe rückte.[3] Der 12. November 1918, der Tag der Proklamation der Republik und zugleich der Einheit mit dem Deutschen Reich[4], sollte als Festtag begangen und die Bevölkerung zur symbolischen

1 Die Filmlänge beträgt 52 Meter. Zu den Ereignissen des 12. November 1918 existiert ein zweiter Film, produziert von der Sascha-Film, mit einer Länge von 85 Metern: *Die Proklamierung der Republik »Deutsch-Österreich«*.
2 Vgl. Felix Kreissler, *Von der Revolution zur Annexion*, Wien 1970, insbes. S. 29ff.
3 Noch am 9. November bestand unter den Parteien Einigkeit darüber, die Frage der Staatsform – Monarchie oder Republik – hinter der Frage der Friedensverträge zurückzustellen; erst die Revolution in Deutschland veranlasste die Sozialdemokratie, die sofortige Beschlussfassung über die Republik zu fordern und durchzusetzen. Vgl. Stephan Verosta, »Anmerkungen zu einem Brief Otto Bauers an Jean Longuet vom 9. Januar 1919«, in: Gerhard Botz, Hans Hautmann, Helmut Konrad (Hg.), *Geschichte und Gesellschaft. Festschrift für Karl R. Stadler zum 60. Geburtstag*, Linz 1976, insbes. S. 107f.
4 Das Gesetz über die Staats- und Regierungsform in Deutschösterreich legte in Artikel 2 fest: »Deutschösterreich ist ein Bestandteil der deutschen Republik.« Vgl. *Arbeiter-Zeitung*, 11.11.1918, S. 1.

Bekräftigung des Parlamentsakts aufgeboten werden. Ihre Teilhabe sollte sie auf die Rolle des Adressaten beschränken. Das Protokoll sah die Unterbrechung der Parlamentssitzung, Ansprachen der Regierungspolitiker und das Hissen der neuen, rot-weiß-roten Staatsflagge am Parlament vor. Die filmische Dokumentation sollte wohl ursprünglich den offiziellen und geordneten Stiftungsakt um ein plebiszitäres Element erweitern und das Aufziehen der Fahne als Kommunikationsakt von Parlament und Volk, als Bild des nationalen Konsenses, in den Mittelpunkt stellen.

Der Film wurde zur Dokumentation eines ganz anderen Ereignisses, sowohl in dem, was er zeigt – das genannte Transparent, das nicht von Gesamtdeutschland, sondern vom Sozialismus kündet; das Oszillieren zwischen der wogenden Masse und individuellen Physiognomien; die zerrissene Fahne –, als auch in dem, was er nicht registrieren konnte: den Handstreich linksradikaler Aktivisten, die dem Parlamentsangestellten die Staatsfahne entrissen und das Weiß heraustrennten; den Sturm bewaffneter Volkswehrsoldaten, die eine monarchistische Gegenaktion vermuteten, auf das Parlament; die nachfolgenden Schüsse und die ausbrechende Panik, die zwei Todesopfer und zahlreiche Verletzte forderte; den Rückzug der Politiker ins Parlament.[5]

Die Kamera war in die Ereignisse verstrickt. Zum einen wurde sie von der spektakulären Selbstinszenierung sozialrevolutionärer Kader affiziert: ein Agitator, der sich von den hoch aufragenden Skulpturen der »Rossebändiger« vor dem Parlament an die Massen wendet, das he-

rausleuchtende, an Stangen bewegte Transparent und die rote Fahne im Kontrast zur starren antikisierenden Fassade des Hauses, dazu die Erwartungshaltungen in den Gesichtern der bei der Bellaria gestauten Menge in ihrer Mannigfaltigkeit. Die gespannte Bewegung überträgt sich dort auf das Bild, wo die Kamera, wie in ihrer Position hinter der Parlamentsrampe, nah an den Menschen ist. Im Gegensatz dazu erweist sich die Suche nach dynamischen Bildern in den Panoramen vom Beginn des Demonstrationszuges am Schwarzenbergplatz als schwierig. Entgegen einer zeitlich-linearen Abstimmung der Bildfolge auf das historische Ereignis, die eben beim Schwarzenbergplatz beginnen hätte müssen, um auf die Klimax der Politikeransprachen hinzuführen, entscheidet sich die Montage für das Primat eines »gefalteten Raums« sozialer Aktion. Rätselhaft bleibt, warum der Film offenkundig im Auftrag des Staatsrats in dieser Form fertiggestellt und approbiert wurde, zeigt er doch nichts anderes als den Einspruch einer anderen Souveränität, jener der Menge, gegen die der repräsentativen Politik. Eine regierungskonforme Lesart indes

5 Die christlichsoziale *Reichspost* war am 11. November mit einem Leitartikel erschienen, in dem die Entscheidung über die Staatsform durch den Staatsrat als »autokratisch« kritisiert und ein Volksentscheid über die Monarchie gefordert wurde. Vgl. *Reichspost*, 11. 11. 1918, S. 1. Die christlichsoziale Partei beteiligte sich deshalb auch nicht organisiert an der Kundgebung, wenngleich wesentliche ihrer Vertreter (bäuerliche Abgeordnete, Politiker der – späteren – Bundesländer) hinter dem Staatsrat und der provisorischen Nationalversammlung standen. Das macht es plausibel, dass Gerüchte von einem »monarchischen« Gegenakt zur Eskalation der Kundgebung führen konnten.

könnte lauten: Der sozialrevolutionäre Radikalismus, präsent im Transparent von der »sozial(l)istischen Republik«, erzeugt jenen »Riss«, den die verknoteten Fahnenbahnen im finalen Bild zeigen; er zerstört die in der Allparteienregierung gewährleistete Einheit des Volkes (die nach dem Wegfall der Pazifizierungsmacht des Monarchen nötiger war denn je).

Die Kamera war auf eine weitere, ebenso kuriose wie signifikante Weise in die Ereignisse verstrickt. Sie wurde zum direkten Auslöser der Schüsse auf das Parlament. Eine der Kameras war auf dem Dach des Parlaments positioniert. Nach unklaren Berichten, die dazu vorliegen, soll das Erblicken der Kamera auf dem Stativ durch Kundgebungsteilnehmer – vielleicht auch nur ein Aufblitzen des Objektivs – das Gerücht hervorgerufen haben, im Parlament seien Maschinengewehre in Stellung gebracht worden. Wer den ersten Schuss abgab, und aus welchen Motiven, ist ungeklärt. [...]

Nach der Übergabe der Regierungsgeschäfte durch die letzte kaiserliche Regierung an einen aus den Parteien der provisorischen Nationalversammlung gebildeten Staatsrat schrieb die sozialdemokratische *Arbeiter-Zeitung*: »Es gibt Stunden, in denen die erste Pflicht des Revolutionärs die Besonnenheit ist.«[6] Hinter diesem Euphemismus stand die Befürchtung, der Zusammenbruch der multinationalen Habsburger-Armee werde soziales Chaos und die Verheerung der im damaligen Sprachgebrauch »deutsch« genannten Siedlungsgebiete durch rückflutende, nunmehr »fremdnationale«, Truppen und Kriegsgefangene bewirken.[7] Tatsächlich kam es selbst auf Wiener Bahnhöfen zu Gefechten mit tschechoslowakischen Soldatentransporten, zu gewaltsamen Zwischenfällen mit Kriegsgefangenen und zu Plünderungen. In den Tagen ununterbrochener Kundgebungen und Versammlungen befürchtete man den Zusammenbruch der Disziplin in den Kasernen und Garnisonen (aber auch die Möglichkeit eines Putschs der alten Generalität). Als besonders bedrohlich wurde die Kameraderie zwischen Soldaten und Jugendlichen empfunden, die zu Angriffen auf für »reaktionär« gehaltene Militär- und Zivilpersonen, zur eigenmächtigen Requirierung von Wohnungen und Automobilen sowie zu sonstigem »Unfug« führte, wie es die *Arbeiter-Zeitung* ausdrückte. Eine der wichtigsten Aufgaben der Regierung war daher die Reorganisation der Reste der alten Armee in Form der »Volkswehr«. Wollte sie dazu nicht – wie in Deutschland – auf ultrareaktionäre Offiziere und sogenannte »Freikorps« zurückgreifen, musste sie sich auf die bereits einsetzende Selbstorganisation der Soldaten in Soldatenräten stützen, in denen eine von der russischen Revolution beeinflusste politische Mentalität dominierte.

[...] Der Autoritätsverfall der Regierung ging so weit, dass ohne unmittelbare Einbeziehung der Arbeiterschaft nicht regiert werden konnte. Dies vermittelte sich über die Institution der nach russischem Vorbild gegründeten Arbeiterräte, denen die Sozialdemokraten die fundamentalen politischen und wirtschaftlichen Entscheidungen vorlegen mussten, vor allem im

6 *Arbeiter-Zeitung*, 1.11.1918, S. 1.
7 Vgl. Ludwig Jedlicka, *Ein Heer im Schatten der Parteien. Die militärpolitische Lage Österreichs 1918–1938*, Graz, Köln 1955, insbes. S. 16.

Frühjahr 1919, als in Ungarn und Bayern revolutionäre Räteregierungen gegen reguläre und irreguläre Armeen kämpften. Der sozialdemokratische Parteiführer Otto Bauer formulierte 1923 rückblickend: Die Arbeiterschaft hätte jederzeit die Macht im Staat ergreifen können.[8] Allerdings bezweifelte er, dass sie unter dem Druck der ökonomischen Abhängigkeit Österreichs vom Ausland diese Macht auch halten hätte können. So steuerte die Sozialdemokratie in Form von Koalitions- und Kompromisspolitik den Aufbau einer (sozialökonomisch) »bürgerlich« verfassten Republik an, in der sie ausgedehnte, stabile Gegenmachtpositionen etablieren wollte. Das führte zu Auseinandersetzungen mit den bürgerlichen Parteien wie auch mit linksradikalen Tendenzen in der Arbeiterschaft. Diese musste immer wieder davon überzeugt werden, dass die Machtpositionen der Sozialdemokratie nicht transitorisch, sondern von Dauer waren, und dass diese Dauer von absoluter Unterordnung unter die Parteiführung abhing. In diese Disziplinierung sowie in die Durchsetzung der Vorstellung, die Republik sei der Einstieg in eine langfristige Transformation der Gesellschaft hin zum Sozialismus, investierte die Sozialdemokratie erhebliche Energie. Der Film *Deutschösterreich ist und bleibt Republik!* ist Teil dieser Politik.

Deutschösterreich ist und bleibt Republik! wurde im Auftrag des Reichsbildungsamts der deutschösterreichischen Volkswehr hergestellt. Der erste von 14 Zwischentiteln mit denotativen Angaben zum gezeigten Ereignis hält lapidar fest: »Wiener Kundgebung am 13. August 1919«. Der Film dokumentiert die Manifestation der

»bewaffneten Macht« Deutschösterreichs: Volkswehr, Sicherheitswache, Wiener Stadtschutzwache, Land- und Bahngendarmerie. Wie in *Ausrufung der Republik in Wien* sind Bellaria und Parlament die Hauptschauplätze. Die Dramaturgie folgt einem linearen Aufbau; Bilder und Titel alternieren in rascher Folge. Die Schnittfolgen bringen Machtbeziehungen zum Ausdruck: Auf die Erkundung des Terrains durch eine kurze Kamerafahrt am Ring folgt die Repräsentation der im Zwischentitel angekündigten Regierung; daran anschließend, nach dem Rang ihrer damaligen politischen Bedeutung der (namentlich angekündigte) Sprecher des Soldatenrats innerhalb der Volkswehr, Josef Frey, weiters der Sprecher der Sicherheitswache, der Sprecher der Wiener Stadtschutzwache, der Sprecher der Unteroffiziere, der Sprecher der Offiziere. Ihre Reden, antimonarchistische Bekundungen der Treue zur Republik, werden in Auszügen wiedergegeben. Zum Abschluss des oratorischen Teils erscheint Parlamentspräsident Seitz, flankiert vom sozialdemokratischen Sekretär für das Heereswesen, Julius Deutsch. Die Mehrzahl der nun folgenden Bilder zeigt das Defilee militärischer und polizeilicher Formationen vor der Regierung und der zivilen Öffentlichkeit, die auf den Treppen des Parlaments Aufstellung genommen hat. Die Monotonie der Marschkolonnen wird an zwei Stellen durch Aufnahmen der in die Kamera winkenden Ehrengäste unterbrochen. Am Ende des Films bieten markant gewandte Marinesolda-

---

8 Vgl. Otto Bauer, *Die österreichische Revolution*, Wien 1965, S. 196f. Bauer sprach explizit von der »Diktatur des Proletariats«.

ten noch eine visuelle Attraktion, ehe das letzte Bild Zivilisten von hinten zeigt, die den Kolonnen folgen und ihre Hüte schwenken.

Die Kundgebung der Militär- und Polizeiformationen lässt sich zunächst als Signal nach außen deuten, als Reaktion auf die drohende Restauration der Habsburgermonarchie in Ungarn. […] Weiters ist sie im Zusammenhang eines Wehrkonzepts zu sehen: Die Sozialdemokratie, die mit Karl Renner den Kanzler stellte und mit Julius Deutsch das Heeresministerium kontrollierte, sah im Milizsystem die Garantie für ein politisch zuverlässiges Heer. Ein Milizheer stieß nicht nur auf Widerstand der Soldatenräte: Entscheidend war, dass die Alliierten bei der Friedenskonferenz in St. Germain Österreich ein eng limitiertes Berufsheer oktroyierten. Mangels qualifizierter neuer Kader mussten dessen Offiziere aus der alten Armee übernommen werden. Zur Sicherung von strukturellem Einfluss auf die bewaffnete Macht vertraute die Sozialdemokratie nun auf die Gründung einer gewerkschaftlichen Organisation der Berufsoffiziere und den Einbau der Polizeiformationen in den sozialdemokratischen Organisationsnexus. Die Kundgebung am 13. August 1919 stand deshalb auch in Bezug zur gleichzeitig erfolgten Zulassung von Sicherheitswache, Stadtschutzwache und Bahngendarmerie zum Wiener Kreisarbeiterrat; dies hatten die Sozialdemokraten gegen den Widerstand der linken und kommunistischen Fraktionen durchge-

setzt.[9] Nicht zuletzt war die Kundgebung Teil der von Deutsch aufgenommenen Strategie, das Heer durch öffentliche Präsenz – Defilees, Musikkapellen, öffentliche Wachablösen – populär zu machen.[10] (Die Wachablöse bei der Hofburg war vor dem Krieg ein tägliches Volksvergnügen gewesen und hatte auch einen kinematografischen Topos ausgebildet.)

Der Film *Deutschösterreich ist und bleibt Republik!* zeigt – wie sich aus dem Vergleich mit Zeitungsdarstellungen ergibt – zwei signifikante Momente nicht. An der Kundgebung hatten sich auch die Arbeiterwehren des Arsenals, des wichtigsten Wiener Rüstungsbetriebs, in ihren Fantasieuniformen beteiligt. Als Beispiel für die im ganzen Land entstehenden Arbeiterwehren, die als bewaffneter Arm der Arbeiterräte, also als revolutionäre Gegenmacht auftraten, kamen sie weder im Bild noch in den Titeln vor. Ebenso verzichtete der Film auf den Anblick des Panzerfahrzeugs der Volkswehr, aus dessen MG-Mündungen rote Nelken quollen, in offenkundiger Referenz auf Inszenierungen von Revolutionsfeiern in Russland und in der ungarischen Räterepublik. Mit diesen Glättungen wurde der Film zu einem Dokument jener Normalisierung, die sich nach erfolgreicher Zurückdrängung der linksradikalen und kommunistischen Gruppierungen in der Volkswehr während des Frühjahrs 1919 eingestellt und in der korporativen Aufnahme der Polizeieinheiten in den Arbeiterrat ihren Abschluss gefunden hatte. Der »Riss«, den das Ende von *Ausrufung der Republik in Wien* gezeigt hatte, war nun in einem Filmbild gekittet, das die Öffentlichkeit als Publikum eines Spektakels der legitimen Ordnung auswies.

9 Vgl. *Arbeiter-Zeitung*, 13.8.1919, S. 5.
10 Vgl. Karl Haas, *Studien zur Wehrpolitik der österreichischen Sozialdemokratie 1918–1926*, phil. Diss., Wien 1967, S. 43.

Für *Ausrufung der Republik in Wien* und *Deutschösterreich ist und bleibt Republik!* wäre die Bezeichnung »Dokumentarfilm« unangemessen. Beide Filme stehen formalästhetisch den »Aktualitäten«, Elementen der frühen Kinoprogramme, nahe. Für diese gilt, dass das Kameradispositiv – starre Optik, hohe Tiefenschärfe, fixiertes Stativ – keine vollständige Kontrolle über das Bild gewährt.[11] Die Bewegung der Menschen und Dinge vor der Kamera weist über die Kadrierung hinaus auf ein Umgebungsmilieu hin; spontane Gesten der Menschen, die etwa durch Ausweichen, Blickerwiderung oder Gruß auf die Präsenz der Kamera reagieren, bezeugen die Kontingenz und Singularität des Ereignisses. Im Licht des Arguments von der »Ordnungsutopie« des frühen und klassischen Kinos wird die Differenz zwischen den beiden Filmen deutlich, die zugleich ein Ausdruck unterschiedlicher Realitäten ist. Der Ordnungsgrad im Bild ist vom Organisationsgrad der Geschehnisse vor der Kamera abhängig. Insofern stellen militärische und militärähnliche Paraden und Demonstrationen mit ihren vereinbarten Figurationen und Routen sowie ihren linear orientierten, gleichförmigen Bewegungen ein ideales Modell für die angestrebte vollständige Kontrolle über das Filmbild dar. Hierarchien, Befehlsstrukturen und Disziplin im Sozialen begegnen der mechanischen Zuverlässigkeit der Filmkamera. Schnitt und Montage der in sich kontrollierten Bilder führen eine räumliche Ordnung mit einer zeitlichen zusammen: Es gibt kein hereindrängendes Außen als mögliche Störungsquelle mehr. Ebendies kommt in *Deutschösterreich ist und*

bleibt Republik! zum Ausdruck. Der Film installiert ein (realiter noch bewegtes) soziales Machtgefüge als stabile Beziehung politischer Repräsentationen. Dazu bildet *Ausrufung der Republik in Wien* die Antithese: Die Einstellungen der Dokumentation des 12. November 1918 werden immer wieder durch Unerwartbares aufgebrochen, ihre Rahmungen durch spontane Bewegungen und Gesten von Körpern und Gesichtern gesprengt. Das Geschehen besteht aus einer Unzahl von Interaktionen ohne Hinweis auf ein regulierendes Zentrum, ohne Manifestation distinkter Repräsentationen. In diesen ungeordneten Bewegungen baut sich eine Spannung auf, die der Intensität des Moments entspricht. Schnitt und Montage können diese Intensität nicht in Kausalbeziehungen oder Beziehungen sinnhafter Abfolge überführen.

Jacques Rancière stellt in *Die Aufteilung des Sinnlichen* die These auf, dass Politik auf ästhetischer Erfahrung gründet. Er geht von der Annahme aus, dass dominante Künste des Wortes oder des Bildes einen gemeinsamen Wahrnehmungsraum stiften: In diesem Raum unterliegen die Reden (das Sagbare) und die Körper (das Sichtbare) einer ungleichen Verteilung. Auf dieser ungleichen Verteilung beruht die Vorstellung von Politik als Repräsentation: die Beschränkung legitimen politischen Sprechens und Handelns auf bestimmte Personen und Orte.[12] Dieser Verteilung steht die Menge gegenüber, die »Multitude« (um einen politisch

11 Vgl. Livio Belloi, »Lumière und der Augen-Blick«, in: *KINtop* 4, 1995, S. 27ff.
12 Vgl. Jacques Rancière, *Die Aufteilung des Sinnlichen. Die Politik der Kunst und ihre Paradoxien*, Berlin 2006.

akzentuierten Begriff zu verwenden)[13]: Die Anteile der »Multitude«, welche die repräsentative Politik nicht in organisierte Funktionsgruppen einordnen kann, bleiben aus dem politisch-ästhetischen Wahrnehmungsraum verbannt. Der Film hingegen birgt das Potenzial, die stummen Gesten und fragmentierten Handlungen außerhalb repräsentativer Systeme zu einem sinnhaften Ganzen zusammenzufügen. Die Filmbilder zum 12. November 1918 in *Ausrufung der Republik in Wien* machen erfahrbar, was das »Volk« ist: eine heterogene Menge von Individuen mit divergenten Gefühlen und Intentionen.

Wie der *Arbeiter-Zeitung* zu entnehmen ist, war diese Demonstration als Kundgebung spezifisch organisierter bzw. inszenierter Gemeinschaften gedacht. Die Menschen sollten in bezirks- und betriebsweise zusammengefassten (sozialdemokratischen) Formationen unter der Führung von Ordnern teilnehmen. Aufschlussreich für das bereits vorhandene Misstrauen in

die »Multitude« ist, dass die Jugendlichen keine eigenen Demonstrationsblöcke bilden, sondern in die Bezirksformationen integriert werden sollten. Ihre vorgesehene Rolle war es, ihr Einverständnis mit der Delegierung der Macht an die repräsentativen Sprecherinstanzen sinnfällig zu machen. Wenn nun die Ereignisse diese Planungen sprengten, so war dies nicht nur auf Irrtümer zurückzuführen. Vielmehr konnten sie nur eintreten, weil die Menge in einem politisch entgrenzten Raum ihre eigenen Möglichkeiten entdeckte, d. h. die Latenz eines revolutionäres Akts.[14] [...]

In welchem Sinn zählen die Dokumentarbilder vom 12. November 1918 zum »proletarischen Kino« der Zwischenkriegszeit? Sicherlich in ihrem Grundtenor, als dringliche Erinnerung an die Aktualität der Revolution und der sozialistischen Utopie, die zur dominanten Weltauffassung der Arbeiterbewegung wurden.[15] Es war jedoch der Film *Deutschösterreich ist und bleibt Republik!*, der in ästhetischer Hinsicht Standards für filmische Aufnahmen der Masse bzw. Menge setzte. Stilbildend wurde eine Politik der Disziplinierung und Militarisierung der sozialdemokratischen Arbeiterbewegung, v. a. in Form des paramilitärischen »Republikanischen Schutzbundes« und der »Wehrturner«. Sie schien als Mittel der Kontrolle über die Risiken von Spontaneität (wie jener vom 12. November) unumgänglich, und sie prägte eine kinematografische Selbstdokumentation und -repräsentation nach dem Modell der Militärparade, des Massenornaments und der Uniformierung. Diese Ästhetik trug den Appell zur Unterordnung in sich.

13 Vgl. Michael Hardt, Antonio Negri, *Empire. Die neue Weltordnung*, Frankfurt/M., New York 2002.
14 Gerhard Botz' Urteil, es habe sich um einen kommunistischen Putschversuch gehandelt, greift hier zu kurz: Ein Putsch hätte wohl die handstreichartige Besetzung von Machtzentralen wie Polizei, Ministerien, Postämter etc. vorsehen müssen. Vgl. Gerhard Botz, *Gewalt in der Politik. Attentate, Zusammenstöße, Putschversuche, Unruhen in Österreich 1918–1928*, München 1983, S. 30ff.
15 Einblick in zeitgenössische »proletarische« Erwartungen dem Kino gegenüber (sozialer Realismus, Naturalismus, Historienfilme zum Klassenkampf, Bildungsfilme zur politischen Ökonomie etc.) gibt *Film und revolutionäre Arbeiterbewegung in Deutschland 1918–1932. Dokumente und Materialien zur Entwicklung der Filmpolitik der revolutionären Arbeiterbewegung und zu den Anfängen der sozialistischen Filmkunst in Deutschland*, Berlin 1975, Bd. 1, insbes. S. 27ff.

Pausenfüller

Das Notizbuch des Mr. Pim und Die vom 17er Haus

Zwei sozialdemokratische Wiener Wahlwerbe-
filme aus den frühen 1930er Jahren: der 70-
minütige stumme Spielfilm *Das Notizbuch des
Mr. Pim*, der bei den Nationalratswahlen 1930
zum Einsatz kam (Regie: Frank Ward Rossak),
und der Tonfilm *Die vom 17er Haus*, gleichfalls
ein Spielfilm regulärer Länge, produziert für die
Landtagswahlen 1932 (Regie: Artur Berger).
Innerhalb sozialdemokratischer Film- und Kino-
politik stellten beide Filme Kontinuität wie auch
Bruch dar. Einerseits führten sie formal eine
Materialästhetik weiter, die seit 1923 systematisch entwickelt worden war. Signifikant war
die Kompilation von dokumentarischem Archivmaterial, von Material aus zeitgenössischen
Spielfilmen und aktuellen Aufnahmen nach Art
der filmischen Stadtvedute und des Industriefilms. In der Verwendung von Archivmaterial
deutet sich schon das elementare Konzept einer
binären Opposition von Vergangenheit und
Gegenwart an, visuell überwiegend durch Kon-
trastmontage umgesetzt. Andrerseits gingen *Das
Notizbuch des Mr. Pim* und *Die vom 17er Haus* über
diese Form hinaus, mit ihrer komplexen Narration, die sich jeweils entlang des Schicksals eines
Liebespaares entwickelt und ein in der sozialdemokratischen Filmtradition neues Schema
der Subjektivierung und Identifikation bot.

Das Notizbuch des Mr. Pim führt uns ins Jahr
1930, in ein unspektakuläres Wien. Dessen ge-
messene Modernität wird garantiert durch die
Formensprache von Interieurs und Architekturen, durch Funktionalität von Technik und Verkehr, Sauberkeit der Straßen und lichtdurchflu-
tete Räume – und nicht zuletzt durch Georg
und Phyllis. Georg ist Bauingenieur im Dienst
der Stadt, seine Verlobte Phyllis, ein neusach-
licher Typ, Tochter des amerikanischen Zei-
tungsherausgebers Elias Pim. Dieser kommt
überraschend nach Wien, um sich ein Bild von
der totgesagten Stadt zu machen. Erzähltech-
nisch und visuell findet mit Mr. Pims Ankunft
ein Perspektivenwechsel statt: Mr. Pim etabliert
sich nicht im filmischen Realismus des Jahres
1930, sondern in einer historischen Fiktion, die
ihm der Chefredakteur einer antisozialistischen
Zeitung liefert. In einer raffinierten Montage
werden aus dessen Elegie auf den Untergang
der guten alten Zeit ex negativo die sozialen
und politischen Errungenschaften der Gegenwart textlich, also in Inserts, präsent, während
kontrafaktische filmische Rückblenden den
Redner ironisieren: Die rhetorisch beschworene gute Vergangenheit wird durch die dunkle
Atmosphäre der Bilder zurechtgerückt – Delo-
gierungen, Krankheiten, Arbeitsunfälle und ge-
waltsame Unterdrückung von Arbeiterwider-
stand. Georg und Phyllis hingegen bemühen

Das Notizbuch des Mr. Pim (1930, Frank Ward Rossak)

Die vom 17er Haus (1932, Artur Berger)

sich, Mr. Pim durch den Augenschein des Roten Wien umzustimmen. Aus Panoramaschwenks und Detailaufnahmen entsteht auf der gemeinsamen Autoreise der drei ein totales Bild des Neuen Wien und seiner Menschen: Büchereien, Schwimmbäder, Gemeindebauten, Sportstätten, Kindergärten, Siedlungshäuser und andere Institutionen setzen einen sozialen Organismus zusammen, der in seinem reibungslosen Betrieb kein Außen mehr zu kennen oder zu brauchen scheint. Bereit, seine Vorurteile zu begraben, verweigert Mr. Pim dennoch Georg Phyllis' Hand: Er will seine Tochter niemandem zur Frau geben, der über dem Wohl der Menschheit sein eigenes vergisst.

Die Wende oder Strafe folgt auf dem Fuß. Beim zornigen Abschied übersieht Mr. Pim ein Auto und wird überfahren. Georgs Blutspende rettet nicht nur sein Leben, sondern auch das Glück des jungen Sozialistenpaares. Dankbarkeit und Einsicht lassen Mr. Pim nunmehr in die Heirat einwilligen. Und wieder beginnt eine Tour durchs Rote Wien, als diesmal ins Positive gewendete Rekapitulation moderner Errungenschaften der Arbeiterbewegung. Im Schlussbild wendet sich ein Agitator in Halbtotale frontal ans Publikum, um den mehrmals wiederholten Slogan zu verkünden: Wählet sozialdemokratisch!

Das Notizbuch des Mr. Pim ist ein Film der Pause, ein Pausenfüller, wenn wir ihn im Bezug zur rezenten Theoriedebatte seiner Entstehungszeit sehen. Dies ermöglicht auch eine präzisere Beschreibung des postrevolutionären Moments, der bislang in der Unbestimmtheit, hinter der Opposition von Vergangenheit und Gegenwart verborgen geblieben ist. Ab 1928 debattierte die österreichische Sozialdemokratie, insbesondere die Austromarxisten, unter dem Schlagwort der Pause eine neue politische Konstellation, national wie global. Auf nationaler Ebene stellte sie sich dem Faktum, dass der Wiedereintritt der Ökonomie in eine Wachstumsphase wider Erwarten mit einer Stärkung der konservativen und einem Aufschwung der faschistischen Parteien und Bewegungen einherging. 1928 mussten etwa die Gewerkschaften die Politik des *closed shop* aufgeben und Unternehmergewerkschaften anerkennen, und die austrofaschistischen Heimwehren konnten erstmals Massenaufmärsche in Industriestädten durchführen. Auf globaler Ebene konstatierte man eine neue, von Technologie und Organisationsmanagement getragene Welle der Industrialisierung, durch die Amerika und Asien zu dominanten Regionen des Kapitalismus aufstiegen. Während Europa und damit das erfahrene, organisierte Proletariat an Macht verlor, so die Theorie, spielten Unerfahrenheit wie strukturelle Schwäche der Arbeiterklasse in Amerika und Asien der Machtentfaltung des internationalen Industrie- und Finanzkapitals in die Hände.

Ein anderer Begriff für diese Konstellation lautete Stabilisierung oder – innerhalb der Kommunistischen Internationale – Dritte Periode, nach Revolution und Retablierungskonjunktur. Bestanden die Kommunisten darauf, dass die Dritte Periode die Klassengegensätze verschärfen müsse und eine aktionistisch-revolutionäre Politik bis hin zum Kampf gegen die sozialdemokratischen Reformisten – sogenannte »Sozialfaschisten« – notwendig mache, so griffen die Austromarxisten zur Konkretisierung der Theorie der Pause auf Kriegsterminologie zurück. Die Pause wurde als Synonym für den »Stellungskrieg« eingesetzt, also für eine Erfahrung des Ersten Weltkriegs, als sich den Gegnern keine Möglichkeiten auf Entscheidungsschlachten mehr eröffneten. Eine direkte Übertragung dieser Erfahrung auf das politische Gebiet scheint den Austromarxisten nicht ratsam gewesen zu sein, hätte dies doch alle Hoffnungen auf den Zusammenbruch des Gegners fokussiert und ihre bisherige Politik der graduellen Machteroberung bei Selbstbeschränkung hinsichtlich der Mittel infrage gestellt. Inhaltlich aber blieb Wesentliches vom Stellungskrieg im Konzept der Pause enthalten. Alle an der Debatte Beteiligten akzeptierten, dass auf längere Sicht keine sozialen, ökonomischen oder politischen Forderungen durchzusetzen waren. Daran schloss sich die Sorge an, wie der Abfall der Mitglieder von der Massenpartei und zugleich das Drängen radikaler Kräfte zu riskantem Aktionismus zu verhindern bzw. umzubiegen sei.

Die Theorie der Pause wurde nie kohärent ausgebaut. Das betrifft zum Beispiel – nicht ganz überraschend – die Bestimmung ihres Beginn- und Endpunkts. Auch der Raum, auf den sich die »Pause« bezieht, ist unterbestimmt. Aus einigen Gründen ist es naheliegend, an Zentraleuropa zu denken, wo 1918/19 die Habsburger- wie die Hohenzollern-Monarchie unter dem Druck der Gegenmacht von Arbeiter- und Soldatenräten gestürzt worden waren. Doch besteht in beiden Punkten nicht unbedingt Klar-

heit. Otto Bauer, uneingeschränkter Führer der Austromarxisten, war zumindest darin präzise, dass er die sogenannte Österreichische Revolution als initiales Ereignis benannte: Diese sei eine politische Revolution gewesen; ausgeführt vom Proletariat, habe sie notwendigerweise zur Bourgeois-Republik führen müssen. Sein Argument – entwickelt übrigens in einer formal äußerst interessanten Auseinandersetzung mit Ernst Tollers Theaterstück *Hoppla, wir leben!* – suggerierte, dass aufgrund der Etablierung der Demokratie kein mit dem Ereignischarakter der politischen Revolution vergleichbarer Bruch mehr erfolgen müsse: Die Umwandlung der bürgerlichen in eine sozialistische Gesellschaft werde auf dem Boden parlamentarischer Volksentscheide erfolgen. (Hinzugefügt sei, dass laut dem sozialdemokratischen Parteiprogramm im Falle einer reaktionären Beseitigung des Parlamentarismus die Diktatur des Proletariats zur Anwendung kommen sollte.)

Der Parteijournalist und Schriftsteller Ernst Fischer hingegen, wenige Jahre später Sprecher der Linksopposition gegen Bauer, sprach von der Pause als einem Zustand zwischen zwei Revolutionen. Auch er führte konkret die Revolution von 1918/19 als Bezugspunkt an, ging aber entschieden weiter: Für ihn war die Revolution sozusagen die Ontologie der modernen Massen schlechthin, der Wunsch nach dem Unbedingten, der nicht an äußere Faktoren, offenkundig auch nicht an soziale Strukturierungen, sondern allein an einen Geisteszustand gebunden sei. Schließlich Oskar Pollak, einflussreicher Redakteur der *Arbeiter-Zeitung*: Auch er meinte offenkundig die Österreichische Revolution, wenn er von den Gesetzen der Revolutionszeit sprach (allgemeines Wahlrecht, Betriebsdemokratie, Achtstundentag), die in der Pause auf dem Spiel stünden. Seiner Bestimmung der Pause als Zeit der Liquidierung der Revolution setzte er allerdings, aus welchen Gründen immer, keine Option auf eine zweite Revolution als deren Endpunkt entgegen.

Die Pointe, in der alle drei Positionen zusammenfielen, bestand in der Verlagerung des Problems der Pause aus dem Feld der Politik in jenes der – im weitesten Sinn – Kultur. Das war weniger ein programmatisches Argument als ein Gewebe an heterogenen Kategorien und Denkfiguren. Einen wichtigen Einstieg dazu lieferte die Bestimmung des Subjekts, dem die Besorgnis der drei Autoren galt. Sie alle bestimmten die Generation der Kriegs- und Revolutionsteilnehmer als geistige Krisenopfer der Pause: Während die ältere Generation die Revolution wie auch die Pause als Erfahrung zyklischer Siege und Niederlagen innerhalb eines dauerhaften Machtzuwachses erfahren hätte, und während die Jugendlichen nur die machtvolle Partei kannten und den Horizont des Machtverlusts nicht imaginieren konnten, wäre die mittlere Generation vollständig vom Erlebnis der Revolution geprägt. Sie hätte sozusagen Trauerarbeit zu leisten, bzw. mussten ihre Ohnmachtsgefühle kompensiert werden. Anders gesagt: Alle drei Autoren dachten in die Richtung, das Parteileben von den institutionellen Routinen zu einer Politik der Affekte zu verlagern. Dem sollte die Intensivierung und Neuerfindung sozialdemokratischer Kultur dienen, insbesondere die Sport-, Körper- und Me-

dienpolitik. Bauer avisierte eine Ästhetisierung der Bewegung, die helfen sollte, »zu sehen« (wie er erstaunlicherweise formulierte). Damit meinte er das Paradox, die Realität der Pause politisch anzuerkennen, aber in der Gefühlswelt eine andere Realität, die des revolutionären Geistes, zu bewahren.

Wie ließ sich dies aber nun in Filme wie *Das Notizbuch des Mr. Pim* und *Die vom 17er Haus* übersetzen? Folgt man deren Fabeln, so ist die Antwort zwingend und einfach: Die Revolution – ganz im Sinne jenes »glücklichen« Moments bei Fischer, in dem die Masse, nach seinen Worten, wie ein Künstler neue Lebensformen geschaffen hat – bleibt außerhalb des Bildes. Der revolutionäre Geist verlagert sich auf die Oberflächen sportlicher und dynamisch marschierender Körper und auf Massenornamente. Dennoch ist die Revolution atmosphärisch dicht präsent. Der Hiatus, der sich zwischen Vergangenheit und Gegenwart, dem »Davor« und dem »Heute« öffnet, also der revolutionäre Moment selbst, muss vom Publikum als mythischer Ursprung imaginiert werden. *Mr. Pim* gibt dafür eine Hilfestellung. Unter den Rückblenden auf die »gute alte Zeit« gibt es eine Szene, die Anleihen bei D. W. Griffiths *Intolerance* (USA 1916) und Sergej Eisensteins *Bronenosec Potemkin* (*Panzerkreuzer Potemkin*, UdSSR 1925) nimmt. Erste Organisationsbestrebungen führen zu Streiks und Massenversammlungen; Totalen und Nahaufnahmen formen das Proletariat als Vexierbild von Masse und Individualitäten; wachsende Entschlossenheit und Besetzung der Straße hier, Befehlsausgabe und Aufsitzen berittener Ordnungskräfte da. Der Zusammenstoß ist mittels Parallel- und Akzelerations-montage in Szene gesetzt. Am Ende bleiben tote Demonstranten auf der Straße zurück. Es folgt ein Bruch in Erzählung und Stil: die Kriegserklärung des österreichischen Kaisers; eine lange, turbulente Montage von anklagenden Frontszenen; Gegenschnitte auf steigende Kurse der Rüstungsfirmen, auf Rationierungs-karten und Kriegsinvalide drängen auf ein Ende dieser Zeit hin. Das alte Regime fällt, visualisiert durch stetes Näherrücken der Kamera ans Gesicht des rabulierenden Chefredakteurs, von dem schließlich nur ein lächerlich geifernder Mund bleibt.

Die vom 17er Haus ist nicht nur unter diesem Aspekt der vom Publikum zu füllenden Leerstelle der Revolution eine geniale Fortsetzung von *Mr. Pim*. Der Film spielt in der fernen Zukunft des Jahres 2032, nimmt die Grundkonstellation seines Vorläufers auf und verschiebt die Ebene vom gelebten Konflikt in die Geschichte – die wissensbasierte Historiografie. Autoritative Instanz für die Erzählung von Georg und Helene, eine glückliche Variante von *Romeo und Julia*, ist der Archivar der Stadt Wien. Das sozialistische Wien der Gemeindebauten ist inzwischen zum Hyper-New-York gläserner Hochhäuser geworden; die klassenlose Weltgesellschaft kommuniziert via Fernsehen und reist in Stratosphärenschiffen. Wiederum ist es der Krieg, eine Montage unter Wiederverwendung von Sequenzen aus *Mr. Pim*, der eine Situation der Ambivalenz herbeiführt und die Affekte des Publikums aufruft. Die Verwandlung des Heute ins Gestern, des tätigen Roten Wien von 1932 zum toten Gegenstand des Archivs, schließt

aber die Wiederholung der Auflösung des Revolutionsproblems in *Mr. Pim* aus. Geschichtlich kann das Rote Wien nur werden, weil es – anders als in *Mr. Pim* – nicht ein geschlossenes Universum und fertiges Erfolgsmodell, sondern ein noch umstrittener Raum ist. Das Haus Nummer 17 steht dem Bau eines Kindergartens im Wege. Helenes Alt-Wiener Familie, die das Haus besitzt, hasst Georg, der Bauleiter bei der Gemeinde Wien ist. Helenes Bruder, ein liederlicher Austrofaschist, überfällt Georg mit seinen Spießgesellen und setzt den im Bau befindlichen Gemeindehof vis-à-vis vom 17er Haus in Brand. Doch Georg verzichtet auf eine Anzeige. Aus tätiger Reue händigt Helenes Familie ihr Heim an die Gemeinde aus und reiht sich sogar in den sozialistischen Festzug zur Eröffnung des Gemeindebaus ein. Was zunächst als Verzicht auf die Erinnerung an die Revolution erscheint, was man sogar als Verdrängung der ideellen Verknüpfung von Revolution und klassenloser Gesellschaft interpretieren könnte (angesichts der 1932 bevorstehenden Aufgabe, die zu den Nationalsozialisten abwandernden Angestellten und Kleinbürger zu gewinnen), findet dennoch eine andere Auflösung. Die Revolution ist, jedenfalls für das zeitgenössische Publikum, nicht nur das Außen des Bildes. Sie ist auch essenzielles internes Strukturierungselement des Films, allerdings begrenzt auf die Ebene der Tonspur. Kompositorisch geschickt wird die Hymne des Roten Wien mit der Revolutionshymne schlechthin verknüpft: Das lyrische Lied vom *Bauvolk der kommenden Welt* geht wieder und wieder in die emphatischen Anfangsklänge der *Marseillaise* über.

Wir können davon ausgehen, dass in beiden Filmen mit Absicht auf eine direkte Visualisierung der Revolution von 1918/19 verzichtet wurde. Im Sinne der Theorie der Pause könnte man mutmaßen, der dort identifizierten Kriegs- und Revolutionsgeneration sollte die Erinnerung an ihre versäumte Chance erspart bleiben. Im Bilderkanon der Revolution selbst waren andererseits zu viele widersprüchliche Sequenzen gespeichert, als dass an eine Ikone angeschlossen hätte werden können. In der Debatte zur Pause hatte die rechte Opposition in der Sozialdemokratie hervorgehoben, dass nur die Gewinnung der Mittelschichten und die Adaptierung an deren Kulturvorstellungen aus der Krise

herausführen könne: Die offensive Gewalt, die mit der Revolution assoziiert war, war da nicht dienlich. Es gibt aber noch einen anderen Grund für den Verzicht auf Anblicke der Revolution: Im Juli 1927 war es gegen den Willen der Sozialdemokratie in Wien zu einer Revolte gekommen, bei der Redaktionshäuser der bürgerlichen Presse und der Justizpalast in Brand gesetzt wurden. Die Filmaufnahmen der Straßenkämpfe, die rund 90 Tote kosteten, haben das kollektive Bildgedächtnis zweifellos nachhaltiger geprägt als die Wochenschauen von 1918/19 oder selbst die Filme Eisensteins. Zugleich war es das Trauma-Bild der Sozialdemokratie, die in diesen Tagen völlig paralysiert war.

In der fluiden Stadt

Sonnenstrahl *und die Produktion anderer Räume im* »Roten Wien«

Am Ende regnet es vom Himmel her Geld – oder Gold? – in die aufgespannte Schürze der jungen Frau. Gerade noch schien ihr Unglück besiegelt, da werfen ihr Kinder und Alte, Männer und Frauen von den Balkonen und aus den Fenstern des riesigen Gemeindebaus Münzen zu, hart Erspartes und – es ist glücklicherweise Zahltag – mühsam Verdientes. Sparschweine werden zerschlagen und zerschlissene Geldbörsen nach den letzten Groschen durchsucht, um die ausstehende Rate für das Taxi zu bezahlen, das der jungen Mitbewohnerin und ihrem Ehemann nach vielen gescheiterten Versuchen zu einer bescheidenen, aber soliden Existenz verhelfen soll. Eine Apotheose proletarischer Solidarität im »Roten Wien« – so lobte der Filmkritiker der *Arbeiter-Zeitung*, Fritz Rosenfeld, den Schlussteil von Paul Fejos' *Sonnenstrahl* anlässlich der Premiere in den Wiener Kinos am 15. Dezember 1933; ein Symbolbild des »wirklichen« Wien abseits der üblichen nostalgischen Film-Klischees der Stadt, das »neue« Wien der »großen, sonnendurchfluteten Höfe« und »lichten, gesunden Wohnungen der Wiener Gemeindehäuser«.[1] Andererseits ... Fejos hätte, so

Rosenfeld, die realistische »Einkleidung« seiner Erzählung über die Liebe in Zeiten der Arbeitslosigkeit besser unterlassen und sie als Legende, als Feerie inszenieren sollen. Tatsächlich: Erinnert das Bild der Frau im Geldregen nicht an das Märchen von der Gold-Marie? Indes: Ist der Erfolg des »Roten Wien« auf rein positivistischer Grundlage überhaupt denkbar ohne die imaginären Welten eines Films wie *Sonnenstrahl?*

Elisabeth Büttner und Christian Dewald ordnen *Sonnenstrahl* dem »Universum Pim«[2] zu; den Begriff leiten sie vom sozialdemokratischen Werbefilm *Das Notizbuch des Mr. Pim* her, der, 1930 gedreht, das architektonische und sozialhygienische Aufbauwerk der neuen Gemeindeverwaltung als Hybrid von Erzählkino und Dokumentarfilm inszenierte. Dieses »Universum« wird von einem Korpus von Filmen gebildet, die bei aller Diversität eines gemeinsam haben, nämlich die Tendenz zum sozialen Realismus und die Konzentration auf die visuellen Attraktionen des zeitgenössischen Stadtraums. Ob es sich nun um Intellektuelle, Ladenmädchen, Aristokraten oder Arbeitslose handelt: Ihr Schicksal verknüpft sich unauflöslich mit ihren Fertigkeiten, in der delirierenden hyperurbanen Welt optischer und akustischer Zeichen orientiert zu sein. Die auferlegte soziale Mobilität ist von der physischen und mentalen Beweglich-

---

[1] *Arbeiter-Zeitung*, 17.12.1933.

[2] Elisabeth Büttner, Christian Dewald, *Das tägliche Brennen. Die Geschichte des österreichischen Films von den Anfängen bis 1945*, Salzburg, Wien 2002, S. 250ff.

Sonnenstrahl (1933, Paul Fejos)

keit nicht zu trennen, Erfolg und Scheitern (oder auch das schlichte Überleben) nisten an der Schwelle zwischen Zerstreuung und Aufmerksamkeit. Das moderne urbane Leben in diesem Filmreich ist voller Risken, die auf Dauer individuell nicht beherrschbar sind und nach einer regulierenden Kraft verlangen – nicht zuletzt deshalb markieren Verkehrsunfälle in *Mr. Pim* wie auch in *Sonnenstrahl* Wendepunkte, schmerzhafte Einschnitte, an denen die Akteure auf das fürsorglich ausgleichende Wirken einer im Alltag übersehenen (oder von Uneinsichtigen bekämpften) kollektiven Vernunft hingewiesen werden. Kurz gesagt: Im »Universum Pim« geht es um die Adaption der Individuen an die transitorischen Phänomene und die Unsicherheiten der Moderne mittels räumlicher Praktiken, die im kommunalen Wohnbau, dem letzten Wiener Beitrag zur Weltkultur, ihr Referenzsystem haben.

Ehe Anna (der französische Filmstar Annabella) und Hans (Gustav Fröhlich) im geordneten und gesicherten Raum des Wiener Gemeindebaus das Versprechen auf eine dauerhafte und stabile Zukunft als Kleinunternehmer finden, schickt Paul Fejos sie auf einen bewegten Parcours durch eine kaleidoskopische, lärmende Stadt. Einige wenige Landmarks wie der Stephansdom konkretisieren den Drehort Wien, der im Sound, im Pastiche lokaler musikalischer Idiome und Themen wie Walzer, Operetten-

arien und Drehorgelmotive seine symbolische Verdichtung erfährt. Anna und Hans erobern sich diese Stadt, durch ihre Körper, durch ihre Blicke und durch das oszillierende Spiel beider. Auf der Suche nach einem Verdienst verwandeln sie öffentliche Plätze in improvisierte Marktstände und Parks in idyllische Schlafstätten, als Bankboten nehmen sie mit dem Rad die Mitte der Straße in Beschlag und verweisen die drängenden Autofahrer auf ihre eigenen Regeln. Ihr zielloses Herumschweifen stoppt in dem Augenblick, in dem Dinge ihr Interesse erwecken und ihre Fantasie beflügeln. Christine Noll Brinckmann hat diese räumlichen Praktiken in *Sonnenstrahl* treffend mit »Bricolage« assoziiert.[3] Kamm und Seife in einer Vitrine, Stellenanzeigen in der Zeitung, ein Veranstaltungsplakat lassen beide zu zielgerichteten Aktionen übergehen, die uns wiederum die Partikel des urbanen Lebens erschließen: Warenhandel, Dienstleistungen, Unterhaltung. Die Beziehungen sind allerdings reversibel: als *Blackface*, der sich in einer Praterbude mit Bällen beschießen lässt, als Modell, dem im Schaufenster einer »amerikanischen Drogerie« zu Opernmusik die Haare gewaschen werden, machen die beiden ihre Körper zur Ware und zum Objekt der Blicke eines Publikums, das sich vor den visuellen Spektakeln – eine Hochzeit im Dom, clowneske Einlagen Annas vor ihrem improvisierten Verkaufsstand – aus der Masse herauskristallisiert und wieder in diese zurückfällt. Wenn Jacques Lacan die Existenz eines vom Menschen unabhängigen »Blicks« behauptet, eine wechselseitige Affizierung zwischen Individuen und Dingen[4], dann findet man dieses »Weltauge« bei Paul Fejos in

3 Christine N. Brinckmann, »*Sonnenstrahl*«, in: Gottfried Schlemmer, Brigitte Mayr (Hg.), *Der österreichische Film von seinen Anfängen bis heute*, Wien 1999, S. 13.
4 Jacques Lacan, *Die vier Grundbegriffe der Psychoanalyse. Das Seminar, Buch XI*, Berlin 1987, S. 73ff.

Aktion. Dieser »Blick« organisiert die Stadt, und die Filmkamera ist sein Instrument. Schwellen und Grenzen, Innen und Außen werden von ihr auf magische Art aufgehoben. Eben noch erfasst der attentive Blick die durch das Schaufenster gerahmte Figur Annas als Shampoo-Modell, da kehrt der Gegenschuss die Szene um und macht die Gaffer zu den Gefangenen des Blicks und des Raums. *Sonnenstrahl*, mit der kürzlich erfundenen Tonfilmtechnologie im Rücken, geht indes über das panoptische Spektakel hinaus. Auch der Sound, ob aus dem Radio oder aus dem Off, dient der Sprengung des physischen Raumes und seiner Bürden. Für die Dauer der Übertragung eines Tanzkonzerts im fernen Miami verwandeln (nicht ohne Ironie) Annabella und Gustav Fröhlich das Kaufhaus, in dem sie als Raumpfleger arbeiten, zum Setting eines glamourösen Party- und Strand-Lebens der »oberen Zehntausend«. Die imaginäre Musik, die in einem Reisebüro von den Plakaten ausströmt, schickt das Paar auf eine bewegte Traumreise nach Venedig, Paris, Davos und weiter …

Sonnenstrahl kennt keine Raumschwellen und Grenzen, die nicht von dem jungen Paar überwunden würden. Dieses Wien ist – nach einem dramatischen Beginn am dunklen Donaukanal – eine helle, opake, transparente Stadt. Anders als es die Wiener Bautypologie will, dominieren nicht Stuck und Fensterachsen das Styling der Stadt, sondern das Glas großdimensionierter Panorama-Schaufenster. Die rhetorische Architektur der Ringstraße und das Spiel mit der (oder gegen die) Vergangenheit, die das Film-Wien sonst prägen, fehlen ebenso wie die dunklen

Hinterhöfe und zwielichtigen Bars, in denen sich die »andere« Seite der Stadt repräsentiert. (Ausnahme: der Stephansdom, der aber nicht das Vergangene, sondern die ewige Wiederkehr garantiert, diesfalls die Liebe, die zu Ehe und Familie führt.) In dieser gläsernen, auf ihre Art »amerikanischen« Stadt gibt die allgemeine Warenökonomie einfache, aber effektive Anweisungen. (Nicht zuletzt die omnipräsente Autohupe, das reinste, immaterielle Befehlssignal.) In dieser transparenten, geschichtslosen Stadt brauchen die Individuen keine Vergangenheit und keine Erfahrung, und wir werden auch keine Aufklärung darüber erhalten, woher Anna und Hans kommen und was hinter ihnen liegt. Ebenso wenig lässt uns Paul Fejos an einer Entwicklung oder Veränderung der Protagonisten in der Zeit teilnehmen. Die Zeit, so zeigt er uns mit fallenden Kalenderblättern während der repetitiven Arbeit Annas im Schaufenster der Drogerie, ist die abstrakte Zeit der Kapitalakkumulation. Die Existenz beider gründet sich ausschließlich darauf, dass sie im Bild präsent sind – im Filmbild oder im Display oder in der Fotografie, die sie bei Vertragsabschluss vom Autohändler gratis als Zuschlag bekommen. Um weiterzukommen, müssen sie nur Zeichen kombinieren und rasche Schlüsse ziehen.

Das Wien von *Sonnenstrahl* wird von einer Empfindung getragen, die auch in den Avantgardismen der Architektur, der Kunst, der Literatur und der Theorie der Zeit anzutreffen ist. Walter Benjamin[5] hat diese Einstellung als

5 Vgl. Walter Benjamin, »Erfahrung und Armut«, in: Benjamin, *Illuminationen. Ausgewählte Schriften*, Frankfurt/M. 1977, S. 291ff.

Ermattungserscheinung und als Bekenntnis zu einer neuen Armut diagnostiziert. Überschwemmt von der Geschwindigkeit technisch-zivilisatorischen Wandels und von dessen Zerstörungskraft, verliert die Erfahrung, das (zwischen Generationen) tradierte Wissen, an Bedeutung. Um Schritt zu halten mit einer Umgebung, in der gelebte Erfahrung durch ein in den Dingen inkorporiertes Rezeptewissen ersetzt wird, muss man sich von der Anhäufung biografisch erworbener Eigenschaften und Güter verabschieden. Ein heroischer Posthumanismus, der die Subjekte zu Elementen eines selbstlaufenden Systems degradiert, findet seinen Ausdruck in Funktionen, statt in Erzählungen, und im Glas, das die schützenden, trennenden Materialien ersetzt. Das Glas ist der Feind des Geheimnisses, schrieb Walter Benjamin vor dem Hintergrund der fantastischen Architekturvisionen eines Paul Scheerbart und der »geöffneten Häuser« eines Le Corbusier über ein Material, das zum Signum der Epoche geworden war. Glas verweigert sich den Spuren vergangener Handlungen und Ereignisse, auf die hin sich menschliche Erfahrung organisiert; »Glas-Kultur« und »Glas-Milieu« als Metaphern einer anthropologischen Wende vom haptischen zum optischen Weltverständnis, vom Gegenstand im Gebrauch zum Bild in Bewegung. (Inmitten einer nervigen automobilen Stadt bedarf es der Fokussierung durch die Schaufenstervitrine, um den trivialen Gegenstand durch Isolierung für Hans zum begehrenswerten Bild werden zu lassen.) In der »Kultur der Armut«, die sich an das Glas bindet, muss die Gesellschaft mit diskreten Elementen

und logischen Verknüpfungsregeln das Auslangen finden, ganz so, wie im »Roten Wien« buchstäblich eine neue, gegen Uneindeutigkeiten gefeite Sprache erfunden wird, die ihren Beitrag zur Rationalisierung der Gesellschaft liefern soll – die Bildsprache Otto Neuraths, eine von ihren pathischen und emotiven Aspekten befreite piktoriale Sprache. (Nicht zu vergessen selbstverständlich der logische Positivismus des »Wiener Kreises« und sein Programm der Faktizität der Welt.)

Die Verfallenheit der Menschen an die Technik ist das Thema des Tages, und Benjamin sieht die Errettung aus dieser Gefahr im Traum. Nur dort, präziser: im Übergang zwischen Traum- und Wachzustand, können sich die Menschen gegen den Sachzwang wehren. Menschen des Glas-Milieus wie Anna und Hans können und müssen auf »tiefere« Motivationen, auf die komplexen Charaktere der bürgerlichen Kultur, auf »Schicksale« verzichten – das ist es, was uns Paul Fejos vermittelt, und was *Sonnenstrahl* von der Theater-Tradition der meisten Wiener Filme unterscheidet: Hier braucht es keine Verwechslungen, Missverständnisse und Intrigen, um eine Geschichte in Gang zu setzen, es genügt, den Anschluss zu verpassen, zu spät zu kommen, im entscheidenden Moment zu vergessen, aus dem Traum- in den Wachzustand überzugehen, und schon stellen sich die Dinge völlig anders dar; auf diese Art fallen sie um das Geld um, das sie dem betrügerischen Stellenvermittler bezahlt haben, und derart wird die Tramway, die einem Kind eben noch als Maschinenelement in einem Spiel gedient hat, für Hans zur beinahe tödlichen Falle.

Fritz Rosenfelds Einwand gegen die »realistische Einkleidung« eines modernen Märchens übersieht, wohin sich die Moderne entwickelt. Er übersieht, dass Paul Fejos seinen Film eben an der Schwelle zwischen Traum- und Wachzustand spielen lässt, der die neue Wirklichkeit der Medien und das optische Zeitalter begleitet. Dabei gewinnt der Film gerade aus der Konstruktion »flüssiger« Räume, aus den organischen Übergängen vom Studioraum zum Stadtraum, von fiktionalen zu realen Räumen seine Attraktivität und Besonderheit.[6] Zwei Einstellungen auf diesen flüssigen Raum genügen Fejos, um *Sonnenstrahl* eine Position unter den Ikonen des Stadtfilms zu sichern. Ein kurzer Moment, in dem er in Fernsicht die beiden Protagonisten bei ihrem Straßenhandel vor dem Stephansdom filmt, scheint Situationen in Vittoria De Sicas *Ladri di biciclette* (*Fahrraddiebe*, 1948) vorwegzunehmen. Und eine Kombination von Kameraschwenk und Kranfahrt, die Anna und Hans in einer einzigen Bewegung bei der hastigen Überquerung einer Straßenkreuzung erfasst, geht noch über Walter Ruttmanns Ästhetik der Bewegungsmontagen in *Berlin – Die Sinfonie der Großstadt* (1927) hinaus. Beide Male sprengt Fejos die Begrenzungen der Szenografie, mit der das zeitgenössische Erzählkino im Regelfall die Stadt konsumiert, und lässt uns am dialektischen Umschlagen des Traumzustands in den Wachzustand teilhaben, dessen angestammtes Terrain die moderne Stadt ist. (Viel mehr als diese beiden Szenen in ihrem Kontext braucht es retrospektiv nicht.) Christine Noll Brinckmann legt in ihrer luziden Analyse von *Sonnenstrahl* nachdrücklich die

beharrlichen ästhetischen und narrativen Abweichungen von den Genre-Konventionen dar. Tatsächlich ist der Film mehr als eine Liebesgeschichte im Großstadtmilieu. Er läuft den großen Erzählungen und utopischen Entwürfen seiner Zeit parallel und verhandelt wie diese die Spannungen zwischen einer neuen, von Medien und Beschleunigung imprägnierten Subjektivität und gesellschaftlicher Reintegration durch Social Engineering und eine neue visuelle Kultur. *Sonnenstrahl* wird von der Formensprache, den Designs und dem visuellen Stil des Bauhauses inspiriert, dem letzten Versuch, durch eine produktionsseitige Synthese von Technik, Künsten und Alltagsleben zu einer »rationalen« Lebensführung zu gelangen. (Die »Wohnmaschinen« und Materialien des Bauhauses inspirieren Benjamin, Kracauer und Adorno indes zu Spekulationen über die »Obdachlosigkeit« in der Moderne und den Untergang des bürgerlichen Subjekts samt seiner privaten Welt.) Der Film streift ebenso die Prämissen des modernen »funktionalen Städtebaus«, die 1933, im Produktionsjahr von *Sonnenstrahl*, innerhalb des CIAM, des Internationalen Kongresses für moderne Architektur, zu einem Text zusammengefasst werden. Hier, mit der später von Le Corbusier redigierten »Charta von Athen«, erhalten die Visionen einer Gesellschaftsreform durch Raumpolitik ihre Zusammenschau, und der Sonne wird darin eine besondere Position eingeräumt. Sie ist »die Herrin des Lebens«, nach deren Gesetzen sich die physische Gestalt

6 Vgl. Brinckmann, »*Sonnenstrahl*«, S. 3ff.; Brinckmann verwendet das Attribut »fließend« zur Charakterisierung einer ästhetischen Grundtendenz des Films.

der modernen Stadt und deren soziale wie lo-
gistische Organisation zu richten haben.[7]

Über die Produktion homogener Räume
(unter dem Zeichen der Sonne) werden sich
Verhaltensweisen normieren und soziale
Gleichheit wird Platz greifen. Wahre Aufklärung wird sich durchsetzen, wenn die Individuen sich als serielle Elemente einer »Maschine« begreifen lernen und sich deren Öko-
nomik verantwortlich fühlen. Nicht nur Le
Corbusier ist dieser Ansicht. Auch die sozialdemokratische Wiener Stadtverwaltung hängt ihr
an. (Nicht so Paul Fejos: Seine Protagonisten
nehmen zwar Anteil an der Emphase der modernen Stadt, sie ordnen sich aber deren »sozialen Gesetzen« nicht unter, sondern stellen diesen ihre individualistischen Gesten – nicht
immer erfolgreich – gegenüber. Der Titel der
französischen Fassung, *Gardez le sourire,* bringt
die Aufforderung zur listigen Abweichung
deutlicher zum Ausdruck.[8]) Zwar muss man in
Wien mangels finanzieller Ressourcen den
Neubau der Stadt vertagen und die Pläne begraben, ausgedehnte Wohn-Trabantenstädte
samt dem dazu nötigen Verkehrssystem zu er-

richten, aber die großen Höfe, die man stattdessen auf innerstädtischen Brachen und an der
Stadtkante errichtet, greifen die Prinzipien der
»funktionalen Stadt« auf. Bebauungsplan, Woh-
nungsgrundrisse und Fassaden folgen der Opti-
mierung der Sonneneinstrahlung, die kommunalen Wohnbauten schließen sich gegen die
Straße ab und orientieren sich nach innen, zum
großen, luftdurchströmten, begrünten Hof. Die
Hygiene bildet den Ausgangspunkt – vom
Mikrobereich der Wohnungen bis zu gemeinsamen Waschküchen und den Kinderfreibädern
und Spielplätzen. An die 65.000 Wohnungen
werden in diesem System zwischen 1923 und
1933 fertiggestellt, teilweise finanziert aus einer
Sondersteuer und nach einem Punkte-System
vergeben, das größtmögliche Fairness herstellen soll. Die sogenannten Super-Blocks des letzten Bauprogramms, die in *Sonnenstrahl* auftreten, fassen bis zu 1.500 Wohnungen.[9] In diesem
»Neuen Wien« sollen »Neue Menschen« geschaffen werden, die sich einer statistisch be-
schreibbaren sozialen Gesetzmäßigkeit einzu-
ordnen lernen. Ein ehrgeiziges kommunales Er-
ziehungsprogramm versucht selbst noch den
Sex als transparentes, rationalisierbares, in den
Kalkülen einer »Menschenökonomie« verre-
chenbares Kollektivverhalten zu organisieren.
Eheberatungsstellen und Abolitionisten-Ver-
eine im Dienste der Gemeinde propagieren
eine disziplinierte Lebensweise, die sich mit der
Reduktion »unproduktiver« Ausgaben der Gesellschaft für Kranke, Arbeitsunfähige und
Süchtige legitimiert. Die Reformer bekämpfen
den Hang zum bürgerlichen Kitsch und definieren einen »proletarischen Wohnstil«, der

7 Vgl. Thilo Hilpert (Hg.), *Le Corbusiers »Charta von
Athen«. Texte und Dokumente. Bauwelt Fundamente 56,*
Braunschweig, Wiesbaden 1988, S. 133.

8 Hier stellt sich allerdings die Frage, inwieweit nicht die
Produktionsökonomie von *Sonnenstrahl* einen eigenständigen Beitrag geleistet hat. Da Annabella nur wenig
Deutsch sprach, verlagerte sich ihre Rolle entschieden
auf die körperlichen Attraktionen und Gags. Für die
französische, parallel gedrehte Version kehrte sich das
Rollenverhältnis zwischen ihr und Gustav Fröhlich um;
vgl. Brinckmann, »*Sonnenstrahl*«.

9 Vgl. Helmut Weihsmann, *Das Rote Wien. Sozialdemokratische Architektur und Kommunalpolitik 1919–1934,*
Wien 2002.

sich durch Sachlichkeit, Kargheit und Funktionalität auszeichnet.[10] *Sonnenstrahl* nimmt zahlreiche dieser Elemente eines verstreuten Diskurses auf und setzt sie am Schauplatz des Gemeindebaus um. Bereits die Eröffnung der Szene mit einem Panoramaschwenk über den weitläufigen Hof arbeitet die Differenz zur kaleidoskopischen Stadt heraus. Sie repräsentiert einen kontinuierlichen, zentrierten, durch die rhythmischen Unterteilungen der Laubengänge metrisch geordneten Raum. Hier herrscht wiederum eine Transparenz, die vom Glas garantiert wird. Innen- und Außenraum gehen ineinander über, auf dem Weg zur eigenen Wohnung bieten Glastüren und Fenster unverstellten Einblick in das Alltagsleben der Nachbarn. (Eine Spezifik des sogenannten Engels-Hofes.) Anders als in der phantasmagorischen Welt der Warenökonomie führt jedoch hier die Exponiertheit von Menschen und Dingen kraft der verstärkten Kontrollpunkte der Raumarchitektur (und des Gebrauchswerts der Dinge) nicht zum Exzess, sondern zur Selbstdisziplinierung. Wenn Anna am Arbeitstisch sitzt und die Bildachse durch Tür und Fenster hindurch den nächtlichen Hof durchmisst, dann wird aus der Küche mehr ein Warteraum denn ein Zuhause.

Paul Fejos nimmt dieser Welt gegenüber eine ambivalente Haltung ein. Nicht im moralischen, sondern im politischen Sinn. Der Gemeindebau ist nicht Refugium, und auch nicht Gegen-Ort zum hyperurbanen Raum. Eher ist er ein temporäres Asyl für diejenigen, die sich für die moderne Stadt, für den Traumzustand, wieder fit machen müssen, ein Zwischenlager für einen Saxofonisten, für die Mitglieder eines Streichquartetts oder eben für den angehenden Taxichauffeur, den Repräsentanten des neuen (urbanen) Mittelstandes schlechthin. Der hochgradig regulierte und geordnete Raum des »Roten Wien«, der seinen Bewohnern kaum eigensinnige Handlungen gestattet, hat letzten Endes eine kompensatorische Aufgabe für die vibrierende, energetische und ressourcenverschlingende Großstadt zu erfüllen. Er sichert das »nackte Leben«, die Reproduktion, die sich schon in der unüberschaubaren Kinderschar manifestiert. Das »wirkliche« Leben allerdings folgt nicht den Vorgaben der Sozialtechnokratie, so wie es überhaupt keinem Souverän folgt, sondern es bewegt sich nach dem Modus eines Films, in dem die alltäglichen Dinge durch die Imaginationskraft der Individuen (und die Tricks von Kamera, Montage und Schnitt) verändert werden, wo »ein Auto nicht schwerer wiegt als ein Strohhut und die Frucht am Baum so schnell sich rundet wie die Gondel eines Luftballons«.[11] In diese Welt werden Anna und Hans zurückkehren, wenn sie den Gemeindebau mit dem endlich abbezahlten Taxi verlassen.

10 Vgl. Franz Schuster, Franz Schacherl, »Proletarische Architektur«, in: *Der Kampf. Sozialdemokratische Monatsschrift*, Bd. 19, Wien 1926, S. 34ff.
11 Benjamin, »Erfahrung«, S. 295f. (mit Bezug auf die Wunderwelt und den improvisierenden Körper der Micky Maus).

Österreich im Kopf und in den Beinen: Opernball

Es kam, wie es kommen musste: »Ich erwarte Sie heute am Opernball. Punkt halb zehn beim großen Buffet. Ein rosa Domino.« Die Aufforderung erreichte in Géza von Bolvárys Operettenfilm *Opernball* aus dem Jahr 1939 drei Herren, aber statt einem standen plötzlich drei rosa Dominos da – und die Verwirrung war komplett. Nur der servile Logenkellner (Hans Moser) schied instinktsicher das verkleidete Stubenmädchen von den beiden Damen. Prächtige Roben und üppige Dekors, schöne Frauen und flotte Walzer (»Heut möcht ich mein Räuscherl habn …«), auf die Probe gestellte Treue und zweifelhafte Ehrbegriffe ältlicher Filous halten die große Inszenierung *des* Wiener Gesellschaftsereignisses in Fluss. Sie kommen aus Graz und sogar aus St. Pölten, nur um dabei zu sein. Und die dionysischen Fantasien mit etwas Sekt abgemischt machen die Herren so beschwingt, dass den eigenen Frauen eine Augenmaske genügt, um sie hinters Licht zu führen. So war es 1900 – war es so? Natürlich hat Bolváry geschwindelt, denn den Opernball gibt es erst seit 1935. Aber die Geschichte könnte sich so abgespielt haben. Denn, und das erklärt, wie leicht sich die männlichen Protagonisten haben düpieren lassen, der Opernball war – bei aller Vornehmheit – im Grunde stets ein »bürgerliches« (Christl Schönfeldt) Fest. Doch was will das heißen: »bürgerlich«?

Wenden wir uns vertrauensvoll an die jahrzehntelange Organisatorin des Festes im »schönsten Ballsaal der Welt«, und hören wir, was sie als Augenzeugin von 1935 zu diesem Urteil bewogen hat. Christl Schönfeldt berichtet also: »Die Modesalons haben viel zu tun. Nicht wenige Bestellungen kamen noch in den letzten, allerletzten Tagen. Aber meist wurde der Wunsch ausgesprochen, es sollten Toiletten sein, die nicht nur sichtlich für den einen Zweck geeignet seien. Es wurden auch viele Kleider bloß umgearbeitet. Umhänge und Capes, auch allenfalls bekannte Toiletten, die unkenntlich gemacht oder verändert werden konnten, hatten Hochkonjunktur. Ein paar Damen erklärten sich schon zufrieden, ›wenn sie oberhalb der Logenbrüstung opernballfähig wären‹. Etwas erstaunlich ist die unverhohlene Vorliebe auch vermögender Damen für – man muss es mit dem richtigen Wort nennen – falschen Schmuck. Straß feiert Orgien: als Besatz von Kleidern, aber auch in Form von Stirnreifen und Armringen. Die Bijouteriebranche war in der verflossenen Woche zufrieden wie schon lange nicht. Ebenso die Schönheitssalons und Friseure. Sie hatten ganze Berge von ›echtem Haar‹ zu Locken und Randarrangements zu verarbeiten. Denn jede Dame wünscht doch den Eindruck zu erwecken, es sei ihr eigenes

›echtes Haar‹, das auf ihrem kunstvoll zurecht-
gemachten Kopf paradiert.« Diamant-Imitate,
Kunsthaar und womöglich noch in weißen So-
cken – so nahm das österreichische Bürgertum
also die Taufe »seines« Opernballs vor. Kein
Wunder, dass die Stimme des Blutes versagt,
und Kommerzialrat Dannhauser (Paul Hörbi-
ger) seine Gattin unwissentlich seinem Freund
Paul zuführt, um sich – »Wie du mich reinge-
legt hast; hast g'sagt, es sei eine Gräfin, dabei
war's eine Zirkusreiterin!« – eins zu eins zu
revanchieren. Andererseits wieder: Eben die
plebejische Ironie ist die Vorleistung, auf dass
Jahr um Jahr, seitdem der ORF 1960 erstmals
30 Minuten live ins Ballgeschehen eingegriffen
hat, Millionen Österreicher den Ball zumindest
telematisch auch als »ihren« betrachten.

Zu oft schon hat man das österreichische
Bürgertum gescholten, weil es den Adel nach-
geäfft, ja sich zu Freiherren und Baronessen
hat nobilitieren lassen und dabei politisch steril
geworden ist. Zu drastisch hat man die Ge-
schmacksunsicherheit des österreichischen Historismus attackiert, als dass auch hier und heute
noch einmal betont werden muss: Das österreichische Bürgertum repräsentiert nicht, es sub-
stituiert. Es ersetzt (unzulänglich) die aristo-
kratische Gesellschaft von Geblüt, die es nicht
hat stürzen können, sondern nur beerben,
nachdem dieser, sei es wegen Spielschulden
oder wegen der Nachkriegsinflation, der Atem
ausgegangen war. Doch es lässt sich nun einmal
nicht bestreiten: »Österreich« oder, wie es
Christl Schönfeldt ausdrücken würde, »Alt-
österreich« ist ein Stilbegriff, und der hat wenig
mit Gebietsgrenzen oder Regierungsformen zu

tun. Die Regisseure des ersten Wiener Opernballs wussten sehr genau, woran sie anzuschließen hatten. Das Motto von 1935 lautete: Fanny
Elßler, und die Uniformen wie die Musik sollten für einen Abend zurückführen in die Zeit,
als Großmachtstellung und Lebensweise so me-
lancholisch-familiär harmonierten. Der Opernball knüpft an die Zeit des Wiener Kongresses
an, an altösterreichische Faschingstradition und
an die Huldigung für wienerisch weibliche
Schönheit und Anmut. Ein deutscher Journalist
hat ihn einmal sogar als fortlebendes Symbol
»imperialer Humanität« bezeichnet – aus einer
Zeit, in der »das ästhetisch geformte Beisam-
mensein« für sich ausreichte, um »gesellschaftliche Funktion« zu sein. Dieser Euphemismus
verdunkelt, was etwa Egon Friedell als »österreichisch« im Zeichen Metternichs deutlich gesehen hat – nämlich, dass die Menschen als
Maschinen betrachtet wurden, die man nach
Belieben »regulieren und arretieren« konnte.
Das Arretieren beherrschten auch andere ganz
gut, beim Regulieren aber zeigt sich der Ball
allen Gefängnissen und Schulen doch weit
überlegen. Er erfordert nicht Einsicht, sondern
überwältigt durch Lust. Vieles von dieser »voll-
endeten Frivolität« hat sich bis heute gehalten.
Denn was meint schon »Zeit« – es ist eben
die Zeitlosigkeit, die sich hier zum Vorschein
bringt. Es ist das Wesen des Österreichers
selbst, das zugleich das des Menschen überhaupt ist. »Der schönste Ball der Welt«, wie er
auch genannt wird, bringt doch das allein Gül-
tige auf die Bühne: Liebe und Eifersucht, Intrigen und Allianzen, die Agonistik von Ehre und
Geld. Österreichisch daran ist, dass das drama-

tische Geschehen zur Komödie tendiert. Géza von Bolvárys meisterlicher Wien-Film ist hierin von der Wirklichkeit natürlich nicht einholbar, aber das Augenzwinkern gehört, wie wir Christl Schönfeldts Amusement über die Ausstattung der Ballbesucher schon entnehmen konnten, zum Vereinnahmungsritual des Opernballs. Die »Leutnants«, mithin die fesche Staffage, sind (ab 1958) von der Militärakademie ausgeliehen, und die »Consuln« sind keine echten. Auch die Bombendrohung (1962) ist falsch und der Schah von Persien zwar der richtige, aber der Kalendertag, ein hoher islamischer Festtag, der falsche (1964). Und statt Prinzen und Prinzessinnen werden ersatzweise bloß die Tochter des Bundespräsidenten und ein aufstrebender junger Rechtsanwalt (oder ein Banker?) über die Polonaise zur Ehegemeinschaft geführt.

Damit wir uns nur ja verstehen: Mit Vergeudung und demonstrativem Luxus hat der Opernball nichts zu tun. Er hat einen karitativen Zweck, heute zugunsten der notleidenden Opernkünstler, früher zugunsten von Schuschniggs »Winterhilfswerk«. (Schade nur, dass die Künstler nicht mehr wie dazumal am Ballabend anzutreffen sind. Aber Opernprominenz leisten sich heute nur noch Einkaufszentren bei Geschäftseröffnung.) Der gute Zweck, auf den hinzuweisen die Organisatoren nie müde werden, lässt die Ballbesucher als Schauspieler in einem größeren Unternehmen erscheinen. In diesem kann jeder seinen Beitrag leisten, zum Beispiel indem er gegen ein kleines Entgelt schon am Nachmittag eine Führung durch das festlich geschmückte Opernhaus mitmacht. Apropos Dekoration: Der Blumenschmuck wird seit 1959

von einem italienischen Großkonzern gesponsert und vertieft auf seine Art die Anhänglichkeit der österreichischen Volksgemeinschaft gegenüber ihrem Ball. Die 10.000 Gratis-Nelken ermöglichten nämlich unter anderem auch der sozialdemokratischen Partei, ihren Idealen treu zu bleiben und nach ihrem Regierungsantritt 1971 den Ball zum »Ball des Staates« zu erheben. Das ging so: Bislang hatten die Tänzer die schlechte Angewohnheit, die noch nicht verwelkten Nelken mit nach Hause zu nehmen. Unterrichtsminister Gratz als Gastgeber ließ nun aber Karten verteilen, die besagten, dass der unverbrauchte Blumenschmuck von Bediensteten der Gemeinde Wien eingesammelt und in den Spitälern an die armen Patienten verteilt werde. So erreicht ein Hauch des Jahresereignisses, um das uns »die Welt beneidet« (*Neues Österreich*, 1958), noch den äußersten Ring der Gemeinschaft.

In Géza von Bolvárys Komödie wird der Ball – respektive sein geheimer Zweck, die Gesellschaft durch Verwechslungsspiele erotisch aufzuladen – durch korrupte Bedienstete gerettet. Es ist alles nur ein Spiel, in dem die Verteilung der Rollen höchst zufällig ist. Die Voyeure auf der Galerie sind für das Gelingen nicht weniger wichtig als die Debütantinnen auf dem Parkett und die Finanzmänner in den Logen, die Kameraleute sind ebenso einbezogen wie die Menschen, die draußen Spalier stehen. Von Zeit zu Zeit, wenn der Opernball zu einer simplen Tanzveranstaltung abzuleiten droht, ist freilich stärkerer Tobak gefragt. Seit Mitte der 1980er Jahre, seitdem Libidomaschinen wie MTV 365 Tage im Jahr Karneval zelebrieren, gibt es deshalb nicht nur Ball, sondern bei freiem Eintritt auch die namensgleiche Demonstration dazu. Bolvarys Buffo-Paar hat sich extensiviert. Wo früher Theo Lingen und Hans Moser hinreichten, um die sympathische Verdorbenheit ihrer gelangweilt um Existenzbeweise ringenden Herrschaften augenfällig zu machen, werden heute übrig gebliebene Stadtindianer und schlecht bezahlte Mitglieder polizeilicher Einsatzkommandos abgestellt, um das Ensemble des Opernballs aufzumuntern. *Eat the rich*, wir gehen heute ein hohes Risiko ein. Waren das noch Zeiten, als eine der Damen in rosa Dominos die wahre Größe des Opernballs mit dem einen Satz erfasste: »Jöh, ist das ein schöner Hut. Mit dem könnte ich in St. Pölten nicht einmal auf die Straße gehen.«

Die ephemere Stadt

Urbane Sequenzen in Wiener Amateur- und Gebrauchsfilmen

Ende des 20. Jahrhunderts ging ein neu er-
wachtes kulturwissenschaftliches Interesse an
der Stadt einher mit dem Zweifel, ob man wieder am Konzept der Repräsentation anknüpfen
könne; wurden doch kulturelle Formen der Repräsentation selbst als problematisch gesehen –
bzw. als an ein bestimmtes sozio-ästhetisches
»Regime«[1] gebunden, das Beziehungen von
Gegenstand, Ausdrucksform und gesellschaftli-
chem Ort eines Werks strikt vorgab.

In Hinblick auf die (Stadt-)Literatur verwies
Karlheinz Stierle auf die notwendige Synthese
unterschiedlicher Stadt-Texte im Forschungs-
prozess, einschließlich der Sprache materieller
Überreste: »In der Stadt wird die geschichtete
Zeit erfahrbar als materielle Kopräsenz des Ungleichzeitigen. [...] Die städtische Zeit, der Zeit-
Raum der die Jahrhunderte überdauernden
Stadt in seinen Schichtungen und Verwerfun-
gen ist gleichsam ein mehrdimensionaler Stadt-
text, dessen stumme Sprache in den überdauernden Zeugnissen und Spuren lesbar ist.«[2]
Ähnliches ließe sich vom Film sagen; die Tradition kinematografischer »Stadtsymphonien«
(von Walter Ruttmann oder Dziga Vertov) galt
lange als ultimative Darstellungsform der Stadt.
Im rezenten Buch *Film, Mobility and Urban Space*,
das Ergebnisse des Großprojekts *City in Film* an
der Universität Liverpool vorstellt, spricht Les
Roberts von der »unmöglichen Totalität« des
»Stadt-Films« (eine ältere Genrebezeichnung)
und von einem anstehenden Wechsel des
Fokus, hin zu einem Gewebe unterschiedlicher
filmischer Praktiken und Formen. Die »Stadt-
im-Film« erweist sich als dynamisches Ensemble, in dessen Archiv eine urbane Anthropologie ein singuläres Betätigungsfeld auf den Spuren kontinuierlichen Wandels vorfindet.[3] Im

1 Vgl. Jacques Rancière, *Die Aufteilung des Sinnlichen. Die Politik der Kunst und ihre Paradoxien*, Berlin 2006, S. 37ff. Rancières Begriff des »repräsentativen Regimes der Künste« meint die wechselseitige Bekräftigung dominanter gesellschaftlicher Machtverhältnisse und ästhe-
tischer Hierarchien (Genres, Topiken, Orte). Im »ästhetischen Regime der Künste« kann demgegenüber jeder
beliebige Gegenstand zum Kunstobjekt oder Thema der
Kunst werden. Der Begriff »Repräsentation« wird damit
zum Ausdruck komplexer Herrschafts- und Wider-
standspraktiken.
2 Karlheinz Stierle, *Der Mythos von Paris. Zeichen und Bewusstsein der Stadt*, München, Wien 1998, S. 45.
3 »Unlike the classic city symphonies [...] the orchestra-
tion of a city's diverse and heterotopic geographies of
film sets into motion the relational structures of form
and practice (habitus, genre, mode of production, cam-
era movement, editing, spatio-temporal register) by
which, as an impossible *totality*, the city-in-film is ap-
prehended as a dynamic assemblage, its individual filmic
components [...] brought into critical spatial dialogue or
spatial *play*.« Les Roberts, *Film, Mobility and Urban Space. A Cinematic Geography of Liverpool*, Liverpool
2012, S. 4; zur *Archive City* ebd., S. 23.

Wien Stadt meiner Träume
(ca. 1960)

A Trip Down Market Street
(1906, Miles Brothers Motion
Picture Company)

Der grüne Kakadu
(1932/33, Franz Hohenberger)

Folgenden greife ich diese Konzeption von Film als genuines Archiv für die Stadt- und Urbanitätsforschung auf, allerdings beschränkt auf einen bestimmten Typus von Filmen: sogenannte *ephemere Filme*. Dies sind etwa Aktualitäten oder Wochenschauen, die aufgrund ihres zeitlich begrenzten Einsatzes eine spezifische Form ausbildeten, oder Filme von Amateur/inn/en, die nie für öffentliche Vorführungen gedacht waren und – wie sich heute zeigt – keinen verbindlichen Gestaltungsregeln folgten. Ephemer heißen diese Filme deshalb, weil sie weder in Archiven noch in den Wissenschaften und der Kritik größere Beachtung fanden; sie blieben Randphänomene, sofern sie nicht überhaupt entsorgt wurden.[4] Ephemer sind sie aber auch deshalb, weil sie in ihrer oft rohen bzw. nicht-künstlerischen Form auf scheinbar paradoxe Art und Weise einen Überschuss an Informationen in sich speichern, der das aus der Geschichte Ausgeschiedene zum Gegenstand einer kritischen Gegenlektüre – in unserem Falle zur Wiener Stadtgeschichte – machen kann.

Um 1960 drehte ein Wiener Amateurfilmer, dessen Identität hinter der selbstbewussten Abbreviatur »hs Produktion« verborgen bleibt, den wenige Minuten langen Farbfilm *Wien Stadt meiner Träume*. Zwei (fingierte) italienische Touristinnen[5] flanieren durch die »Walzerstadt« (so der Untertitel). Das Terrain ist verhältnismäßig eng begrenzt: Gloriette und Schloss Schönbrunn, Opernkreuzung, Michaelerplatz und Kohlmarkt, Hochhaus in der Herrengasse, Stephansdom, Graben, Neuer Markt, Mölkerbastei (»Dreimäderlhaus«), Lugeck, Stadtpark, Donaukanal mit Urania. Technisch besticht der ambitionierte Privatfilm im Format 9,5 mm in Kameraführung und Schnitt. Nach dem Muster professioneller Tourismusfilme kommt ein breites Repertoire an Bildtypen zum Einsatz: Panoramaschwenks, Totalen und Halbtotalen, Nahaufnahmen, Zooms, Schuss/Gegenschuss bis hin zum *phantom ride* auf der Rolltreppe der Opernpassage. Komplexe Schnittfolgen in Sequenzen wie jener vor einem Juwelierladen am Kohlmarkt[6] verweisen auf ein (zumindest Quasi-)Drehbuch, und die verschmitzte Nennung von André Kostelanetz, Pionier »leichter« Radio-Arrangements klassischer Musik, als für die Filmmusik verantwortlich (so als sei dies eine professionelle Produktion), deutet bereits die rhythmische Sensibilität des Amateurs bei der Editierung des Films an.[7]

Wien Stadt meiner Träume verknüpft entlang eines Sightseeing-Pfads imperiale Wiener Landmarks, Denkmäler, Parklandschaften und symbolische Räume mit dem Alltagstreiben in der

4 Zur wissenschaftlichen Entdeckung der ephemeren Filme bzw. *orphan films* in den 1990er Jahren vgl. Dan Streible, »The Role of Orphan Films in the 21st Century Archive«, in: *Cinema Journal* 46, 3, 2007.
5 Zwei weitere Privatfilme desselben Autors aus einem längeren Zeitraum belegen das Rollenspiel zumindest einer der beiden Frauen, die offensichtlich zum engsten Familienkreis des Filmamateurs zählte.
6 Hier wie auch beim Gang zum »Dreimäderlhaus« gelingt eine für Amateurfilme nicht leicht zu bewerkstelligende organische Raum- und Bewegungsmontage aus verschiedenen Einstellungsgrößen und Kamerapositionen.
7 Der Film ist nur stumm überliefert. Die Musik dürfte separat zugespielt worden sein. Es ist naheliegend, an die Zuspielung einer der vielen Walzereinspielungen von Kostelanetz zu denken, wenngleich bisherige Recherchen keine mit der Länge des Films synchrone Walzerversion zutage gefördert haben.

Innenstadt. Jenseits der Hommage an die Hei-
matstadt und des offensichtlichen Vergnügens
am Rollenspiel und am Filmen selbst erhebt der
Film keinen erkennbaren Anspruch auf Originalität, was Schauplätze und Handlungen betrifft. Als Imitation des von Redundanzen geprägten Tourismusfilms ist das Ergebnis zunächst trivial. Die Stadt wird zum Panorama,
fundiert in einer konzeptionellen Ordnung, die
ihr abstraktes Double in dem handlichen Stadt-
plan findet, der den beiden jugendlich-schicken
Frauen den Weg weist. Wien ist hier zur Gänze
(jedenfalls vordergründig) ein Raum Bedeutung tragender historischer Architektur. Als
Spiel mit und von Oberflächen wird die Stadt
wiederum visuell konsumierbar; dies erstreckt
sich auch auf ihren imaginären Reichtum, der
im *window-shopping* vor einem Juwelierladen
und einem Reisebüro erlebbar wird.

Dennoch geht von *Wien Stadt meiner Träume*
eine größere, wohl auch andere Anziehungskraft aus als von den meisten Auftrags- und
Spielfilmen. Verankert ist sie in der Kultur des
Amateurismus. Der bei Amateur/inn/en häufig zu beobachtende Wille zur Selbsteinschrei-
bung zieht Abweichungen von Genreregeln
nach sich.[8] So schiebt sich schon eingangs in den
Reigen der Bilder von Schönbrunn bis zum
Stadtpark eine Aufnahme, die inmitten dieser
Wiener Stereotype fremd wirkt. Zu sehen ist
ein dreistöckiges, von frei stehenden Laubbäu-
men umgebenes Wohnhaus; dessen rhetorische Schlichtheit und pure Funktionalität erlauben die Zuordnung zur kommunalen Stadt-
rand-Siedlungspolitik des »Neuen Wien«. Wie
anders denn als Spur der im Bild abwesenden

Filmemacher, als In-Szene-Setzen der eigenen
Wohnstätte, sollte diese Aufnahme verständlich werden? Und wenn es sich so verhält: Welche Art von Wieder-Aneignung welcher Stadt
erfolgt hier – ausgehend von diesem Störbild –
mithilfe der Kamera? Wie zwingend wird die
Rolle des fiktiven »Besuchers« der historischen
Stadt und ihrer Gedächtnisorte unter den Bedingungen der »Stadterweiterung« in den 1950er
Jahren, also der Dekomposition des Stadtgewe-
bes und der Abwanderung in homogene,
monofunktionale Räume des Wohnens?

Von umfassenderer Bedeutung sind die
Schwierigkeiten, die sich den Amateur/inn/en
bei der *mise-en-scène* stellen. Am Neuen Markt
etwa verwenden sie erhebliche Energie darauf,
die Geschäftigkeit an einem Obst- und Gemü-
sestand zu forcieren und mit mediterranem
Flair auszustatten – sie greifen selbst als Käufe-
rinnen ein. Die für Touristen kennzeichnende
Freude an der versprochenen Folklore, die dem
Bildungs- und Kulturprogramm etwas von seiner Anstrengung nehmen soll, erfüllt sich im
Vernaschen von Bananen, die 1960 durchaus

8 Vgl. Martina Roepke, *Privat-Vorstellung. Heimkino in
Deutschland vor 1945*, Hildesheim, Zürich, New York
2006, S. 178ff.; Heather Norris Nicholson, »Framing The
View: Holiday Recording and Britain's Amateur Film
Movements, 1925–1950«, in: Ian Craven (Hg.), *Movies
on Home Ground: Explorations in Amateur Cinema*, Cambridge 2009, S. 95; zur Generierung lokaler »Geschichten« durch Amateure, die in der Logik der Postmoderne
die lineare, nach (nationalen) Metanarrationen struktu-
rierte Geschichte revidieren, vgl. Patricia R. Zimmermann, »Morphing History into Histories: From Amateur
Film to the Archive of the Future«, in: Karen L. Ishizuka,
Patricia R. Zimmermann (Hg.), *Mining the Home Movie.
Excavations in Histories and Memories*, Berkeley,
Los Angeles, London 2008.

noch als »exotische« Früchte durchgehen mochten. Das Risiko dieser Sequenz liegt allerdings nicht in den Bananen (wenngleich sie heute, da sich ihre kulturelle Bedeutung gewandelt hat, Lachen hervorrufen), sondern in dem zum Platz hin offenen Raum hinter dem Marktstand. In ebendiese Lücke drängt sich ein offenkundig von den Dreharbeiten neugierig gemachter Straßenkehrer. Er simuliert seine (üblicherweise sinnvolle) Tätigkeit und fegt mit seinem Besen die Straße hinter dem Stand. Im entscheidenden Moment aber, als er in den Fokus der Kamera gerät, wird er unsicher, hält inne und blickt direkt in die Kamera. Dieses Aufblitzen der Wirklichkeit, dieser im regelkonformen Film unmögliche starrende Blick, zerstört das kunstvolle Arrangement und bereichert es zugleich.[9] Es ist einer jener ambivalenten Augenblicke, in denen das Bild der Stadt von dem der Urbanität überlagert wird, von der Kontingenz sich überlagernder räumlicher Praktiken. Dies geschieht auch an anderen Stellen in *Wien Stadt meiner Träume*: Eine Baustelle auf dem Weg zur Mölkerbastei zieht das Motiv der zeitlos-schönen Barockarchitektur in Mitleidenschaft; ein leichter Zusammenstoß der Flaneusen mit entgegenkommenden Passanten führt dazu, dass Letztere sich etwas irritiert nach ihnen umdrehen; das Spiel des ständig kreisenden, sich auf wundersame Weise selbst regulierenden Autoverkehrs am Michaelerplatz ringt der Kamera einen unmotivierten zweiten Schwenk ab; die ungeordneten Ströme der Menge widespre-

chen der Gerichtetheit der filmischen Wanderung. Solche a-signifikanten Bilder brechen die konventionelle Raumlogik des Films auf und lassen die Kopräsenz mannigfaltiger Handlungen, Funktionen und Beziehungen als ein Charakteristikum des Urbanen sinnfällig werden.

Henri Lefebvre hat in *Die Revolution der Städte* eine Unterscheidung getroffen, die es zu berücksichtigen gilt, wenn man über die Analyse von Stadt-Repräsentation hinausgelangen und jene Bilder produktiv machen will, die keinem etablierten Narrativ unterstellt werden können. Lefebvre unterscheidet zwischen der Stadt als zugleich sinnlich und kognitiv wahrnehmbarer Ordnung des politischen Gemeinwesens und dem Urbanen als offener Form für die Konvergenz städtischer Systeme von unterschiedlicher Komplexität und emergenter Praktiken unterschiedlicher Akteure. Das Urbane, dem ein kontinuierlicher Metabolismus, ein beständiger Wechsel seines Materials und seiner Formen eingeschrieben ist, setzt sich den von Ästhetik und Wissen produzierten Figurationen der Stadt entgegen. In diesem Sinn wird das Urbane zum Gegensatz nicht bloß der agrarischen Tradition und ihres auf die Natur rückbezogenen Bedeutungssystems, wie es im Begriffspaar »Stadt – Land« angelegt war, sondern es greift auch auf die erfundenen Traditionen der Stadt selbst über. Es ist eine gesellschaftliche Produktivkraft. Gleichzeitig ist das Urbane selbst unterschiedlichen Weisen und Formen der Regulierung ausgesetzt, die seine mannigfaltigen, komplexen und unbestimmten Situationen aufspalten und die solcherart gewonnenen Fragmente in isolierte, verhandelbare Ob-

9 Vgl. zum Problem der Irritation durch den Blick der »Gaffer«: Livio Belloi, »Lumière und der Augen-Blick«, in: *KINtop* 4, 1995.

jekte und Begriffe transformieren. Die Stadt präsentiert sich demgemäß als Ensemble von Epistemen, die jeweils eigensinnige, manchmal komplementäre, manchmal widersprüchliche Narrative und Stadtbiografien stiften: die Stadtgeschichten der Demografie, der Migration, der Architektur und andere mehr – Episteme, die Lefebvre (bezogen auf die von ihnen metasprachlich nicht erfasste urbane Form) als »Ideologien« bezeichnet hat. *Die Revolution der Städte* widmet sich deshalb gerade den Begrenztheiten, die den einzelnen Diskursen zur Stadt und selbst transdisziplinären Wissensformationen wie dem »Urbanismus« vorgegeben sind.[10]

Das Medium Film schien sich in seinen Anfängen auf die Seite des Urbanen zu schlagen. Dies schon deshalb, weil disparates Treiben an modernen Orten wie Verkehrsstraßen, Industrieanlagen und Bahnhöfen zu seinen bevorzugten Szenerien zählte. »The cities at the origins of European cinema are strange Edens, already contaminated in the first illumination of their urban matter: the soot-blackened bridge over the River Aire in Louis Le Prince's experimental images taken in the industrial city of Leeds in 1888; the rooftops of the Pankow district of Berlin in images captured by the Skladanowsky Brothers with the aim of infusing cinema for the first time with the spectacular magic of popular public performance; and the imposing tenements, advertising screens and factory buildings of Lyon, shot from trains, in the Lumière Brothers' vast project of collecting their city's visual components on film.«[11] Der Film- und Medienwissenschaftler Stephen

Barber, von dem diese Beschreibung stammt, führt ein weiteres Argument ins Treffen: In seinen Anfängen verbindet sich der Film mit der Aura von Originalität und Einzigartigkeit, nimmt die Obsession des 19. Jahrhunderts mit Experimenten und Sensationen (Phantasmagorien, Panoramen) auf und überlässt sich der rohen Irregularität des urbanen Lebens.

Der frühe Film wertete die urbane Realität zum sich selbst genügenden Spektakel auf: Die im zeitgleich anhebenden Diskurs über die »Massengesellschaft« ganz zentrale (und als prekär erachtete) Parallelität von sozialer Anomie und Selbstregulation im Umgang mit der Materialität der Dingwelt – Film machte sie auf euphorische Weise sichtbar. Das Publikum konnte sich selbst dabei beobachten, wie es durch seine Interaktionen im städtischen Raum die Enge von Zwecksetzungen abstreifte und gerade deshalb den Raum mit Leben füllte. *A Trip Down Market Street* ist das vielleicht be-

10 Vgl. Henri Lefebvre, *Die Revolution der Städte*, Frankfurt/M. 1990, insbes. S. 53–55. Eine »Übersetzung« dieser Theorie auf das Feld der Geschichte lieferte Richard Rogers in »Theory, Practice and European Urban History«, in: ders. (Hg.), *European Urban History*, Leicester 1993, S. 1f., mit folgender Unterscheidung: Die »deskriptive« Stadtgeschichte setzt ihre Untersuchungseinheit meist als Struktur juristischer, topografischer oder anderer Art voraus. Sie untersucht in der Regel spezifische Topiken wie Grundbesitz, Zuwanderung, politische Repräsentationsweisen, ohne sich Wechselbeziehungen zwischen den universalen Faktoren und der Stadt als einer produktiven, formsetzenden Kraft zuzuwenden. Die »interaktionistische« Stadtgeschichte hingegen fokussiert auf das Beziehungsgeflecht zwischen den Regeln, auf denen das materielle Gewebe der Stadt beruht, und den Lebensformen der Stadtbewohner.

11 Stephen Barber, *Projected Cities. Cinema and Urban Space*, London 2002, S. 15.

kannteste Beispiel dafür. Für einen mehr als zehn Minuten langen Promotion-Film über San Francisco genügte es der Miles Brothers Motion Picture Company im April 1906, die Kamera auf die Plattform eines Cable Car zu stellen, das von der 8. Straße bis zur Fährenstation fuhr. Der in einer einzigen starren Einstellung verlaufende, der Linearität der Straße folgende *phantom ride* lieferte Bilder, die gegenüber den etablierten Signifikaten der Stadt San Francisco vollständig gleichgültig blieben. Der reine Zufall entschied darüber, welche Personen, Situationen, Handlungen und Gegenstände zu welchem Zeitpunkt an welchem Ort zu sehen waren: Jugendliche, die ihr eigenes Spiel erfinden, indem sie auf fahrende Autos aufspringen oder mit dem Cable Car um die Wette laufen; Spaziergänger; vollgepackte Pferdekarren, die riskante Überholmanöver versuchen; ein gemächlich schreitender polizeilicher Ordnungswächter, der um seinen imposanten uniformierten Körper eine Zone des Respekts hervorzubringen scheint; Trolley-Busse mit Werbeaufschriften, die inmitten des ungeregelten Verkehrs die Straße queren; Ecksteher, gestikulierende Gassenjungen als Zeitungsverkäufer, Fußgänger, die wie Toreros

heranpreschenden Wagen ausweichen; Frauen mit ihren Einkäufen, Lastenträger, Männer mit Arbeitsschürzen, in Anzug und weißem Hemd, in Uniformen; Frauen mit eleganten hellen Hüten oder von schweren schwarzen Kleidern umhüllt … Die Tiefenschärfe der frühen Kameratechnik ist mitverantwortlich dafür, dass keines der erfassten Objekte den Fokus auf sich ziehen kann, sondern sich den Raum mit der Präsenz vieler anderer teilen muss, zu denen es in verschiedenen Momenten unterschiedliche Beziehungen – oder gar keine – unterhält.[12]

Durch die Zerstörung von San Francisco infolge des Erdbebens vom 18. April 1906 verwandelte sich dieser Film augenblicklich in ein einzigartiges, erschreckendes Monument. Die Architekturen und Topografien, an denen der Film zunächst nur vorbeigezogen war, traten nun als Landmarks und Ankerplätze einer panoramatischen Stadt-Ansicht hervor – wenngleich einer verschwunden Stadt. *A Trip Down Market Street* steht trotz seiner Einzigartigkeit als Gedächtnisort eines Jahrhundert-Desasters nicht allein, sondern ist Teil eines Quasigenres von Stadtfilmen. Drei Filmdokumente zu Wien eröffnen uns ein ähnliches Verständnis der globalen Eigenschaften des Urbanen bzw. der engen Verknüpfung von frühem Film und verstädterter Moderne: *Le Ring* (Société Lumiére, 1896), *Vienne en tramway* (Pathé Frères, 1906) und *Wien 1908* (Archivtitel für eine Pathé- Kompilation von Wien-Aufnahmen ab 1908). Es scheint sinnvoll, die Beziehungen zwischen diesen Filmen sowie zwischen ihnen und *A Trip Down Market Street* näher zu beleuchten.

Le Ring mit seinen 43 Sekunden Länge stellt –

12 Vgl. zu den Schichtungen des tiefenscharfen kinematografischen Bildes Elisabeth Büttner, Christian Dewald, *Das tägliche Brennen. Eine Geschichte des österreichischen Films von den Anfängen bis 1945*, Salzburg, Wien 2002, S. 88–97. Zur Produktion eines neuen Raumgefühls durch die Suggestion eines Bildes *off screen* (imaginärer Raum), entgegengesetzt dem *off frame* des physischen Bildrands, vgl. Thomas Elsaesser, *Filmgeschichte und frühes Kino. Archäologie eines Medienwandels*, München 2002, S. 59.

gemeinsam mit *Entrée du Cinématographe à Vienne* (Société Lumière, 1896), der die Kärntner Straße, Ecke Krugerstraße, mit dem Schild des dortigen Kinos zeigt – das älteste bekannte Filmdokument zur Stadt dar. Mit der Opernkreuzung wählt *Le Ring* jenen Wiener Topos, dem auch eine Sequenz von *Wien 1908* und eine der vier Einstellungen von *Vienne en tramway* gewidmet sind. Während Letzterer durch die Technik des *phantom ride* in unmittelbarem Bezug zu *A Trip Down Market Street* steht, verbindet ihn mit den beiden anderen Filmen die Wahl eines einzigen Schauplatzes, der kraft der Fülle kultureller Bearbeitungen für einen lokalen Stadtmythos einsteht. Allen Filmen (bzw. Sequenzen) ist jedoch gemeinsam, dass sie auf die Präsentation der semantischen Elemente des Ortes verzichten und sich sogar entschieden gegen die konventionellen visuellen Darstellungen in der Tradition der Vedute wenden.

Le Ring hält in einer einzigen Einstellung die Kreuzung Opernring/Kärntner Straße zur Zeit der Jahrhundertwende fest, ohne das in Stadtführern, Architekturbänden oder auf Ansichtskarten für Wien repräsentative Opernhaus (oder das benachbarte Hotel Bristol) »angemessen« (im Sinne der Kunst- und Architekturkritik und ihrer touristischen Ausläufer) zu zeigen; die Oper erscheint nur im Anschnitt des linken Seitentraktes. Das Dokument lenkt die Aufmerksamkeit auf das dichte Verkehrsgeschehen, auf die unentwegte Kette der Pferde-Tramways, die Kreuzungslinien bewegter Fahrzeuge und Passanten, die Selbstverständlichkeit, mit der alle Beteiligten den zu erwartenden Kollisionen

ausweichen. Menschen, die der Kamera nahe genug kommen, erhalten plötzlich eine Physiognomie und werden zu Subjekten, ehe sie wieder in die Anonymität und Zufälligkeit ihrer Existenz zurückgleiten. Bildkompositorisch strukturieren ein mit dem Rücken zur Kamera stehender Polizist und – in den wenigen Momenten seiner Sichtbarkeit – ein Mann in weißem Hemd, der die Tram-Gleise kehrt, einen Raum der geometrischen Perspektive. Die Tiefe des Bildes unterbindet jedoch die potenzielle Stabilisierung des beobachtenden Blicks entlang einer imaginären Achse; die Gleichzeitigkeit so vieler Begebnisse führt zu einer Überforderung des Sehens. Von der Filmkamera kann die Informationsdichte der urbanen Situation indes gebannt werden: Sie wird zumindest rekursiv zugänglich und damit in ihrer Vielschichtigkeit interpretierbar.

Wien 1908 ist ein Stadtporträt und überschreitet mit seiner Komposition aus einzelnen Kapiteln (Trabrennplatz Krieau; Burgwache; Straßenkreuzung Opernring; Blumenkorso im Prater; Naschmarkt) die Grenzen des zuvor behaupteten Quasigenres »roher Stadtfilm«. Auch die Sequenz an der Opernkreuzung ist komplexer gebaut als in *Le Ring*: Der Wechsel der (sechs) Kamerastandorte entfaltet einen Multiperspektivismus. Dennoch bleibt auch hier der Oper selbst eine vedutenhafte Aufnahme verweigert. In unterschiedlichen Einstellungsgrößen und mit langsamen Schwenks versucht der Film vielmehr, eine rudimentäre Taxonomie urbanen Lebens abzubilden: Individuen, Gruppen, Mengen und Massen – und deren Interaktionen mit bewegten und unbewegten

Dingen wie (elektrischen) Tramways, Plakat-
säulen, Schaufenstern. Der Einsatz von Halbtotalen und halbnahen Aufnahmen bringt die
soziale Differenzierung stärker zur Geltung.
Sie ist ablesbar an vestimentären Zeichen und
an Gesten: Militär- und Berufsuniformen, Aus-
träger mit Korbtaschen, Varianten von Kopf-
bedeckungen (Homburger, Zylinder, Militär-
kappen, Polizeihelme, Schieberkappen, aufge-
drehte Hutkrempen der vorstädtischen Halb-
welt) zeigen ebenso wie hastige Eile, gelang-
weiltes Stehen, Einreden auf andere, elegantes
bedächtiges Schreiten oder demonstrativ in den
Hosentaschen steckende Fäuste eine Vielfalt,
die es – wie den Flaneur als »Botaniker« der
Großstadt – heute wohl nicht mehr gibt.

Auch *Vienne en tramway* führt uns die Gleichsetzung von urbanem Leben und filmischer
Sensation durch nüchterne mechanische Registratur und durch Distanz zu literarischen Modellen der Stadterfahrung vor Augen. Wie in
A Trip Down Market Street genügt die fixe Verbindung von Kamera und Straßenbahn, um
einen Stadtfilm zu generieren. Konstante Ein-
stellungsgröße, fester Kamerastandort und
gleichbleibende Geschwindigkeit bringen eine
genuine Form der Beobachtung städtischer Positivität hervor: eine Einladung nicht so sehr
zum Konsum der Bilder, sondern zu ihrer Interpretation. Keinem Objekt gesteht die Kamera

ein Privileg zu. Auf der Fahrt um den Ring
bleibt die Oper ein Gebäude wie jedes andere,
ein den Straßenraum strukturierendes Volu-
men. (Eher noch lädt die interne Logik der
Transversale dazu ein, das Tegetthoff-Denkmal
am Praterstern und den dahinter sichtbar wer-
denden Circus Busch als bedeutende Objekte
wahrzunehmen.) Auch der Ring insgesamt
wird hier – konträr zu seiner diskursiven Beschreibung als symbolischer Raum des bürger-
lich-liberalen Machtanspruchs – als heterogenes
Phänomen behandelt. Wie in den anderen Fällen tritt die Multifunktionalität des Raums hervor, die Überlagerung von Arbeitsvorgängen,
Dienstleistungen, Geschwindigkeiten, wobei in
Vienne en tramway eine proletarische Präsenz
durch Straßenbauarbeiter noch nachhaltiger
zum Vorschein kommt – allerdings gemeinsam
mit deren sinnfälliger Bindung an ihren Ar-
beitsort.[13]

Zwischen den frühen Stadtfilmen und einem
Film wie *Wien Stadt meiner Träume* geht diese
Positivität des Urbanen verloren. Ein Register
filmästhetischer Mittel spaltet die Einheit von
Ort, Zeit und Raum auf, die Ersteren noch zugrunde liegt. Mit der generellen Wende vom
Attraktions- zum Spielfilm wird der Raum der
Stadt vermehrt durch die Erzählung konstituiert. Deren Kohärenzgebot verwandelt die einzelnen Orte in Sinn tragende, Sinn strukturie-
rende Elemente.[14] Mit Laura Frahm können wir
von einem Hang des Erzählkinos zur topografischen Raumordnung sprechen, die der Stadt
als Ensemble räumlich distinkter Eigenschaften
Konstanz und Prägnanz verleiht. Die Stadt wird
damit zum Raum der Repräsentation – der

13 Die Straßenarbeiter erhalten ihren Platz durch ihre
funktionale Tätigkeit zugeordnet. Nichts im Film legt
nahe, sie als Nutzer dieses Raums aufzufassen.
14 Vgl. zum erzählten filmischen Raum generell Stephen
Heath, »Narrative Space«, in: ders., *Questions of Cinema*,
London, Basingstoke 1981.

Darstellung konventionalisierter Handlungen, Gesten, Motive – wie zum repräsentierten Raum, der eine kohärente gedankliche Ordnung vermittelt. Eine Chance zur Flucht aus der Repräsentation bildet sich im Genre der »Stadtsymphonien« und der Querschnittsfilme aus, die die Fabrikation des Städtischen ins Zentrum rücken: die Verknüpfung materieller Transformationsprozesse der Stadt mit Prozessen ihrer medialen Umformung und Dynamisierung (exemplarisch die demiurgische Kraft des Urbanen in Dziga Vertovs *Čelovek s kinoapparatom* [*Der Mann mit der Kamera*, 1929]).[15] Eine andere Möglichkeit eröffnet sich dort, wo die Kontrolle über den Bildraum fehlt – was *Wien Stadt meiner Träume* wiederum mit den frühen Filmen verbindet – und die städtische Wirklichkeit sich als Störbild in die Erzählung schiebt. Eine dritte Option zeichnet sich ebenfalls auf dem Gebiet des ephemeren Films ab: in einem Korpus filmischer Hybride, die keinem Genre eindeutig zurechenbar sind und die den Attraktionswert des realen städtischen Raums auf spontane Art und Weise zur Kompensation dramaturgischer Aporien nutzen.

Tatsächlich findet man an den Rändern auch der Wiener Filmgeschichte Hybride wie den (Meta-)Preisrätselfilm[16] *Wo sind die Millionen?* (1925), die einen konzeptuellen oder produktionstechnischen Mangel in eine filmisch vermittelte Erfahrung des Urbanen übergehen lassen. Der Film von Hugo Eywo (Produktion, Kamera, Darsteller) und Robert Wohlmuth (Regie) schließt mit der Totale eines Fahrradhändlers aus dem 7. Bezirk, der übers ganze Gesicht strahlend den Gewinn – ein Rad der Marke

Rational – ins Bild hält. Davor waren wir rund zehn Minuten lang Zeug/inn/en einer Verfolgungsjagd durch Stadt und Peripherie, die einen sportlichen Filmregisseur, zwei clowneske Fahrradboten und einen Detektiv aus Tarnopol in Aktion setzt: Der Regisseur soll die Schauplätze filmen, die zum Versteck der Gewinnanweisung führen; der Meisterdetektiv will, da diese (Film-im-)Film-Produktion schon in Zeitungen angekündigt war, durch Observierung der Dreharbeiten an den Gewinn kommen. Dazu braucht er ein Fahrzeug und nimmt aufgrund der exorbitanten Auto-Taxi-Preise – wir befinden uns auf dem Höhepunkt der Nachkriegsinflation – ein billigeres Fahrrad-Taxi der in Stadlau postierten Außenstelle der New Yorker »Yellow Taxi Ges.m.b.H.«. Die Regeln des Preisrätselfilms fallen natürlich dem Plot zum Opfer, da der Regisseur von der Aufgabe okkupiert ist, den lästigen Verfolgern zu entkommen, und dabei die Sammlung der Indizien zur Rätsellösung vernachlässigt. Gänzlich unmotiviert setzt der Film am Ende dennoch einen Hinweis auf den Fundort ins Bild. Diese konzeptuelle Verwirrung stellt jedoch umso deutlicher die Komplexität des Urbanen aus, die im Kern dieses Films liegt: das arbiträre Zusammentreffen von Menschen; die Strukturierung eines gemeinsamen Raums und einer kollektiven Zeit durch Medien (Radio, Zeitungen,

---

15 Vgl. Laura Frahm, *Jenseits des Raums. Zur filmischen Topologie des Urbanen*, Bielefeld 2010, insbes. S. 254ff.
16 Zur Popularität städtischer Preisrätsel-Touren (auch als polizeilich angeleitetes Mapping der Stadt) im Deutschland der Weimarer Ära vgl. Sara F. Hall, »Caught in the Act: Visualizing a Crime-Free Capital«, in: *Österreichische Zeitschrift für Geschichtswissenschaft* 12, 1, 2001.

Film); die Vermittlungsfunktion des Geldes und des Markts; die Assimilierung der (zum Teil noch ländlichen) Orte durch den Verkehr und die Freizeitgewohnheiten; die Zwischenlager der abstrakten Orientierungszeichen (Pläne, Diagramme, Tramway-Nummern); die Vergemeinschaftung (des Publikums) durch kulturindustrielle Ereignisse. Erstaunlich an *Wo sind die Millionen?* ist auch die Behändigkeit, mit der Produzent und Hauptdarsteller Hugo Eywo sich alle möglichen Fortbewegungsmittel dienstbar und mit Stunts und equilibristischen Einlagen die Dingwelt zum Akteur macht. Den Akzent hingegen setzen jene Bilder, in denen sich der Raum, die Zeit und das Geschehen selbst zur Geltung bringen: Da sind die Zuseher/innen, die die Dreharbeiten beobachten und die Kamera adressieren, aber auch Szenen wie die Ankunft des Detektivs am Nordbahnhof, in deren Verlauf Pferde einen Tieflader vorbeiziehen, auf dem sich ein riesiger Starkstromgenerator befindet – oder die an physiognomische Obsessionen gemahnende Nahaufnahme eines Polizisten inmitten des

Verkehrstrubels am Ring. Solche Sequenzen übernehmen auf paradoxe Weise die im Erzählfilm unterdrückte Selbstreferenz des Films als urbanes Medium.

Wenn das Urbane in *Wo sind die Millionen?* nur durch ein gewisses Delirium und durch den Bruch mit filmischen Konventionen hervortritt, so deutet dies auch eine Veränderung an: vielleicht nicht so sehr der Stadt selbst als vielmehr der Empfindungen, die Wiens urbaner Dimension seit den 1920er Jahren entgegengebracht werden.[17] Der Amateur-Langspielfilm *Der grüne Kakadu* (1932/33, Franz Hohenberger) besticht in dieser Hinsicht unter zwei Aspekten, nämlich in seinem Begehren nach der verlorenen Urbanität und mit seiner bemerkenswerten Strategie, signifikante Orte und die etablierte filmische Topografie Wiens fast gänzlich zu umgehen – abgesehen vom Prater. *Der grüne Kakadu* erzählt von zwei »Vagabunden«, Jonny und Tommy, die ein Mädchen aus der Gewalt eines Verbrechers, des Eigentümers der titelgebenden Spelunke, befreien. Die Bricolage aus Abenteuer- und Detektivfilm, Kiosk- und Hochliteratur,[18]

---

17 Bei Hans Tietze hieß es schon resignativ: »[I]m ganzen wird man Wien als eine fertige Stadt anzusehen haben.« Er setzt fort: »Ein verhängnisvoller Doppelsinn liegt über dieser Feststellung.« (Tietze, *Wien. Kultur/Kunst/ Geschichte*, Wien, Leipzig 1931, S. 391) Zum einen meinte er damit, dass der Wachstumsprozess an Bevölkerung und Fläche zu einem definitiven Ende gekommen war. Zum Zweiten konstatierte er so den kulturellen Bedeutungsverlust einer zentraleuropäischen Metropole im Zuge ihrer Degradierung zur Hauptstadt eines Kleinstaats: Wien habe seine Lebenskraft erschöpft, könne sich nur noch unter Bewahrung seiner Geschichte an die Zeittendenzen adaptieren, ohne diese selbst zu gestalten. Vgl. zur Empfindung der »Provinzialisierung« Wiens nach 1918 Walter Schübler, »Von

G'schaftlhubern und Betriebsamkeitsfritzen. Anton Kuh über ›Wien – Berlin‹«, in: ders. (Hg.), Anton Kuh, *Jetzt können wir schlafen gehen! Zwischen Wien und Berlin*, Wien 2012.

18 Die Filmemacher »borgten« sich den Titel von Arthur Schnitzlers Einakter aus dem Jahr 1899. Das Burgtheater hatte das Skandalstück vor dem Hintergrund der französischen Revolution 1930 wiederaufgenommen. Eventuell lag dem Filmprojekt eine von der Gruppe aktualisierte Amateurtheater-Version zugrunde. Siehe Siegfried Mattl, Vrääth Öhner, »Ästhetik des Möglichen. *Der grüne Kakadu* als Bricolage heterogener Traditionen«, in: Siegfried Mattl, Carina Lesky, Vrääth Öhner, Ingo Zechner (Hg.), *Abenteuer Alltag. Zur Archäologie des Amateurfilms*, Wien 2015, S. 71–86.

Charlie Chaplin und Harry Piel überrascht durch ihren Stil und vor allem den brillanten Einsatz der Handkamera als Zeichen für Authentizität – namentlich bei den Aufnahmen der Schlägereien und des Tanzvergnügens in der Spelunke. Daneben verweisen die Risiken des unkontrollierbaren Bildraums aber auch auf den offenen Stadtraum: Kinder am Rummelplatz, die den Dreharbeiten zusehen und dann fasziniert in die Kamera blicken; Menschen, die sich nach den Motorrädern umdrehen, mit denen Jonny und der Gangster Roter Jim eine Verfolgungsjagd durch das Wiener Westend veranstalten; die aus der Distanz, also quasi verdeckt, gefilmten Ausrufer vor den Freakshows des Wiener Praters. Großteils spielt *Der grüne Kakadu* in Ottakring, im verhältnismäßig kleinen Bereich von Liebhartstal, Musilplatz und Wilhelminenstraße. Obwohl – oder gerade weil – der Film für die engere Nachbarschaft eines Hauses in der Odoakergasse gedreht wurde, vermeidet er erstaunlicherweise alle Register der topografischen Identifizierungsmacht des Spielfilms. Dieser Ottakringer Stadtteil wird, zweifellos etwas begünstigt durch das massive Ziegelmauerwerk der Fabriken in der Wilhelminenstraße, zu einem glatten Raum. Gartencafés in der Montleartstraße, Lebensmittelgeschäfte, Zinshäuser, Fabrikmauern gehen mit dem Rotlichtlokal des »Grünen Kakadu« eine Konfiguration ein, in der das Lokale, seine Zeichen und Milieus, getilgt sind. Und es wird deutlich, was als »urban« gelten darf: In diesem Raum kann sich Jonny allen verordneten Identitäten und Kontrollinstanzen entziehen. Er kann sich aus dem Vagabunden am Rande der

Gesellschaft zum Souverän über wechselnde Situationen (der Verführung oder auch der Bedrohung) wandeln, ohne dass wir ihm eine Entwicklung personaler Eigenschaften unterstellen müssen. In *Der grüne Kakadu* garantiert der urbane Raum, dass es ausschließlich Konstellationen gibt, keine Geschichte. Oder wenn es Geschichte gibt, dann ist diese zusammengesetzt aus Ungleichzeitigem, wie im Prater: auf der einen Seite die Freakshows eines modernen Gothic-Universums (wie »Gora, der Mann mit dem Vogelkopf«), auf der anderen die »Opel-Bahn«, auf der »Jonny« seine Chauffeurkünste demonstriert.

Die in den letzten Jahren rasch anwachsende Forschung zur *Cinematic City* geht von einer Doppelung aus: Einerseits ist das Medium Film ein Wahrnehmungslabor zur Einübung in die Moderne und die Effekte der Beschleunigung und Fragmentierung – Effekte, die sich unmittelbar mit der Großstadt verbinden. Andrerseits repräsentiert der je einzelne Film das Urbane in einer konkreten Stadtgestalt und hintergeht damit die Komplexität des urbanen Lebens bzw. führt sie auf ältere (visuelle und literarische) Verfahren zur Produktion eines geordneten und überblickbaren Raums zurück.[19] *Wien Stadt meiner Träume* demonstriert, wie weit dieser auf Beherrschbarkeit zielende Hang zur filmischen Ordnungsutopie im Vergleich zum urbanen Filmspektakel der Frühzeit ge-

19 Vgl. Michel de Certeau, *Die Kunst des Handelns*, Berlin 1988, S. 181; James Donald, *Imagining the Modern City*, London 1999, S. 65–92; Francois Penz, Andong Lu, »Introduction: What is Urban Cinematics?«, in: Penz, Lu (Hg.), *Urban Cinematics*, Bristol, Chicago 2011, S. 7–19.

diehen ist – und wie bestimmte Aspekte städtischer Wirklichkeit sich dagegen behaupten. Zugleich führt die offenkundige Beziehung, die der Film zu Willi Forsts *Wien, du Stadt meiner Träume* (1957) unterhält, auf ein medieninternes Unbehagen an der Repräsentation hin: konkret auf Zweifel an der Ikonisierung und Metaphernfunktion historischer Architekturen als Set der Wien-Filme. Auf plakative, wenn auch amüsante Art lässt Forst einen obligatorischen Stadtspaziergang für Staatsgäste zu einer burlesken Bildfolge notorischer Gebäude eskalieren: Einstellungen rasen in zunehmender Kürze dahin; der hofrätliche Stadtführer, der den Gästen Michaelerplatz, Burgtheater, Oper und Gloriette erläutern muss, kann mit dem Tempo kaum Schritt halten. Im Amateurfilm *Wien Stadt meiner Träume* sind es die genannten Risse des Realen im Bild, die die Zuseher/innen ungewollt auf Konventionen und damit verbundene Verluste hinweisen. Diese Bild-Risse sind kein exklusives Vorrecht ephemerer Filme, finden sich aber vorwiegend in Filmen, die eine Forderung Siegfried Kracauers einlösen: Die – hier festgehaltene – »realistische Tendenz« müsse größer, maximal gleich, sein im Verhältnis zur »formgebenden Tendenz«.[20]

Das urbane Wien findet sich nicht in einzelnen Filmen, sondern in der imaginären Verknüpfung einzelner Sequenzen aus verschiedenen Filmen. Spontan sich bildende Personengruppen bei Haltestellen, die offenkundig über

Neuigkeiten in Diskussion geraten, in *Wien 1963* (1963); der von modischen wie auch in alte Tracht gewandeten Leuten geteilte Raum beim Umzug der Wiener Slowak/inn/en in 1. Mai 1929 (1929); ein respektloser Königspudel vor dem Hitler-Altar im Loos-Haus am Michaelerplatz, März 1938 (*Amateuraufnahmen Wien, Frühjahr 1938*); Wiener Schaufenstermode und ein altes Paar mit Drehorgel in *Avstrija vstrečaet poslanca mira* (*Österreich trifft einen Botschafter des Friedens*, 1960); Polizeiübergriffe in *Burggarten* (1980); ein stromlinienförmiger Chiribiri aus Turin bei der Wettfahrt auf der Prater Hauptallee in *Das Rennen der Damen* (1923); ein Imker vor seinen Bienenstöcken in der Siedlung Rosental in *Die grüne Stadt Rosental bei Wien* (1924); Sonntagsausfahrt mit dem Firmenwagen »Dandy Express« in *Familie Flack 1* (1933–38); eine Probefahrt über den Rieder Berg in *Familie Herzstark I* (1934–36); die von der Fronleichnamsprozession weiter eilenden Wiener vor dem Wiedner Grand-Kinematograph-Theater, wo abends die Filmaufnahmen des Umzugs gezeigt werden, in *Matzleinsdorfer Umgang* (1905/09); die »kuriosen« Trachtenaufzüge der österreichischen Provinzen in *Wien 1920* (1920); der Massenansturm bei der Zeppelin-Landung in Aspern am 12. Juli 1931 in *Zeppelin in Wien* (1931); die Fahrt zur Firmung im Miettaxi in *Familie Rauchfuß V* (1932).

Ein Beispiel verdient aufgrund seines paradigmatischen Potenzials, auch in Hinblick auf die Ordnungsutopie im Film wie in der Großstadt, einen genaueren Blick. 1952 drehte Albert Quendler im Auftrag der Stadt Wien *Stadt am Morgen*. Diese Melange aus Bildungs- und

20 Vgl. Siegfried Kracauer, *Theorie des Films. Die Errettung der äußeren Wirklichkeit*, Frankfurt/M. 1985, S. 61–65; ders., *Geschichte – Vor den letzten Dingen*, Frankfurt/M. 2009, S. 67.

Dokumentarfilm propagierte den geplanten Umbau Wiens zu einer Stadt des Fordismus, in der urbanes Leben in getrennte Viertel für Arbeit, Wohnen, Verwaltung und Freizeit aufgeteilt, autogerecht organisiert und eingehegt werden sollte. Die im Film wiederholt gestellte pädagogische Frage lautet: »Ordnung – oder Chaos?« – das Chaos in zeittypischer Umdeutung des Zufalls in den Unfall, hervorgerufen durch das scheinbare Unvermögen der Menschen, ohne starres Regelwerk die großstädtische Hektik und Anonymität – die strukturelle Fremdheit der anderen – zu überleben. Dieses Argument nimmt als ästhetisches Mittel die Form einfacher Oppositionsmontagen an. In der für uns relevanten Sequenz wird ein verfemter Teil des Urbanen sichtbar: In der Verknüpfung dreier Plansequenzen zeigt der Film die längst verschwundene wilde Siedlung bei den Ziegelwerken am Wienerberg. Das Wrack eines Busses inmitten einer staubigen, pfützenübersäten Strauchlandschaft stimmt ein auf die Bilder schlecht gekleideter, von zahlreichen Kindern umringter Frauen, die Wassereimer zu den behelfsmäßigen Wohnbaracken tragen; ein älterer Mann sitzt einsam an einem Pfad, der zu den Fabriksgebäuden führt; Frauen schlendern, halbnackte Kinder am Arm, an ihm vorbei; ein Hund läuft durch das dahinter sichtbar werdende leere Fabriksgelände. Das folgende wirre Durcheinander einer langgezogenen Häuserwand, entstanden aus unregelmäßigen Aus-, Zu- und Aufbauten, endet in der Einstellung auf einen Kamin, der schmutzige Rauchschwaden ausstößt. Der Off-Kommentar konfrontiert diese Bilder mit der abstrakten Idee einer ge-

ordneten Stadt: Diese Landschaft, die der Kommentar zeitlos-objektiv macht, bedroht das organische Wachstum der Stadt und erstickt sie; Planung heißt Gesundung durch Eliminierung dieser Hindernisse. Der Kommentar wird allerdings durch die visuelle Attraktion der Bilder selbst unterlaufen, insbesondere durch die Gravität in den Bewegungen der Frauen, durch ihr Lachen, durch das Getümmel der Kinder. Im Kontrast zu dieser Lebendigkeit lässt das nachfolgende Bild eines kleinen Mädchens, weggesperrt hinter den Balkon-Gitterstäben einer Stadtrand-Neubausiedlung, das Neue Wien als Dystopie erscheinen.

Solche Bildkonstellationen ephemerer Filme führen kein Eigenleben.[21] Sie gewinnen ihren Mehrwert erst, wenn der Begriff des Ephemeren um seine kulturkritische und urbane Dimension erweitert wird, die bei Louis Aragon und (mit anderen Vorzeichen) Walter Benjamin vorgedacht ist: die Korrektur des Eigen-Mythos der Moderne als unentwegte Produktion von Neuheiten, die augenblicklich zur einzig möglichen Form des Daseins gemacht

21 Die Wienerberg-Szene korrespondiert, um das nächstliegende Beispiel zu nennen, mit einer der Episoden in Kurt Steinwendners *Wienerinnen – Schrei nach Liebe* (1952). Dort wird dieser Raum allerdings zum symbolischen Ort eines verhängnisvollen Schicksals; die Erzählung im subproletarischen Milieu stützt sich auf den antiken Mythos des unerkannten Inzests. Gleichzeitig verweisen stilistische Eigenheiten auch auf eine Familienähnlichkeit mit dem Neorealismus, was den Verzicht auf offizielle Wien-Klischees zugunsten der Darstellung eines urbanen Österreich einschließt. Vgl. Gabriele Jutz, »Ein Spielfilm zwischen Tradition und Innovation. *Wienerinnen – Schrei nach Liebe*«, in: Reinhard Sieder, Heinz Steinert, Emmerich Tálos (Hg.), *Österreich 1945–1995. Gesellschaft Politik Kultur*, Wien 1995, S. 136.

werden.[22] In diesen Filmen haben sich Utopien des frühen Kinos festgesetzt, als dem spezifischen Realitätsaspekt des Films genuine kognitive und politische Potenziale zugesprochen wurden, unter anderem die radikale Demokratisierung der gemeinsamen Geschichte durch das Festhalten und die Aufwertung der alltäglichen Vorfälle und der an ihnen beteiligten Menschen und Dinge. In einer bestimmten Weise beansprucht auch der fiktionale Spielfilm diese Emphase für das Alltägliche, doch nur so weit es sich in den nobilitierenden Sinnhorizont der Erzählmuster integrieren lässt. Entscheidend für die Auszeichnung des Ephemeren bei Aragon[23] und für die Abgrenzung seines diesbezüglichen »Kults« gegenüber dem Geschichtsmodus der Nostalgie oder Melancholie ist allerdings nicht ein objektiver ästhetischer Wert, der an die verschwindenden Gegenstände und Sachverhalte des Alltäglichen geheftet wäre, sondern ihr Potenzial als Widerlager gegen den fortschreitenden Prozess der Normierung und Disziplinierung in der Moderne: ein Prozess, der das Urbane immer wieder einholt, es damit allerdings erst rückwirkend in seiner (wirtschaftlichen, politischen, sozialen) Unfundiertheit erkennbar macht. So verdankt sich Aragons »Wiederentdeckung« der vom Verfall erfassten Pariser Passagen – der Orte, an denen er den Kult des Ephemeren schult – ihrem antagonistischen Verhältnis zur Planungsrationalität der Haussmann'schen Boulevards. Um dies weiter zu präzisieren: Die (Aragon'schen) Ephemera konstituieren sich überhaupt erst durch das nachforschende Interesse daran, welche heterodoxen Kommentare ihnen zur modernen – an eigenen Möglichkeiten wie an Wissen um ihre möglichen Vergangenheiten scheinbar armen – Gegenwart entrissen werden können. Unter diesem Aspekt werden die Sequenz der »wilden Siedlung« in *Stadt am Morgen* und die anderen angeführten Beispiele relevant. Es geht um die Frage nach dem Schicksal des Urbanen: die Frage nach jenem sozialen Raum der Diversität, der nicht anders als durch das Gefühl eines Verlusts evoziert wird.

---

22 »Die zeitliche Dialektik des Neuen als des Immergleichen – dieses Kennzeichen der Mode – ist das Geheimnis der modernen Geschichtserfahrung. Unter kapitalistischen Bedingungen werden die jüngsten Mythen ständig durch neue verdrängt, und das bedeutet, dass sich die Neuheit selbst mythisch wiederholt.« Susan Buck-Morss, *Dialektik des Sehens. Walter Benjamin und das Passagen-Werk*, Frankfurt/M. 2000, S. 353.
23 Louis Aragon, *Der Pariser Bauer*, Frankfurt/M. 1996.

Haftraum Wien: Die Haut des Anderen

Um Ostern 1966 traf sich Eduard Grossmaier, Journalist der damals in Wien noch meinungsbildenden *Arbeiter-Zeitung*, im Hotel Sacher mit einem der Großen des französischen Films: Lino Ventura stand kurz vor Beginn der Dreharbeiten zu Jacques Derays *Avec la peau des autres (Die Haut des Anderen, F/I 1966)*, in dem er einen desillusionierten Top-Agenten des französischen Geheimdienstes auf Sondermission in Wien spielte. Im Interview vergaß der AZ-Journalist allerdings, irgendeine Frage nach dem Filmprojekt und Gründen für die Wahl des Drehorts zu stellen. Er unterhielt sich lieber über Venturas Familie, dessen Vorliebe für antike Möbel und seinen grauen Ferrari sowie über Techniken bei den »Filmfaustkämpfen«, für die der »Gorilla«[1] und ehemalige Ringer berühmt war. Die Mythe von Wien als Welthauptstadt der internationalen Spionage in der Ära des »Kalten Krieges« umging das Gespräch geflissentlich – so wie die offizielle österreichische Politik die Existenz westlicher und östlicher Agentenringe in Wien für sich und andere dissimulierte.[2] Vielleicht ahnte man in der AZ aber auch bereits, dass ein französischer Thriller die Stadt nicht in James-Bond-Manier als beliebigen touristischen Raum inszenieren würde, sondern als symbolischen Ort des verdrängten Unheimlichen – woran man nicht sonderlich interessiert war, hatte sich die Stadt doch soeben selbst zur »Wiedergeburt einer Weltstadt« gratuliert.[3]

Die Haut des Anderen führt Ventura als Agent Pascal Fabre in ein Milieu moralischen Verfalls. Er muss im Auftrag seiner bürokratisch erstarrten Institution gegen Margeri ermitteln, den Chef des französischen Agentenrings in Wien, der im Verdacht steht, zum Doppelagenten geworden zu sein. Dabei ist Margeri (»unser Hinkebein«), dessen Herkunft ebenso im Dunkeln bleibt wie die Grundlage seiner Freundschaft mit Fabre, der (vermeintlich) Letzte seiner Art: ein Individualist, künstlerisch hochgebildet. Eine in Wien höchst vorteilhafte Eigenschaft: Sein sicheres musikalisches Urteil hat ihm Zugang zum Personal des Wiener Konzerthauses verschafft, dessen etwas sanierungsbedürftiges

---

1 Venturas Durchbruch erfolgte mit *Le Gorille vous salue bien (Der Gorilla läßt schön grüßen*, 1958).

2 Otto Klambauer zitiert in *Der Kalte Krieg in Österreich. Vom Dritten Mann zum Fall des Eisernen Vorhangs* (Wien 2000, S. 126) österreichische Politiker, die bestätigen: Solange keine österreichischen Staatsgeheimnisse verraten (und Gesetze verletzt) wurden, habe man, in Kenntnis der Funktion Wiens als »Drehscheibe« internationaler Spionage, beide Seiten einfach gewähren lassen.

3 So der Titel eines 1965 edierten voluminösen Bandes, für die Stadt Wien redigiert von Karl Ziak, über den Wiederaufbau zwischen 1945 und 1965.

Avec la peau des autres (1966, Jacques Deray)

Depot als Stützpunkt des Agentenrings dient. (Die sowjetische Gegenseite muss sich mit dem Kellerlokal einer Spedition begnügen.) Und seine Arbeiten als Porträtfotograf bringen ihn in die Nähe der Reichen und Schönen der Stadt, die ihm zu politischen Kontakten verhelfen. Andrerseits führt der Weg zu Margeris Atelier durch einen reichlich unaufgeräumten Abstellplatz für Grabdenkmäler und Trauerfiguren, der schon früh den Verweis auf die morbide Seite und Verlorenheit dieser Stadt der kulturellen Distinktion bereithält.

~

Margeri ist ein Mann mit Ehrgefühl; ein politischer Idealist, der bis zur Selbstopferung zu gehen bereit scheint. Während die westlichen Geheimdienstorganisationen in Auflösung begriffen sind, unterhält er noch ein Netz von einem Dutzend Wiener Mitarbeiter – zweifelhafter Qualität, wie sich zeigen wird. (Ein Dutzend ist gar nicht so wenig, da Wien – abgesehen von Orten der Konsumtion wie Cafés und Konzerthallen – eine menschenleere Stadt zu sein scheint; selbst der Stadtpark ist unbelebt.[4]) Ständig auf der Flucht vor dem KGB, der hinter seinen Mikrofilmen mit sowjetischen Geheiminformationen her ist, fällt Margeri letztlich seiner einzigen Schwäche zum Opfer: dem Verantwortungsgefühl gegenüber einer Mitarbeiterin (oder seiner Liebe zu ihr?). Sein geplanter letzter Coup zerstört allerdings die bis dahin noch intakte Erzählung vom letzten integren Agenten. Fabre, der anstelle des bereits toten Margeri zum Übergabeort in den Umkleideräumen des Westbahnhofs geht, muss entdecken,

dass sich dieser tatsächlich hat korrumpieren lassen. Allerdings nicht von den Sowjets, sondern von einer neuen internationalen Macht.

Jacques Deray, später berühmt für *La Piscine* (*Der Swimmingpool*, 1969) und *Borsalino* (1970), drehte mit *Die Haut des Anderen* einen weitgehend vergessenen »Wiener« Film noir. Die Welt der Geheimdienste ist auf ein zynisches Spiel der Macht herabgesunken. Ein ambitionsloser Professionalismus, repräsentiert durch die schematischen (wenngleich effektiven) Operationen der KGB-Leute, paart sich mit karrieristischen Denkweisen von CEOs, die die Führungsstellen der Franzosen infiltriert haben. Wie ein Virus breitet sich der Opportunismus in den Agentennetzen aus; an die Stelle selbstgesetzter moralischer Aufgaben – Patriotismus, Kampf um die Freiheit – tritt das Geld als Motivation. Folgerichtig wird auch der Gegenstand der Aktionen – die »Information« – mehr und mehr obskur. Weder geht es um globale militärisch-technologische Bedrohungen noch um politische Abenteurer und Irrläufer, die zum all-

4 Dabei scheint es sich um einen Topos des Wiener Agentenfilms zu handeln. Die Abwesenheit von Menschen in Bewegung steht im Kontrast zu einer Überfülle an Denkmälern, Büsten und Museumsstücken, die als Zeichen eines unproduktiven, unzeitgemäßen »Gedächtnisses« interpretiert werden können, das »Wien« im Thriller konnotiert. Vgl. Drehli Robnik, »Wo man sich trifft, Wien als Treffpunkt und Gedächtnis in *Scorpio* und anderen Außenansichten«, Vortrag im Rahmen der *Synema*-Reihe *Déjà Wien*, 22.7.2001 (Anm. d. Hg.: publiziert als »In der Stadt, in der Zeit: Wien als Gedächtnisraum und Geschichtstreffpunkt in *Scorpio* und anderen Krimis um 1970«, in: Christian Dewald, Michael Loebenstein, Werner Michael Schwarz [Hg.], *Wien im Film. Stadtbilder aus 100 Jahren*, Wien 2010).

gemeinen Wohl gestoppt werden müssen; es gibt keine smarten Erläuterungen oder strategischen Analysen, sondern elliptische und pragmatische Dialoge, mit einem Einschlag von Argot – »Ich hab' die Schnauze voll ...« Eine zum leeren Zeichen gewordene »Information« begründet die parasitäre Ökonomie von Organisationen, die sich selbst reproduzieren. In guter Noir-Tradition zieht sich Fabre zuletzt auf eine höchst subjektive Moralität zurück, indem er seinen Vorgesetzten die Wahrheit über Margeri vorenthält: Im Falschen gibt es ohnedies nichts mehr zu retten. (Außer der mysteriösen Anna, einer »Puppe«, deren Körper / Leben zum fatalen Objekt wird und die Handlungslinien durchkreuzt.)

Die Haut des Anderen ist ein Film über das Ende, das Ende einer Illusion. Und darüber, wie das Leben nach diesem Ende weitergehen kann. (»Man soll immer bereit sein, Schluss zu machen, ohne viel Geschichten.«) Gil Perraults Romanvorlage von 1962 spielt nicht in Wien: In Perraults *Au pied du mur* muss nach Errichtung der Mauer ein französischer Agent seine Leute binnen 24 Stunden aus Ost-Berlin herausbringen. Fraglos eignete sich Wien besser als Drehort gemäß dem von José Giovanni adaptierten Script, nicht nur wegen angenehmerer Arbeitsbedingungen als in der geteilten »Frontstadt« Berlin. Wien bot sich als kongeniales Symbol für Fabres Desillusionierung an. Die imperialen Gebäude und Plätze haben die Stadt so nachhaltig mit uneinholbarer »vergangener Größe«

imprägniert, und abblätternder Verputz sowie Baulücken, die von Kriegsschäden und wirtschaftlichem Bedeutungsverlust nahe am »Eisernen Vorhang« herrührten, illustrierten noch Anfang der 1960er den Niedergang so pittoresk, dass Wien selbst als Allegorie paranoider Helden wirken konnte, die vom Gespenst ihrer Vergangenheit gejagt werden.

»Wien war in seiner Sterbephase«, lässt John Irving eine seiner Romanfiguren das Jahr 1961 erinnern. »[Es] lag so still, daß ich es betrachten und darüber nachdenken und wieder betrachten konnte.«[5] Bedeutung gewannen die Spuren verlorener Größe dadurch, dass sie von den Wienern selbst inszenatorisch überhöht wurden – durch die Beharrlichkeit, mit der eine tote Repräsentationskultur (Oper, Burgtheater, kaiserliche Kunstsammlungen) als genuine Lebensart einer »Weltkulturstadt« und als ihre spezifische Differenz zu anderen Metropolen propagiert wurde. Um dieses imaginäre Wien des Verlusts hatte sich mit Carol Reeds *The Third Man* (1949) das populärkulturelle Bild einer Stadt gelegt, in der eine naive Sucht nach retrospektiv nobilitierter Bürgerlichkeit von ihrem dämonischen Unbewussten (bzw. Unterbewussten, um bei der Raummetaphorik von *The Third Man* zu bleiben) überwältigt wird. *Die Haut des Anderen* konnte umstandslos Reeds weltweit zirkulierende Wiener Schattenspiele (und die des Film noir generell) aufgreifen, mit regennassen Pflastersteinen und grellen Lichteffekten in Pfützen (und auf Margeris Gesicht), mit eilenden Füßen eines gejagten Mannes, mit Räumen, die sich auf mysteriöse Weise zu Fluchtwegen öffnen. Er konnte aber auch an

5 John Irving, *Garp und wie er die Welt sah*, Reinbek bei Hamburg 1988, S. 131.

die Postkarten-lkonografie der kaiserlichen Residenzstadt und an eine bizarre Modernität anschließen, die, wie in der Eröffnungsszene, den Verschnitt einer kosmopolitanen Bar vor dem Hintergrund älplerisch gekleideter Menschen beim Eisstockschießen in der Stadthalle hervorgebracht hat. Derays Wien ist ein Hybrid aus barocken, modernen und zeitlos-populären Elementen, eine Verkettung von Oberflächen und eine Serie von Verstellungen, in die selbst Beamte der Bundesbahnen und Kassenverwalter des Konzerthauses involviert sind.

Die Haut des Anderen führt allerdings nicht in die Tiefe der Wiener Kanäle wie *The Third Man*. Signifikant sind hier Treppen und Stiegen als richtungsneutrale Verbindungen. Sie kommen ins Blickfeld als Tatort (Margeris Mordtat auf der Rahlstiege), urbaner sozialer Raum (die Treppe im Konzerthaus), verkannter Fluchtweg (die Treppe im Palais Ferstel), Kontrollraum (die gewaltige historistische Treppe im Haus des Advokaten Weigelt), Monument (die Stiege zur Kirche Maria am Gestade), Barriere (die Treppe in Margeris Atelier). Ihre Häufung verweist darauf, dass Wien für Deray auf eine vage Art und Weise, so wie die Protagonisten seines Films, »aus der Zeit« fällt.[6] Denn Treppen und Stiegen, einst die »Hefe im architektonischen Teig«, sind, so Bernard Rudofsky[7], Bewegungsbrecher geworden und damit Atavismen in der modernen Stadt, die ihre Energie auf kontinuierliche Mobilität konzentriert. Diese ehemaligen Architekturen des Erhabenen und Zeremoniellen – auch des Geselligen und des Kommerziellen – setzt Deray nun so ins Bild, dass sie die Stadt als dreidimensionales Gewebe

repräsentieren, wo es keinen Weg hinaus gibt, kein Oben und Unten, kein Zentrum und kein Außen, weder im sozialen noch im moralischen Sinn. Auch wenn hier verschiedene Filmfiguren äußern, es sei an der Zeit, aus der Stadt wegzuziehen (am besten nach Italien wegen der Sonne): Letztendlich schafft das nur Fabre als von außen kommender, distanzierter Beobachter und in seiner Entschlossenheit, sich notfalls mit physischer Gewalt, etwa einem Sprung durch eine geschlossene Tür, aus diesem Haftraum namens Wien zu befreien.

1966 ist ein denkbar schlechtes Produktionsjahr für einen Noir-Thriller im Agentenmilieu. Mit *Dr. No* (1962), *From Russia With Love* (1963), *Goldfinger* (1964) und Imitaten der James-Bond-Serie wurde die Agentenfilm-Travestie mit ihren distinguierten, Hightech-versierten, auf allen Kontinenten souverän agierenden Herzensbrechern, die gerade noch einmal die Welt retten, hegemonial.[8] Perraults Romanvorlage hingegen reflektiert ein anderes Milieu (jenes

---

6 »Lebende Städte stehen nicht still«, notierte sich John Irving zu Wien; aber auch: »In einer lebenden Stadt hätte ich nie soviel bemerken können.«

7 Bernard Rudofsky, *Straßen für Menschen*, Wien 1995, S. 159ff.

8 Antony Easthope schlägt vor, die Stadt im Film der 1960er Jahre dual nach den Begriffen »Utopie« und »Dystopie« zu klassifizieren. Bond-Filme repräsentieren dabei die Stadt als Utopie – aber als eine (für viele demnächst erreichbare) Moderne der Nicht-Orte, der Flughäfen, Wartehallen, Transiträume; »Dystopien« wie Antonionis *L'Avventura* hingegen künden von der Krise der modernen Stadt und den Ängsten, die sich in gesichtslosen, funktionalistischen Räumen einstellen; vgl. Antony Easthope, »Cinécities in the Sixties«, in: David B. Clarke (Hg.), *The Cinematic City*, London 1997, S. 129ff.

der französischen Résistance im Kampf gegen die nationalsozialistischen Okkupanten) sowie die eigene schmerzliche Erfahrung, wie sich Elemente des patriotischen Widerstands im Gefolge des Kolonialkriegs in Algerien in nationalistische Repressionsagenturen verwandelten. Das war tatsächlich »unzeitgemäß«, als nach dem Bau der Berliner Mauer und dem Versuch, sowjetische Raketen auf Kuba zu stationieren, der »Kalte Krieg« zwischen Ost und West an Intensität zunahm.

~

PS: Der Zufall wollte es, dass zum Zeitpunkt der Dreharbeiten für *Die Haut des Anderen* die *New York Times* erstaunliche Details zur Arbeit des CIA enthüllte – auch in Wien.[9] Die US-Agenten hatten sich aus einem Wiener Krankenhaus illegal Harnproben des (anti-westlichen) indonesischen Präsidenten Sukarno besorgt, um dessen Gesundheitszustand in Erfahrung zu bringen. In der Zwischenzeit hatte sich das »Problem Sukarno« für die USA durch einen antikommunistischen Militärputsch im Herbst 1965 (mit – offiziell – 87.000 Toten) aber »erledigt«.

9 Siehe *Arbeiter-Zeitung*, 26.4. und 29.4.1966

Filmgeschichte als Sozialgeschichte: Die Stadt Wien nach 1945

1960 begleitete der legendäre russische Kameramann und Regisseur Roman Karmen Nikita Chruschtschow auf seinem Staatsbesuch in Wien und seiner Tour durch Österreich. Sein Film *Avstrija vstrečaet poslanca mira (Österreich trifft einen Botschafter des Friedens*, UdSSR 1960) dokumentierte das Ereignis, dem 1961 das Wiener Treffen des sowjetischen Ministerpräsidenten mit dem US-Präsidenten Kennedy folgte. […] Chruschtschows Österreichreise gab sich als Wirtschafts- und Freundschaftsbesuch, diente aber einem taktischen Ziel: Die zur Grenzstadt zwischen den Blöcken gewordene Hauptstadt des neutralen Österreich sollte als Bühne eines diplomatischen Kraftakts dienen. Vorsichtig nähert sich Karmens Film der entscheidenden Passage in diesem Unternehmen an: Ein stets gut aufgelegter, scherzender sowjetischer Premier, der vor österreichischen Industriellen ebenso umgänglich ist wie bei seinen spontanen, die Sicherheitskräfte düpierenden Kontaktaufnahmen mit der einfachen Bevölkerung, erobert zunächst die österreichischen Herzen – und hebt am Ende zu einer Drohrede an. Deren Ziel ist der deutsche Kanzler: Chruschtschow vergleicht Adenauer mit Hitler, bezichtigt ihn der Kriegshetze und diktatorischer Gelüste und mahnt: »… wenn er nur einen Finger gegen die sozialistischen Länder krümmt, vernichten wir ihn!«

Ein solches Ende ist unerwartet, aber nicht unvorbereitet. Karmen baut seinen Film in der für ihn und den sowjetischen Avantgardefilm der 1920er Jahre signifikanten Technik der Oppositionsmontage auf: Auf Sequenzen eines touristischen Wien folgen Erinnerungsbilder an Wiens Befreiung im April 1945 durch die Rote Armee; Aufnahmen lebensfreudiger Menschen in Straßencafés wechseln mit solchen von Spuren des Kampfes, mit verblassenden kyrillischen Aufschriften an Häuserecken, die noch nach 15 Jahren verkünden: Wohnblock überprüft, Gebäude von Minen geräumt. Beschaulichkeit, die aufkommt, wenn Karmens Kamera Wienerwald-Wanderer in Dirndl und Lederhose erfasst, bricht sich an Sprachfetzen aus erregten Passantendiskussionen, am Streit über Erinnern und Vergessen gegenüber der so kurz zurückliegenden Zeit des Faschismus. Der sentimentale Ton des Off-Kommentars – kurze, oft lyrische Passagen, manchmal erläuternde Kommentare, dann wieder Assoziationen, die das Bild überschreiten – zieht sich durch den Film. Doch in dessen Verlauf kontrastieren Rückblenden auf Krieg und (deutsch konnotierten) Nationalsozialismus, kulminierend im Besuch der Gedenkstätte Mauthausen, immer stärker mit der Hommage an ein Land, das reich an Kultur, Landschaft und aufrechten Menschen ist.

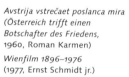

*Avstrija vstrečaet poslanca mira
(Österreich trifft einen
Botschafter des Friedens,
1960, Roman Karmen)*

*Wienfilm 1896–1976
(1977, Ernst Schmidt jr.)*

Chruschtschow ist der Botschafter des Friedens, ein gewaltbereiter Botschafter, wie wir erfahren, aber einer, dem man vertrauen kann: Eliten wie einfache Bevölkerung bezeugen vor der Kamera seine Authentizität in Straßen, Kulturbauten und Fabriken. Ist *Österreich trifft einen Botschafter des Friedens* deshalb zuvorderst das propagandistische Porträt eines Staatsmanns, dem die Kamera stets auf Augenhöhe begegnet, um ihn populär zu machen – oder doch das Porträt einer spezifischen Stadt und ihres Umfelds? Die für Karmens dokumentarischen Stil typische Kameraarbeit macht es schwer, dies zu entscheiden. Der bevorzugte Einsatz von Handkamera und *travelling shots* rückt uns so nah ans Geschehen, dass die klassische Dichotomie zwischen Protagonist und Masse aufgehoben wird. Affektive Bilder – eine junge Frau mit Baby, die vom Fenster aus gelangweilt den Debatten auf der Straße zusieht; ein Leierkastenmann in der Kärntner Straße; Bauarbeiter mit nacktem Oberkörper beim Graben von Künetten an einer Wiener Ausfallstraße – unterbrechen die Handlungskontinuität eines Staatsbesuchs; Close-ups geben der in Wochenschauen üblicherweise zur konturlosen Staffage degradierten Bevölkerung mannigfaltige Gesichter; Interviews zeigen individuelle Meinungen; Orte, bekannte und weniger bekannte, erzählen Geschichten, die nicht auf einfache Plots hin geordnet werden können.

»Wir gehen nicht in chronologischer Reihenfolge vor«, warnt der Off-Kommentar zu Beginn der Reise durchs Land im eigens für den Staatsgast adaptierten Postautobus. Nachhaltiger, als es die lapidare Ankündigung der vermeintlichen Störung einer traditionellen Re-portage verrät, ordnet Karmen die Zeit dem Raum unter. Architekturen, Denkmäler, akustische und visuelle Zeichen der Vergangenheit und Gegenwart bilden eine einzige Textur, die der poetische Kommentar strukturiert. Ein Pastiche des kollektiven Gedächtnisses tritt hervor, das sich aus urbanen Topoi, Panoramen, Stadt-Mythen, erzählten Erinnerungen und Dokumenten zusammensetzt, aber stets am Aktuellen genährt wird, am Anstoß durch Handlungen oder Zeichen, die es reizen und in Bewegung bringen; so etwa die Plakate, mit denen die katholische Kirche Wien zum Boykott des Staatsbesuchs aufruft. Solcherart wird *Botschafter des Friedens* ein Stadtporträt von Wien, präziser: ein dokumentarisches Filmporträt Wiens und der Wiener / innen. Dessen Singularität liegt in der ständigen Überschreitung der Grenzen zwischen Geschichte und Soziologie, Topos und Nicht-Ort[1], Beharrendem und Ephemerem, Spur und Präsenz.

Immer wieder kokettiert Karmen mit Werbesujets der Wiener Tourismusindustrie: Adelspalais der Innenstadt, St. Stephan, Fiaker, ein Heuriger, Praterszenen. Doch statt der Fügung ins Narrativ eines Wien-Reisetags sprengt Karmens dialektische Montage die Szenografie der barock-folkloristischen Touristenstadt. Die Kameraführung trägt viel dazu bei. Der Point of View bricht mit der Konvention, wenn es gilt, das soziale Geschehen zu erfassen: Dann sucht die leicht gesenkte Kamera den filmge-

1 Zu »Nicht-Orten«, eigenschaftslosen, rein funktionalen Orten, die dem Transit, nicht der Interaktion dienen, vgl. Marc Augé, *Orte und Nicht-Orte. Vorüberlegungen zu einer Ethnologie der Einsamkeit*, Frankfurt/M. 1994.

schichtlich verpönten Gegenblick der Menschen, um die Intensität des Ausdrucks zu steigern. Oder sie verharrt im Fragment, wenn sie dingliche Zeichen des sozialen Lebens aufnimmt, ohne in die Totale zurückzukehren, die panoptisches Wissen suggeriert. Das Ergebnis ist ein anderer Raum, ein vielfach gekerbter, politisch-ästhetisch umstrittener Raum, wie ihn die übliche Perspektivierung der Architekturen nicht hervorbringen kann.

NEUE PERSPEKTIVEN IN DER SOZIALGESCHICHTE

Nach 50 Jahren verdoppelt sich ein filmisches Dokument tendenziell zum Monument, müssen zwischenzeitlich verschwundene Alltagsphänomene rätselhaft erscheinen. Karmens Film trägt für heutige Betrachter einen »Überschuss« in sich, geht über die Intentionen seines Produzenten hinaus. *Botschafter des Friedens* ist (auch) ein Film über Wiener Habitusformen, die sich u. a. in vestimentären Codes manifestieren. Kopftuch und Dirndl etwa sind omnipräsent, selbst in eleganten Einkaufsstraßen der City. Sie weisen auf eine Alltagspraxis hin, die

2 Dies scheint auf den ersten Blick dem Umstand zu widersprechen, dass das Phänomen der »unpolitischen«, konsumkulturell orientierten Jugendlichen die Debatten der 1950er und 1960er tief prägte und einer der fruchtbarsten Forschungsgegenstände einer Sozialgeschichte Wiens wurde. In der Praxis aber agierten gegenkulturelle Strömungen wie die »Halbstarken« an der Grenze zur öffentlichen Sichtbarkeit und versuchten, unauffällig zu bleiben. Vgl. Vrääth Öhner, »Eine Art von Verschwinden. Jugendkultur und medialer Diskurs«, in: Roman Horak, Wolfgang Maderthaner, Siegfried Mattl, Lutz Musner, Otto Penz (Hg.), *Randzone. Zur Theorie und Archäologie von Massenkultur in Wien 1950–1970*, Wien 2004, S. 206ff.

für die Zeit vor dem Zweiten Weltkrieg medial nicht überliefert ist und die sich zwischenzeitlich verflüchtigt hat, nämlich die Annäherung an ländliche Folklore, worin neuer Österreich-Patriotismus bewiesen wird und die Selbstrückstufung einer Metropole auf den Status der Hauptstadt eines Kleinstaates zum Ausdruck kommt. In der Popularität der ländlichen Trachten zeigt sich auch eine Selbstbeschränkung, verglichen mit dem Stellenwert, den großstädtische Mode für Wien ehedem gehabt hatte (obwohl sie durch die demonstrative Sachlichkeit der »neuen Frauen« der Zwischenkriegszeit herausgefordert worden war). Umgekehrt klingt in den Bildern kommunistischer Jugendlicher, die in Blauhemden und roten Halstüchern eine Ehrenformation bei Chruschtschows Kranzniederlegung am Heldendenkmal der Roten Armee bilden, eine inzwischen verschwundene Reminiszenz an die Inszenierung des öffentlichen Raums durch politisch-soziale Formationen an: Es gab eine Zeit, in der »Jugend« in Wien öffentlich dominant als uniformierte, organisierte und disziplinierte, durch politische und berufliche Instanzen markierte, in Übergangsrituale eingebundene Generation sichtbar wurde.[2]

Botschafter des Friedens ist auch ein sozialtopografischer Film. Er handelt vom engeren Raum einer internationalisierten Bürgerlichkeit (der mondänen Opernpassage, einer Jeunesse dorée, die mit dem chromblitzenden Cadillac ins italienische Espresso bei der Albertina fährt, dem distinguierten Publikum des Terrassencafés am Cobenzl) und von der Fabrikarbeiterschaft in Floridsdorf sowie den Alten, die in den Kommunalbauten besondere Rücksichtnahme erfahren. Es ist ein Film aus der spezifischen Perspektive eines kosmopolitischen Russen, Jahrgang 1906, der Wien neben Paris als international tonangebend für die Ästhetik alltäglichen Lebens betrachtet, der aber auch versucht, die Stadt als politisches Gemeinwesen zu erfassen.[3]

Die Verortung des filmischen Dokuments in einer Sozialgeschichte der Stadt erfordert die Klärung der Bedingungen, unter denen aktuell Historiografie produziert wird. […] Nicht zuletzt unter dem Einfluss des *spatial turn*[4] hat sich das Konzept der Stadtgeschichte aus seiner territorialen und topografischen Fundierung gelöst und den sozialen Praktiken zugewandt. Stadt wird dabei als Handlungsraum wie als Konstrukt eines sozialen und kulturellen Ensembles oder Akteurs aufgefasst. Der 2002 verfasste Entwurf für ein Grundsatzprogramm der Deutschen Gesellschaft für Stadtgeschichte schlägt vor: »Die neue Stadtgeschichtsschreibung basiert auf der Erkenntnis, dass sie es mit der Analyse einer permanenten ökonomischen, sozialen und kulturellen Produktion von Räumen zu tun hat, die in ihrer Historizität zu erforschen ist. Gefragt wird danach, wie Aneignungen im und in Bezug auf Räume vor sich gingen und Identitäten durch Geschlecht, Ethnizität sowie Schichten- und Klassenzugehörigkeit räumlich konstituiert und codiert wurden. Räume sind außerdem als wirtschaftlich, sozial und kulturell umkämpfte Arenen zu begreifen, in denen um Einfluss und soziale Positionierung gerungen wurde. Ihre Bebauung, Gestaltung und ihre Institutionen symbolisierten soziale Ungleichheiten, Herrschaft, Emanzipa-

tion, Konflikt und Akkulturation in früheren und gegenwärtigen Epochen.«[5]

Aus der Öffnung der Sozialgeschichte hin zur Kultur und der Wendung der Stadtgeschichte zum Sozialen lässt sich allerdings noch keine Synthese gewinnen, die eine neue regulative Idee in der Historiografie der Stadt begründen würde. Dies wird insbesondere an der Fragestellung deutlich, ob Städten eine »Eigenlogik« zugeschrieben werden kann. Dieser Begriff, wie ihn Helmuth Berking und Martina Löw zur Diskussion gestellt haben[6], macht noch einmal die partikularen Funktionen einzelner Städte (oder ihrer Eigennamen) innerhalb eines globalen Raums der Zirkulation von Informationen, Menschen und Gütern stark: »Eigenlogik« hebt die Perspektive über den lokalen Handlungsraum der neuen Stadtgeschichte wie auch den empirischen Raum der neuen Sozialgeschichte hinaus, ohne diese zu verwerfen. Hier ließe sich jene Schnittstelle definieren, an der Urbanität

3 Das politische Gemeinwesen definiert sich durch den Streit; vgl. Jacques Rancière, *Das Unvernehmen. Politik und Philosophie*, Frankfurt/M. 2002. In den Stadt-Mythen hingegen, auch den filmischen, wird gerade dieser Umstand dissimuliert. Besonders bedeutsam in Karmens Film sind deshalb die Aufnahmen kontroverser Diskussionen auf Straßen und Plätzen.
4 Vgl. Jörg Döring, Tristan Thielmann (Hg.), *Spatial Turn. Das Raumparadigma in den Kultur- und Sozialwissenschaften*, Bielefeld 2008.
5 Vgl. Gesellschaft für Stadtgeschichte und Urbanisierungsforschung e.V., »Grundsatzpapier«, http://stadtgeschichtegsu.files.wordpress.com/2014/06/pos1_grundsatzpapiergsu.pdf (5.4.2016).
6 Vgl. Helmuth Berking, Martina Löw (Hg.), *Die Eigenlogik der Städte. Neue Wege für die Stadtforschung*, Frankfurt/M., New York 2008, darin insbes. Löw, »Eigenlogische Strukturen – Differenzen zwischen Städten als konzeptuelle Herausforderung«.

einerseits als Bedingung des Sozialen betrachtet wird und andrerseits, mit der Sedimentierung oder Kristallisierung ihres sozialen, politischen und kulturellen Gewebes, selbst als Subjekt oder Akteurin in einem anderen Raum auftritt. Dieser notwendige Hinweis[7] soll nur dazu dienen, das Forschungsprogramm offen zu halten für die Registrierung von Kontinuitäten und Diskontinuitäten in der Geschichte der Stadt bzw. für die Kopräsenz unterschiedlicher sozialer Formationen, bis hin zum Einschluss von Anachronismen oder auch *lost causes*[8], die in einer am Paradigma der »Modernisierung« orientierten Sozialgeschichte ebenso vom Vergessen bedroht sind wie in einer auf Macht- und Identitätskonstellationen fokussierten *urban history*.

Welcher Stellenwert kann in diesem Spannungsfeld der sozialen Geschichte der Stadt (bzw. deren Historiografie) dem filmischen Dokument beigemessen werden? Dem Film – zunächst für den Idealtypus des fiktionalen Films gesprochen – kommt eine kardinale Position innerhalb der Analyse von Urbanität zu. Er kann sogar zu den intrinsischen Elementen von

Urbanität gezählt werden, wenn ein »System Stadt« unterstellt wird. Er generiert in Form des Kinos neue Orte, die in die materielle und symbolische Textur der Stadt eingreifen, und konstruiert urbane Wirklichkeit auf mehreren Niveaus entscheidend mit. Das bewegte Bild organisiert die Zirkulation von Oberflächen-Zeichen und die Kombinatorik heterogener Eindrücke und bringt so eine genuin städtische Wahrnehmung hervor. Seine Fähigkeit, gleichzeitig sensorische und symbolische Bilder zu produzieren, d. h. konkrete Orte mit abstrakten Eigenschaften zu verknüpfen, macht den Film auf anonymer und kollektiver Ebene zu einem essenziellen Träger jenes praktischen Sinns, der Strukturen, Prozesse und Räume interpretiert. Schließlich rückt der (narrative) Film mit seinen Verknüpfungen von Personen, Handlungen und Räumen in den Rang einer komplexen Kartografie auf, die das Allgemeine einer bestimmten Stadt mit ihren Singularitäten amalgamiert und ein zugleich kognitives wie emotionales »Bild« der Stadt produziert.[9]

VISUAL HISTORY

Mit Verweis auf die Verwobenheit von Bildmedien mit Weltwahrnehmung und -interpretation (auch in ihrer Funktion des Speicherns vergangener Lebenswelten und Handlungen) plädiert Gerhard Paul für *Visual History*: »Visual history […] umfasst das ganze Feld der visuellen Praxis der Selbstdarstellung, der Inszenierung und Aneignung der Welt, sowie schließlich die visuelle Medialität von Erfahrung und Geschichte.«[10] In diesem Programm ist dem Film bzw. den fotografischen Medien ein be-

7 Notwendig im Rahmen der Global-City-Entwicklung und des City-Branding, vgl. Siegfried Mattl, »City Brandings«, in: Konrad Becker, Martin Wassermair (Hg.), *Phantom Kulturstadt. Texte zur Zukunft der Kulturpolitik II*, Wien 2009.

8 Vgl. Siegfried Kracauer, *History – The Last Things Before the Last*, New York 1969, etwa S. 219.

9 Vgl. James Donald, *Imagining the Modern City*, London 1999, insbes. S. 68; David B. Clarke (Hg.), *The Cinematic City*, London, New York 1997; Stephen Barber, *Projected Cities. Cinema and Urban Space*, London 2002; Tom Conley, *Cartographic Cinema*, Minneapolis, London 2007.

10 Gerhard Paul, »Von der Historischen Bildkunde zur Visual History. Eine Einführung«, in: ders. (Hg.), *Visual History. Ein Studienbuch*, Göttingen 2006, S. 25.

sonderer Platz einzuräumen: Sie unterhalten eine einzigartige Beziehung zur Welt, insofern sie, techno-ontologisch gesehen, der Welt ohne kulturelle Codierungen begegnen. Auch wenn die (als idealtypisch angenommenen) a-signifikanten fotomechanischen Bilder einer nachträglichen kulturellen Lektüre offenstehen und im Regelfall sogar dafür intendiert sind, so erhalten sich in ihnen dennoch Wirklichkeitsbestände, die im Gegensatz zu ästhetisch konzipierten Bildern Nicht-Notwendiges und (unter dem Aspekt von Zweck und Funktion) »Überflüssiges« enthalten. Kracauer spricht davon als vom »Abfall«[11] der Geschichte, vom zur Zeit seiner Aufnahme A-signifikanten, das indes retrospektiv Bedeutung erlangen kann – als Spur einer Potenzialität, die von der Kontingenz der äußeren (wie der sozialen) Wirklichkeit zeugen kann. Als derartige Potenzialität wird der zunächst scheinbar bedeutungslose Rest für eine Historiografie der *microhistoire*, wie Kracauer sie ins Auge fasst, überaus relevant: Geschult an der im fotomechanischen Bild festgehaltenen Virtualität der Vergangenheit, will *microhistoire* die Schemata der Allgemeingeschichte und deren Interesse an idealtypischen Fällen ebenso hinter sich lassen wie die archivalische Historiografie, die alle generalisierende Deutung vermeidet.[12]

Haben wir zuvor die volle Entfaltung des Wechselverhältnisses von Stadt und Film im Erzählfilm bestimmt, so gilt es nun (mit Bezug auf das Verhältnis des Films zur Stadt- und Sozialgeschichte) eine Einschränkung zu wiederholen, die schon Kracauer vollzog. Der Spielfilm als Untersuchungsgegenstand gibt Aufschlüsse

über das kulturelle Mapping des sozialen Raums einer Stadt, doch tut er dies auf Grundlage einer ästhetischen Methode, die prinzipiell totale Kontrolle über das Bild voraussetzt. Kracauer hingegen insistiert in Abgrenzung davon gerade auf einem Bild, das von seiner Aufnahme und/oder Stellung in einem einzelnen Film her sich der lückenlosen Sinnschließung verweigert, auf die das Kunstwerk im Regelfall zielt. Dieser von Kracauer geforderte »Realismus«, nicht zu verwechseln mit naturnaher »Abbildung«, muss in Anwendung gebracht werden, wenn (neue) Stadt- und Sozialgeschichte und Film als ungleiche, aber gleichwertige, weil prinzipiell zur Wirklichkeit und deren Registrierung hin »offene« Erkundungsverfahren gelten sollen. Deshalb widmet sich unsere Analyse auch einem Korpus nicht-fiktionaler Filme – Dokumentarfilme, Gebrauchsfilme, Auftragsfilme, experimentelle Filme, kurz: »ephemere« Filme. So nennt die rezente Filmhistoriografie (die auf Gebrauchs- und Aufführungsweisen statt Genre-Distinktionen fokussiert) Filme, die nicht aus kommerziellen Gründen gefertigt und nicht bzw. nicht nur für den regulären Kinoeinsatz vorgesehen waren.[13]

Wir werden die Filme weder ausschließlich als neuen Typus von Quelle behandeln noch als Archiv, das durch einen äußeren Diskurs vorstrukturiert ist. Auch nicht als Indikatoren einer

11 Vgl. Siegfried Kracauer, »Die Photographie«, in: Kracauer, *Das Ornament der Masse*, Frankfurt/M. 1963, S. 25.
12 Vgl. Siegfried Kracauer, *Geschichte – Vor den letzten Dingen*, Frankfurt/M. 2009, insbes. Kap. 5.
13 Zu ephemeren bzw. *Orphan*-Filmen vgl. Dan Streible, »The State of Orphan Films«, in: *The Moving Image* 9, 1, 2009, S. VI–XIX.

Geschichte des Mediums selbst, wenngleich uns dies immer wieder beschäftigen wird, ebenso wie die Frage nach den Effekten und der Ikonizität einzelner Einstellungen. Vielmehr gehen wir davon aus, dass die visuelle Präsenz von Menschen und Handlungen in den Filmdokumenten eine unmittelbare Verbindung zu Kräfteverteilungen im sozialen und politischen Raum unterhält. Mit Jacques Rancière stellen wir an den Beginn unseres Arbeitsprogramms eine »Aufteilung des Sinnlichen«, also die Annahme, dass die ästhetisch festgelegten bzw. eröffneten Möglichkeiten des Erscheinens oder Auftretens im öffentlichen Raum und die Formen, in denen sich diese Präsenz Ausdruck verschafft, eine prekäre Grenze bilden.[14] Die Verteilung von Akteursrollen und deren Zuteilung an legitime Orte bilden den Inhalt der jeweiligen gesellschaftlichen Ordnung, die gleichzeitig immer schon infrage gestellt oder herausgefordert wird; nicht zuletzt durch die Praktiken jenes von Kracauer identifizierten Filmbildes, das sichtbar zugänglich macht, was den Regis-

traturen der Ordnung notwendigerweise entgehen muss: den »Ruhm des Beliebigen« (Rancière).

Nach wie vor ist der Status des Films in der Historiografie nicht gesichert, und die unterschiedlichen Niveaus, an denen eine Visual History als Quellen-, Medienkultur- oder Gedächtnisgeschichte ansetzt, weisen auch nicht in Richtung einer bald zu erwartenden kohärenten Subdisziplin der Geschichtswissenschaft. Mit einem schon in den 1970er Jahren formulierten Begriff des französischen Sozialhistorikers Marc Ferro wird der Wert der historischen Auseinandersetzung mit Film deshalb zunächst immer noch in seinem Potenzial bestimmt werden, Stoff einer »Gegenanalyse« zu sein: einer Gegenanalyse zu etablierten historiografischen Diskursen.[15] [...]

SOZIALE DYSTOPIEN UND »WELTSTADT«

[...] Das Ideal der modernen Stadtplanung war die »aufgelockerte Stadt«. Sozialhygienische und demokratische Argumente flossen hier in-

14 Jacques Rancière, *Die Aufteilung des Sinnlichen. Die Politik der Kunst und ihre Paradoxien*, Berlin 2006. Rancières Fokussierung auf das »ästhetische Regime der Kunst« lässt zunächst die Anwendung seiner Theorie auf unseren Korpus nicht-fiktionaler Filme problematisch erscheinen. Allerdings teilen diese Filmbilder mit der Kunst im engeren Sinne das Potenzial, die stummen, alltäglichen, im Vormodernen zu keinem legitimen Ausdruck fähigen Dinge zum Gegenstand der Kommunikation bzw. Erkenntnisgegenstand zu machen. Um (v. a. wegen des noch zu bestimmenden Stellenwerts unterschiedlicher »Genres« ephemerer Filme) eine vorschnelle Schließung des Arguments zu umgehen, beschränken wir uns hier auf Rancières Erörterung der Funktion moderner Ästhetik, Sichtbarkeit als Voraussetzung für die Anerkennung nicht länger ethisch oder

herrschaftlich fundierter Gemeinschaftsbeziehungen herzustellen. In filmtheoretischen Schriften geht Rancière indes explizit auf die Vergemeinschaftungsfunktion des Films ein und identifiziert Dokumentarfilme wie Humphrey Jennings' *Listen to Britain* (1942) als reinste Form, in der das Soziale aus der Zusammenführung a-signifikanter Bilder hervorgebracht wird (ohne interne Trennungen zu ignorieren und eine organische Einheit zu behaupten). Vgl. Rancière, »Die Geschichtlichkeit des Films«, in: Drehli Robnik, Thomas Hübel, Siegfried Mattl (Hg.), *Das Streit-Bild. Film, Geschichte und Politik bei Jacques Rancière*, Wien 2010.
15 Marc Ferro, »Der Film als ›Gegenanalyse‹ der Gesellschaft«, in: Claudia Honegger (Hg.), *Schrift und Material der Geschichte. Vorschläge zur systematischen Aneignung historischer Prozesse*, Frankfurt/M. 1977, S. 254.

einander und gaben der Reformpolitik der 1920er Jahre ein ambivalentes Gepräge. Vokabular und Methoden des beginnenden *social engineering* führten ein biopolitisches Potenzial mit sich, das grundsätzlich gegen die Diversität urbanen Lebens gerichtet war. (Sein erstes kompaktes, ins Totalitäre gewendetes Programm fand es in der nationalsozialistischen Stadt- und Regionalplanung, die ständische Raumgliederungen mit der Politik der »ethnischen Säuberung« verknüpfte.) Modellhaft formuliert: Die Elementarisierung der Lebensbereiche und ihre Organisation in präzis definierten Räumen – Siedlungen, Industriezonen, Verwaltungs- und Dienstleistungsviertel, Kulturbezirke, Erholungslandschaften – ermöglichten ein größeres Maß an Kontrolle über die Bevölkerung und die Verwandlung von Politik in technokratische Planung. Verbunden damit war der Wunsch nach sozialer und kultureller Konformität, die an die statistischen Typen heranführen konnte, wie sie großmaßstäblicher Planung zugrunde liegen.[16]

Der im Auftrag der Wiener Stadtverwaltung von Albert Quendler gedrehte Film *Stadt am Morgen* (A 1952) legt allerdings nahe, dass dies nicht ohne radikalen Eingriff in das Bild der Stadt geschehen konnte. Eine bemerkenswerte Einstellung zu Filmbeginn konfrontiert uns mit visuellen Eindrücken, die aus Slums von »Dritte-Welt«-Städten stammen könnten. Eine halbbekleidete Frau geht, einen Wassereimer in der Hand, durch eine Zeile von Holzbaracken. Frauen mit Kindern auf dem Arm schlendern müde den staubigen Weg durch eine wilde Gras- und Hügellandschaft entlang, Männer sitzen untätig am Wegrand. Wäsche flattert auf einer Wäscheleine, ein streunender Hund läuft durchs Bild. Im Hintergrund eine einzelne graue Mietskaserne. Rauchende Schlote und ein Fabrikgelände kommen in den Blick. Mit zwei, drei Schnitten und langsamen Schwenks wird dieses Bild zu einer chaotischen Industrielandschaft verdichtet: ein vielfach überbautes Gebäudegewirr, dessen rauchende Kamine die Sonne verdunkeln. Dieses wild gewachsene, exotische Stadtviertel, so macht der Off-Kommentar klar, ist entstanden, weil hier Planung und soziale Einsicht fehlten; es ist ein Stadtviertel wilder Siedler, die mit der Zerstörung des Grünraums nicht nur sich selbst schaden, sondern auch der Stadt, da sie ihr das »natürliche« Wachstumsgebiet rauben. Das Wien dieses Films droht von Dystopien infiziert und zersetzt zu werden.

Stadt am Morgen hat mit dem Wien von *Österreich trifft einen Botschafter des Friedens* wenig gemein. Hier treffen wir auf eine Stadtfigur, die auf das Äußerste reduziert ist: auf das Wohnen und den Verkehr. Beides sind Probleme, deren künftige Lösung die Aufgabe der Protagonisten des Films ist: der Stadtplanungs-Ingenieure, die in einsamer Büroarbeit, am Reißbrett, die effektivsten Straßen und optimalen Lagen für neue Siedlungen entwerfen. Stilistische Anleihen bei der britischen Doku-

16 Vgl. David Kuchenbuch, »Eine Moderne nach ›menschlichem Maß‹. Ordnungsdenken und social engineering in Architektur und Stadtplanung – Deutschland und Schweden, 1920er bis 1950er Jahre«, in: Thomas Etzemüller (Hg.), *Die Ordnung der Moderne. Social Engineering im 20. Jahrhundert*, Bielefeld 2009.

mentarfilmtradition der Grierson-Schule, beim italienischen Neorealismus wie beim Film noir – die stummen Gesten, das Spiel mit Licht und Dunkel – unterstützen die Tendenz des Films, die Menschen der Stadt auf das Kreatürliche und auf bloße leibliche Existenz zu reduzieren. Das großstädtische Leben der Einkaufsstraßen, Cafés, Kultur- und Vergnügungs-Etablissements ist ausgelöscht, findet nur noch als ferner Abglanz in den gemeindeeigenen »Häusern der Begegnung« statt, die immerhin vom Charme amateurhaft gestalteter Auslagen Zeugnis ablegen. Über diesem Wien liegt etwas Gespenstisches, das schon von der Tonspur ausgeht: von einem unsichtbaren, allwissenden Sprecher, der Metamorphosen durchläuft und die Rolle der klagenden Stadt selbst annimmt. Die anonymen Frauen aus der wilden Siedlung, die in ihren Bewegungen mehr Schatten als lebendigen Menschen gleichen, finden ein merkwürdiges Pendant in den Bewohnern der neuen licht- und luftdurchfluteten Siedlungen, aus denen das »Neue Wien« bestehen soll. Auf ihren Balkonen im Liegestuhl, isoliert von jeglichem sozialen Geschehen, gleichen sie Robotern. Oder Gefangenen. Nur die Kinder beim Spiel im Kindergarten und die Alten beim Kartenspiel in den Lauben des Gemeindebaus erwecken den Eindruck von Lebendigkeit, allerdings in einem durch Zäune und Mauern eingehegten Raum.

Stadt am Morgen zählt zu einer Serie von Filmen mit dem Arbeitstitel »Sozialer Wohnbau«. Auf paradoxe Weise zielen diese Bilder nicht – wie im Bildprogramm des Roten Wien – auf die Visualisierung schichten- und klassenspezifischer Ungleichheit, sondern auf die Eliminie-

rung jeglicher Idee partikularer Gemeinschaften, ja von Gemeinschaft überhaupt. Es scheint, als sollte auch noch jede Reminiszenz an die Kollektivität getilgt werden, die den Gemeindebau des Roten Wien gestützt hatte, ebenso die Erinnerung an die metropolitane Tradition. *Stadt am Morgen* umgeht selbst die tief verwurzelten Zeichen historischer Identität, die als Arenen vergangener Auseinandersetzungen um Macht und Repräsentation dienen könnten. So vermeidet der Film, wenn er die neuen Rolltreppen bei der Opernkreuzung präsentiert (unter dem planerischen Gesichtspunkt der Beschleunigung und Effizienzsteigerung im Straßenverkehr), auf exemplarische Weise das soziale Geschehen und die sonst obligatorische repräsentative Kadrierung des Opernhauses. Die Vergangenheit Wiens und ihre Schichtung wird ausschließlich als Bürde eines anonymen Geschehens gesehen, nämlich als lichtloser, stickiger Hinterhof, auf dessen schmutzigem Grund Kinder ihre Spiele treiben müssen. Nur der eingangs vollzogene und am Ende des Films wiederholte Schwenk über die Dachlandschaften der Innenstadt spielt nochmals mit der Lokalität und der Individualität Wiens, ohne ihr allerdings einen Eigenwert zuzuerkennen. In seiner Grundaussage stellte *Stadt am Morgen* eine Stadt ohne Eigenschaften vor.

Das neue Stadtregime, das sich nach 1945 – transnational – im modernen Stadtplanungsdiskurs und den Stadtentwicklungsstrategien abbildete, schien mit der Selbst-Historisierung Wiens durchaus kompatibel zu sein. Mit Ende des »Wiederaufbaus« trat eine neue Formel auf, die das Moment der Rückkehr wie selbstverständlich stark machte: *Wien wird wieder Weltstadt*. Das Textdokument von 1955, das diese (in der Folge auch mittels Werbekampagnen umgesetzte) Parole präsentierte, kann mit gutem Grund als neues Leitbild gelten. Es fasste wirtschaftliche, demografische, kulturelle und geografische Aspekte zu einem Maßnahmenkatalog zusammen, der die Investitionen der Stadt in die verschiedenen Formen ihres »Kapitals« steuern sollte. […]

Bedeutsam ist nicht zuletzt die (vorerst theoretische) Einbettung der Bevölkerungspolitik in dieses Konzept. Zunächst berührt dies den Stellenwert, der der demografischen Situation zugewiesen wird. »[D]ie bevölkerungsbiologische Struktur Wiens«, hieß es in einer nach den Gräueln der nationalsozialistischen »Rasse«-Politik befremdlichen Sprache, »ist gegenwärtig durchaus ungünstig und es bedarf ernsthafter grundsätzlicher Anstrengungen, um ein weiteres Abgleiten des Bevölkerungsgefüges von Wien zu verhindern. Wenn den so ausgezeichneten geopolitischen Möglichkeiten des Wiener Raumes eine so geschwächte bevölkerungsbiologische Entwicklung gegenübergestellt ist, so wird dieser Umstand weitgehend alle Planungs- und Entwicklungsüberlegungen für das Wien von morgen beeinflussen müssen.« Und weiter: »Die Geschichte lehrt, dass dort, wo ein bevölkerungsbiologisches Vakuum eintritt, mit atomarer Kraft andere Bevölkerungskreise einsickern, die die wirtschaftlich nicht ausgenützten Möglichkeiten von sich aus wahrnehmen. Sollen die Wiener zusehen, wie sie aus ihrem ureigenen Lebensraum durch biologisch kräftigere Bevölkerung verdrängt werden?« [17]

Dieses – in einem denkbar ungünstigen Verhältnis zum Anspruch auf »Weltstadt« stehende – Argument bereitete in einem Syllogismus die kardinale Interessenpolitik der Stadtverwaltung auf: Schuld an der diagnostizierten ungünstigen demografischen Entwicklung sei die schlechte Wohnstruktur und -substanz, die ein Erbe der Gründerzeit sei. Eine »gesunde, natürlich gefügte, wohlproportionierte Gesellschaft« könne nur aus der Beseitigung der bestehenden (zu dichten und schlechten) Verbauung im geschlossenen Stadtgebiet und dem Wohnbau auf Grünland in offener Bauweise hervorgehen. Der 1958 zum Planungsstadtrat ernannte prominente Architekt Roland Rainer gab dieser Willensbekundung eine Form. Sein »Städtebauliches Grundkonzept für Wien« [18] sah Folgendes vor: Umsiedlung von Industrie- und Gewerbebetrieben aus den Stadtlagen in Industriezonen im Süden und Osten; eine in verdichteter Flachbauweise zu entwickelnde »Bandstadt« entlang der Südachse; Abbruch von Gründerzeit-Strukturen zur Erzielung von Grünzungen im Stadtgebiet; Errichtung von Nebenzentren mit »City«-Aufgaben in den Bezirken. Stadtautobahnen, Schnellstraßen und Untergrundstraßenbahnen sollten die Verkehrswege effizienter machen und die Stadterweiterung begleiten. Zu den traditionsreichen Ensembles, die diesem Umbau zum Opfer fallen sollten, hätte auch der Wiener Naschmarkt

17 Wilhelm Adametz, Rudolf J. Boeck (Red. im Auftrag des Kulturamts der Stadt Wien), *Wien wird wieder Weltstadt*, Wien 1955, S. 147.
18 Vgl. Roland Rainer, »Städtebauliches Grundkonzept für Wien«, in: *Der Aufbau* 16, 1961.

gezählt, der einer Autobahn durch das Wiental weichen sollte. Das demografische Argument wurde so zur eigentlichen Triebkraft hinter dem Projekt, eine Stadt nach den Regeln des Fordismus zu entwickeln.

Die mitunter spektakulär anmutenden Umgestaltungspläne dürfen nicht vergessen machen, dass es sich dabei um nichts anderes als einen Diskurs gehandelt hat. Die Auseinandersetzung mit Diskursen setzt allerdings dort an, wo deren Macht bestimmt werden soll, über das Sichtbare und das Sagbare zu entscheiden, »Evidenz« davon zu erzeugen, welche räumlichen Verteilungen von Menschen und Tätigkeiten Sinn machen – und welche nicht. In besonderem Maß werden damit die visuellen und akustischen Programme relevant, die uns Wien sozusagen in unterschiedlichen Aggregatzuständen und aus verschiedenen mentalen Perspektiven zeigen.

ASYLE UND AVANTGARDEN

Besonders bedeutsam wird vor diesem Hintergrund ein Korpus von Wien-Filmen, der im Auftrag der Gemeinde zwischen 1952 und 1964 entstand.[19] Diese Gebrauchsfilme präsentieren – meist im Reportagestil – soziale und kulturelle Einrichtungen der Stadt Wien (Kindergärten, Tagesheime, Altenheime, Museen, Theater an der Wien), städtische Unternehmen und Betriebe (Feuerwehr, Müllverbrennungsanlage, Straßenbeleuchtung), Verkehrsbauten und Verkehrsinfrastruktur (Unterführungen, Fußgänger-Übergänge), Neubauten (Ringturm, Stadthalle) und Parkanlagen. Das »moderne« Wien dieser Filme ist das Werk einer im Bild zumeist abwesenden Stadtverwaltung. Maßgebend ist die Sichtbarkeit einer effizienten Organisation großmaßstäblicher öffentlicher Versorgungs- und Dienstleistungen, die für eine unspezifische »Allgemeinheit« erbracht werden. Die für den Gebrauchsfilm nicht unbedingt überraschende Fokussierung auf Handlungen und Situationen, die im urbanen Alltag als Selbstverständlichkeiten der Wahrnehmung entzogen sind, stellt dennoch auf drei sozialhistorisch signifikante Phänomene ab. Zum einen lassen die Filme den

19 Die Datierung folgt einem Akt der Magistratsabteilung 7 vom 3. März 1964, der eine erste, vorwiegend quantitativ bestimmte Bilanz der Auftragsfilme der Stadt Wien enthält. Demnach waren 28 *sponsored films*, meist Kurzfilme, in verschiedenen Formaten im Einsatz. Neben Kinoeinsatz im In- und Ausland erfolgte die Distribution auch über Gewerkschafts- und Parteiorganisationen. Das Jahr 1964 ist als Zäsur auch insofern sinnvoll, als, wie der Akt vermerkt, in diesem Zeitraum die Zusammenarbeit mit dem Fernsehen intensiviert wurde. Diesem Medienwechsel, der im Regelfall strikte Längenvorgaben erforderte, steht 1963/64 der künstle-

rische Höhepunkt des städtischen Auftragsfilms gegenüber. Neben *Wien 1963* (s. u.) dramatisierte Albert Quendlers 95 Minuten lange *Symphonie Wien* (1964) im Rückgriff auf die musikalische Grundform die Geschichte Wiens einschließlich ihrer Prähistorie und stellte im Prisma künstlerischer Darstellungen (Theaterszenen aus Grillparzer-Stücken mit Josef Meinrad, Tanzstudien zur Schöpfungsgeschichte von Rosalia Chladek u. a. m.) essenzielle Bestandteile des Wien-Mythos nach. Vgl. Wiener Stadt- und Landesarchiv, MA 350, A 15–99, MA 7 vom 3.3.1964 an den Bürgermeister.

Gedanken der räumlichen Ordnung als polizeiliche Logik[20] erscheinen. Sie sprechen von einem massenpädagogischen Programm, das zur Beachtung von Vorschriften und Regeln im öffentlichen Raum auffordert – unter der Prämisse einer Interesseneinheit von städtischen Institutionen und Bevölkerung. Zum Zweiten konzentrieren sie sich, sobald soziale Subjekte ins Spiel kommen, auf zwei demografische Großgruppen: Kinder und alte Menschen. Beide Gruppen sind in sich weniger differenziert als andere Kohorten und durch gehemmte Aktionsfähigkeit gekennzeichnet. Sie sind damit in besonderem Maße geeignet, die Fürsorglichkeit der Verwaltung sinnfällig zu machen – wie auch den Anspruch Wiens, eine »soziale Stadt« zu sein; sozial freilich im Sinne des Versorgungsstaats. Der Asylcharakter von Heimen und Schulen[21] schafft einen organischen Übergang zur friktionsfreien Visualisierung einer nach Funktionen geordneten Stadt. Zum

Dritten integriert das Bildprogramm dieser *sponsored films* die in symbolische Architekturen gebannte Moderne in die Tradition. Neubauten wie Ringturm und Stadthalle werden nicht zuletzt durch ihre Präsentation als baukünstlerische Solitäre in die Reihe der Landmarks aufgenommen, während ihr Potenzial, auf zeitgenössisch damit verbundene Veränderungen zu verweisen (Dienstleistungsgesellschaft, Konsumkonzentration, Büroarbeit von Frauen), verdrängt wird.[22] Ein solches Bildprogramm, das »Moderne« vom Wandel abspaltet, bildet die andere Seite jener Bannung der historischen Tiefenschichten und ihrer Erinnerungsfunktion, die sich an *Stadt am Morgen* beobachten ließ. Zwei Werbefilm-Serien allerdings brechen aus dieser (dem Muster des klassischen Kulturfilms folgenden) Reihe von Filmen aus, auch wenn sie innerhalb des zuvor umrissenen Themenfeldes bleiben. In beiden Fällen handelt es sich um jeweils zwei- bis dreiminütige Humo-

20 Mit polizeilicher Logik meinen wir die Zuteilung von legitimen Handlungen an bestimmte Personen an bestimmten Orten; sie ist der »Polizey«-Wissenschaft der Aufklärung nah verwandt und strebt wie diese möglichst repressionsfreie, auf Einsicht beruhende Unterordnung unter die von den jeweiligen Machtträgern definierten »Allgemeininteressen« an. Geradezu parodistisch wirken aus heutiger Sicht die filmischen Repräsentationen der Wiener Polizisten, die – mit ihren weißen Handschuhen und tänzerischen Bewegungen – ein häufiges Motiv von gesponserten und Tourismusfilmen abgaben. In Auftragsfilmen der Stadt traten sie vorwiegend als Lehrmeister auf, die uneinsichtige Wiener/innen geduldig mit den Regeln des modernen Straßenverkehrs vertraut machten; so auch in dem Kurzwerbefilm *Fußgänger-Übergänge* (Archivtitel) aus der Serie *Und das alles für mein Geld* (1961) im Auftrag der MA 7, der die neuen automatischen bzw. von Passanten zu bedienenden Verkehrsampeln propagiert

und die Ausgaben dafür rechtfertigt (»Eins aber ist sicher: Wo's Verkehrsampeln gibt, gibt's keine Verkehrsunfälle mehr!«). Vgl. Wiener Stadt- und Landesarchiv, Bestand Mediawien, Lf. Nr. 176 A-C.
21 Vgl. Erving Goffmann, *Asyle. Über die soziale Situation psychiatrischer Patienten und anderer Insassen*, Frankfurt/M. 1963.
22 Einen ganz anderen Blick eröffnet der (unter dem Namen *Municipal-Film*) von Amateurfilmer/inne/n und Mitarbeiter/inne/n der *Wiener Städtischen Versicherung* hergestellte *Ein Tag im Ringturm* (1962). Dieser Film folgt (nicht ohne Humor) den Wegen, die ein Aktenstück durchlaufen musste. Augenscheinlich wurde dabei die vielfältige räumliche Hierarchie, sowohl sozial (vertikal wie nach der Dichte) als auch hinsichtlich der geschlechterbezogenen Arbeitsteilung. Der Akt durchläuft seine Bahn vom repräsentativen Einzelzimmer des Direktors in den oberen Geschoßen über die Mehr-Personen-Zimmer der männlichen Fach-

resken, die rund um das Figurenrepertoire populärer Rundfunk- und Fernsehstars organisiert waren. Heinz Conrads mimte in 15 Sketches von *Du und deine Stadt* (1958) den mündigen, denkenden und vernünftigen Wiener Bürger, der die keineswegs leichte Aufgabe übernimmt, sein ständig unzufriedenes und im Umgang mit den Leistungen der Gemeinde verantwortungsloses Gegenüber (gespielt vom Kabarettisten Fritz Heller) zu belehren. In der zweiten Serie *Und das alles für mein Geld* (1961) spielte Hugo Gottschlich den grantigen Wiener, der keine der Maßnahmen der Gemeinde (die Pflege der Parkanlagen, die Sicherheitseinrichtungen der Fußgänger-Übergänge, die Benutzungsvorschriften der Straßenbahn) gelten lassen will, auch wenn seine Dummheit immer wieder bestraft wird. Der Film über die neuen Verkehrsampeln im Rahmen dieser Serie brachte nochmals drastisch die Asymmetrie zwischen zwei Akteuren – vernünftige Verwal-

tung und stereotyp unvernünftiger Wiener Bürger – zum Ausdruck: in diesem Fall die hartnäckige Resistenz des traditionalistischen Bürgers gegen die Einführung »moderner« Regeln (automatische Ampelschaltung), die in Renitenz übergeht: in die Beschwerde darüber, dass diese Neuerungen auch noch durch Steuern finanziert werden.

Beide Serien, denen noch eine Werbefilmstaffel mit Heinz Conrads unter der Regie von Kurt Steinwender folgte[23], schlossen an den spätestens 1873, zur Zeit der Weltausstellung, gut etablierten Topos der »Wiener Typen« an. Obgleich zunächst an bestimmte, vom Verschwinden bedrohte Berufsgruppen (wie Fiakerfahrer und Blumenverkäuferin) angelehnt, repräsentierten die »Typen« ein für Modifizierungen und Aktualisierungen offenes Rollenrepertoire einer imaginären urbanen Folklore. Sie sind deshalb von den sogenannten »Wiener Originalen« zu unterscheiden (vor allem, wie wir noch sehen werden, wo es dem Dokumentar- und Experimentalfilm um eine exakte Aufnahme des sozialen Raums ging). Eingebettet in die *sponsored films* der 1950er und frühen 1960er Jahre, weist der Auftritt der »Wiener Typen« jedoch auf die Ambivalenz der Modernisierung und des propagierten Fortschritts hin. Die intendierte Homogenisierung der Bevölkerung und die Neuordnung des urbanen Raums nach fordistischen Parametern lösen jedenfalls auf der Ebene der visuellen Repräsentation ein Identitätsproblem aus, lassen eine Lücke sichtbar werden. Auch geht der Entwurf und Plan des »Neuen Wien«, der sich auf die Stadtperipherie an der Donau und den weiteren Bereich

bearbeiter hinunter zu den Großraumbüros, in denen Frauen an seriell angeordneten Tischen Schreibarbeiten verrichten. Einen besonderen Akzent setzen die Schlusseinstellungen: Sie stellen den aus dem Ringturm zur Straßenbahn eilenden Massen der einfachen Angestellten den Blick aus dem Turm auf den großzügigen Parkplatz mit den Autos der besser verdienenden Angestellten gegenüber. Die für die Filme der 1950er und 1960er Jahre typische Forcierung von Verkehrssituationen als Symbol für moderne, rastlose Urbanität wurde hier – freiwillig oder unfreiwillig – ironisch gebrochen und sozial codiert.

23 Zu dieser Serie ist kein übergreifender Titel tradiert. In 18 Folgen werden Zeitthemen im bekannten »persönlichen« Stil von Conrads' Plaudereien abgehandelt. Dramaturgisch fungieren auch hier »Wiener Typen« (wie die Gemüse-»Standlerin«) als Übersetzungsfiguren. Vgl. Wiener Stadt- und Landesarchiv, Bestand Mediawien, Lf. Nr. 197 A-C.

des Wienerbergs erstreckt, nicht ungeteilt in die Alltagserfahrung über. Im engeren historischen und gründerzeitlichen Stadtgebiet ist die Mobilität gering, und die sozialen Nahbeziehungen (einschließlich der Diversität, die sie immer schon gekennzeichnet hat) sind noch stark.[24]

In singulärer Weise kommt diese Ambivalenz in Edwin Zboneks 18-minütigem, tendenziell avantgardistischem Stadtporträt *Wien 1963* (A 1963) zum Ausdruck. Das »neue« Wien setzt sich dramaturgisch gleich zu Beginn des Films von einem Bild der Stadt ab, das von Mumifizierung spricht. Ein letztes Mal wird das Inventar der Postkartenmotive der Ringstraßen-Ära aufgerufen: Oper, Burgtheater, Rathaus, Stephansdom als urbanes »Herbarium«, als Kultstätte des touristischen Blicks. Diesem ironischen Prolog folgt eine fulminante, zehnminütige Bildmontage. Sie führt »sensomotorisch« durch eine Stadt, deren einzige Eigenschaft darin besteht, modern zu sein – oder besser: modern (im Sinne von »zeitgemäß«) zu werden. Die Ringpassagen, die Tramway und die Schnellbahn, Baukräne und Fertigteilfabriken, Verkehrskreuzungen, der Ringturm, die Wohnhochhäuser und die Stadthalle sind die wahren Protagonisten Wiens fernab der imperialen Zeugnisse. Der internationale Stil – ornamentlose Scheiben- und Plattenbauten mit Loggien und durchgehenden Fensterbändern – dominiert den kommunalen Wohnbau und bringt im visuellen Bezug zu zeitgenössischen Projekten wie dem Hotel Intercontinental am Stadtpark und dem AEZ (Allgemeinen Einkaufszentrum) am Beginn der Landstraßer Hauptstraße einen neuen Stilwillen zum Ausdruck. Der The-

ater- und Filmregisseur (und spätere Leiter des Filmfestivals *Viennale*) Edwin Zbonek zeigt ein hyperaktives Wien, das sich selbst aus translokalen Funktionen und Regeln aufbaut; eine Maschine Le Corbusier'schen Zuschnitts, die permanente und ungestörte Bewegung zwischen funktionalen Orten zu garantieren hat.

In dieser internationalen Stadt kann der Film endlich zu sich selbst kommen. Er ist der neue Sinnesapparat, der die Flüsse und Ströme von Menschen, Dingen und Ideen erfassen und gestalten kann. *Wien 1963* beendet die Gewohnheit, die Stadt nach markanten und fixen Orientierungspunkten zu ordnen. Modern sein heißt hier: neu sehen lernen. Die Wahrnehmung wird durch rasche rhythmische Schnitte und *phantom rides* auf das Spektakuläre des scheinbar trivialen Stadtalltags hin orientiert. Der von Carl de Groof komponierte Score unterstützt mit Jazzparaphrasen und grazilen, tänzelnden Motiven zeitgenössischer Musik das Vorwärtsdrängen der Filmbilder. Geradezu diabolisch nehmen sich in diesem forcierten Bewegungsbild jedoch Sequenzen aus, die einen Riss markieren – einen Bruch im Rhythmus wie in der Tonspur. Etwa zur Mitte unterbricht der Film seine Richtung und führt in den Blindengarten im Wertheimsteinpark. Die eintretende Stille verstärkt den Eindruck, der von den tastenden

24 Eine leider undatierte und nicht nach Bezirken gliederte Umfrage des Instituts für empirische Sozialforschung um 1980 bescheinigte den Wiener/inne/n außerordentlich hohe Bindung an ihren jeweiligen Wohnbezirk. Nur zehn Prozent konnten sich gut vorstellen, auch in einem anderen Bezirk zu leben, elf Prozent wohnten »nicht so gern« im Bezirk. Zit. n. Hannelore Bandel (Hg.), *60 Jahre kommunaler Wohnbau*, Wien 1983, S. 117.

Händen der blinden Parkbesucher ausgeht. Sie sind von der genuin visuellen Freude an der neuen Stadt ausgeschlossen, die durch das sensomotorische Band zwischen filmischem Apparat und Bewegungsflüssen hergestellt wird. Doch das Bild oszilliert. Die Blinden, die Blumen und Sträucher berühren und ihren Duft einatmen, die mit ihren Stöcken die unterschiedliche Beschaffenheit der Wege und Wiesen ertasten, die sich zu gemeinsamen Spielen zusammenfinden oder auch nur in Sonnenstühlen die Wärme genießen: Verweisen ihre Handlungen, zumal deren haptische Sinnlichkeit, nicht auch auf den Verlust von Erfahrungsmöglichkeiten und auf den Rückzug der voll entfalteten menschlichen Sensibilität in Refugien und Asylen? In jedem Fall sind die Blinden (neben den Kindern, die gleichfalls eingeschlossen sind[25]) die einzigen wirklich aktiven Menschen, sowohl in der Aneignung des Raums als auch in ihrem gemeinschaftlichen Leben. Die anderen sind nicht mehr als Passanten, die sich an materielle Prozesse und Strukturen der modernen Stadt zu adaptieren haben – oder bestenfalls Konsumenten städtischer Dienstleistungen.

In die radikale Monotonie und reine Gegenwart des fordistischen Stadtprojekts stürzt gut 15 Jahre später *Wienfilm 1896–1976* (A 1977) von Ernst Schmidt jr. geradezu herein. Laut dem Filmkritiker Bert Rebhandl ist »die Stadt, die

Ernst Schmidt jr. erforscht, selbst nicht modern. Sie wird es erst durch diese Darstellung, in der das Wienerlied und die konkrete Poesie, das selbst gedrehte Super-8-Material und alte Filmaufnahmen aus russischen Archiven gleichwertig behandelt werden. Wien kommentiert sich unentwegt selbst, der Filmkünstler montiert dieses Selbstgespräch so, dass der Unsinn auch Sinn macht, der Tiefsinn weniger.«[26] Der Komplexität des Films wird man am ehesten gerecht, wenn man ihn zunächst als Gegen-Mythos interpretiert: Im Gegensatz zur linearen Chronologie, die der Titel suggeriert, sehen wir uns einer Zeit-Raum-Kompression gegenüber, die Vergangenheit und Aktualität in ein »Wesen der Stadt« verwandelt, zugleich aber durch Isolierung, Rekontextualisierung und Umcodierung der Elemente des Stadt-Mythos ein permanentes Spiel von Auflösung und Neukonstruktion dieser Identität vorantreibt.

Wienfilm 1896–1976 ist ein Collagefilm: Bilder und Töne werden auf beliebige Art zusammengesetzt. »Beliebig« bezieht sich auf den freien und subjektiven Assoziationsfluss der optisch-akustischen Montagesequenzen, nicht auf die formale Struktur des Films, auch nicht auf eine willkürliche Verfahrensweise. In der Tradition der Filmavantgarde stehend, ist *Wienfilm 1896–1976* gerade umgekehrt durch die ihm auferlegte strenge rhythmische Komposition charakterisiert. Redundante Bildkader von notorischen Denkmälern und Skulpturen werden ebenso wie triviale Bilder des Alltags einer beschleunigten Montage unterworfen, die ihren denotativen Gehalt angreift und die Sensomotorik, die das Medium Film von den Anfängen

25 Die Kinder in Horten und auf Spielplätzen filmt Zbonek konsequent in einem von Gittern, Zäunen und Mauern strukturierten Habitat.
26 Bert Rebhandl, »›Wem gehört Wien?‹«, in: *Der Standard*, 7.12.2006, http://derstandard.at/2628488/Wem-gehoert-Wien (5.4.2016).

her mit der Stadt verbindet, ins Zentrum der Beobachtung stellt. Motive und Elemente werden analog einer Partitur zyklisch wiederholt und variiert: eine Passantenbefragung (»Wem gehört Wien?«), sowjetische Dokumentaraufnahmen von der Befreiung Wiens 1945, physiognomische Beobachtungen, Straßenbahnfahrten, Szenen vom Wiener Weihnachtsmarkt, Dichter/innenlesungen, Wochenschauberichte zum Bürgerkrieg 1934, Armin-Berg-Lieder, Schaufensterdekorationen, zwei aufgeweckt erzählende Arena-Kinder, ein Schimpanse an der Hand Joe Bergers, der Heldenplatz (in allen seinen politischen, filmischen und touristischen Saisonen), Blicke in einen Hinterhof, Performances der Wiener Aktionisten ... Die formalen Experimente des Films (stroboskopische Schnitteffekte, Einfügung von Negativmaterial, Entkoppelung von Bild und Ton) und seine Strenge erlauben auch Unterbrechungen durch Einstellungen voll barocker Ironie oder Exkurse (etwa zur Psychiatrieanstalt Baumgartner Höhe), die dennoch keinen Raum der Repräsentation eröffnen. Die »Beliebigkeit« liegt daher nahe an Sprachexperimenten der literarischen Avantgarden in ihrem Bemühen, die Großstadt als delirierenden Zeichenfluss zu erfassen. Der Film – in Wien seit *Entrée du Cinématographe à Vienne* der Brüder Lumière von 1896 – hat der urbanen Mannigfaltigkeit allerdings eine mediale Form gegeben, die die Generierung von Sinn durch Wiederzugänglichkeit der Bewegungsbilder ermöglicht: *Wienfilm 1896–1976* als unentscheidbares Changieren zwischen Abbild und Konstruktion der Stadt.

Gegenüber der scheinbar neutralen Regis-

tratur des »Neuen Wien« in *Wien 1963* setzt *Wienfilm 1896–1976* auf ein hochgradig artikulationsfähiges Subjekt. Kunst und Alltag, Poetik und Realität verschmelzen dort, wo ihre Versöhnung ursprünglich angedacht war: in der Avantgarde. Die – insbesondere Wiener – Avantgarde trägt jedoch nicht mehr die geschichtlichen Züge radikaler Utopie und Praxis, sondern die der Selbstreflexion. Ihr begegnen wir zunächst und explizit in der Einarbeitung von Wien-Filmen Marc Adrians, Dieter Roths, Ernst J. Lauschers, Valie Exports, in Auftritten der Schriftsteller/innen Friedrich Achleitner, Irina David, Padhi Frieberger, Ernst Jandl, Friederike Mayröcker und anderer, im Arbeitsporträt Arnulf Rainers und in Ausschnitten aus Filmen Kurt Krens über Otto Mühls Materialaktionen. Diese Kreise der Avantgarde – und das macht den lokalen Kontext ebenso nötig wie deutlich – konfrontieren uns mit einem vielfältigen Raum, vielfältigen räumlichen Praktiken. Im Gegensatz zu anderen Großstädten ist in Wien die Kunst-Avantgarde (so wie Intellektuelle außerhalb der von den Parteien kontrollierten Öffentlichkeit generell) im sozialen Feld marginalisiert. Sie gleicht in ihrem Lebensstil und den Orten, die sie besetzen kann (kleine Galerien, Cafés), mehr dem Bild der Boheme als dem der international erfolgreichen, im Kunstbetrieb akzeptierten und repräsentierten Nachkriegsmoderne. Deshalb unterhält sie auch eine Nähe zu präfordistischen, proletarisch-kleinbürgerlichen Gründerzeitquartieren bzw. zeigt ihre Affiziertheit von den in Zeitschichten überformten, etwas devastierten Lebenswelten der »Grätzel« an: Mietskasernen in Hernals, die Gegend um den Naschmarkt, der Praterstern, die halb bäuerlich, halb frühindustriell geprägte Peripherie Simmerings oder der Brigittenau. Die marginalisierte Avantgarde interessiert sich (in ambivalenter Manier) vor allem für Übergangszonen der Stadt, für liminale Räume, in denen das Alte nicht mehr stabil und das Neue noch nicht absehbar ist: vergammelte Imbissbuden, Textil-Diskonter mit handgeschriebenen Preisschildern, Zuckerlgeschäfte, triste Schankräume, Nachtklubs, die ihre Neonaufschriften schon vor Jahrzehnten übertragen gekauft haben dürften. Diese Räume eröffnen die Opposition zu den äußerlich glänzenden, jedoch sichtlich in der Vergangenheit versunkenen imperialen Kultur- und Touristen-Attraktionen, die dennoch die eine Hälfte der Stadt-Essenz aufspeichern. Demonstrativ ausgeschlossen aus der Stadtwahrnehmung aber bleiben die Hoffnungsgebiete der Stadtplanung, die neuen Siedlungen und Industrieanlagen in Transdanubien oder entlang der Badener Bahn, die Territorien der neuen Mittelschichten, der zwar fein gestuften, aber habituell aneinander assimilierten qualifizierten Arbeiter/innen, Angestellten, Beamt/innen, technischen und kaufmännischen Kader. Im Tausch dafür kommen andere Porträts ins Bild: afrikanische Zeitungsverkäufer, Roma und Sinti, Männer und Frauen, deren Idiom ihre Herkunft aus Südosteuropa erkennen lässt. Noch einmal erfolgt damit ein Rekurs auf das »Volk«, das – anders als es die institutionelle Politik wahrhaben will – durch seine Diversität, differenzierten Tätigkeiten, Gewohnheiten und Erwartungshorizonte die Stadt immer wieder neu strukturiert. Aber im Fall

von *Wienfilm 1896–1976* tut es dies nur bedingt, im Status der Passivität – und ohne ein Modernisierungsversprechen zu bergen. Der Blick der Avantgarde erfasst dieses Volk mehr als urbane Folklore, mitunter hart an der Grenze zur Karikatur, denn als Bestandteil der *civitas*. Dennoch legt *Wienfilm 1896–1976* Einspruch gegen die zeitgenössische Unsichtbarkeit dieser sozialen Existenzen ein, nicht zuletzt – man könnte auch sagen: kollateral – durch die assoziative Nähe zur leitmotivischen Frage »Wem gehört Wien?«.

Als soziale Kräfte erweisen sich über den Zeit- und Bildraum des Films hinweg gerade jene beiden Kommunitäten, die zugleich abwesend und anwesend sind: die Aristokratie, deren Repräsentationsbedürfnisse den öffentlichen, physischen Raum der Stadt und seine Entwicklungsmöglichkeiten dauerhaft festgelegt haben, und die Jüdinnen und Juden. Mehr als zehn Jahre, bevor die öffentliche historische Auseinandersetzung um die Zerstörung des Großstadtcharakters Wiens durch die Vertreibung und Vernichtung der jüdischen Bevölkerung unter dem Nationalsozialismus einsetzte, fokussierte Ernst Schmidt jr. auf deren zweifache Einschreibung in die Stadtidentität. Das eine Mal sind es die Lieder Armin Bergs, die für eine genuine populärkulturelle Moderne Wiens einstehen und deren Gestus überdies eine Familienähnlichkeit zur Wiener Nachkriegsavantgarde aufweist; das andere Mal sind es die unkommentierten Sequenzen des verfallenden jüdischen Friedhofs in Währing, die an eine ungetilgte Schuld erinnern. Die kollektive Amnesie angesichts der Gewaltgeschichte, auch jener der Jahre 1914, 1927, 1934, die in *Wienfilm*

1896–1976 immer wieder provoziert wird, führt, so könnte ein Resümee lauten, zur sozialen Paralyse.

KRISE DER MODERNE
UND NEUE SOZIALE SUBJEKTE

Elisabeth Büttner hat zu experimentellen Filmen wie *Wienfilm 1896–1976* festgestellt, dass aus der oppositionellen Haltung der Filmemacher zu einer herrschenden Auffassung der Wirklichkeit (und der Stadt) mit der Zeit ein Dokument dieser Wirklichkeit selbst wird. Die Filmbilder werden zur Spur von entschwundenen Alltagsgeschichten, in die sich der Protest durch die formalen Eigenheiten der Filme selbst eingeschrieben hat.[27] Diese Filme halten zum wohl letzten Mal an einem Wien-Mythos fest, an einer Besonderheit, einer »Atmosphäre«, einem Changieren zwischen metropolitaner Größe und deren populären Widerlagern, das von den Praktiken, der Raumordnung und dem wohlfahrtsstaatlichen Narrativ des »Neuen Wien« aufgelöst wird. Sie entfalten sich allerdings als Gegen-Mythos, der eine dominante Erzählung voraussetzt. Diese Filme zeigen einen Übergang an, den die Sozialgeschichte zwischenzeitlich auf ihre Art als Krise diagnostiziert hat. Das »Goldene Zeitalter« des fordistischen Akkumulationsregimes ging auf der Ebene der Stadtwirtschaft schon um 1963 wieder zu Ende. Andreas Weigl[28] konstatiert für die Jahre danach einen gravierenden Rückfall wirtschaftlicher Aktivitäten in Wien hinter die gesamtösterreichische Entwicklung. Die Investitionstätigkeit blieb signifikant zurück, während gleichzeitig ein Arbeitskräftemangel bei schlecht bezahlten Arbeitsplätzen mit kurzfristigen Beschäftigungszyklen eintrat; dieser führte zur ersten systematischen Werbung um Arbeitsmigrant/inn/en, vorwiegend aus dem damaligen Jugoslawien und der Türkei. Traditionelle Wiener Gewerbe wie Textil- und Lederwaren, aber auch der Einzelhandel, die beide durch ihre Lage wie auch ihr Zeitregime für die urbane Vitalität und hohe soziale Interaktion in den Gründerzeitvierteln maßgebend waren[29] (allerdings auch für die Resistenz ihres unzeitgemäßen Erscheinungsbildes, das *Wienfilm 1896–1976* ethnografisch erforscht), wiesen massive Beschäftigungsverluste aus. Nicht nur hatte sich die mit dem »Weltstadt«-Konzept von 1955 verknüpfte Erwartung, Großindustrien würden sich in Wien ansiedeln und mit ihren demografischen und sozialen Effekten die Neustrukturierung der Stadt fördern, nicht erfüllt; vielmehr wurden selbst Wiener Traditionsbetriebe wie die Floridsdorfer Lokomotivfabrik geschlossen oder ins Umland verlagert. Aus sozialhistorischer Sicht bewirkte dies eine definitive Wende in der Kommunalpolitik, die von der Priorität des sozialen Wohnbaus zu jener der technischen Infrastruktur und städtischer Großpro-

27 Elisabeth Büttner: »Breviere für unbeugsame Stadtbenutzer. Österreichische Avantgarde macht Wien sichtbar«, in: Wolfgang Kos, Brigitte Huck, Lisa Wögenstein (Hg.), *Wiener Linien. Kunst und Stadtbeobachtung seit 1960*, Wien 2004, S. 24.
28 Vgl. Andreas Weigl, »Hinter den Kulissen des Wirtschaftswunders. Kommunale Wirtschaftspolitik im ›goldenen Zeitalter‹ 1953 bis 1973«, *Wiener Geschichtsblätter*, Beiheft 1/2011, Wien 2011.
29 Vgl. die instruktive Studie von Robert Rotenberg, *Time and Order in Metropolitan Vienna. A Seizure of Schedules*, Washington, London 1992. [...]

jekte (Planungsbeginn Donauinsel, U-Bahn u. a. m.), also zum Fokus auf »Standortpolitik«, überging. Zusammen mit der Liberalisierung des Mieterschutzes, der seit 1917 eine kaum zu überschätzende soziale Regulierungs- und Nivellierungsfunktion ausgeübt hatte, eröffnete diese Wende die beschleunigte Ausdifferenzierung von Lebensstilen und -chancen – und parallel dazu das Potenzial zivilgesellschaftlicher Aktivitäten.

Die Frage »Wem gehört Wien?«, die in *Wienfilm 1896–1976* noch als Travestie gestellt war, beantwortete zum selben Zeitpunkt *Arena besetzt* auf ganz andere Weise. Hergestellt von der *Videogruppe Arena* (Josef Aichholzer, Ruth Beckermann, Franz Grafl), fasste die auf Video edierte Dokumentation die Ereignisse während der dreimonatigen Besetzung des Auslandsschlachthofs St. Marx im Sommer 1976 zusammen. Der improvisierte Ausbau des Areals zum selbstverwalteten Kulturzentrum gilt inzwischen als Wiener »Mai 68«, als Gründungsereignis, das die traditionellen Strukturen in Politik und Kultur verändert hat. In der (wenngleich nicht friktionsfreien) Allianz Dutzender Initiativen und Projektgruppen manifestierte sich eine neue politische Subjektivität, die alle denkbaren und praktizierten Identitäten und Orientierungen zur Disposition stellt – auch

wenn diese innerhalb des gegebenen politischen Rahmens nicht formell bestätigt werden.[30] Die Werkstätten, die Kindergruppen, das autonome Frauenhaus und andere Zentren machten in unterschiedlichen Graden sichtbar, dass die administrativen und politischen Strukturen, die auf Großgruppen und -institutionen abstellten, Konflikte mit abweichenden Lebensvorstellungen nicht mehr integrieren konnten. Dabei können wir – insbesondere im städtischen Raum und angesichts der in ihm latent vorhandenen Anomie – von einem Paradox ausgehen: Während das fordistische Regime die Sicherheit und Berechenbarkeit (um den Preis wachsender Gleichförmigkeit) im sozialen Leben ausbaut, stimuliert es Prozesse der Individualisierung, die zuvor den sozialen Zwängen der ethischen Gemeinschaften ausgesetzt waren. Die Signifikanz der *Arena* weit über ihr faktisches Ende hinaus beruht auf ihrer Schaffung eines Möglichkeitsraums, in dem auch kontroverse Identitätsmerkmale, Orientierungen und Verhaltensformen öffentlich verhandelt werden konnten. *Arena besetzt* konnte einen Teil dieser Realität, soweit er auf Kleinfilmformaten und Video überliefert worden ist, transparent halten.

Der Film steht aber auch am Beginn eines neuen und neuartigen lokalen Verhältnisses von Medium und Stadt – ein Neubeginn, der auf die medientechnologische Zäsur von Video rekurriert: Video als billiges, auf allen Stufen der Bearbeitung autonom und – noch wichtiger – kollektiv verfügbares, einfach und außerhalb eines kommerziellen Distributionssystems zirkulierendes Medium. Das bewegte Bild wird

30 Saskia Sassen, »The Repositioning of Citizenship: Emergent Subjects and Space for Politics«, in: *Berkeley Journal of Sociology*, 46, 2002, insbes. S. 20. Nimmt Sassen hier auch entschieden Bezug auf Globalisierungsprozesse, so ist doch in der zugrunde gelegten These, wonach die Stadt genuiner Raum der Emergenz von »unvollständigen«, fragmentierten Subjektivitäten ist, ein Zugang zur Erschließung der oben genannten Phänomene gegeben.

erstmals als explizit politisches Instrument eingesetzt. Es ordnet sich nicht mehr repräsentativen Zwecken unter, sondern wird selbst ein Akteur im Stadtraum. Zugleich streift es auch die ästhetischen, filmautonomen Intentionen ab, welche die beiden zuvor präsentierten Filme charakterisieren. Dieses Projekt – wie auch andere Projekte der Jahre nach 1976, die ebenso vom amerikanischen Direct Cinema wie vom Aktivismus der französischen (um Jean-Luc Godard versammelten) *Groupe Dziga Vertov* beeinflusst waren – nimmt seinen Ausgang nicht zufällig von einem konkreten Ort. Die Besetzung des Wiener Auslandsschlachthofs und sein temporärer Betrieb als selbstverwaltetes und basisdemokratisches Kulturzentrum fügen sich in eine politische Konstellation ein, in der repräsentativ-demokratische und institutionelle Strukturen und Prozesse grundlegend herausgefordert werden. Das Ziel der neuen Bewegungen ist weder egalitärer noch kompensatorischer Art und deshalb innerhalb der etablierten politischen Regeln nicht verhandelbar – die Forderung besteht in nichts anderem als in der Schaffung von »anderen Räumen«, von physischen Räumen unterschiedlicher Dimension, in denen die Regeln der Präsenz und der Nutzung offen gehalten und von nicht länger sozial-ökonomisch bewertbaren Aktivitäten gesteuert werden – auch nicht vom »sozialen Nutzen«. Erstmals werden – transnational – städtische Funktionszonen von Allianzen sozial heterogener, in ihrer Zusammensetzung selbst wieder fragiler und Transformationen unterworfener Gruppen als Territorium selbstbestimmter Lebensformen reklamiert. Zum Entwurf dieser

Lebensformen zählt die Aufhebung der von der klassischen Moderne vollzogenen Trennung von Arbeit, Wohnen und Kultur in einer künstlerisch-kreativen Subökonomie mit eigener Öffentlichkeit. Innerhalb dieser Praxis ist die Film- bzw. Video-Arbeit sowohl Gestaltungs- wie Ausdrucksform des Kampfes um eine andere Verteilung des urbanen Raums.

Das neue Verhältnis zu Film und Video impliziert bei seinen Protagonist/inn/en ein verändertes Verständnis der sozialen Natur des städtischen Raums. Nicht mehr das Kino, das Teil der urbanen Öffentlichkeit ist und ein Minimum an Gemeinschaftlichkeit voraussetzt, wird als prägender Ort der Erfahrung diagnostiziert, sondern das Fernsehen. Dessen Wahrnehmungsraum unterbindet jedoch die Formen kollektiver Wahrnehmung. Das Fernsehen – insbesondere dann, wenn es nur in der Reichweite begrenzte und staatlich regulierte Sender gibt – schafft eine prekäre Machtkonstellation: Es etabliert ein Monopol über die Sichtbarkeit, die zuvor wenigstens auf der Ebene der symbolischen Aktion (wie bei Demonstrationen und deren messbarer Mobilisierungsfähigkeit) selbsttätig hergestellt werden konnte.[31] Der Anspruch von Kollektiven wie der der Medienwerkstatt Wien richtete sich

31 Für einen kurzen Moment kann das Fernsehen jedoch auch zum Anstoß werden, neue Formen der Partizipation zu erproben. 1974 startete der ORF in Absprache mit der Gemeinde Wien das Projekt *Planquadrat* in Wien-Wieden. Die Bewohner/innen des Wohnblocks um das Haus Margaretenstraße 34 konnten mithilfe technischer Unterstützung durch ein Fernsehteam an der Umgestaltung ihres Wohnbereichs (Zusammenlegung und Öffnung von Hinterhöfen) arbeiten. Die selbstgestalteten

deshalb darauf, sozialen und politischen Bewegungen zu einer »Gegenöffentlichkeit« zu verhelfen. Sie stellten das medientechnische Know-how und die Apparaturen zur Verfügung, mit denen solche Bewegungen Kontrolle über die Herstellung und Dissemination ihrer eigenen Bilder erreichen und kommunizieren sollten. Diese »Gegenöffentlichkeit« korrespondiert im lokalen Wiener Rahmen aber auch mit einer sozialgeschichtlich noch auszulotenden Zäsur. In einem Paroxysmus schloss Wien zwischen Ende der 1970er und Mitte der 1980er Jahre in den Künsten, in Lebensstilen und in den urbanen Projekten – und in der Aufmerksamkeit, die ihnen zuteilwurde – wieder zu den Metropolen auf. Der Sprung in die Postmoderne und deren Emphase für die Spektakularisierung des Stadtlebens vollzog sich allerdings in einer rätselhaften und diskreten Verknüpfung der Praktiken von (popularkultureller) Avantgarde, Massenmedien, Stadtpolitik und Gegenkultur: rätselhaft deshalb, weil, wie Peter Weibel angemerkt hat, selbst gegensätzliche, einander opponierende Tendenzen in ihrer reinen Koinzidenz zur plötzlichen Verschiebung dominanter Konzepte von Urbanität beitrugen.[32] Gegenüber dem Pragmatismus der funktionalen Stadt und der Zweckmäßigkeit städtischer Dienstleistungen rückte die Qualität der Stadt als Erlebnisraum und Ort sozialer Experimente in den Mittelpunkt. Als Zentrum der »Re-Urbanisierung« kann die Wiederkehr von Praktiken betrachtet werden, die auf die spontane Aneignung des öffentlichen Raums für gemeinschaftliche Zwecke, vor allem für Zwecke der – von den Akteur/inn/en begrifflich sehr weit gefassten – Kommunikation zielten. Bezeichnenderweise konzentrierten sich diese Aktivitäten auf die historische und gründerzeitliche Stadtstruktur, die im fordistischen Stadtregime gerade wegen ihrer Dichte und Vermischung verfemt war. *Burggarten*, eine Dokumentation der Medienwerkstatt aus dem Jahr 1980, hielt auf einzigartige Weise die Auseinandersetzung um den Stadtraum fest.

Burggarten entstand aus dem Konzept der Medienwerkstatt, im Rahmen der *Festwochen Alternativ* gesellschaftlich marginalisierten Gruppen ein Forum zur Verfügung zu stellen. Initiativgruppen unterschiedlicher Interessen und Anliegen konnten mit Unterstützung der Medienwerkstatt eigenständig Videoprojekte entwickeln, die an festen Orten, aber auch in einem mobilen Videobus vorgeführt wurden. *Burggarten* präsentierte den im Mai 1979 begonnenen Kampf Wiener Jugendlicher um die freie Benutzung des Rasens im Burggarten. Das Video wurde, nachdem sich längere Zeit kein Aktivist/inn/en-Kollektiv fand, wie es das Konzept der Medienwerkstatt vorgesehen hatte, von einer einzelnen Person aus dem Kreis der Burggarten-Besetzer/innen zusammengestellt. Es benutzt eine einfache Dramaturgie zur Montage von Bildmaterial, das über den Zeitraum

Videodokumentationen, die im ORF ausgestrahlt wurden, dienten auch der Herstellung von Gesprächsplattformen im Gebiet. Vgl. Helmut Voitl, Elisabeth Guggenberger, Peter Pirker, *Planquadrat. Ruhe, Grün und Sicherheit – Wohnen in der Stadt*, Wien, Hamburg 1977.

32 Peter Weibel, »Die schnellen Jahre«, in: Martin W. Drexler, Markus Eiblmayr, Franziska Maderthaner (Hg.), *Idealzone Wien. Die schnellen Jahre (1978–1985)*, Wien 1998, S. 10f.

von rund einem halben Jahr gedreht worden war: Aufnahmen einer jugendlichen Pastorale auf dem Rasen des Burggartens wechseln mit der Dokumentation von gewalttätigen Polizeieinsätzen, von Demonstrationen der »Burggarten-Bewegung« durch die Innenstadt, einer improvisierten Kabarettvorstellung vor der Orangerie im Burggarten und der »Erstürmung« des Wiener Rathauses am »Tag der offenen Tür«. Vogelgezwitscher aus dem Off und Verkehrsgeräusche von der nahe gelegenen Ringstraße rahmen die langen, meist panoramatischen Einstellungen auf junge Menschen, die auf dem Rasen sitzen oder liegen, Gitarre spielen, einander umarmen. Sie verlangen nach keinem Kommentar. Erst am Ende erfolgen einige knappe Erläuterungen: eine ungefähre zeitliche Bestimmung – 15. März und Anfang Mai 1980 – und eine knappestmögliche Beurteilung: Die »Bewegung« existiert nach einem Jahr trotz zunehmender polizeilicher Gewaltanwendung immer noch. Ansonsten vertraut das Video völlig auf die Unterlegung von Originaltönen und -geräuschen, denen kein narrativer, nur ein performativer Wert zukommt. Die Montage der Aufnahmen ignoriert die zeitliche Logik der Ereignisse zugunsten des wiederkehrenden Motivs der strukturellen Opposition von Besetzer/inne/n und Polizei. Während Erstere aber ihren Zustand verändern und einmal herumlungernde Gruppe, dann demonstrierende Masse, Publikum, in der Folge wieder spontane Menge sind, agiert die Polizei nach der konstanten taktischen Logik organisierter Gewaltformationen: Zernierung des Gebiets, Zerstreuung der Menge, exemplarische körperliche

Bestrafung mehr oder weniger zufällig herausgegriffener Aktivist/inn/en, Räumung des Orts. Durch seine zirkuläre Bewegung ordnet sich das Video – konzeptionell oder unbewusst, das muss dahingestellt bleiben – der Eigenart der »Burggarten-Bewegung« auf mehreren Ebenen zugleich unter. Es trägt der Vereinbarung unter den Aktivist/inn/en Rechnung, keine Repräsentant/inn/en oder Sprecher/innen zuzulassen, die die »Bewegung« interpretieren, erläutern und dadurch dominieren könnten. Weiters bringt es zum Ausdruck, dass die »Bewegung« auf detailliertere Forderungen verzichten wollte, deren mögliche unterschiedliche Wertigkeiten – wie im Fall der Arena – im Zuge von Verhandlungen mit den politischen Institutionen zu internen Differenzen hätten führen können. Drittens birgt die Zirkelbewegung des Videos eine Besonderheit der »Burggarten-Bewegung«: Sie reklamierte einen Ort, ohne geregelte Funktionen oder Gebrauchsweisen dafür einzusetzen. Dass dieser Ort ausgerechnet ein innerstädtischer Landschaftsgarten war, wirft – anders als im Falle der Forderungen nach autonomen Jugend- und Kulturzentren oder Hausbesetzungen, wenngleich mit diesen eng verknüpft – die Problematik der sozialen Verteilung des Stadtraums und der Symptomatik der »Burggarten-Bewegung« auf.

Die »Burggarten-Bewegung« vollzog eine Umwertung des öffentlichen Raums nach, die in den 1960er Jahren in den USA und in Europa – spektakulär im Amsterdamer Vondelpark, im New Yorker Central Park und im Golden Gate Park von San Francisco – eingeleitet wurde. Erstmals trat hier eine sozial und politisch amorphe Gegenkultur ans Licht, die nicht mehr wie frühere städtische Subkulturen innerhalb eines präzise abgegrenzten räumlich-zeitlichen Gebildes oder aufbauend auf milieugebundenen Peergroup-Strukturen agierte, sondern die mit improvisierten Festen, öffentlichem Drogenkonsum, Camp-artigen Behausungen die traditionellen städtischen Trennungen von Öffentlichem und Privatem umstürzte. Die Parks der Hippie-Ära wurden (vorübergehend) zu Schwellenorten, an denen die dominante Vorstellung von Urbanität aufgehoben und deren sozialtechnokratischen Aspekte transparent wurden. Gärten und Landschaftsparks hatten zuvor wechselnde Aufgaben gehabt, waren Orte der Repräsentation vorwiegend der vermögenden Schichten und Klassen und ihrer Vorstellungen von Disziplin und Selbstregulation als Grundlage urbanen Gemeinschaftslebens gewesen. Mit der sozialen Öffnung der Gärten ersetzten in der Folge mehr und mehr behördliche Kontrollmechanismen und Lenkungssysteme die vom bürgerlichen Habitus garantierten Ordnungsregeln, während gleich-

zeitig der innerstädtische Raum, der einer freien Benutzung offenstand, insbesondere in Straßen und auf Plätzen, dem Verkehr zum Opfer fiel.[33] In Wien stiegen Landschaftsparks überdies zu Symbolen der weltstädtischen Rekonstruktion und Reputation auf – wie das Gelände der WIG (Wiener Internationale Gartenbaumesse) 1964 im Donaupark und jenes der WIG 1974 um den Kurpark Oberlaa. Mit der Besetzung von Gärten und Parks und ihrer widmungsfremden Umnutzung für kollektive spontane Tätigkeiten eroberten sich die aus dem öffentlichen Raum verdrängten (vorwiegend jugendlichen) Gruppen ein Terrain zurück, auf dem die für städtisches Leben bedeutsame »Kultur des Unterschieds« (Richard Sennett) wieder intensiviert werden konnte. *Burggarten* erfasst den Moment, an dem die administrative Lenkung des Stadtlebens, basierend auf der Annahme zunehmender Gleichförmigkeit und Berechenbarkeit der Bevölkerung, zu Ende geht, an dem das Vertrauen in ein Regieren auf Distanz der komplexeren Ausverhandlung von minoritären Interessen zu weichen beginnt.

Die »Burggarten-Bewegung« kann allerdings nicht als Hippie-Retrokultur betrachtet werden. Dazu war sie zu eng mit anderen Aktionsformen und Orten verbunden. So überlagerte sich der Handlungskreis der Burggarten-Besetzer/innen mit Nachfolgeprojekten der Arena (Arena am Inlandsschlachthof, WUK), mit der Hausbesetzer/innen-Szene, alternativen Klubs und Cafés (Amerlinghaus, Rotstilzchen), neuen Einrichtungen der »Gegenöffentlichkeit« (*Schwarzhörer*[34], die Stadtzeitschriften *Falter* und *Arena Stadtzeitung*) und den »Neuen

33 Vgl. zur älteren, sozial feinteiligen Zuordnung der Gärten und Parks Arthur Rössler, *Von Wien und seinen Gärten*, Wien 1946; zur Koinzidenz von städtisch-administrativer Grünflächenpolitik und Erhöhung von Kontrollmechanismen Gertraud Koszteczky, *Die Geschichte der Wiener Grünflächen im Zusammenhang mit dem sozialen Wandel ihrer BenützerInnen*, phil. Diss., Wien 2007, S. 183ff.

34 *Schwarzhörer* nutzte den neu eingeführten Tonbanddienst der Post, um den Abonnent/inn/en bestimmte, in kommerziellen und staatlichen Medien marginalisierte Nachrichten via Telefonabruf zugänglich zu machen. 1982, kurz vor Aufkündigung des Vertrags durch die Postdirektion, zählte *Schwarzhörer* angeblich an die 10.000 Abonnent/inn/en. Vgl. *Die Linke* 13, 1982, S. 8.

Sozialen Bewegungen«. Die Signifikanz der »Burggarten-Bewegung« ist deshalb auch nicht allein in Konzeptionen der Jugendkulturforschung zu erfassen. Die Parallelität zu ähnlichen Bewegungen in anderen europäischen Städten führt vielmehr zu einer primär urbanistischen Perspektive zurück, die mit der Diagnose innerer Widersprüche des fordistischen Stadtregimes verknüpft ist. Mit Rücksicht auf die ohne Kontext inhaltsarme Forderung nach autonomen Räumen der Kommunikation, wie sie oben erwähnt wurde, tritt die Zerstörung von informellen Netzwerken der alten Stadt durch die fordistische Stadtplanung hervor. Diese informellen Netzwerke in den sozial und ökonomisch durchmischten Stadtvierteln umfassten (idealtypisch) Gastwirtschaften, Sport- und Freizeiteinrichtungen (Billard-, Kartenspiel- und andere Klubs in Cafés, Wirtshäusern u. Ä.), Tanzdielen, kleine Geschäfte, Parks und Plätze. Sie boten Raum für lebensweltliche Identitätsbildungen; auch dort – oder gerade dort – wo die »Kultur der Straße« feinere soziale und kulturelle Differenzierungen sinnfällig machte. Die jugend- und subkulturell geprägten Peergroups der präfordistischen »Straßenkultur« gehörten allerdings einer Zeit an, die nicht mehr wiederbelebt werden konnte. Die »Burggarten-Bewegung« und ihr Umgebungsmilieu zeugen vielmehr von der Entstehung neuer Akteurinnen und Akteure: Es handelt sich nicht länger um die Teil-Inbesitznahme eines sozialen Raums, dessen dominante Struktur indes ebenso erhalten bleibt wie dessen informelle Regeln für kollektiven Gebrauch, sondern um die Etablierung von neuen Orten mit eigenen Verfahren. Für

die Benennung dieser (meist architektonisch eindeutig umgrenzten) Orte autonomer Kommunikation kann der Begriff »Heterotop« herangezogen werden.

DESTRUKTION UND CHANCE

Diese kurze Charakterisierung wäre jedoch unvollständig, und einige der Weichen stellenden Ereignisse[35] wären unverständlich, würden nicht zumindest drei gesamtgesellschaftlich relevante Tendenzen mit herangezogen. Einmal wären jene Erosionsprozesse in der Wiener Kommunalpolitik zu beachten, die der sozialdemokratischen Modernisierungsstrategie den breiten gesellschaftlichen Konsens entzogen, auf den sie sich nach 1945 stützen konnte, weiters ein Wandel in der institutionellen Oppositionspolitik, drittens schließlich die Rückkehr marktwirtschaftlicher Elemente in die Stadtentwicklung, deren Bannung für mehr als ein halbes Jahrhundert das Credo der Wiener Stadtverwaltung gebildet hatte.

Überschuldung (Verkehrsbetriebe) und Spekulationsverluste (Bauring) im Konzernbereich der Stadt Wien, der Hauptträger der Stadtentwicklung gewesen war, führten in den 1970er Jahren zu einer politischen Vertrauenskrise, schränkten aber auch den Handlungsspielraum (z. B. im öffentlichen Wohnbau) abrupt ein. Kommunale Großprojekte mit massiven Rückwirkungen auf die historische Stadtstruktur (Schnellstraße Flötzersteig, Brigittenauer Brü-

35 Vgl. die reichhaltige Darstellung bei Andreas Suttner, »Beton brennt«. Territorialisierungskonzepte der Jugendkultur an der Schwelle zur Postmoderne. Vergleich Wien – Berlin – Zürich, phil. Diss., Wien 2009.

cke, A 24, Schleifung des Naschmarkts für die projektierte Wientalautobahn) stießen auf Widerstand in Form lokaler Bürgerproteste, die im Fall der Verbauungspläne für den Sternwartepark stadtübergreifend zu mobilisieren vermochten. Spekulationsgewinne prominenter Makler aus Insider-Informationen über geplante Siedlungsprojekte der Stadt stürzten Rathausverwaltung und Management der gemeindeeigenen Wohnbaufirmen in Legitimationsprobleme. Ende der 1970er Jahre gründeten sich mit der Alternativen Liste und der Kommunalpolitischen Initiative Wien Wahlinitiativen, die vor dem Hintergrund der Erfolge ähnlicher Gruppen in deutschen Städten die überkommene zentralistische Stadtpolitik infrage stellten.

Unter Abschätzung des im herkömmlichen Verständnis (sozial und habituell) »bürgerlichen« Charakters der Protestbewegungen profilierte sich zweitens die oppositionelle Volkspartei als Kommunalpartei neuen Typs. [...] Unter Führung Erhard Buseks versuchte die Wiener ÖVP, an die alten, weitgehend zerstörten Kommunikationsstrukturen der innerstädtischen Quartiere anzuknüpfen und über kleinräumig agierende Kulturklubs neu zu erfinden.[36] Insbesondere die Abhaltung des Wiener Stadtfests (ab 1978) manifestierte eine Wende in der Kommunalpolitik: von sozialen und infrastrukturellen Versorgungsaufgaben der Stadt zu ihrer Konzeption als einzigartiger Erlebnisraum. So sollten affektive Bezüge zur Stadt und die Identitätsbildung durch lokale Rückbindung gestärkt und die Logik der Institutionenpolitik geschwächt werden. Gegenüber anderen möglichen Perspektivierungen des neuen konservativen Kurses ist hier zu betonen, dass die Politik der ÖVP in Wien für die neuen, in ihrem Selbstverständnis autonomen und links-alternativen Bewegungen Anschlüsse bot. Diese Anschlüsse betrafen nicht nur die Legitimität der Spektakularisierung neuralgischer Orte in der Stadt und der Ansprüche auf gelebte, kreativ gestaltbare Räume außerhalb der Kontrolle kommunaler oder kommerzieller Institutionen: Ein Ort wie die Phorushalle im 5. Bezirk, eine leer stehende Markthalle, die einem Pensionistenheim weichen sollte, konnte nun zum umstrittenen Raum werden.[37]

36 Seit Beginn der 1970er Jahre, als die Verödung der Wiener City zum Thema wurde, machten etwa der Stadtplaner Victor Gruen, der Psychologe Erwin Ringel und der Soziologe Erich Bodzenta Vorschläge zur Revitalisierung. Diese reichten von Autoverkehrsreduktion über öffentliche Subvention von Klubs und Cafés (als Kommunikations-»Katalysatoren«) bis zur Förderung eines neuen Zeitregimes durch Änderung der Ladenschlusszeiten und Einführung von Abendbetrieb in Museen, Galerien, Kunst- und Antiquitätenläden. Wesentlichen Anstoß zur Auseinandersetzung mit der City gab die Klage unzufriedener Geschäftsbetreiber/innen über Kaufkraftabfluss, Überalterung und Verkehrsdichte. [...]
37 Nach einem »Ideenmarkt«, den die ÖVP dort abhielt, besetzten einige Dutzend Leute aus der »Bewegung«

die Halle, um sie (ähnlich der Arena) als Ort eines autonomen Jugend- und Kulturzentrums zu retten. Siehe den Film *Phorushalle* (1979) der Medienwerkstatt Wien, der die Ereignisse am 20. Oktober 1979, insbesondere Polizeiübergriffe gegen Besetzer/innen vor der Halle, kommentarlos festhält. Die Stadt ließ zwei Tage später mit dem Abriss beginnen. Ein Kommentar des Herausgebers der *Arbeiter-Zeitung* (23.10.1979) sprach von »fragwürdigen Demokratievorstellungen« der Besetzer/innen und ihrer »absurden« Verknüpfung des Protests mit der Forderung nach »Rasenfreiheit« im Burggarten. Tatsächlich bestand ein enger Zusammenhang innerhalb der »autonomen« Szene, in der die Burggarten-Besetzer/innen einen Fokus bildeten; vgl. Suttner, »*Beton brennt*«, S. 270ff. [...]

95

Drittens vollzieht sich zwischen 1970 und 1990 ein struktureller Wandel, dessen Akteure weniger physisch als statistisch sichtbar werden. In diesem Zeitraum verändern sich Grund- und Hauseigentumsverhältnisse und die Gestalt des Bodenkapitals, das unter sozialhistorischer Perspektive generell eine bedeutende Rolle in der Stadtentwicklung spielt.[38] Die Resistenz der Gründerzeitviertel gegen fordistischen Umbau beruhte nicht zuletzt auf den eigentümlichen Besitzstrukturen im Althausbestand Wiens. Die rund 24.000 Altmiethäuser befanden sich überwiegend in Einzel- und Familienbesitz, juristische Personen und Kapitalgesellschaften waren von untergeordneter Bedeutung. Immobilien- und Immobilien-Investmentfonds waren in Österreich noch in den frühen 1970er Jahren nicht existent.[39] [...]

Zwei Texte von hoher Intensität bieten eine präzise Analyse der Entwicklung Wiens zwischen 1945 und 2000. Gerhard Meißls *Ökonomie und Urbanität* und Lutz Musners »Ist Wien anders?« konstatieren beide eine Zeitgeschichte Wiens als Geschichte einer Transformation in Permanenz.[40] Beide stimmen darin überein, dass die Stadt in den letzten beiden Jahrzehnten den verlorenen Status einer Metropole wiedergewonnen hat: Metropole verstanden als Ort, an dem globale Informations- und Kommunikationsflüsse gebündelt und auf genuine Art und Weise verarbeitet werden. Beide legen den Nachdruck ihrer Argumentation – und hierin koinzidieren ihre Analysen trotz unterschiedlicher Objekte auf bemerkenswerte Weise – auf soziale und sozialräumliche Diversität als urbane Produktivkraft: Diese Diversität ist nicht voraussetzungslos gegeben, sondern wird im komplexen Zusammenwirken zwischen Strukturen und Handlungen erzeugt, in kooperativen oder agonalen Strategien, auf institutioneller wie zivilgesellschaftlicher Ebene. Meißls Nachweis des Stellenwerts kleinbetrieblicher, netzwerkförmiger Arbeits- und Wirtschaftsformen in den Neuen Dienstleistungen und Neuen Technologien als Dynamiken hinter dem Umbau Wiens seit 1990 und Musners Auseinandersetzung mit der Überwindung einer statischen Repräsentationskultur durch Gegenkulturen und Künstler-Bohemen seit den 1980ern verdeutlichen noch einmal das Potenzial einer theoretisch gesättigten und an globalen urbanen Modellen orientierten Historiografie. Dabei bleibt ihr jeweiliges Resümee durchaus ambivalent. Denn die Rückkehr zur Metropole (unter Bedingungen von Globalisierung und transnationaler Städtekonkurrenz) hat auch zur Folge, dass soziale Ungleichheiten forciert und

38 So datiert das Vordringen der Immobilienfonds in Wien frühestens aus den mittleren 1980er Jahren, als der erste börsennotierte Fonds (*Erste Österreichische Sparkasse*) gegründet wurde. Parallel zum rasch wachsenden Büroflächenbedarf nahm die Bedeutung der Fonds als Steuerungsinstrument der Stadtentwicklung zu. Vgl. Reinhard Seiß, *Wer baut Wien? Hintergründe und Motive der Stadtentwicklung Wiens seit 1989*, Salzburg 2007.
39 Vgl. Herbert Loidolt, Gustav Raab, *Liegenschaftsfonds in Österreich* (= Schriftenreihe der Forschungsgesellschaft für Wohnen, Bauen und Planen 38), Wien 1970, S. 11, S. 24.
40 Vgl. Gerhard Meißl, *Ökonomie und Urbanität. Zur wirtschafts- und sozialgeschichtlichen Entwicklung Wiens im 20. Jahrhundert und zu Beginn des 21. Jahrhunderts*, Wien, Köln, Weimar 2006; Lutz Musner, »Ist Wien anders? Zur Kulturgeschichte der Stadt nach 1945«, in: Peter Csendes, Ferdinand Oppl (Hg.), *Wien, Geschichte einer Stadt, Bd. 3: Von 1970 bis zur Gegenwart*, Wien, Köln, Weimar 2006.

Erfahrungsmöglichkeiten – durch Spektakularisierung und Festivalisierung öffentlichen Raums – beschränkt werden.

Die hier erörterten ephemeren Filme widersprechen diesen analytischen Befunden nicht. Sie verweisen aber auf eine Leerstelle, die in den Texten notwendig auftritt. Besser gesagt: Sie flankieren sie an zwei offenen Seiten. Wie Laura Frahm zum Verhältnis von Film und Stadt feststellt: Film bringt den topografischen Raum mit dem topologischen Raum zusammen, verbindet die Qualitäten ortsbezogener indexikalischer Zeichen mit der Möglichkeit permanenter Verschiebungen in den Relationen dieser Orte.[41] Während die meisten Texte zur Sozialgeschichte Wiens dem Gebot der räumlichen Verortung sozialer Prozesse durch duale Oppositionen wie Zentrum/Peripherie und Innenstadt/Vorstadt oder durch symbolischen Einsatz von Raumfiguren (»Ring«, »Hansson-Siedlung«, »Donauraum«) Rechnung tragen und damit komplexe soziologische Ordnungen bzw. Strukturen generieren, tritt uns die Stadt, so wir Sequenzen der ephemeren Filme zueinander in Beziehung setzen, als vielfach geschichteter Raum gegenüber, der durch Bewegungen sozialer Akteure geformt und definiert, parzelliert, rekombiniert wird. Straßen wie die Mariahilfer Straße oder der Ring können zur Repräsentation der »harten« Modernisierung der Verkehrsplanung wie der Automobilisierung werden (*Stadt am Morgen, Wien 1963, Und das alles für mein Geld*), aber auch die Appropriationstaktiken der Konsument/inn/en vermitteln (*Österreich trifft einen Botschafter des Friedens, Wienfilm 1896–1976*) oder die Transformation in einen politisch-öffentlichen Raum (*Botschafter des Friedens, Wien 1963, Burggarten*) zeigen. Afrikanische Zeitungsverkäufer, wilde Siedler/innen, Blinde, Mönche oder Verkehrspolizisten können in ihrer Singularität die soziale Mannigfaltigkeit, die Städte konstituiert, sinnfällig machen. Gesten – die notorischen »Fenstergucker«, die debattierenden Passantinnen, die Ausschilderung von Sonderangeboten – vermitteln die Atmosphäre oder den mentalen Zustand der Stadt zu einem bestimmten Zeitpunkt. Jenseits der Identifizierung objektivierter »Kräfte«, die den textlichen Produktionen zugrunde liegt, transportieren die Filme zwei elementare Geschehen: die Persistenz des Ungleichzeitigen im urbanen Gewebe und die wechselnden Vorstellungen vom Ganzen der Stadt bei den sozialen Akteur/inn/en. Anstelle von Kontinuität und Konstanz in der Stadtbiografie, die nicht ohne Fiktionen erzielt werden können, treten die Brüche hervor, die den Abstand zur Vergangenheit und ihren Schichtungen sinnfällig machen. Ebendies zeigt sich als Maßstab des Urbanen. Vielleicht ist das Paradox einer »aktiven Passivität« (Kracauer) der Wiener/innen, die Anerkennung der Brechung universaler und damit bedrohlich monotoner Regelsysteme an unzeitgemäßen Verhaltensweisen, das Vermächtnis der ephemeren Filme für eine neue Sozialgeschichte.

---

41 Laura Frahm, *Jenseits des Raums. Zur filmischen Topologie des Urbanen*, Bielefeld 2010.

Wie verfahren? Forschungsfragen

Foto, Film, Geschichte

Das Bild der Vergangenheit bei Siegfried Kracauer, Georges Duby und Marc Bloch

Nur an den Rändern der Disziplin haben sich Vertreter/innen der Geschichtswissenschaft bisher mit der Herausforderung befasst, die das Medium Film für sie darstellt. Der Essay *L'historien devant le cinéma* des französischen Historikers Georges Duby – Autor gewichtiger Werke wie *Die Zeit der Kathedralen* und *Die drei Ordnungen. Das Weltbild des Feudalismus* – scheint zum Einstieg in dieses Problem besonders geeignet, adressiert er es doch unerwartet direkt: als Aufgabe einer Übersetzung historiografischer Texte in filmische Bilder – und nicht, wie es meist geschieht, als Frage der Repräsentation von Vergangenheit.

Duby berichtet 1984 in der Zeitschrift *Le Débat* von einem Zwiespalt. Wenige Jahre zuvor hatte ihm der Produzent François Ruggieri vorgeschlagen, sein Buch *Der Sonntag von Bouvines* zu verfilmen. Das Drehbuch sollte Serge July, Chefredakteur der *Libération,* schreiben. Miklós Jancsó, ein Protagonist des neuen ungarischen Kinos der 1960er Jahre, sollte Regie führen. Dubys Bouvines-Buch war 1968 entstanden, als der Verlag Gallimard ihn beauftragt hatte, einen Band der Serie *30 Tage, die Frankreich hervorgebracht haben* zu verfassen. Duby hatte sich der Unzeitgemäßheit eines solchen Unterfangens – Paris war gerade erschüttert von der Revolte des Mai – gestellt und als

Thema die Schlacht von Bouvines am 27. Juli 1214 gewählt, bei der König Philipp II. Augustus den exkommunizierten deutschen Gegenkönig Otto IV. von Braunschweig, dessen englischen Verbündeten Johann Ohneland und die Allianz flandrischer und abtrünniger französischer Adeliger besiegt hatte. [...]

Bei den Verhandlungen über seine Beratertätigkeit für die Verfilmung des Buchs kamen Duby Zweifel. Die betrafen nicht etwa die Absicht des Produzenten, aus dem *Sonntag von Bouvines* einen Actionfilm zu machen. Es lag Duby fern, die Wahl eines Genres zu beeinflussen – wenngleich er eine stilistische Orientierung an Robert Bressons *Lancelot du lac* (1974) in Betracht zog und überlegte, ob das Thema nicht eine Dokumentation erforderte; im expliziten Gegensatz zu John Boormans »magischer« Inszenierung von *Excalibur* (1981) bevorzugte er eine, wie er schrieb, »veristische« Inszenierung. Dubys Vorbehalte galten jedoch in grundlegender Weise der Übersetzbarkeit historiografischer Arbeiten in filmische Verfahren. Seine Argumente dazu pointieren die Standardargumente, die Historiker/innen aufbieten, wenn sie die Differenz ihrer Profession zu jener der Filmemacher/innen betonen. Historiker/innen äußern sich zum Medium Film ja meist mit Blick auf den Historienfilm, schon weniger häufig mit Blick auf Film als Quelle – und kaum je mit Blick auf Film als kulturelle Grundtechnik moderner Gesellschaften. Sie fokussieren deshalb meist auf die (mangelnde) historisch-faktische Akkuratesse der Filme oder ideologische Gehalte der Narration. Im konkreten Fall aber können wir die Implikationen dieser Selbstbeschränkung vernachlässigen, weil Duby nicht über den Gegensatz von Faktentreue und Erfindungen spricht, sondern über gemeinsame Grenzen von Historiker/inne/n und Filmemacher/inne/n, soweit sich beide der Annäherung an die Realität verpflichtet fühlen.

Duby bringt anhand des Filmprojekts zum *Sonntag von Bouvines* vier Beobachtungen vor. Erstens zur Dingwelt: Da es kaum materielle Überreste aus dem frühen 13. Jahrhundert gibt, ist keine authentische Rekonstruktion der materiellen Dinge in ihrer Verflechtung mit der alltäglichen Welt und soziokulturellen Interaktionen möglich. Die zweite Beobachtung problematisiert das Casting, die Physiognomien in ihrem Einfluss auf die affektive Wahrnehmung. Die dritte gilt der Historizität des Körpers und seiner Gesten: Deren kommunikative Bedeutung muss für eine Zeit, die durch die Dominanz der taktilen Sinne charakterisiert ist, besonders hoch veranschlagt werden. Die vierte Beobachtung betrifft die zu verwendende Sprache: Wie umgehen mit der Vielzahl von Idiomen und sozialen Codes, die am Kampfplatz Bouvines zusammentrafen, wenn dazu kein gesichertes Wissen vorliegt? Der Romancier dürfe seine Imagination walten lassen; der Historiker müsse die seine im Zaum halten. Duby löste seinen Zwiespalt zugunsten der diskursiven

Strategien der Historiografie auf: »In einem Buch ist es möglich, die Unschlüssigkeit, die Wissenslücken einzugestehen, sich durch die Umwege des Diskurses zu behelfen.«[1]

Woran das Filmprojekt letztlich gescheitert ist, darüber lässt uns Duby im Unklaren; es lag jedenfalls nicht an seinem Widerstand. Seine Darstellung führt indes zu drei Fragenkomplexen, die sich schlüssig an Siegfried Kracauers Film- und Geschichtstheorie anknüpfen und erörtern lassen. Erstens scheint dem Film ein trügerischer Realismus eingeschrieben zu sein, der bewirkt, dass Historiker/innen vom Film (im Gegensatz etwa zu Roman, Theater oder Oper) unvermittelt szenische Akkuratesse bis ins Detail einfordern; umgekehrt verweist dieser Realismus Historiker/innen aber auch auf Mängel ihres Vorstellungs- und Erkenntnisvermögens außerhalb der Welt der Schriftdokumente. Zweitens scheint Film alle seine optisch-akustischen Elemente einer sinnhaften Schließung unterzuordnen, die der intersubjektiven Überprüfung nicht zugänglich ist. Daher käme ihm kein Wahrheitswert zu, sondern ausschließlich ein illustrativer (als Quelle) oder ästhetischer Wert (als Kunstwerk seiner Zeit). Drittens ist Film für die Historiker/innen ein konkreter Gegenstand, ein mit Namen bedachtes Objekt, die Figuration eines dinglichen, sozialen, politischen oder affektiven Sachverhalts; ein Gegenstand also, der sie methodisch nur als Dokument oder Monument betrifft – und der bestenfalls, am anderen Ende des Spektrums, in eine

1 Georges Duby, »L'historien devant le cinema«, in: *Le Débat* 30, 1984, S. 235 (Übers. des Zitats: S. M.).

Sozialgeschichte von Kino als massenkultureller Praxis eingehen kann.

Nur selten stellen Historiker/innen die Überlegung an, ob es über diese Asymmetrien zwischen Geschichte und Film (wie auch Fotografie) hinaus nicht auch ein gemeinsames Schicksal gibt.[2] Ist da nicht ein Moment, an dem beide ihr Verhältnis zur Vergangenheit radikal ändern und auf die Moderne ausrichten? Ich werde zu zeigen versuchen, dass Marc Bloch, einer der wichtigsten Autoren, auf die Kracauer in seinem im US-Exil verfassten, 1969 posthum erschienenen Buch *Geschichte – Vor den letzten Dingen* Bezug nimmt, sich dieser Idee zumindest auf der Ebene der Methodenreflexion angenähert hat.

Gegen den Diskurs der Historiker/innen gesetzt, lässt sich die Radikalität von Kracauers Bestimmung eines gemeinsamen epistemologischen Status ermessen: Fotografische Medien und Geschichte, schreibt er, treffen sich in einem gemeinsamen Vorraum, der durch ihr gemeinsames Material gebildet wird: durch die Realität der physischen wie der historischen Welt. Beide sind »von einer Art, die sich nicht leicht in fest umrissener Form abhandeln lässt«[3] – aufgrund des Isomorphismus von Natur und vergesellschaftetem Menschen. Beide sind charakterisiert durch die Komplexität von Information, die zur kontinuierlichen Emergenz neuer Phänomene drängt; deshalb gebe es keine universale Wahrheit über sie. Gegenüber dem Zwang der herrschenden Verhältnisse mache die Geschichte die Selbsttätigkeit und Freiheit des Menschen geltend; der Film »bringt uns Auge in Auge mit Dingen, die wir fürchten«, und nötige zur Selbstreflexion darüber, welche Ideen wir uns von deren Realität zurechtgelegt haben.[4] Beide Male geht es um Errettung: um die Bewahrung eines zugleich utopischen und materialistischen Denkens vor der Dominanz des instrumentellen Rationalismus der Wissenschaften – und um die Bewahrung einer demokratischen Apparatur des Sinnlichen vor dem Ästhetizismus einer Kunst, die sich von der Lebenswelt abkoppelt. Der Vorraum, den sich Geschichte und fotografische Medien teilen, ist nicht mit Positivitäten gefüllt, sondern es ist ein Raum von Virtualitäten, der zwischen den Grenzen zum Szientismus und zur Kunst entsteht.

Was aber ist dann die Geschichte, verstanden als Historiografie? Ist sie noch Wissenschaft und als solche legitimiert? Kracauer scheint an diesem Punkt gezögert zu haben. Zunächst führt er Historiografie wegen ihres Mangels an kategorischen Aussagen als »Nichtwissenschaft« ein bzw. als »Wissenschaft, die anders ist«; dieser

2 Meines Wissens blieb es bisher unter Historiker/inne/n im engen Sinn Robert A. Rosenstone vorbehalten, das Verhältnis von Historiografie und Film als intrinsische Motivation zu verstehen. Gewichtig für ein (hier anzudenkendes) historiografisches Epistem »Film« ist Rosenstones Verweis auf die Ethnologie, in der Film einen gravierenden »Perspektivenwechsel« (*visual anthropology*) bewirkt habe: weg von der sprachlichen Verwurzelung, hin zur Berücksichtigung von Bilderwelten. Vgl. Robert A. Rosenstone: »Geschichte in Bildern/Geschichte in Worten: Über die Möglichkeit, Geschichte wirklich zu verfilmen«, in: Rainer Rother (Hg.), *Bilder schreiben Geschichte: Der Historiker im Kino*, Berlin 1991, S. 8of.
3 Siegfried Kracauer, *Geschichte – Vor den letzten Dingen*, Frankfurt/M. 2009, S. 209.
4 Siegfried Kracauer, *Theorie des Films. Die Errettung der äußeren Wirklichkeit*, Frankfurt/M. 1985, S. 395.

»nonscience« bzw. »science with a difference«[5] sichert er in der Folge die methodische Selbstkontrolle durch die Figur des forschenden Historikers und des sich selbst beschränkenden Geschichte-Erzählers, und er situiert historiografisches Wissen auf einem mittleren Niveau zwischen Universalaussagen und *microhistoires*.

An diesem Einsatz wäre die Zeitgemäßheit von Kracauers *Geschichte* zu beurteilen. Als Beitrag zur Theorie der Historiografie kam sie zweifellos zu spät. Sein Rekurs auf dominante Historiker des 19. und frühen 20. Jahrhunderts – Leopold von Ranke, Jacob Burckhardt, Johann Gustav Droysen, Johan Huizinga, Henri Pirenne, Marc Bloch – berücksichtigte nicht hinreichend die in den 1950er und 1960er Jahren aktuellen Debatten über Begriffe wie »serielle Geschichte«, »historische Sozialwissenschaft« oder »Geschichte der Mentalitäten«. Als bestechendes Plädoyer für eine Art »narrativer Wende« in der Historiografie kam das Buch hingegen zu früh. Spätestens seit der Dekonstruktion des Faktenbegriffs durch Paul Ricœurs Theorie der Erzählung und Michel Foucaults Analyse diskursiver Formationen in den Archiven ist Kracauers Vorstellung des unmittelbar sprechenden historischen Dokuments revisionsbedürftig. Aber dies sind akademische Einwände, die sich nur erheben lassen, wenn *Geschichte* als Intervention in eine Disziplin missverstanden wird. Mich interessieren diese Einwände hier nur insofern, als sie auf einen für Kracauers deklariertes Anliegen, nämlich die Synthese seiner eigenen lebenslangen kulturkritischen Arbeit(en), notwendigen Reduktionismus verweisen.

Es geht um die Konzepte, mit denen sich der späte Kracauer der *Geschichte* begnügt, um das Verhältnis von Film und Geschichte zu bestimmen. Sein Schlüsselkonzept heißt Analogie[6], und diese zeigt sich auf drei Ebenen. Die erste betrifft den Gegenstand: Für Kracauer fokussieren fotografische Medien und Geschichte auf Lebensformen, nicht auf Zeichen und Symbole, und im Unterschied zur Formsetzung der Kunst, etwa der Malerei, »verbrauchen« sie den abgebildeten Gegenstand nicht, treiben ihm nicht die in seinem Rohzustand vorhandenen Kontingenzen aus, sondern lassen dieses Material bestehen. Die zweite Ebene betrifft die Methode: Historiker/innen, Fotograf/inn/en und Filmemacher/innen begegnen, so Kracauer, ihrem Gegenstand im Modus »aktiver Passivität«, im Modus der »Selbstaufgabe« oder gar »Selbstauslöschung«, um, der inneren Logik von Quellen folgend, Singularitäten zu generieren, anstatt diese zu passenden Daten zu modellieren.[7]

Die dritte Ebene betrifft Zeitlichkeit und

---

5 Kracauer, *Geschichte*, S. 40; ders., *History – The Last Things Before the Last*, New York 1969, S. 32.

6 Dass Kracauers Begriff nicht ganz glücklich gewählt ist, formuliert Dagmar Barnouw so: »[T]he analogy between photography and historiography [is] a composite of fragmented, tentative, illustrative, suggestive relations rather than a sustained, coherent argument«. Sie problematisiert auch Kracauers Bemühen, die Analogie abzustützen auf seiner medientheoretischen Emphase der »authority of what could, and therefore should, be seen«. Beides »did not make the problems of historiography any easier; it made them more directly, more urgently puzzling.« Dagmar Barnouw, *Critical Realism. History, Photography, and the Work of Siegfried Kracauer*, Baltimore, London 1994, S. 206.

7 Vgl. Kracauer, *Geschichte*, S. 104.

Räumlichkeit: Geschichte und fotografische Medien, so Kracauer, entwickeln ein Verständnis für die gelebte Zeit und den Raum der Praktiken. Beide insistieren auf ihrer Gedächtnisfunktion, wenngleich in entgegengesetzter Richtung: Geschichte ist eher Gedächtnis einer jeweiligen vergangenen Gegenwart, während Film und Fotografie eher Gedächtnisse einer jeweils gegenwärtigen Zukunft sind, also dessen, was in einer Gegenwart noch nicht festgelegt ist.

Die Ausführungen in *Geschichte* scheinen mir eine signifikante Wende, zum Teil auch einen Verlust an Radikalität und Produktivität gegenüber dem medienanthropologischen Ansatz auszumachen, den Kracauer in frühen Schriften, insbesondere 1927 in »Die Photographie« verfolgt hatte.[8] In diesem Essay rekurriert Kracauer auf die Koinzidenz von Fotografie und moderner Geschichte, wobei er Letztere mit dem genealogischen Prinzip identifiziert, das die vormoderne Chronik verdrängt hat. Die moderne Geschichte, die Kracauer mit dem Historismus gleichsetzt, bringt, so schreibt er, ein Zeitkontinuum hervor, die Fotografie ein Raumkontinuum. Beide greifen von unterschiedlichen Ausgangspositionen auf ein Drittes zu, nämlich auf das »Gedächtnisbild« oder »Monogramm«, das eine möglichst definitive

Aussage über seinen Gegenstand anstrebt. Die Fotografie zerstört durch ihr unendliches Spiel mit den Oberflächen das Gedächtnisbild. (Ihre nächste Verwandte unter den Künsten, die Malerei, versucht hingegen Gedächtnisbilder herzustellen, »die etwas meinen«.) In ähnlicher Weise löst die auf eine vollständige Ereigniskette zielende Geschichte das Monogramm einer Person oder Epoche auf. »Dem Historismus geht es um die Photographie der Zeit«, schreibt er. »Seiner Zeitphotographie entspräche ein Riesenfilm, der die in ihr verbundenen Vorgänge allseitig abbildete.«[9] Wir dürfen also beim frühen Kracauer ein Verhältnis von Komplementarität zwischen Fotografie und Geschichte unterstellen: Er fasst die Effekte der Fotografie im Sinn einer Entlastung der Historiografie von ihren antiquarischen Aufgaben, fordert sie aber gleichzeitig zur Reflexion ihrer Kunstgriffe bei der Eliminierung der vergangenen Lebenswirklichkeiten heraus.

Festgehalten sei allerdings, dass Kracauer den Film 1927 im Unterschied zur Fotografie noch als Agenten eines Zeitkontinuums mit der genealogischen Geschichte verbindet. Der späte Kracauer des *Geschichte*-Buchs hingegen zählt Film umstandslos zu den fotografischen Medien. Und vor allem rechnet er nun Geschichte und fotografische Medien demselben Bereich realistischer Erkenntnisverfahren zu. Dafür sind zwei methodische Eingriffe nötig. Erstens: die Selektion bestimmter Typen von Fotografien und Filmen, die Kracauer unter sein Realismuskonzept subsumieren kann. Unter diesem Aspekt ist zwischen »Die Photographie« und *Geschichte* kein Bruch, sondern nur eine Schär-

8 Von ähnlichen Voraussetzungen ausgehend, beschreibt Roland Barthes (in *Der entgegenkommende und der stumpfe Sinn. Kritische Essays III*, Frankfurt/M. 1990, S. 39) eine »anthropologische Revolution«, die durch die Fotografie ausgelöst wurde: »Die Fotografie bewirkt nicht mehr ein Bewusstsein des *Daseins* der Sache (das jede Kopie hervorrufen könnte), sondern ein Bewusstsein des *Dagewesenseins*.«
9 Siegfried Kracauer, »Die Photographie«, in: ders., *Das Ornament der Masse*, Frankfurt/M. 1963, S. 24.

fung von Kriterien zu beobachten; auch dem frühen Kracauer war die intentionale Differenz der realistischen Fotografie zur Kunst ein zentrales Anliegen. Der zweite Eingriff gilt der Geschichte, die nun eindeutig als Historiografie bestimmt und nach drei Idealtypen klassifiziert wird: Universalgeschichte oder spekulative Morphologie, technische Geschichte oder monografischer Positivismus, empirische Ideengeschichte auf Grundlage von *microhistoires*. Nur Letztere kann in den gemeinsamen Vorraum von fotografischen Medien und Geschichte eingehen.

Diese Differenzierung in historiografische Idealtypen ist Voraussetzung für die Behauptung einer Analogie von fotografischen Medien und wissenschaftlicher Geschichte, auch wenn diese eine Wissenschaft sein soll, »die anders ist«. Allerdings begegnet man in *Geschichte* einer problematischen Asymmetrie in der Fundierung dieser Analogie. Denn während die äußere physische Realität als Gegenstand des fotografischen Realismus auf der Evidenz aufbauen kann, verhält es sich mit der historischen Realität anders. Diese ist von doppelter Art: Sie ist einerseits das Universum der vergangenen Vorfälle; andrerseits macht erst die Registrierung durch Aufzeichnungssysteme aus Vorfällen historische Tatsachen. Die Dokumente, die Kracauer als Material der Historiker/innen voraussetzt, sind selbst Resultate historischer Konstruktion, die, wie Michel de Certeau sagt, mit der skripturalen Scheidung von Praktiken und Wissen einsetzt.[10] Kracauers Generalargument gegen den Szientismus, der die Historiografie in den 1950er und 1960er Jahren kennzeichnete, er-

fasst nicht den Umstand, dass mit der Tendenz zur Verwissenschaftlichung der Geschichte auch eine Aufwertung der Dokumente in ihrer quasirealistischen Rolle – als Prüfsteine, als zu analysierende Materialien – einhergeht, und dass dies ja in einem gewissen Ausmaß ein Äquivalent zu seiner eigenen Medientheorie darstellt, insbesondere zu seiner Kritik der künstlerischen Tendenz zur vereinnahmenden Formbildung.

Zwischen Kracauers Kritik der monogrammatischen Geschichte des 19. Jahrhunderts und seiner Affirmation der theoretisierenden *microhistoire* tut sich eine Leerstelle auf. Was zwischen »Die Photographie« von 1927 und dem 1969 erstveröffentlichten *Geschichte*-Buch verloren geht, ist die Bestimmung der Wirkungen fotografischer Medien auf den Modus des kulturellen Gedächtnisses. Ebendiesem aber hat Kracauer in *Geschichte* implizit doch wieder entscheidende Bedeutung zugemessen, nämlich bei seiner Definition der Methode von Historiker/inne/n als eine Art von »Verstehen«; damit meint er die Kombination von Werturteilen, Abschätzungen, Erfahrungen und Ad-hoc-Hypothesen nach dem Modell lebensweltlicher Intelligibilität (und da kommt das kulturelle Gedächtnis unweigerlich ins Spiel).

Trotz der Leerstelle, die sie enthält, bietet Kracauers Medien- und Geschichtstheorie ein ergiebiges Fundament für den Versuch, die Ansätze einer visuellen Geschichte zu systematisieren und auszuarbeiten. Die Arbeit Marc

10 Vgl. Michel de Certeau, *Das Schreiben der Geschichte*, Frankfurt/M. 1991.

Blochs erfüllt dabei eine wesentliche Scharnier-funktion.

Marc Bloch ist der einzige neuere Historiker, dem Kracauer intensive Aufmerksamkeit wid-met. Nach Burckhardt mit 35 Einträgen unter den meistgenannten Referenzen in *Geschichte* liegt Bloch mit 30 Einträgen im Register vor Proust und Dilthey mit 23 und 22 Nennungen. Kracauer setzt sich mit ihm vor allem als pro-minentestem Vertreter einer szientistischen Auffassung von Geschichte auseinander, insbe-sondere da, wo Bloch als Methodiker die Inte-gration unterschiedlicher Disziplinen wie Geo-grafie, Demografie oder Anthropologie in die historiografische Arbeit propagierte. Umso be-merkenswerter ist es, dass Kracauer bei der Lek-türe von Blochs *Apologie der Geschichte* offenbar gerade jene Passage ignoriert, die auch eine Durchquerung des gemeinsamen Vorraums von Geschichte und fotografischen Medien dar-stellt. Es handelt sich um die Stelle, an der Bloch mithilfe des Films die von ihm eingeführte »re-gressive Methode« erläutert, d. h. die Perspek-tive der Recherche aus der Gegenwart in die Vergangenheit: »[A]uf dem Film, den [der His-toriker, S.M.] betrachtet, ist nur das letzte Bild intakt. Um die anderen, die fehlerhaften zu re-konstruieren, muß er zuerst die Spule in der umgekehrten Reihenfolge der Aufnahmen ent-rollen.«[11] Der Begriff des »fehlerhaften« Bilds bei Bloch macht deutlich, dass es ihm keineswegs um eine Art rückprojizierter Teleologie ging,

sondern eher um das Detektivische an der His-toriografie. In *Les caractères originaux* formu-lierte er zur »regressiven Methode«, diese ver-lange »nicht eine Photographie, die man dann nur zu projizieren brauchte und die sich be-ständig gleich bliebe, um so das starre Bild immer fernerer Zeiten zu erhalten; was sie er-greifen will, ist die letzte Aufnahme eines Fil-mes, den sie sodann in umgekehrter Richtung abzuspulen sucht, in der Erwartung, darin auf mehr als ein Loch zu stoßen, aber entschlossen, seinen Bewegungsfluß zu respektieren.«[12]

Man könnte einwenden, Bloch setze den ki-nematografischen Apparat metaphorisch ein, noch dazu in Form des Tricks eines rücklaufen-den Films. Aber Blochs Beschäftigung mit foto-grafischen Medien reicht tiefer als die eines ha-bituellen Kinogehers. Als Nachrichtenoffizier bei der Luftaufklärung im Ersten Weltkrieg war er mit der Auswertung von Aerofotografien be-fasst. Um militärischen Luftaufnahmen rele-vante Informationen zu entnehmen, mussten Entzerrungslinsen, Lichtempfindlichkeit des Films, Aufnahmewinkel, Geschwindigkeit des Flugzeugs, natürliche Lichtverhältnisse und an-deres mehr exakt bestimmt werden. Erst im Zusammenwirken mit kartografischem und strategischem Wissen waren die indexikali-schen Zeichen der Fotografien schlüssig zu deu-ten. Bezogen auf die Kracauer'sche »äußere physische Realität« war der Realitätsstatus der Bilder für sich genommen unsicher; aber dies ist vernachlässigbar für die Frage nach Effekten der fotografischen Medien auf das Denken der Historiker/innen. Relevant ist hier vielmehr der für militärische Aufklärungsfotografie aus-

11 Marc Bloch, *Apologie der Geschichte oder Der Beruf des Historikers*, Stuttgart 1980, S. 63.
12 Zit. n. Ulrich Raulff, *Ein Historiker im 20. Jahrhundert: Marc Bloch*, Frankfurt/M. 1995, S. 108.

schlaggebende zeitliche Vergleich der Bilder eines Schauplatzes, also die Reihenfotografie der Luftaufklärung, die das fotografische Bild dynamisiert und dem Film annähert. Auf eben-diese Serien gründet Ulrich Raulff seine These vom Umschlag der Aufklärungsfotografie in eine Methodik des Historiografen Bloch:

»Die Photographie ›bearbeitet‹ gewisserma-ßen die graphische Oberfläche des Krieges und zeigt die Resultate der Destruktion, verwüstete Landschaften, zertrümmerte Objekte, zerris-sene Körper – Resultate, d. h. Zustände. Erst wenn sie dasselbe Objekt, dieselbe Landschaft zweimal oder öfter in bestimmten Zeitabstän-den ›aufnimmt‹, werden Bewegungen sichtbar. Der Betrachter sieht nun den Prozess, der ein Objekt allmählich zum Verschwinden bringt oder einer Kulturlandschaft den Stempel der Kriegslandschaft aufprägt. Er erblickt das Wer-den und Vergehen der Elemente der sichtbaren Welt – wo vorher eine Kirche stand, erhebt sich nun ein Ruinenstumpf, wo eine Artilleriestel-lung war, gähnt jetzt ein Krater. Die Sukzession der Bilder offenbart den Prozess der Destruk-tion: Häufig machte man im Weltkrieg eine Luftaufnahme, bevor man mit dem Beschuss eines Ziels begann, eine weitere nach einigen Salven, um das Resultat zu überprüfen, und so fort bis zur vollständigen Vernichtung des Ziels. Gleicht die Lektüre eines vereinzelten Luftfotos noch dem Entziffern eines beschriebenen Blat-tes, so führt die Betrachtung solcher Serien zu einer kinematographischen Perzeption der Ver-änderung sichtbarer Objekte in der Zeit. Eine solche dynamische Lektüre ist es, die Bloch in die Historiographie transponiert. Denn er hat

nicht nur die neue Optik – den Aufblick aus der Vertikalen –, sondern auch die Dynamisierung der Bilder übernommen: die *regressive Methode*, die Bloch zwar nicht erfunden hat, aber erst-mals in dieser Weise ›technisch‹ auffasst und be-nutzt, sorgt für die Sukzession der Bilder [...].«[13]

Die Rückführung der »regressiven Methode« allein auf eine kinematografische Erfahrung griffe zu kurz angesichts des Programms und des Multiperspektivismus der von Bloch und Lucien Febvre begründeten *Annales*-Schule. Dennoch stimmen die meisten Analytiker der französischen Sozialgeschichte dahingehend überein, dass die Erfahrung im Umgang mit fo-tografischen Medien einen realistischen Zu-gang zur Vergangenheit eröffnet habe, der die Genealogie als Gehalt der Geschichte abstreifte. In der praktischen Arbeit ging es Bloch und Febvre um Aufdeckung der Lücken, die das schriftliche Dokument bezüglich der Materia-lität der Dinge und der Gebrauchsweisen ent-hielt. Um den Wandel in der historischen Se-mantik nicht zu übersehen, galt es deshalb, ande-re Aufzeichnungssysteme, etwa Bilder oder Karten, heranzuziehen. Denn »eine Kultur [ließ] sich nur rekonstruieren [...], wenn man die Fäden zu fassen bekam, die das gesehene und das benannte Objekt, den sichtbaren und den benennbaren Gegenstand miteinander ver-banden. Unsichtbar blieb, was keinen Namen hatte; sinnlos die Vokabel, der sich keine bildli-che Vorstellung und kein Objekt zuordnen ließ. Der Historiker musste die Auskünfte, die ihm Archäologie und Ikonographie lieferten, mit

13 Ebd., S. 106ff.

denen der historischen Semantik verknüpfen: Im Licht ihrer sich überkreuzenden Scheinwerferkegel blitzte die Realität des historischen Objekts auf. Punktuell berührten sich die Wörter und die Sachen.«[14] Carola Fink wie auch Olivier Dumoulin verlegen daher den Ursprung der Wende, die die *Annales* darstellen, in die Habitualisierung von Beobachtungstechniken, die der Text- und Quellenlektüre entgegengesetzt werden, um eine neue Zugangsweise zu begründen, die darauf zielt, die Beobachtung zu Lasten des Primats des Diskurses durchzusetzen.[15]

Woher mag es also kommen, dass Kracauer Bloch gerade als Szientisten wahrnimmt und nicht als fotografisch geschulten Beobachter? Ein Grund dafür liegt gewiss in Blochs Hauptwerken: *Die wundertätigen Könige* zeigt deutlich den Einfluss der Linguistik, *Die Feudalgesellschaft* den der Geografie auf die Gründergeneration der *Annales*. Entscheidender aber scheint mir dies: In »Die Photographie« spricht Kracauer noch von »der Wendung zur Photographie« als »*Vabanque-Spiel* der Geschichte«[16]; er scheint also an deren Hinführung zu den räumlichen Beziehungen in der materiellen Welt zu denken und insinuiert damit ein aktives Einwirken der Fotografie als dominantes Medium des kulturellen Gedächtnisses. In *Geschichte* hingegen schließt die Bestimmung eines gemeinsamen Vorraums durch einen gemeinsamen Gegen-

stand, der sich gerade durch die Abweisung methodisch-systematischer Erkenntnisverfahren definiert und stattdessen autonome Idealtypen erfordert, die Wahrnehmung eines Wandels im Gedächtnisbild unter der Einwirkung der fotografischen Medien aus. Das »Vabanque-Spiel« der Geschichte, die Förderung eines sich selbst aufklärenden Bewusstseins durch die realistische Tendenz der fotografischen Medien, scheint nie eröffnet worden zu sein. Wohl aber haben Letztere zumindest eine der bedeutendsten historiografischen Tendenzen im 20. Jahrhundert und deren Darstellungsformen geprägt.

Ich komme damit zurück zum *Sonntag von Bouvines*. Wenn bei Ruggieri und Jancsó der Plan aufgetaucht ist, Dubys Buch zu verfilmen, dann sicherlich nicht wegen der möglichen filmischen Attraktivität einer Schlacht. Dubys Buch ist vielmehr selbst bereits filmisch. Damit meine ich den Einsatz von Verfahrenstechniken, die als originäre Erfindung des Films betrachtet werden. *Der Sonntag von Bouvines* spannt einen komplexen Raum auf, konstituiert durch alternierende Quasipanorama- und Nahaufnahmen, Kamerafahrten, Rückblenden, Doppelbelichtungen oder Kommentare aus dem Off. Das Buch versammelt den panegyrischen Augenzeugenbericht Wilhelm Britos, Ratgeber König Philipps, Miniaturen aus der Chronik des Matthaeus Parisiensis aus dem 13. Jahrhundert, Historiker-Enqueten, Monografien, Abbildungen auf Münzen und Medaillen – doch es formt daraus keine neue Erzählung, die durch Thesen, empirische Fakten und wissenschaftliche Synthesen gebildet wäre. Jeglicher wissen-

14 Ebd., S. 119.
15 Carola Fink, *Marc Bloch. A Life in History*, Cambridge 1989, S. 104f.; Olivier Dumoulin, *Marc Bloch*, Paris 2000, S. 183.
16 Kracauer, »Die Photographie«, S. 37 (Hervorh. im Orig.).

schaftliche Apparat ist ausgespart. Statt in die Bestimmung des Ereignisses selbst oder in dessen diskursives Umfeld führt das Buch eingangs in einen physischen und kulturellen Raum, in dem über die Perspektive des Ich-Erzählers Vergangenheit und Gegenwart verklammert werden. »Ich habe Bauern kennengelernt«, schreibt Duby, »die immer noch ein wenig zitterten, wenn das schlechte Wetter sie zwang, die Ernte an einem Sonntag einzufahren: Sie spürten den Zorn des Himmels über sich«, wenn sie, wie die Kämpfer des 27. Juli 1214, die heilige Sonntagsruhe verletzten. In kalkulierter Abweichung von Regeln historiografischer Praxis beschreibt Duby dann das vergangene Ereignis selbst im historischen Präsens, alternierend zwischen elliptischen Normalsequenzen und episodischen Sequenzen, die Milieus und Institutionen, so sie in das Ereignis strukturell verstrickt sind (der Papst, das Geld), in zeitlicher Kompression integrieren. Dies verleiht seinem Schreiben in Bildern Kohärenz und erlaubt ihm, statt einer chronologischen Ordnung eine bewegte Szenografie aufzubauen. Knappe Porträts der handelnden Personen wechseln sich ab mit der Fokussierung auf elementare Dinge einer Schlacht: die Rüstungen, Waffen, Banner, Pferde. »Was die Pferde betrifft, so sind sie sehr gegenwärtig [...], (auch wenn keines mit dem Eigennamen bezeichnet wird)«, so Duby. Wie im klassischen Hollywoodfilm wird jedes Detail, das Duby in der von ihm als »Inszenierung« bezeichneten Szenografie präsentiert, später – im Bericht über den Schlachtverlauf selbst – seine volle Bedeutung erhalten: auch das Streitross des Gegenkaisers Otto, das Fußsoldaten

aufschlitzen, um seines Besitzers (und damit eines Lösegeldes) habhaft zu werden. Und fast nach Art der heute gängigen Mindgame-Filme mit ihren retroaktiven Wendungen und Enthüllungen klären sich gewisse Begebenheiten bzw. Formulierungen, die zunächst mythisch erscheinen, rückwirkend als genuiner Perspektivismus oder als Täuschung der Wahrnehmung auf. Alles Abstrakte – Macht, Ehre, Glauben – erschließt sich in diesem Buch aus der Verkettung von Handlungen, Gegenständen und Räumen, deren Materialität das Gravitationszentrum der Beschreibungen bildet.

Der Sonntag von Bouvines ist von seinen Voraussetzungen her ein spezifischer Fall, aber keine Ausnahmeerscheinung. Wir treffen auf ähnliche Verfahren in der Prosa von Fernand Braudels *Das Mittelmeer und die mediterrane Welt in der Epoche Philipps II*, in Arlette Farges *Verführung und Aufruhr im Paris des 18. Jahrhunderts* oder in Emmanuel Le Roy Laduries *Karneval von Romans*. Stets sind es die Points of View, die unser Interesse erwecken, ist es die nachdrückliche Beschreibung der alltäglichen Dinge aus vermittelter Perspektive, die eine Konkretion der Vergangenheit anvisiert und die Vermischung mit der begrifflichen oder analytischen Sprache vermeidet. Das wäre auch vergleichbar mit dem realistischen Roman des 19. Jahrhunderts. Von ihm aber unterscheidet sich diese Prosa darin, dass sie, anstelle von Linearität, ihr Material aus wechselnden Perspektiven montiert.

»[D]ie photographischen Medien [helfen] uns [...], unsere Abstraktheit dadurch zu überwinden, daß sie uns sozusagen zum ersten Mal mit ›dieser Erde, die unsere Wohnstätte ist‹ (Gabriel Marcel) vertraut machen; sie helfen uns, *durch* die Dinge zu denken, anstatt über sie hinweg«, schreibt Kracauer. Und weiter heißt es, Film und Fotografie »erleichtern es uns, die vergänglichen Phänomene der Außenwelt in uns aufzunehmen und sie so vor dem Vergessen zu erretten. Etwas Ähnliches wäre auch über die Geschichte zu sagen.«[17] Dieses *Ähnliche* aber scheint weniger durch die Dinge der Geschichte selbst erschlossen als durch die Erfahrung, die Fotografie und Film im Denken über Nähe und Ferne verankert haben.

17 Kracauer, *Geschichte*, S. 210.

Missratene Figuren

Der »Anschluss« 1938 im ephemeren Film

Gemeinsam mit Michael Loebenstein

Dieser Text beruht auf der Auseinandersetzung mit – oft anonymen, in jedem Fall jedoch ephemeren[1] – Filmdokumenten im Archiv des Österreichischen Filmmuseums (ÖFM), die im Rahmen eines Recherche- und Präsentationsprojekts gesichtet, bestimmt und im März 2008 öffentlich präsentiert wurden. Anders als die offiziellen Repräsentationen geben sie ein widersprüchliches Bild der Einbettung des politischen Ereignisses in die Erwartungen und Alltagspraktiken des Jahres 1938.

SCHMALFILM, SCHMOLLPASTA

Ein Sommertag. Ein Pritschenwagen wird beladen, an der Aral-Tankstelle im Hinterhof aufgetankt. Die Protagonisten des Films agieren gut gelaunt, höchstens die Frau mit dem Kopftuch ein bisschen genervt von der ihr im Dramolett zugedachten Rolle. Abfahrt. Schnitt. Ankunft am Wasser (am See? am Badeteich? am Altarm des Flusses?): ein Schiffanakel (»Kapirim' poschi«) wird zu Wasser gelassen, ein Fähnchen am Bug befestigt. Surprise! Aus dem Schilf wird eine Sektflasche hervorgezaubert, Buben sehen artig zu, wie der Mann sie entkorkt. Ein leidenschaftlicher Kuss im Boot, dann endet das kleine, filmische Denkmal, das sich eine unbekannte (Wiener?) Familie an einem Sommertag gesetzt hat, der uns heute aus Gründen, die dem Film selbst unbewusst

sind, relevant, *historisch* erscheint: Das Auto wird rechts gesteuert, doch hinter der Windschutzscheibe prangt in Fraktur »Rechts fahren!«; die Buben tragen HJ-Uniform. Der Flohmarktfund spricht im Jahr 2008 von Ereignissen von 1938, die ihm bis zur Unkenntlichkeit innerlich sind, und von Folgen, die ihm nicht erinnerlich sind.[2]

DOKUMENT, MONUMENT

Kann man eine Geschichte der Annexion Österreichs schreiben, in der nicht Hitler, Seyß-Inquart, Schuschnigg und Innitzer die Hauptrollen spielen, sondern *Schmoll*-Schuhwichse, Sekt im Schilf und anonyme Küssende? Wie kann man es wagen, ein so folgenreiches politisch-militärisches Ereignis wie den »Anschluss« von den scheinbar ephemeren Geschehnissen aus zu betrachten, mit denen es keine strikten, kausalen Relationen verbinden, von Bootsausflügen, Familientreffen, Berufspraktiken, Sehenswürdigkeiten der »Ostmark«

---

1 Aus dem Engl.: »ephemeral films«, eine Bezeichnung von (oft autorlosen) Filmen, die ausschließlich zu einem pragmatischen Zweck produziert wurden, wie Werbe-, Schulungs- und Industriefilme. Vgl. Rick Prelinger, *The Field Guide to Sponsored Films*, San Francisco 2006.

2 Bei dem Film handelt es sich um einen Anfang der 1990er Jahre in die Sammlung des ÖFM eingegangenen Privatfilm: *Kapirim' poschi* (Archivtitel).

Königspudel und Hitler-Altar *(Amateuraufnahmen Wien, Frühjahr 1938)*

aus? Banalisiert dieser »Alltag im Anschluss« die Verstrickung der Österreicher/innen in die NS-Verbrechen, indem er das historische Ereignis – den »großen nationalen Umbruch«, wie es in einem der Filme heißt – entmonumentalisiert?

Epistemisch legitimiert sich ein solches Unternehmen mit der Wende in der Geschichtswissenschaft, die Michel Foucault in seiner *Archäologie des Wissens* konstatiert und begrifflich geschärft hat. Die Auflösung eines Denkens in kohärenten Epochen wie auch die Verwerfung der diskreten Annahme einer linearen Selbstentfaltung von Wissensbeständen hat (in der Praxis) die Unterscheidung zwischen signifikanten und akzidentiellen Gegenständen der Überlieferung entlang des Kohärenz- und Kontinuitätsprinzips aufgehoben. Die Privilegierung von Aussagen und Texten, die entweder eine von anderen zeitlichen Einheiten geschiedene Totalität identifizieren (die Zivilisationsgeschichte) oder aber einen kumulativen Prozess der Ausarbeitung und Perfektionierung partikularer Disziplinen erkennen lassen (die Ideengeschichte), bricht sich an der Aufwertung von Quellen, die ungleichzeitige Strukturen innerhalb eines historischen Raums oder Brüche innerhalb der Systeme selbst hervortreten lassen. Die zunächst für die Wissenschaftsgeschichte entdeckte »Mikroskopie« (Georges Canguilhem), die Frage nach dem historisch präzisen semantischen Gehalt und der pragmatischen Sinnkonstruktion einer aus einem rückprojizierten System isolierten Aussage, wird auch für die anderen Felder der Geschichte bedeutsam. Die *microhistoire* eröffnet vor allem

Zugang zu Lebenswelten und Mentalitäten, die Vergangenheit als komplexes Gewebe von Sachverhalten, Erwartungshorizonten und Handlungen aufscheinen lassen. Die Voraussetzung dafür beschreibt Foucault als Transformation des herkömmlichen Quellenbegriffs bzw. als Umkehrung des Werts, der dem Überlieferungstext – dem »Dokument« – zugerechnet worden ist. War das Dokument dem Historiker bedeutsam, sofern es über anderes berichtete, als was es selbst war, beispielsweise der Bericht eines Untersuchungsrichters, so wurde nun der scheinbar unbedeutende Rest zur Grundlage der Beurteilung einer Quelle – welcher Sprache sie sich bedient, welche Korrespondenz die in ihm enthaltenen Ausdrücke zu anderen Wissensformationen unterhalten, welche singulären oder generellen Praktiken zu ihrer Herstellung beigetragen haben, etc. »Das Dokument ist also für die Geschichte nicht mehr jene untätige Materie, durch die hindurch sie das zu rekonstruieren versucht, was die Menschen gesagt oder getan haben, was Vergangenheit ist und wovon nur die Spur bleibt: sie sucht nach der Bestimmung von Einheiten, Mengen, Serien, Beziehungen in dem dokumentarischen Gewebe selbst. [...] Um der Kürze willen sagen wir also, dass die Geschichte in ihrer traditionellen Form es unternahm, die *Monumente* der Vergangenheit zu ›memorisieren‹, sie in *Dokumente* zu transformieren und diese Spuren sprechen zu lassen, die an sich oft nicht sprachlicher Natur sind oder insgeheim etwas anderes sagen, als sie sagen; heutzutage ist die Geschichte das, was die *Dokumente* in *Monumente* transformiert und was dort, wo man von den Menschen hinterlassene Spuren entzifferte, dort, wo man in Aushöhlungen das wieder zu erkennen versuchte, was sie gewesen war, eine Masse von Elementen entfaltet, die es zu isolieren, zu gruppieren, passend werden zu lassen, in Beziehung zu setzen und als Gesamtheiten zu konstituieren gilt.«[3]

EINE »NEUE QUELLE DER GESCHICHTE«?

Als eine solche »Gesamtheit«, als ein spezifisches Dokument der Zeit- und Kulturgeschichte begegnet uns der Film. Bereits 1898 postulierte der polnische Fotograf und Schriftsteller Boleslas Matuszewski die Kinematografie als eine »neue Quelle der Geschichte«: »Der Kinematograph gibt die Geschichte vielleicht nicht integral wieder, doch zumindest ist das, was er zeigt, unbestreitbar und von absoluter Wahrheit. [...] Man kann sagen, dass die lebende Photographie einen Charakter der Authentizität, der Genauigkeit und der Präzision besitzt, der ihr allein eigen ist. Sie ist der wahrhaftige und unfehlbare Augenzeuge *par excellence*.«[4]

Auch wenn Matuszewskis Forderungen gerade aufgrund der medialen Rupturen des 20. Jahrhunderts – die filmische Propaganda als »Sündenfall« des Wahrheitsanspruchs der Kinematografie, die Digitalisierung des fotografischen Bildes und die Möglichkeit scheinbar un

endlicher Manipulierbarkeit – utopisch erscheinen, wird dem Film in der Geschichtswissenschaft seit geraumer Zeit erneut ein hoher und neuartiger Grad an epistemischem Potenzial zuerkannt. Er enthält einen bedeutenden Überschuss an Informationen und geht weit über die intentionalen Nachrichten von Schriftdokumenten hinaus. Er ist *Zeugnis historischer vergangener Begebenheiten* – als Dokument des *Was-gewesen-Ist*, ganz im Sinne Matuszewskis – und zugleich Zeugnis einer bestimmten sozialen Praxis im Umgang mit Geschichte: eine ästhetische Stellungnahme zur Welt, eine spezifische mediale Umformung der Wirklichkeit, kurz: Geschichts*schreibung*.

Das filmische Abbild einer vergangenen Begebenheit (d. h. die mediale Herstellung eines historischen Ereignisses) enthält eine Vielzahl von Auskunftsmöglichkeiten über das Ereignis selbst, über Räume, Aktionsformen, Alltagspraktiken etc.; zugleich aber spricht das Dokument von den Intentionen seiner Macher/innen, von ästhetischen Konventionen, von möglichen Öffentlichkeiten, denen diese Bilder einst zugedacht waren.

Nicht von ungefähr kommt seit den 1990er Jahren in der Filmwissenschaft – vor allem seit ihrer verstärkten Hinwendung zu den Kulturwissenschaften und den Filmarchiven – dem Filmdokument (»non-fiction film«) vermehrt Aufmerksamkeit zu.[5] Fragen der Repräsentation, der Wechselbeziehung zwischen Abbild- und Erzählfunktion des Bildes, sowie die Debatte darüber, was eine Gesellschaft unter »Realismus« bzw. einer authentischen Darstellung der Wirklichkeit versteht, lassen sich anhand

3 Michel Foucault, *Archäologie des Wissens*, Frankfurt/M. 1981, S. 14f.
4 Boleslas Matuszewski, »Eine neue Quelle für die Geschichte«, in: *montage/av* 7, 2, 1998, S. 9.
5 Vgl. insbes. das Programm der Zeitschrift *KINTOP*, exemplarisch Sabine Lenk, »Der Aktualitätenfilm vor dem Ersten Weltkrieg in Frankreich«, in: *KINTOP* 6, 1997, S. 51ff.

der Differenz zwischen »rohen« Filmberichten
– *actualités, travelogues,* Amateur- und Hobbyfilm – und dem »gestalteten« Dokumentarfilm
seit den 1920er Jahren (Flaherty, die sowjetische
Schule, Griersons New Documentary) studie-
ren.[6] Matuszewskis Erfahrungshorizont war
der der Aktualität, der Chronik, sein Begriff von
Film und Geschichte »traditionell«: als (mit Rancière[7] gesagt) Register der »erinnerungswerten
Fakten und Personen«, als besonders plastische
und präzise »Inschrift des Erinnernswerten«.
Matuszewski: »So ist dieser einfache Streifen
bedruckten Zelluloids nicht einfach ein historisches Dokument, sondern ein Stück Geschichte, und zwar einer Geschichte, die nicht
verschwunden ist und für die es keines Geistes
bedarf, um sie wieder erscheinen zu lassen. Sie
schlummert nur, und so wie die elementaren
Organismen, die ein latentes Leben führen und
sich nach Jahren durch ein bisschen Wärme und
Feuchtigkeit wieder beleben, so genügt ein
bisschen Licht, das, von Dunkelheit umgeben,
durch eine Linse fällt, um die Geschichte wieder zu erwecken und den vergangenen Zeiten
neues Leben einzuhauchen!«[8]

AUFZEICHNEN, ERINNERN

Matuszewskis Argument setzt den Glauben an
den mimetischen Realismus des Films wie an
eine sich selbst schreibende – und deshalb authentische – Geschichte voraus. Aber gibt es
überhaupt eine »wahre« Geschichte außerhalb
ethischer und ästhetischer Konventionen, ohne
poetische Verfahren[9], wenn man mit »wahr«
die Darstellung von Prozessen und die Verknüpfung von Ereignissen zu einem sinnhaften

Ganzen meint, und nicht die rohe Faktizität
einer Chronik?

Welche Bedeutung die Wahl der Dramati-
sierungsform für die Interpretation eines vergangenen Geschehens hat, geht deutlich aus
der Geschichte der Aufarbeitung der nationalsozialistischen Machtübernahme in Österreich
selbst hervor. Die ersten auf »Erkenntnis« zie-
lenden Berichte zum »Anschluss« bemühten die
präzise und streng geregelte Form des Ge-
richtsprozesses. Im Hochverratsprozess gegen
den Staatssekretär und Außenminister (15. Februar bis 11. März 1938) Guido Schmidt wurden
diplomatische Akten, Memoranden und Zeugenaussagen im Sinne der Anklage bewertet,
wonach Schmidt unter bewusster Täuschung
der österreichischen Regierung die Annexion
vorbereitet habe. Der Volksgerichtshof sprach
im Juni 1947 Schmidt von dieser Anklage frei. In
der Begründung wurde festgehalten, dass es
nicht Aufgabe des Gerichts gewesen sei, die
Außenpolitik Österreichs auf ihre etwaigen
Fehler, Missgriffe und Irrtümer hin zu untersu-
chen oder das diplomatische Geschick Schmidts
zu beurteilen, dessen Politik einer »Verständi-
gung« mit Deutschland schon von demokratischen Vorgängerregierungen verfolgt worden
sei. Die Rechtsförmigkeit des Verfahrens könne

6 Vgl. Bill Nichols, *Introduction to Documentary,*
 Bloomington 2001.
7 Vgl. Jacques Rancière, »Die Geschichtlichkeit des
 Films«, in: Drehli Robnik, Thomas Hübel, Siegfried
 Mattl (Hg.), *Das Streit-Bild. Film, Geschichte und Politik
 bei Jacques Rancière,* Wien 2010, S. 214f.
8 Matuszewski, »Eine neue Quelle für die Geschichte«,
 S. 9.
9 Vgl. Paul Ricœur: *Zeit und Erzählung, Bd. I. Zeit und
 historische Erzählung,* München 1988, insbes. S. 87ff.

nicht auf eine historische Beurteilung der Vorgeschichte des »Anschlusses« zielen. Das Verfahren implizierte allerdings, dass das Ereignis
selbst Folge einer Konspiration gegen die staat-
liche Souveränität Österreichs gewesen sei.

Die Anklage Guido Schmidts nach dem
Kriegsverbrechergesetz stellte den »Anschluss«
damit in den Horizont individuellen schuldhaf-
ten Verhaltens politischer Machtträger und
schloss die Auseinandersetzung mit den vielfältigen gesellschaftlichen Handlungen und Motiven vor und nach dem März 1938 aus.[10] Das
juridische Dispositiv, das weitreichende Konsequenzen für die Grundlagen der Zweiten Republik hatte, für ihre internationale Stellung
wie auch für die Begründung der nationalstaatlichen Identität[11], dominierte bis in die 1970er

Jahre das öffentliche Gedächtnis. Die Privilegierung der völkerrechtlichen Perspektive auf
den »Anschluss« rückte von sich aus die Ebene
staatlicher Politik ins Zentrum der möglichen
Geschichten, die über den Nationalsozialismus
zu erzählen waren. Während sie einerseits die
Wiedergewinnung nationalstaatlicher Souveränität als alleinigen Inhalt österreichischer
Politik begründete und als Geschichte des
Widerstandes beschreibbar machte, schuf sie
andrerseits das entzeitlichte Bild eines Aus-
nahmezustands, den nationalsozialistische Herrschaft in Österreich als Okkupationsregime bedeutete.[12]

Die kritische Geschichtsschreibung der
1970er Jahre revidierte diese Überlieferung,
indem sie die endogenen Kräfte hinter dem
»Anschluss« unter Anwendung politikwissen-
schaftlicher Theoriefiguren oder sozialwissen-
schaftlicher Modelle zu beschreiben begann. Sie
vollzog als Biografie österreichischer Nationalsozialisten[13] oder als machtpolitische Fallstudie[14]
nicht nur die administrativ-gouvernementalen
Handlungen nach, die das Politikverständnis
im engeren Sinne ausmachen, sondern auch
die ungeregelten Aktionen der österreichischen
NS-Parteigänger, illegale wie eben neu be-
kehrte, die die Machtergreifung »von unten« ermöglicht haben. Die in diesen Studien rekonstruierten Ereignisse ordneten sich verfahrens-
konform auf die institutionelle Herrschaft hin,
der Gestaltungskraft gegenüber »gesellschaftlichen Teilsystemen« wie Wirtschaft und Kultur zugeschrieben wird. Mit ihrer Beschreibung
der vielfältigen Involvierung von Österreichern
bereiteten sie jedoch vor, was Ende der 1980er

10 Vgl. *Der Hochverratsprozess gegen Guido Schmidt vor
dem Wiener Volksgericht. Die gerichtlichen Protokolle mit
den Zeugenaussagen, unveröffentlichten Dokumenten,
sämtlichen Geheimbriefen und Geheimakten*, Wien 1947.

11 Die in der »Moskauer Deklaration« der Alliierten verankerte Formel von Österreich als erstem Opfer der NS-
Aggression wurde zur *raison d'être* der Zweiten Republik. Sie begründete nicht nur die Wiedererlangung der
Souveränität, sondern legitimierte auch die hegemoniale
politische Kultur (Proporzsystem). Vgl. Siegfried Mattl,
Karl Stuhlpfarrer, »Abwehr und Inszenierung im Laby-
rinth der Zweiten Republik«, in: Emmerich Tálos u. a.
(Hg.), *NS-Herrschaft in Österreich. Ein Handbuch*, Wien
2000, S. 902ff.

12 Die sogenannte »Okkupationsthese« besagte, dass der
Staat Österreich 1938 nicht untergegangen, sondern nur
handlungsunfähig geworden sei. Damit musste der Staat
1945 unter prekären internationalen Bedingungen nicht
neu begründet werden. Diese Kontinuität garantierte
die umgehende internationale Anerkennung als Rechts-
subjekt.

13 Vgl. Wolfgang Rosar, *Deutsche Gemeinschaft. Seyß-
Inquart und der Anschluß*, Wien 1971.

14 Vgl. Gerhard Botz, *Wien vom »Anschluß« zum Krieg*,
Wien 1978.

Jahre unter dem Etikett »Waldheim-Krise« als fundamentale Erschütterung der nationalen Identität hervorgetreten ist: eine Perspektivenverschiebung von der Rekonstruktion der Legitimität bzw. Pseudolegitimität des »Anschlusses« hin zur Auseinandersetzung mit Formen und Inhalten kollektiver Erinnerungen an diesen. Paradoxerweise nötigte das massiv gesteigerte öffentliche Interesse an der Vergangenheit – ein globales Phänomen der letzten zwei Jahrzehnte – die wissenschaftliche Geschichtsschreibung zur Anerkennung einer von ihren eigenen Dispositiven und Kategorien weitgehend geschiedenen Aktivität kollektiver Gedächtnisse. Konstituiert sich Geschichte als Wissenschaft durch methodisch ermittelte, mit retrospektivem Sinn ausgestattete historische Tatsachen und deren Synthese in einem kognitiven Urteil, so fächern sich kollektive Gedächtnisse in heterogene Erinnerungsbestände unterschiedlichster Qualitäten auf. Sie sind episodisch, affektiv, können auch sekundärer Art, also von Medienwirklichkeiten implantierte Wissensformationen sein.[15] Vor allem durch das initiale Werk Pierre Noras hat sich die Vorstellung durchgesetzt, »Geschichte« ließe sich überhaupt nur noch über die Konfiguration von Gedächtnissen schreiben.[16]

SCHICKSALHAFTE ENTFALTUNG

Wie Hans Petschar analysiert hat[17], zählte die filmische Dramatisierung des »Anschlusses« durch die NS-Wochenschauen zu den intrinsischen Kräften der Machtübernahme. Den Bildern kommt die Aufgabe zu, Ordnung zu stiften in einer von unwägbaren Emotionen und

uneindeutigen Konstellationen[18] geprägten Situation – nach innen wie nach außen. Mit der Orientierung auf die Volksabstimmung vom 10. April schreiben sie der Chronik der laufenden Ereignisse ein Telos ein und verknüpfen unterschiedlichste pragmatische Tätigkeiten (Massenausspeisungen durchs *Hilfswerk Bayern*, Einführung des Rechtsverkehrs) mit dem Pathos der Appelle und Versammlungen zu einem in sich geschlossenen, planvollen Ganzen.

Das Bild, das die NS-Propaganda vom »Anschluss« entwirft, ist ein kontrolliertes Bild: An die Stelle der Kontingenz der massenhaften Erhebung (des berüchtigten »Terrors von unten«), der Simultaneität und Volatilität der Ereignisse,

15 Vgl. Daniel L. Schacter, *Wir sind Erinnerung. Gedächtnis und Persönlichkeit*, Reinbek bei Hamburg 1999; für die Rahmung des kollektiven Gedächtnisses durch Sozialisationsbedingungen und kulturell dominante Erzählmodelle mit Bezug auf Österreicher/innen und die NS-Zeit vgl. Meinrad Ziegler, Waltraud Kannonier-Finster: *Österreichisches Gedächtnis. Über Erinnern und Vergessen der NS-Vergangenheit*, Wien, Köln, Weimar 1993.
16 Vgl. Nancy Wood, »Memory's Remains: *Les lieux de mémoire*«, in: *History & Memory* 6, 1, 1994, S. 123ff.
17 Vgl. Hans Petschar, »Von der Ständestaat- zur Ostmark-Wochenschau. Die nationalsozialistische Bearbeitung der *Österreich in Bild und Ton*-Wochenschauen vom 1. Oktober 1937 bis 11. März 1938. Eine Dokumentation«, in: Michael Loebenstein, Siegfried Mattl (Hg.), *Filmdokumente zur Zeitgeschichte: Der »Anschluss« 1938* (= Zeitgeschichte 35, 1, 2008).
18 So etwa die Konfusion um das in Berlin gefälschte, nachträglich autorisierte Telegramm Seyß-Inquarts, in dem dieser als Nachfolger Schuschniggs deutsche Hilfe anforderte. Das Telegramm sollte den »Anschluss« insbesondere international rechtmäßig erscheinen lassen. Dazu und zu anderen widersprüchlichen und chaotischen Vorfällen vom 11. bis 13. März 1938 vgl. Dieter Wagner, Gerhard Tomkowitz: *»Ein Volk, ein Reich, ein Führer«. Der Anschluß Österreichs 1938*, München 1968.

tritt schicksalhafte Entfaltung. Die beschworene »Volksgemeinschaft« findet auf den Leinwänden der Kinos ihre Apotheose. Aus der Rede Hitlers am 15. März auf dem Wiener Heldenplatz wird in diesem Bild-Verbund ein Argument, das die nachträgliche Imagination des Einmarsches und der Masseneuphorie regulieren wird. In der Wochenschau gibt es kaum ein Bild, das an der Vorsorge und Vorsehung der Nationalsozialisten Zweifel aufkommen ließe.[19] Mit ihrer impliziten Narration, auch wenn diese sich als nur scheinbar logische Verknüpfung sukzessiver Vorgänge präsentiert, installieren sie ein neues Regime der Zeit (Zeit mythischer Erfüllung) wie des Raums (Zentrierung aller Aktivitäten auf die Imago des »Führers«). Schließlich ordnet Hitler persönlich der Berliner *UFA* die Herstellung eines 20-minütigen Dokumentarfilms über seinen triumphalen Einmarsch in Österreich an, für den die hohe Summe von 94.000 Reichsmark zur Verfügung steht.[20]

AMTSHANDLUNGEN, ANVERWANDLUNGEN

Dem »traditionellen« Geschichtsverständnis stellt Jacques Rancière im Zeitalter des Films eine zweite Idee bei: die »Geschichte im modernen Sinn« als »Macht des gemeinsamen Schicksals«. Dazu schreibt er: »Zunächst die

Idee einer auf eine bestimmte Vollendung gerichteten Zeit, einer Zeit, die denjenigen ein Versprechen macht, die sich an ihre Abfolge und die damit verbundenen Aufgaben halten; und umgekehrt jenen zur Bedrohung wird, die die gestellten Bedingungen missachten und die damit verknüpften Aufgaben vernachlässigen oder ihre Wirkungen vorwegnehmen wollen.«[21]

Diese Doppelbewegung veranschaulichen jene ephemeren Filme, die sich im Dienst der Verwaltung, der Wirtschaft oder der Gemeinden der filmischen Herstellung von Normalität verschreiben. Zum einen ist das die von der Wiener Polizeidirektion produzierte 45-minütige Chronik des »Anschlusses«, die sich als Fragment aus der *Polizeijahresschau 1938* in der Sammlung des Österreichischen Filmmuseums findet: *11. März 1938. Der große nationale Umbruch in Österreich* (Archivtitel). Zum anderen sind das jene Werbe- und Tourismusfilme, die zwischen März 1938 und dem Kriegsbeginn im Herbst 1939 an einer Anreicherung, einer Sättigung des Alltäglichen mit dem Sublimen und Symbolischen (»Schicksalsgemeinschaft« des deutschen Volkes, historische Vorsehung des Souveräns) arbeiten.

Bilder von Paraden, Ansprachen, Eidesleistungen, Appellen, Führerbesuchen dominieren die stumm überlieferte *Polizeijahresschau 1938*. Uniformen und protokollarischer Stil herrschen vor; streng chronologisch registriert der Film für die Behörde relevante Ereignisse, von spontanen Freudenkundgebungen nach Schuschniggs Rücktrittsrede am Abend des 11. März bis zur Inspektion der Marokkanerkaserne durch Generalmajor Mülverstedt am 18. Mai. Auch

19 Wenn, dann entsteht solch ein Bild zufällig, wenn Dilettantismus in der Herstellung nachträglich Widersinn produziert: beispielhaft dafür rhetorische Widersprüche, »Bild-Ton-Scheren«, die in einzelnen Beiträgen der plumpen *Ostmark-Wochenschau* aufgehen.
20 Vgl. Klaus Kreimeier, *Die UFA-Story. Geschichte eines Filmkonzerns*, Frankfurt/M. 2002, S. 316.
21 Rancière, »Die Geschichtlichkeit des Films«, S. 215.

dieser Film bedient den zeremoniellen Charakter, der dem öffentlichen Bild des »Anschlusses« verordnet wird und ihn als »Medienereignis« prägt. Wie Zeremonien generell, so dient auch diese Inszenierung der bannenden Orientierung von Gefühlen der Unsicherheit oder Ekstase in Momenten einer plötzlichen Veränderung und eines grundsätzlichen Wandels in den Lebensbedingungen einer Gemeinschaft / Gesellschaft.[22] Der Überschuss, den die Jahresschau produziert, ist ihrer formalen und dramaturgischen »Armut« geschuldet: Von einer Behörde in Umbau mit bescheidenen, den Hobbyfilm der 1930er Jahre kaum übertreffenden Mitteln hergestellt, präsentiert das Jahresschau-Fragment den »großen nationalen Umbruch« als stellenweise bizarres, chaotisches, orientierungsloses Ereignis. Nachtaufnahmen vom 11. und 13. März zeigen weniger das in den Propagandafilmen ikonisch gewordene ornamentale Spalier als vielmehr eine durch die Stummheit und fehlende Raumtiefe der Aufnahmen verstärkte karnevaleske Stimmung des Übergriffs und der Entgrenzung. Die von den Wochenschauen inszenierte vermeintliche »Geschmeidigkeit« des Wechsels vom »Ständestaat« zur »Ostmark« – hier durch erklärende Zwischentitel propagiert – wird vom Bild ständig relativiert: Hakenkreuzbinden, die österreichischen Polizeiuniformen offenbar hastig hinzugefügt wurden; Wachmänner, die in Reih und Glied ihre Gummiknüppel demonstrativ entsorgen, stehen in der Montage SA-Leuten gegenüber, die in Lodenjanker und Schiebermützen Gewehre ausfassen; belustigte deutsche Ordnungspolizisten taxieren ihre Wiener

Kollegen. Am Heldenplatz entfährt einem Wachmann ein begeisterter Hitlergruß. Fahrzeugkontrollen an Wiens Ausfallstraßen stehen in einem eigentümlich unerklärt bleibenden Kontrast zum vermeintlich widerspruchsfreien Anschlusswillen der »Ostmark«. Die Jahresschau blieb vermutlich unvollendet und unveröffentlicht, und ihre Überlieferung ist dem Zufall geschuldet.[23]

Von gewaltsam hergestellten Kontinuitäten, der filmischen Konstruktion eines totalen Ganzen, das sich retroaktiv historisch legitimiert, zeugen auch zwei »Gebrauchsfilme« aus dem »Anschluss«-Jahr. *Perlen der Ostmark*, gestaltet vom seit den 1920er Jahren aktiven Aktualitätenfilmer Rudolf Mayer, nimmt den Reklameauftrag für *Amazone*-Baumwollstrümpfe zum Anlass, Österreichs Natur- und Kulturschönheiten in eine zeitliche und räumliche Kontinuität des »Deutschen Reichs« einzuschreiben. »Die führende Cotton-Strumpffabrik in unserer engeren Heimat verwendet bei der Erzeugung ihrer Markenware die Erfahrungen von vier Generationen des sächsischen Wirkerhandwerkes und wurde deshalb in wenigen Jahren der bedeutendste Betrieb dieser Art in der Ostmark.« Die Montage von Bild (dem Industrie-

22 In der Zeremonie wird ein unüberblickbarer Zustand in das Feld symbolischen Handelns überführt und gemeistert; vgl. Daniel Dayan, Elihu Katz, *Media Events. The Live Broadcasting of History*, Cambridge u. a. 1992, insbes. S. 147ff.
23 Zu Geschichte, Gestaltung und Signifikanz der Jahresschauen der Lichtbildstelle der Polizei siehe Barbara Zuber, *Die »Polizeijahresschauen« 1928–1938: Eine filmische Quelle zur Wiener Polizeigeschichte der Zwischenkriegszeit*, Diss., Wien 1996.

und Tourismusfilm entnommene »zeitlose« Aufnahmen), Sprechertext, der von der neuen Nomenklatur geprägt ist (»Oberdonau«, »Niederdonau«, »Ostmark«), und Musik (»An der schönen blauen Donau«) etabliert den Chronotopos des »Anschlusses«.

Ähnlich verfährt das Fragment eines unvollendet gebliebenen Kulturfilms des vormals der Sozialdemokratie nahestehenden Dokumentarfilmers Frank Rossak. *Aus deutschen Gauen: Wien* zeigt Baudenkmäler und Gärten Wiens »von heute« – ein Heute, das seltsam zeitlos, unbestimmt, unbewohnt wirkt, künden doch bloß Rechtsverkehr und ein dem Film nachgestelltes Hitler-Zitat (»Diese Stadt ist in meinen Augen eine Perle! Ich werde sie in eine Fassung bringen, die dieser Perle würdig ist.«) von dessen Entstehungszeitpunkt.[24] Auch hier kollabiert eine spezifische Ort-Zeitlichkeit der Vergangenheit zugunsten der Beharrungskraft einer mythischen Zeit: die »zeitlose Schönheit« eines »Alltags im Anschluss« als Medienereignis.

FIGUREN DES MISSRATENS

Wie fundamental und prekär zugleich das Medienereignis ist, zeigen zwei anonyme österrei-

chische Amateurfilme aus der Sammlung des Filmmuseums. *Ha. Wei. 14. März 38* (Archivtitel)[25] beginnt mit hoher Wahrscheinlichkeit mit einer Aufnahme von der Einfahrt des Hitler-Konvois nach Wien am 14. März. Das Ereignis nimmt jedoch nur einen marginalen Stellenwert ein; der überwiegende Teil des 13-minütigen Fragments unterscheidet sich nicht vom typischen »Familienfilm«. Seine Motive sind Familienfeste, die Arbeit im Garten und im (Betriebs?-)Glashaus, Tier- und Naturaufnahmen, offenbar über den Zeitraum zweier Jahreszeiten, wenn nicht sogar von zwei Jahren gedreht.

Als Gedächtnisort ist *Ha. Wei* bedeutsam, etabliert er doch, ähnlich wie der eingangs erwähnte Bootstaufe-Film, eine historische Erfahrung, die zugleich »verstrickt« und »entmonumentalisiert« scheint. Als traditionelles »Dokument« gesehen, wird die Spur interessant, die er enthält: Zu welcher Zeit fuhr Hitlers Konvoi durch den Ort, und welche Koordinationsschwierigkeiten gab es möglicherweise mit den im Bild festgehaltenen Wehrmachtseinheiten, die offenkundig gelangweilt warten? Für eine an »Mikrogeschichten« orientierte Historiografie stellen Filme wie dieser eine dichte Quelle, ein Monument dar.

Roger Odin hat als Kennzeichen des Privatfilms (im Vergleich zum industriellen Spiel- und Dokumentarfilm) dessen »Figuren des Missratens« genannt: fehlende narrative Geschlossenheit, bruchstückhafter Charakter, ungewisse Zeitorganisation und Willkürlichkeit in den räumlichen Beziehungen sind Funktionen seines spezifischen institutionellen Kontexts (Fa-

24 Zu diesem Film, der als stumme Schnittkopie im ÖFM überliefert ist, fehlt nahezu jede Dokumentation. Es ist denkbar, dass einige der Aufnahmen erst 1940 entstanden, wofür der nahezu fehlende Autoverkehr in Wiens Straßen Indiz wäre. Manche Aufnahmen, u.a. vom nächtlichen Rathaus, stammen nachweislich aus den 1920er Jahren. Für Hilfe bei der Identifikation des Films danken wir Christian Dewald und Thomas Tode.
25 Der anonyme, titellose 16mm-Film erhielt diesen Archivtitel im Zuge seiner Restaurierung. »Ha.Wei« steht für Hadersdorf-Weidlingau, den vermuteten Drehort der Aufnahmen.

milien- und Freundesverband).[26] Alexandra Schneider stellt dazu fest: »Beim Familienfilm bilden die Erwartungen der Familie den Bedeutungshorizont für die konkreten filmischen Äußerungen; er funktioniert für sein Publikum nicht *obwohl* er unter professionellen Gesichtspunkten dilettantisch aussieht, sondern gerade *weil* er ein mangelhafter Text ist. Innerhalb des familiären Rahmens funktioniert der Familienfilm, weil er als tendenziell ungeschlossener Text potenziell unterschiedliche Lesarten und gleichzeitig eine gemeinsame Vision anzubieten vermag.«[27] Der Familienfilm – die für die Zukunft festgehaltene vergangene Gegenwart – ist »Fest«, argumentiert Schneider mit Pierre Bourdieu, weil er eine Idealität von Familie inszeniert, die der Substitution von in Auflösung begriffenen Gemeinschaften dient. Der fragmentarische Charakter des Amateurfilms korrespondiert auf diese Weise mit dem oben genannten Konzept einer Geschichte als Geschichte der Gedächtnisse. Ein Ereignis wie der »Anschluss« wird hier reflexiv in die »glücklichen Momente« aufgenommen, die ein aktives Erinnern stiften (und damit das Vergessen der Umstände, die die »Idealität« durchkreuzen).

Gänzlich desorientierend, produktiv verstörend (und damit ikonoklastisch) ist auch ein weiterer im Filmmuseum überlieferter Amateurfilm: Die titellose Rolle 9,5mm-Film mit dem Archivtitel *Amateuraufnahmen Wien, Frühjahr 1938* besteht aus 174 Aufnahmen, die wahrscheinlich zwischen dem 10. März und dem Mai 1938 in Wien gedreht wurden. Der anonyme Autor des stummen Films ordnete die Chrono-

logie der Ereignisse mittels 58 Klebestellen um; welchem Zweck die Umstellungen dienten, und ob sie überhaupt vom Urheber der Aufnahmen vorgenommen wurden, ist bisher unklar. Mit Odin gesprochen, wird zuvor Erlebtes nach eigenem affektivem und kognitivem Ermessen modifiziert. Der Film gerät hier zum Monument einer kaleidoskopischen Groteske. Der Registrierung eines (gänzlich enigmatischen) filmischen Stilllebens – ein Königspudel posiert vor einem »Hitler-Altar« – folgen wenig später verwackelte, womöglich klandestin aufgenommene Einstellungen gewaltsamer Übergriffe gegen Wiener Juden.

Amateur- und Kulturfilme als Monumente des »Anschlusses«: Sie sind Element des ominösen »kulturellen Gedächtnisses«, so dieses nicht missverstanden und als Illustrierung historiografischer Thesen präsentiert, sondern als bewusste, selbst in ihrem »Missglücken« effektive, keinen Diskursformationen unterworfene ästhetische Formsetzung ernst genommen wird.

26 Roger Odin, »Rhétorique du film de famille« (1979), zit. n. Alexandra Schneider, *Die Stars sind wir. Heimkino als filmische Praxis*, Marburg 2004, S. 30.
27 Schneider, *Die Stars sind wir*, S. 32.

»Eine andere Realität, die zur Kamera spricht«

Film. Stadt. Wien. *Ein transdisziplinäres Forschungsprojekt*

Gemeinsam mit Vrääth Öhner

Von einer »Filmstadt« Wien zu sprechen (wie es der Titel ankündigt), ist im Grunde paradox: Wien verfügte – die Jahre 1919 bis 1922 ausgenommen – weder über eine nennenswerte Filmindustrie, noch gehörte »Film« jemals zu den ersten Assoziationen, die Besucher oder Einwohner mit der Stadt in Verbindung brachten. Nicht ohne Grund: Weist doch die Mehrzahl der populären Bilder und Vorstellungen, die nach wie vor – wenngleich seit den 1980ern nicht mehr ausschließlich – das globale Image der Stadt dominieren, in eine Zeit vor der Erfindung des Films. Von einem »gemütlichen Wien« im Gegensatz zu einem »verständigen Berlin« war bereits in der Reiseliteratur des 18. Jahrhunderts die Rede; die Selbstvermarktung als »Musikstadt« – in der klassischen, mit Haydn, Beethoven und Mozart verbundenen Spielart wie auch in der populären Ausprägung, verkörpert von Strauss-Dynastie, Operette und Walzer – war ein Produkt des späten 19. Jahrhunderts; und die Verklärung der imperialen Vergangenheit, die bereits kurz nach dem Untergang der Monarchie 1918 einsetzte, aktualisierte nur eine seit dem Biedermeier ebenfalls als Wien-spezifisch imaginierte Sehnsucht nach einer Vergangenheit, die es nie gegeben hat.

Diesem in der Hauptsache rückwärtsgewandten und dezidiert anti-modernen Wienbild hatte der Film wenig entgegenzusetzen: zum einen, weil er weder an der Hervorbringung des Bildes noch an der Kritik der Kehrseiten federführend beteiligt war (Letzteres war eine Sache von Theater, Literatur und Kabarett); zum anderen, weil insbesondere der Spielfilm frühzeitig die internationale Popularität des nostalgischen Wienbildes als entscheidenden Erfolgsfaktor entdeckt hatte. Wie etwa Alexandra Seibel hervorgehoben hat[1], war das im Kino bis weit über die erste Hälfte des 20. Jahrhunderts hinaus vorherrschende Bild der Stadt mit ihrer Rolle als Hauptstadt der Monarchie verbunden, mit der Figur des alten Kaisers, barocker Architektur, Gemütlichkeit, schneidigen Offizieren und verführerischen Mädeln, dem weinseligen und leiblichen Genüssen zugetanen Volk sowie der allgegenwärtigen Musik. Etwas zugespitzt könnte man angesichts dieser lange Zeit dominanten Darstellungsweise behaupten, dass nicht der Wien-Film die Bilder und Vorstellungen der Stadt, sondern umgekehrt die anderswo – in der Literatur, in der Kunst, am Theater, in der populären Presse – erzeugten Bilder und Vorstellungen der Stadt den Wien-Film entscheidend beeinflussten.

1 Vgl. Alexandra Seibel, *Vienna, Girls, and Jewish Authorship: Topographies of a Cinematic City, 1920–40*, Diss., New York University 2009.

Dass die Wien-Filme sich aus ökonomischen Gründen der Repräsentation eines bereits vor dem Film erzeugten und in schroffem Gegensatz zur urbanen Realität stehenden Wienbildes verschrieben, ist einer der Gründe für ihre bescheidene ästhetische Bedeutung wie auch für ihren geringen Erkenntniswert, was die Untersuchung Wiens als filmischer Stadt betrifft: Sie bieten kaum Hinweise auf die historische Entwicklung zur modernen Großstadt oder auf die Erfahrung eines auch in Wien von Kontingenz, Flüchtigkeit und Anonymität geprägten Großstadtlebens. So erschien es naheliegend, die Untersuchung nicht vom repräsentativen Spielfilm aus in Angriff zu nehmen, sondern von einem Bestand des Österreichischen Filmmuseums, der etwa 300 sogenannte »ephemere Filme« umfasst und sich aus frühen kinematografischen Ansichten, Wochenschaubeiträgen, Industrie-, Werbe-, Avantgarde- und Amateurfilmen zusammensetzt.

Welche Bilder der – und Perspektiven auf die – Stadt erwarten wir, in diesen Filmen zu finden? Nun, zunächst geht es darum, die Filme überhaupt zu finden: *Film. Stadt. Wien.* versteht sich auch als Erschließungsprojekt, das Filme, die allzu lange unbeachtet in Archiven lagen, für die Forschung aufbereitet und in der Folge einer breiteren Öffentlichkeit zugänglich macht. Der damit verbundene Aufwand wäre allerdings kaum zu rechtfertigen, wenn an die Erschließung nicht die Erwartung geknüpft wäre, »dass in den Bildern ein außerordentlicher Schatz an faktischer, historischer, sozialer und materialer Information aufbewahrt wird«[2], den schriftliche Quellen gar nicht oder jeden-

falls nicht in derselben Weise zugänglich machen.

Das erscheint erklärungsbedürftig: Gingen doch Historiker, sofern sie sich überhaupt für Film als Quelle interessierten, bislang von seiner schlechten Eignung als historisches Dokument aus. In Michèle Lagnys Worten: »Er ist weder unersetzlich (andere Dokumente können uns zu ähnlichen Schlüssen führen) noch sehr effizient: Das Feld der Fragen, die man ihm in Bezug auf historische Realitäten stellen kann, ist sehr beschränkt, und die Antworten, die er zu geben vermag, sind limitiert.«[3] Über die Frage der Effizienz kann man streiten; die Behauptung allerdings, dass andere Dokumente zu ähnlichen Schlüssen führen würden, übersieht die produktive Irritation des Geschichtsbildes, die ephemere Filmdokumente zu erzeugen imstande sind: Zuweilen stellen sie nicht nur fest gefügte Vorstellungen von historischen Sachverhalten infrage, sondern werfen Fragen auf, von denen Historiker vorher noch nicht einmal wussten, dass man sie stellen könnte.

Wir glauben, dass diese Fähigkeit des ephemeren Films zur produktiven Irritation auf zwei eng verknüpfte Umstände zurückzuführen ist: Erstens kümmern sich diese Filme in der Regel wenig um jenes nostalgische Wienbild, das der Wien-Film so lange perpetuiert hat; zweitens tun sie dies aufgrund jener Besonder-

2 Thomas Elsaesser, »Archive und Archäologien: Der Ort des nicht-fiktionalen Films im Feld der zeitgenössischen Medien«, in: Vinzenz Hediger, Patrick Vonderau (Hg.), *Filmische Mittel, industrielle Zwecke*, Berlin 2007, S. 47.
3 Michèle Lagny, »Kino für Historiker«, in: *Österreichische Zeitschrift für Geschichtswissenschaft* 8, 4/1997, S. 467.

heit des Mediums, die Jacques Rancière als »Geschichtlichkeit« des Films, Erwin Panofsky als »Dynamisierung des Raumes« sowie als »Verräumlichung der Zeit« und Siegfried Kracauer gar als einzigartige Grundeigenschaft des Films beschrieben hat, »physische Realität wiederzugeben und zu enthüllen«.[4]

Zunächst zur Irritation des Wienbildes, die immer auch eine Irritation des Geschichtsbildes des Historikers ist: Kaum einer der Filme, die wir bisher gesehen haben, nimmt auf jene stereotypisierten Ansichten Bezug, mit deren Hilfe der Wien-Film die Stadt in Szene setzte; kaum einer verfügt über ein ausreichendes Maß an narrativer Geschlossenheit, die den Stadtraum – vermittelt über die Logik seiner Erzählhandlung – als homogenen Zeitraum hervorbringt. Wo der Wien-Film die Logik seiner Erzählhandlung der Logik gängiger Wien-Klischees unterwirft, beobachten wir bei den einzelnen Gattungen des ephemeren Films eine Vervielfältigung der Bezugsrahmen und zugleich eine Fragmentierung der Erzählhandlung: Aufsehen erregende oder den Alltag skandierende Ereignisse bei den Beiträgen der Wochenschau; das Familienleben bzw. die »Verfestigung und Verfestlichung« (Alexandra Schneider) anderer Formen der Gemeinschaft beim Amateurfilm;

technische Erzeugnisse und Verfahren, Produktions- oder Betriebsabläufe, Rationalisierungsprozesse, Mitarbeiterkommunikation und Produktwerbung beim Industrie- und Werbefilm; schließlich die wütende Bezugnahme auf und brüske Zurückweisung der Wien-Klischees beim Avantgardefilm. Jede dieser fragmentierten Erzählhandlungen bezeichnet einer analytischen Stadtgeschichte den Ort, an dem sie weitere Grabungen durchführen und auf diese Weise zur Rekonstruktion jener urbanen Bezugsrahmen beitragen kann (Bezugsrahmen im Sinne des wahrgenommenen, des konzipierten und des gelebten Raums[5]), die dem ephemeren Film zugrunde liegen, ohne von ihm ausdrücklich artikuliert zu werden.

Ohnehin fordern ephemere Filme – indem sie der in der Filmwissenschaft vorherrschenden Auffassung von Film als Werk eines Autors bzw. als Kunst meist widersprechen – einen solchen historisch-pragmatischen Analyseansatz geradezu heraus. Sie sprechen nicht für sich, sondern verlangen (archäologischen Fundstücken vergleichbar) nach Kontextbildung – durch Serienbildung oder Hinzuziehung anders gearteter Quellen. Das bringt uns zur zweiten Begründung für das Irritationsvermögen ephemerer Filme: zur Frage nach dem Realismus filmischer Aufzeichnungen. Der Hinweis auf die Notwendigkeit von Kontextbildung dürfte bereits darauf aufmerksam gemacht haben, dass es sich dabei nicht um einen naiven Realismus des Abbildes handelt, sondern um etwas viel Rätselhafteres. Rancière hat es »die Sprache der stummen Dinge« genannt. Diese scheint zunächst auf den technischen Voraussetzungen

4 Vgl. Jacques Rancière, »Die Geschichtlichkeit des Films«, in: Drehli Robnik, Thomas Hübel, Siegfried Mattl (Hg.), *Das Streit-Bild. Film, Geschichte und Politik bei Jacques Rancière*, Wien 2010; Erwin Panofsky, *Stil und Medium im Film*, Frankfurt/M. 1999, S. 25; Siegfried Kracauer, *Theorie des Films. Die Errettung der äußeren Wirklichkeit*, Frankfurt/M. 1985, S. 55.

5 Vgl. Henri Lefebvre, *The Production of Space*, Malden, MA 1991.

der Filmkamera zu basieren, die es ermöglichen, Wirklichkeit – die stummen Dinge – wie in einem Spiegelbild festzuhalten. Für den Realismus des Films ist jedoch nicht dieses Festhalten allein entscheidend, sondern ein ästhetisches Programm, das zuerst in der deutschen Romantik – von Schlegel, Schiller und anderen – formuliert wurde: Es behauptet, dass jedes stumme Ding über die Kraft einer Sprache verfüge und dass es die Aufgabe des Kunstwerks sei, diese in den Dingen bereits vorhandene Poetizität auf eine höhere Stufe zu tragen.[6]

Es ist, wie Walter Benjamin lange vor Rancière festgestellt hat, eine andere Realität, »die zur Kamera als die zum Auge spricht. Anders vor allem dadurch, dass an die Stelle eines vom Menschen mit Bewusstsein durchwirkten Raums ein unbewusst durchwirkter tritt«.[7] Gilt es einerseits, das Irreduzible dieser Differenz zu betonen (quasi als Rückversicherung gegen einen naiven Abbild-Realismus), so ist es andrerseits ebenso wichtig, das Resultat dieser Differenz zu bemerken: Indem die Kamera die Realität auf andere Weise in den Blick nimmt als das menschliche Auge, lenkt sie die Aufmerksamkeit auf Dinge, Ereignisse und Sachverhalte, für die sich die »gewöhnliche« – d. h. durch ein System von Geschichte, Gedächtnis und Freiheit determinierte – Wahrnehmung niemals interessiert hätte.

Kaum jemand hat das ästhetische Vermögen des Films, die Dinge der Außenwelt in Zeichen einer Sprache zu verwandeln, die zugleich beredt ist und für immer stumm bleiben wird, scharfsinniger beobachtet als Kracauer. In seiner *Theorie des Films* von 1960 etwa unterschei-

det er mit Bezug auf die Potenziale des Films zur Darstellung der physischen Realität zwei grundlegende Funktionen: die registrierende und die enthüllende Funktion. Die registrierende Funktion besteht zunächst und wenig überraschend in der Aufzeichnung von Bewegungen aller Art, die nur von der Kamera wiedergegeben werden können; ebenso aber bezieht sich die registrierende Funktion auf das Gegenteil von Bewegung, nämlich die Aufzeichnung lebloser Gegenstände im Close-up: Nur der Film, so Kracauer (unter Berufung auf Fernand Léger), sei imstande, »uns mit Hilfe von Großaufnahmen für die Möglichkeiten empfänglich zu machen, die in einem Hut, einem Stuhl, einer Hand und einem Fuße beschlossen liegen.«[8]

Verweist bereits die registrierende Funktion auf eine Art automatischen Verfremdungseffekt, die Verwandlung wohlbekannter äußerer Erscheinungen in erstaunliche Sachverhalte, so verstärkt sich diese Tendenz noch, wenn Kracauer die enthüllenden Funktionen des Films aufzählt: Filme enthüllen Dinge, die man normalerweise nicht sieht (»Das Kleine und das Große«, »Die Flucht der Erscheinungen«; weiters Komplexe der Wirklichkeit, die von konventionellen Figur-Hintergrund-Beziehungen verdeckt werden; schließlich »Abfälle« ebenso wie »das Vertraute«); Phänomene, die

---

6 Vgl. Jacques Rancière, »Fiktion der Erinnerung«, in: Natalie Binczek, Martin Rass (Hg.), »... *sie wollen eben sein, was sie sind, nämlich Bilder* ...« *Anschlüsse an Chris Marker*, Würzburg 1999, S. 30.

7 Walter Benjamin, *Das Kunstwerk im Zeitalter seiner technischen Reproduzierbarkeit*, Frankfurt/M. 1963, S. 36.

8 Kracauer, *Theorie des Films*, S. 76.

das Bewusstsein überwältigen (Kracauer meint damit Naturkatastrophen, Gräuel des Krieges, Gewalt- und Terrorakte, hemmungsloses erotisches Triebleben und den Tod); sowie »Sonderformen der Realität [...], wie sie Menschen in extremen Gemütszuständen erscheint«.[9]

Wenn der Umstand, alle diese in der »gewöhnlichen« Wahrnehmung unzugänglichen oder unbemerkten Erscheinungen festgehalten und sichtbar gemacht zu haben, für den Realismus filmischer Aufzeichnungen verantwortlich ist, dann liegt ebenso auf der Hand, dass dieser Realismus sich weder realistischen Erzählkonventionen noch der indexikalischen Beziehung von physischer Realität und filmischer Aufzeichnung allein verdankt: Was der Film festhält, das verwandelt er; umgekehrt sorgt gerade dieses Vermögen zur Verwandlung dafür, dass der Film Dinge und Sachverhalte festhält, die nirgendwo sonst verzeichnet sind. Kracauers berühmte These von der »Errettung der äußeren Wirklichkeit« meint genau diese Dialektik: Errettet der Film doch die äußere Wirklichkeit (vielmehr deren Bruchstücke) nicht allein dadurch, dass er sie aufzeichnet und so für die Zukunft aufbewahrt, sondern weil »Filme eine umfassendere Wirklichkeit beschwören als jene, die sie faktisch abbilden. Sie weisen in dem Maße über die physische Wirklichkeit hinaus, in dem die Aufnahmen oder Aufnahmefolgen,

aus denen sie bestehen, vielfältige Bedeutungen mit sich führen.«[10]

Dieser Überschuss an Bedeutung, den filmische Aufnahmen mit sich führen, resultiert keineswegs allein aus deren Verknüpfung zu einer Erzählhandlung. Dies macht auch ein Blick auf Kracauers Konzeption des Verhältnisses zwischen Fotografie/Film, Geschichte und Gedächtnis deutlich. In seinem letzten Buch *Geschichte* bemerkt Kracauer: »Geschichte gleicht Photographie unter anderem darin, dass sie ein Mittel der Entfremdung ist.« Geschichte und Fotografie sind dies deshalb, weil sie es uns erlauben, »auf den Schauplatz gegenwärtigen Geschehens mit Distanz zu blicken«.[11] In dieser Hinsicht unterscheiden sich Geschichte und Fotografie/Film vom Gedächtnis, das keine distanzierende, sondern eine identitätsstiftende Funktion erfüllt. Wie dieser Unterschied zustande kommt, hatte Kracauer bereits 1927 in seinem Aufsatz zur Fotografie erklärt: »Die Photographie erfasst das Gegebene als ein räumliches (oder zeitliches) Kontinuum, die Gedächtnisbilder bewahren es, insofern es etwas meint. Da das Gemeinte in dem nur-räumlichen Zusammenhang so wenig aufgeht wie in dem nur-zeitlichen, stehen sie windschief zur photographischen Wiedergabe. Erscheinen sie von dieser aus als Fragment – als Fragment aber, weil die Photographie den Sinn nicht einbegreift, auf den sie bezogen sind und auf den hingerichtet sie aufhören, Fragment zu sein –, so erscheint die Photographie von ihnen aus als Gemenge, das sich zum Teil aus Abfällen zusammensetzt.«[12]

Brachte Kracauer in diesem Aufsatz noch das

9 Ebd., S. 77–94.
10 Ebd., S. 109.
11 Siegfried Kracauer, *Geschichte – Vor den letzten Dingen*, Frankfurt/M. 1973, S. 17.
12 Siegfried Kracauer, »Die Photographie«, in: *Das Ornament der Masse*, Frankfurt/M. 1963, S. 25.

Gedächtnis und dessen Sinnhorizont in Stellung gegen den nur-räumlichen Zusammenhang der Fotografie, erschien Geschichte noch als »letztes Bild eines Menschen«[13], zu dem sich alle als wahr erkannten Gehalte der Gedächtnisbilder verdichten, so verrät allein schon die Umwertung der Geschichte in Kracauers letztem Buch – wo Geschichte als vermittelnder Bereich »der vorläufigen Einsicht in die letzten Dinge vor den letzten«[14] konzipiert wird – den veränderten Stellenwert des nur-räumlichen bzw. nur-zeitlichen Zusammenhangs. Den Umstand, dass Fotografien und Filme das Gemeinte in einen räumlichen und zeitlichen Zusammenhang stellen, begreift Kracauer nun als Mittel der Entfremdung (von der Macht allgemein anerkannter Wahrheiten und den Gewohnheiten des Denkens) sowie als Möglichkeit, »durch die Dinge zu denken, anstatt über ihnen«.[15] Die in Fotografien/Filmaufnahmen eingebaute Distanz zu Schauplätzen und Bedeutungshorizonten gegenwärtigen Geschehens resultiert also aus dem Umstand, dass sie die Bedeutung von Dingen und Sachverhalten nicht aus allgemeinen Prinzipien ableiten, sondern aus der Versenkung in Konfigurationen von Einzelheiten. Das macht sie zu historischen Quellen ersten Ranges.

Wie sehr der ephemere Film ein Mittel der Entfremdung und damit historische Quelle ersten Ranges ist, möchten wir anhand zweier Amateurfilme und eines Industriefilms aus dem Filmmuseum-Bestand darlegen. Der 16 Minuten lange Industriefilm *Ein Film vom Wäschewaschen*, dessen ursprünglicher Titel *Wir haben Herz* auf der Filmkopie nicht erhalten ist, wurde 1936 von Rudolf Mayer, einem seit den 1920er Jahren aktiven Aktualitätenfilmer, im Auftrag und nach einer Drehbuchvorlage der Wiener Großwäscherei *Habsburg* produziert. Vor dem Hintergrund der Botschaft, dass keine Hausfrau mehr ihre Wäsche selber waschen muss, erzählt er vom Besuch einer potenziellen Privatkundin in der Wäscherei: Durch bloßen Augenschein und den Charme des Betriebsleiters lässt sie sich von den Vorteilen moderner, maschinell und arbeitsteilig organisierter Wäschereinigung überzeugen.

Der Film ist aus mehreren Gründen bemerkenswert; aus filmwissenschaftlichen Gründen, weil der visuelle und rhetorische Exzess der filmischen Erzählung als Distinktionsmerkmal eingehen könnte in eine Geschichte der Gestaltungsverfahren des Gebrauchsfilms, die für Österreich allerdings noch zu schreiben wäre. Wir denken hier an die erotische Aufladung des Sujets industrieller Wäschereinigung, erzeugt von der Gestik, der Rhetorik und den Blicken des Betriebsleiters einerseits, von Einstellungen auf Schaum- und Wassermassen andererseits. Fraglich wäre in diesem Zusammenhang etwa, ob *Wir haben Herz* damit nicht die grundlegende Funktion des Werbefilms durchkreuzt, den Augenschein und den Glanz des Wahren wiederzugeben.

Mehr noch als im engen Sinn filmwissenschaftliche spielen für *Film. Stadt. Wien.* jene Zugänge eine zentrale Rolle, die man historisch-pragmatische nennen könnte. Thomas

13 Ebd.
14 Kracauer, *Geschichte*, S. 29.
15 Ebd., S. 219.

Elsaesser hebt in einem Aufsatz zum Ort des nicht-fiktionalen Films im Feld der zeitgenössischen Medien hervor, »dass es sich bei der Analyse eines jeweiligen Korpus nicht-fiktionaler Filme empfiehlt, alle existierenden Kategorien zumindest vorläufig zu suspendieren«[16], die sich im Verlauf der Filmgeschichte in der Auseinandersetzung mit nicht-fiktionalen Filmgattungen (vom Dokumentarfilm über Werbe- und Propagandafilm bis zum politisch progressiven Film) durchgesetzt haben. Stattdessen schlägt er vor, als ersten Zugang zu Gebrauchsfilmen Fragen nach Auftraggeber, Anlass und Anwendung bzw. Adressaten zu stellen, mithin Fragen auch nach dem »raumzeitlichen« Kontext der Filme.

Für diesen Zugang sprechen im Fall des »Wäschefilms« zwei Gründe. Zum einen kam dem Wäschereigewerbe im Wiener Kontext besondere Bedeutung in Bezug auf die Strukturierung des Stadtraums wie auch als sozialer Topos zu: Traditionell siedelten sich Wäschereibetriebe in Wien entlang innerstädtischer Flüsse an und prägten dort die bauliche Substanz und topografische Eigenart; noch zu Beginn des 20. Jahrhunderts galten die Gegenden als Slums und deren Bewohner als Subproletarier. Vom negativen Image dieser Orte unberührt blieb die Figur des »Wiener Wäschermädels«, die als Inkarnation des bürgerlichen Mythos einer »natürlichen« proletarischen Sexualität zur »Atmosphäre« der Stadt beitrug und Gegenstand vieler Operetten, Theaterstücke und Gebrauchsgrafiken wurde.

Zum anderen ist die zentrale Botschaft des Films – es entspreche weder dem Lebensstil noch dem Selbstverständnis der modernen Hausfrau, die Wäsche selbst zu waschen – heute, da praktisch jeder Haushalt über eine Waschmaschine verfügt, nicht mehr unmittelbar verständlich. Im Wien der 1930er Jahre machte das Modernisierungsversprechen der Großwäscherei *Habsburg* aber durchaus Sinn: einerseits im Kontext jenes Diskurses, der seit Mitte des 19. Jahrhunderts einen engen Zusammenhang zwischen körperlicher Hygiene und Krankheit hergestellt hatte und den Mangel an Waschgelegenheiten in Privathaushalten dafür verantwortlich machte, dass die unteren, aber auch die mittleren Schichten der Bevölkerung ihre Wäsche höchstens alle zwei Wochen wechselten; andrerseits, weil in der Zeit zwischen Einführung selbsttätiger Waschmittel (1908) und Einführung vollautomatischer Waschmaschinen (1951) das Wäschewaschen anstrengend und zeitraubend blieb.

Vor diesem Hintergrund beantworten sich die Fragen nach Auftraggeber, Anlass und Adressaten des Films wie von selbst: Wie einige andere Großwäschereien in Wien hatte die *Habsburg* seit Mitte der 1920er Jahre ihre Werbetätigkeit auf das Kundensegment der Hausfrauen ausgedehnt, d. h. auf Frauen, die im Haushalt zwar über keine Dienstboten mehr verfügten, es sich aber leisten konnten, zur Wäschereinigung eine Dienstleistung in Anspruch zu nehmen. Den spezifischen Bedürfnissen dieser Gruppe, die seit 1910 mit der »Reichsorganisation der Hausfrauen Österreichs« (ROHÖ) sogar eine eigene Standesvertretung hatte, ant-

16 Elsaesser, »Archive und Archäologien«, S. 39.

wortete die *Habsburg* sowohl mit ständiger Ausweitung standardisierter Angebote (deren Integration in den Großbetrieb zeigt der Werbefilm) als auch durch neue Formen der Kundenbindung: Als Vertragswäscherei der ROHÖ gewährte sie deren Mitgliedern zehn Prozent Rabatt und beschäftigte auch eine delegierte Vertrauensdame »für jegliche Kontrolle« der Betriebsabläufe sowie »zur Durchführung allfälliger Reklamationen«.

Die Notwendigkeit einer solchen Vertrauensdame liefert denn auch eine Erklärung für den Anlass der Herstellung des Werbefilms: Erwies sich doch die Angst vor unsachgemäßer Behandlung oder gar Vertauschung der Wäsche als hartnäckigstes Hindernis bei der Gewinnung neuer Kundinnen. Dass den Großwäschereien dieser Vorbehalt der Hausfrauen gegen die Reinigung außer Haus bekannt war, bezeugt ein in der *Österreichischen Wäscher- und Wäscheputzer-Zeitung* 1929 veröffentlichter »Brief einer Hausfrau an eine Großwäscherei«: »Es gibt genug Gegenstände unseres Hausstandes, die uns nicht nahe stehen, aber zu unserer Wäsche stehen wir in einem schwer definierbaren, eigentlich nur zu erfühlenden, besonders innigen Verhältnis. […] Und diese, uns ans Herz gewachsenen Werte geben wir nun zur Säuberung fort und erleben, dass sie zum winzigen, nummerierten Bündel werden, das fremde Menschen uninteressiert abholen und ebenso uninteressiert wiederbringen.«[17]

Der industrielle Zweck, dem die filmischen Mittel des »Wäschefilms« zuarbeiten, besteht genau im Abbau dieser – aufgrund standardisierter Produktionsweise – nicht ganz unbe-

gründeten Angst vor dem Verlust jener traditionellen Werte, die mit der eigenen Wäsche als persönlichem Besitz (und nicht nur als modischem Ausdruck der Persönlichkeit) verbunden waren. Es darf bezweifelt werden, ob *Wir haben Herz* viel zum Abbau dieser Angst beitrug. Entscheidend ist ohnehin etwas anderes: Als Ereignis und als Text gibt dieser Film Auskunft über einen bislang wenig beachteten Aspekt großstädtischer Existenz: über den imaginären Ort im Geistesleben, den eine profane Tätigkeit wie das Wäschewaschen in den 1920er und 1930er Jahren besetzt hielt.

Wenn *Wir haben Herz* in diesem Sinn als Gedächtnis und Aufbewahrungsort eines vergessenen Modernisierungsversprechens funktioniert, dann wirkt der von einem anonymen Amateur stammende Film *Amateuraufnahmen Wien, Frühjahr 1938* (Archivtitel) im Gegenzug wie eine markante Störung des kollektiv Erinnerten. Ohne der Chronologie oder einer anderen erkennbaren Erzählordnung zu folgen, registriert die aus 174 Aufnahmen und 58 Klebestellen bestehende titellose Rolle 9,5mm-Film Ereignisse, die auf den »Anschluss« Österreichs an das nationalsozialistische Deutsche Reich am 12. März 1938 folgten. Von einigen wenigen Einstellungen auf Familienangehörige abgesehen, konzentriert die Kamera ihre Aufmerksamkeit auf die offenbar allgegenwärtigen Aufmärsche, Versammlungen, Paraden und Feiern im Vorfeld der Volksabstimmung über die Vereinigung Österreichs mit dem Deutschen Reich am

17 »Brief einer Hausfrau an eine Großwäscherei«, in: *Österreichische Wäscher- und Wäscheputzer-Zeitung*, Mai 1929, S. 2.

10. April; auf Plakate, die ein »Ja« der Bevölkerung fordern, und auf Hinweiszettel in Schaufenstern, die darüber informieren, ob ein Geschäft »nichtarisch« bzw. »wieder arisch« ist. Das Ende der Rolle bilden verwackelte, möglicherweise versteckt aufgenommene Einstellungen gewaltsamer Übergriffe gegen Wiener Juden.

Zusammengenommen halten die Aufnahmen die Verwandlung des Stadtbildes durch NS-Massenspektakel und spontane Gewalt in einen Raum totalitärer Macht fest. Aufgrund der fehlenden narrativen Geschlossenheit, des bruchstückhaften Charakters, der ungewissen Zeitorganisation und der Willkürlichkeit in den räumlichen Beziehungen lassen sie sich dennoch nicht jenem kontrollierten Bild des »Anschluss«-Geschehens unterordnen, das zunächst von der NS-Wochenschau als intrinsisches Element der Machtübernahme produziert worden war und das später – durch Wiederholung in historischen TV-Kompilationen – Fixbestandteil des kollektiven Bildgedächtnisses werden sollte.

Das Artefakt *Amateuraufnahmen Wien, Frühjahr 1938* setzt also der für das kollektive Gedächtnis so nachhaltig gewordenen filmischen Dramatisierung des »Anschlusses« als schicksalhafte Entfaltung der Ereignisse eine Ahnung von deren Kontingenz, Simultaneität und Volatilität entgegen. Er tut dies aufgrund eines Mangels, eben weil ihm der subjektive Bedeutungshorizont, vor dem die Ereignisse als erinnerungswürdige ausgewählt und festgehalten wurden, nicht mit eingeschrieben ist. Wird dieser gewöhnlich, wie Alexandra Schneider festgestellt hat, von der Erwartung gebildet,

dass der Familienfilm die glücklichen Momente des Familienlebens aufzeichnet, im Dienst ihrer »Verfestlichung« und der damit einhergehenden »Verfestigung« des Zusammenhalts, so artikuliert *Amateuraufnahmen Wien, Frühjahr 1938* eine historische Erfahrung, die als zugleich »verstrickt« und widersprüchlich, in jedem Fall aber ihres monumentalen Charakters entkleidet erscheint. Vor dem Hintergrund des einzigen universell verfügbaren Erinnerungsbildes zum »Anschluss« 1938, das Hitler am Heldenplatz vor einer riesigen Menschenmenge zeigt und so einen Gedächtnisort etabliert, an dem Gesellschaft und Politik verschmelzen, erzählen die *Amateuraufnahmen* eher von einer mikrohistorischen Gegen-Geschichte.

Trotz der einigermaßen rätselhaften Funktion, die diese Bilder von Aufmärschen, Versammlungen, Paraden und Feiern für den familiären Zusammenhang erfüllen, ist davon auszugehen, dass der Film zur Vorführung ausschließlich im engen Kreis der Familie gedacht war. Dies unterscheidet ihn von *Ein Tag im Ringturm* aus dem Jahr 1962. Ebenfalls ein Amateurfilm, ist er das Werk eines Kollektivs bzw. eines Filmklubs von Angestellten der Wiener Städtischen Versicherung. Sein Produktions- und Präsentationsmodus ist – nach einer von Ryan Shand vorgeschlagenen Unterscheidung – nicht der *home mode* von *Amateuraufnahmen Wien, Frühjahr 1938*, sondern ein *community mode*, angesiedelt auf halbem Weg zwischen Privatsphäre und Öffentlichkeit. Seine ambivalente Stellung, die weder dem Erwartungshorizont der Familie noch dem eines Massenpublikums entspricht, ist an der Textgestalt des

Films deutlich abzulesen: *Ein Tag im Ringturm* erzählt über offensichtlich gespielte Handlungen von einem Arbeitsalltag, dessen tatsächliche Dokumentation den Rahmen des *community mode* gesprengt hätte. Auch in *Ein Tag im Ringturm* geht es um »Verfestlichung« und »Verfestigung« – allerdings mit dem markanten Unterschied, dass die derart hergestellte Gemeinschaft nicht die der Familie, sondern einer Fachabteilung in Österreichs größtem Versicherungskonzern, der *Wiener Städtischen,* ist.

Die Tonaufnahmen und die Musik, die der Vorspann noch ankündigt, sind nicht überliefert. Dennoch erschließt sich aus der Einstellungsfolge ein Kontinuitätsprinzip der Erzählung, das Routinen des Arbeitsalltags nachgebildet ist. In diesem Sinn wäre *Ein Tag im Ringturm* als absichtsvolle Herstellung eines kollektiv geteilten Gedächtnisses zu verstehen, das seine Bedeutung nicht zuletzt daraus bezieht, dass es sich beim Ringturm nicht um ein beliebiges Bürogebäude, sondern um das erste – für lange Zeit einzige – Bürohochhaus Wiens handelt. (Es schloss 1955 eine nach dem Zweiten Weltkrieg entlang der Ringstraße entstandene Baulücke und bot der Stadt damit Gelegenheit, den imperialen Ringstraßenbauten eine Architektur entgegenzusetzen, die Wien als moderne, »fordistische« Stadt behauptet.) Der Name *Municipal-Film* und das visuelle Zeichen des Ringturms, mit denen das Produzentenkollektiv zu Beginn des Films eine Signatur setzt, weisen auf den Ort der Handlung als den eigentlichen Anlass des Films hin.

Wie sich die Erzählung des Films zum Ringturm als Zeichen einer moderaten urbanen

Modernität verhalten hat – zustimmend, ablehnend oder im Sinn der Aushandlung –, ist nicht mehr festzustellen. Seine Bedeutung gewinnt er im Rahmen unseres Projekts aber schon allein dadurch, dass er Innenansichten des Ringturms mit Außenansichten kombiniert, dass der Blick der Kamera das Verkehrsgeschehen auf den Straßen einfängt, von der Straße auf den Ringturm und umgekehrt vom Ringturm auf die Straße blickt. Wenn diese Blicke einen homogenen Raum beschreiben, so entspricht dieser dem »abstrakten Raum der Akkumulation« nach Henri Lefebvre[18]: einem Raum, in dem sich die lebendige Beziehung zwischen Arbeit und Reproduktion aufgelöst hat; einem Raum überdies, der sich nur mehr negativ auf das bezieht, was ihn wahrnimmt oder untermauert – die historischen und religiös-politischen Sphären. Vor diesem Hintergrund wäre *Ein Tag im Ringturm* nicht zuletzt als Versuch zu verstehen, sich den abstrakten Raum im Medium des filmischen Gedächtnisses wieder anzueignen.

18 Vgl. Lefebvre, *Production of Space*, S. 49ff.

Fiktion und Revolte

Kreuzungslinien von Politik, Geschichte und Cinephilie bei Jacques Rancière

In Jacques Rancières Essay »Die abwesende Einstellung: die Poetik von Nicholas Ray« begegnen wir einer für sein Denken markanten Gegenüberstellung: auf der einen Seite Nicholas Rays *They Live by Night* (USA 1948), auf der anderen Fritz Langs *You Only Live Once* (USA 1937). Zwei Roadmovies mit jeweils einem jungen Gangsterpaar auf der Flucht vor Gesetzeshütern – und fatalem Ende. Lang zeichnet in den Depressionsjahren das Ende des »amerikanischen Traumes« als linearen Weg durch eine Gesellschaft, in der sogar die vom System Marginalisierten an der omnipräsenten Überwachung partizipieren. Den Hintergrund für Rays Film bildet der aufkommende Generationenkonflikt in der US-Nachkriegskonsumgesellschaft. Ist das Scheitern von Joan und Eddie bei Lang schon durch die Routinen des staatlichen Apparats vorgezeichnet, so entscheidet sich bei Ray das Schicksal von Keechie und Bowie an der Schwelle, an der sie in ein konformistisches Leben eintreten wollen. Während Lang sein Grundthema der kalten Vernunft moderner sozialer Überwachungsapparate variiert, scheint in Rays Film die Möglichkeit reiner Empathie

mit den Flüchtigen auf: Aus der Trauer über den Verlust ihrer anfänglichen Eigenschaft als Zwischenwesen (zwischen Kind und Erwachsenem, Frau und Mann) geht Mitgefühl hervor.

Der »Klassiker« Lang, der auf Spannungsmontage und Handlungsverkettung setzt, gegen den »Romantiker« Ray und sein Vertrauen in einen offenen Verweiszusammenhang des Bildes – diese Gegenüberstellung zieht allerdings bei Rancière nicht künstlerische Parteinahme oder moralisches Werturteil nach sich: »[D]er Gegensatz von Romantik und Klassizismus lässt sich nicht auf die Opposition zwischen der Freisetzung von Gefühlen und unerbittlicher Kälte reduzieren, es handelt sich vielmehr um die Gegenüberstellung zweier Ideen von Schönheit: einerseits der des aristotelischen Arrangements, das Glück in Unglück und Ignoranz in Wissen transformiert, und anderseits der des baudelaireschen Verlusts von etwas, von dem man nicht weiß, was es ist: eines ursprünglichen Verlusts von diesem unbegreiflichen Etwas, ›das sich niemals wiederfinden lässt – niemals‹.«[1]

Viele Fäden spinnen sich von diesem Satz weg und vom Vers aus Baudelaires *Blumen des Bösen* zu einem integralen Programm, das Rancières Arbeiten bestimmt: zur Infragestellung eines Denkens, das einen absoluten Ursprung

---

[1] Jacques Rancière, *Die Filmfabel*, Berlin 2014, S. 154. Rancière bezieht sich auf das »ce qui ne se trouve/ Jamais, jamais!« (»was nie wiederkehrt, nie mehr!«) in Charles Baudelaires Gedicht *Le Cygne* (*Der Schwan*).

They Live by Night (1948, Nicholas Ray)
You Only Live Once (1937, Fritz Lang)

voraussetzt.[2] Sie führen zu Rancières Texten über das »ästhetische Regime« der modernen Kunst, das ethische und verfahrensmäßige Regeln und Hierarchien aufhebt und sich zugleich selbst in ein Dilemma stürzt: dass die Überschreitung der Grenze zum alltäglichen Leben für die Kunst nur um den Preis der Selbstaufhebung zu haben ist. Sie führen zur Konzeption der Entstehung von Politik aus dem Widerspruch zwischen abstrakter Gleichheit, die der Fiktion eines »natürlichen« Gemeinwesens zugrunde liegt, und realer Ungleichheit von Klassen, Geschlechtern oder Bildungsmilieus. Sie führen zu Skepsis gegenüber der Macht eines asymmetrischen pädagogischen Wissens und zur Entdeckung des »unwissenden Lehrmeisters«.[3] Sie führen in *Die Namen der Geschichte* zur Kritik an der modernen Geschichtswissenschaft, der Rancière vorwirft, die heterogenen Ausdrucksformen der historischen Akteure als unverständlichen Lärm zu denunzieren, dem erst die semantischen und narrativen Übersetzungen der Historiker/innen einen vernünftigen Ausdruck (das »Volk« als ideales Gemeinwesen) geben.[4]

Im Gegensatz zum entwicklungsgeschichtlichen Denken geht es Rancière um den Nachweis, dass Neues aus einem Dissens entsteht, der sich intrinsisch aus den Aporien etablierter Ordnungen, aus deren jeweiligen »Urszenen«[5], herleitet und nicht aus deren extern verursachten »Krisen«. Politik, Kunst und Wissen konvergieren in prekären Konfigurationen eines Raumes der Wahrnehmung (der »Aufteilung des Sinnlichen«, des Sicht- und Sagbaren), der

---

2 Vgl. Rancières Kritik an einer ästhetischen Theorie reiner Präsenz des Kunstwerks in *Politik der Bilder*, Berlin 2005, S. 40.

3 Vgl. Jacques Rancière, *Die Aufteilung des Sinnlichen. Die Politik der Kunst und ihre Paradoxien*, Berlin 2006, insbes. S. 35ff.; ders., *Das Unvernehmen. Politik und Philosophie*, Frankfurt/M. 2002; ders., *Der unwissende Lehrmeister. Fünf Lektionen über intellektuelle Emanzipation*, Wien 2007.

4 Vgl. Rancière, *Die Namen der Geschichte. Versuch einer Poetik des Wissens*, Frankfurt/M. 1994. Dieser »Versuch« stellt das Unternehmen der französischen Geschichtswissenschaft seit Jules Michelet infrage. Die wissenschaftliche Geschichte, so Rancière, beruht auf der Pazifizierung des »Wortexzesses«, als der sich die Vergangenheit präsentiert. Den Exzess bringen die zahlreichen sprachlichen Äußerungen in und zu einem Ereignis hervor, die nicht auf ein kohärentes Ganzes hinführen, sich nicht zur vernünftigen Rede eines historischen Subjekts fügen. Ebendies aber ist die *raison d'être* der (modernen) Geschichte als Wissenschaft: die von Heterodoxien gesättigte politische Alltagssprache von a-logischen Verunreinigungen zu befreien und zum in der eigenen Zeit noch unverstandenen Ausdruck einer zielorientierten Rationalität zu machen. Von Michelet bis Braudel und Le Roy Ladurie ortet Rancière die Methode, widerstrebende Sprechakte durch das Mittel der indirekten Rede im Präsens zu assimilieren und durch Fixierung an Orte einer Aufteilung nach legitimen und nicht-legitimen Sprechern zu unterwerfen. Dadurch können sie einer symbolischen Ordnung eingepasst werden, sei diese gegeben durch den Körper des Königs oder den des Volkes oder durch das Mittelmeer. Insofern ist die Geschichtswissenschaft Poetik. Doch dient ihm diese epistemologische Analyse, im Sinn der Formel der »Wortergreifung« gesagt, nur dazu, die signifikante Abwesenheit der Politik selbst noch in den Revolutionsgeschichten der neuen Geschichtswissenschaft aufzuklären. Er interpretiert diesen Umstand als Versuch, die Aporien der modernen Demokratie und Politik vergessen zu machen, die jedem Individuum Teilhabe verspricht und es gleichzeitig unter einen Modus der funktionalen Repräsentation zwingt – oder mangels vernünftigen Sprechens von der Politik ausschließt.

5 Vgl. mit Bezug auf das »ästhetische Regime« Josef Früchtl, »Auf ein Neues: Ästhetik und Politik. Und dazwischen das Spiel. Angestoßen durch Jacques Rancière«, in: *Deutsche Zeitschrift für Philosophie* 55, 2007, S. 210.

gerade im Namen der ihn begründenden Fiktion der Gleichheit (des »politischen« Menschen) bzw. der Freiheit (der Kunst in der Moderne) aufgesprengt werden kann. Auf ähnliche Weise könne das romantische Bild sich in die aristotelische Erzählung einnisten, ja, deren Existenz als eigene Möglichkeitsbedingung geradezu voraussetzen, wie Rancière am Ende des Essays zu Nicholas Ray nahelegt: Das »doppelte Gebot der romantischen Schönheit« umfasse »das der Komposition – eine Einstellung ist immer aus anderen zusammengesetzt – und das der Subtraktion – eine Einstellung lässt immer eine andere vermissen«.[6]

Die Baudelaire-Referenz führt auch zurück an den Anfang des Essays. Dort schreibt Rancière über ein trügerisches Erinnerungsbild, das ihn verfolgt hat, über die eigene Obsession mit einer Einstellung in *They Live by Night*, in der Bowie erstmals das (noch) androgyne Wesen Keechie in ihrem passend-unpassenden Monteur-Overall erblickt. Ein Bild wie aus einem Nouvelle-Vague-Film (Jean Seberg in Godards *À bout de souffle*, 1960), ein Bild, das die Vereinnahmung durch Narration verweigert, das einen Wunsch hervorruft, weil es eine Individuation jenseits der Konventionen sexueller Tauschbeziehungen vorstellt. Dennoch gesteht Rancière seine signifikante Fehlerinnerung ein: Bowie hat (und wir haben) Keechie schon in einer vorgängigen Szene kennengelernt; ihre individuelle Erscheinung ist bereits in eine vertraute Plotlinie integriert. Die als Wunsch beharrende Erinnerungsfiktion macht jedoch deutlich, was Rancière mit den fünf Worten aus Baudelaires *Schwan* meint: Der Verlust, der

Schönheit gebiert, betrifft nichts geschichtlich Faktisches. Vielmehr nimmt hier die noch unausdrückbare Kritik (oder das Leiden) an der Gegenwart eine mythopoetische Vergangenheit zu Hilfe, die in Fragmente aufgebrochen und zu neuen Sinngebilden umgestaltet wird. In ähnlicher Weise tritt mit Keechie die Vision eines ursprünglichen Bildes anderer Geschlechterbeziehungen, einer spielerischen Divergenz anstatt fixierter Identitäten, inmitten einer fingierten verlorenen Unschuld des Kinos ins Leben – der retrospektiv erwünschte poetische Realismus der Anfänge des Kinos.

»Eine durchkreuzte Fabel« heißt Rancières Einleitung zu seinem Essayband *Die Filmfabel*. Fabel und Durchkreuzung führen uns zu den Paradoxien, die aus dem Hiatus zwischen Film als historisch-spezifischem Verhältnis zur Welt – Aufzeichnung der unmittelbaren Wirklichkeit – und jedem einzelnen Film als Konkretisierung dieser Idee hervorgehen. Der Fabel, die durch geordnete Abfolge von ausgewählten Handlungen und psychischen Dispositionen auf ein von Beginn an impliziertes logisches Ende hinführt, begegnen wir dabei auf zwei Ebenen: auf der Ebene der Konstruktion einer (Theorie-) Geschichte des Films und auf derjenigen der Narration des »klassischen« Spielfilms. Große Teile der Geschichte der Filmwissenschaft und mehr noch der Filmavantgarde entfalten sich von der Denunziation des narrativen Spielfilms her, der durch seine Unterwerfung unter das Modell der Fabel das utopische Potenzial des Films – ein zugleich sinnliches und intelligibles

---

6 Rancière, *Die Filmfabel*, S. 156.

Verhältnis zur Welt – verraten hätte. Doch gebiert diese Kritik der Fabel, so Rancière, zugleich eine neue Fabel, indem sie eine Geschichte von Ursachen und Folgen, Gründen und Zwecken, kurz: eine Teleologie des Films, wenngleich in Form der negativen Epiphanie, konstituiert. Darum gilt es zunächst, die Fabel zu durchkreuzen, auf der die »reine« Theorie des Films beruht – jene ästhetisch-szientistische Theorie, die vom Verhältnis zwischen einem technischen Apparat und der menschlichen Wahrnehmung ausgeht. Rancière wählt dafür die Auseinandersetzung mit frühen Schriften Jean Epsteins zur Denkfähigkeit des filmischen Bildes, die sich als Ausdruck eines kollektiven Phantasmas der Avantgarde der 1920er Jahre lesen lassen.

Durchkreuzen heißt indes nicht annullieren: Für Rancière kann Epsteins Annahme der Intelligibilität des Filmbildes als notwendige theoretische Fiktion bestehen bleiben. Sie kann sogar erhärtet werden, wenn das Medium Film rückgebunden bleibt an das Verhältnis zu einzelnen Filmen als Ergebnissen bestimmter künstlerischer Operationen. Diese Bindung aber habe Epstein gekappt: Er habe, so Rancière,

die Referenz seiner Beobachtungen, William C. de Milles Melodram *The Honor of His House* (1918), wegen dessen narrativer Struktur unterschlagen.[7] Dennoch muss, wie das eingangs genannte Trugbild der Erinnerung an *They Live by Night* demonstriert, ein »reines« sinnlich-allgemeines filmisches Bild auch im Spielfilm möglich (oder anwesend) sein. Dieses Bild kann gar nicht anders zutage treten als dort, wo es mit der Erzählstruktur in Konflikt gerät und die Form irritiert oder sprengt. Ohne wechselseitige Durchkreuzung von phänomenologischem Erkenntnisbild und Fabel hätten wir einen solipsistischen technischen Apparat vor uns, der das von Epstein (oder auch Dziga Vertov) angestrebte künstlerische Erkenntnisverfahren verunmöglichen würde. Erst die Fügungen und Gegenfügungen von Bildern, Dramaturgien und Körpern geben dem Film das Vermögen, seine eigene Kraft, das sinnliche Denken, zu entfalten: Die »Spiele, die das Kino mit seinen Mitteln treibt, werden nur innerhalb eines Spiels verständlich, in dem sich dieses mit der literarischen Fabel, der skulpturalen Form oder der theatralen Stimme austauscht«.[8]

La nuit des prolétaires[9], Rancières Geschichte

---

7 Rancière verfolgt hier eine extrem strenge Lesart von Epsteins Essay *Bonjour Cinéma* (1921); jedenfalls geht Epstein explizit auf de Milles Film ein, vgl. den Epstein-Aufsatz in Nicole Brenez, Ralph Eue (Hg.), *Jean Epstein. Bonjour Cinéma und andere Schriften zum Kino*, Wien 2008.
8 Rancière, *Die Filmfabel*, S. 29.
9 *La nuit des prolétaires. Archives du rêve ouvrier*, Paris 1981, ist der Versuch, auf praktisch-historiografische Weise die funktionale Repräsentation als Modus der modernen Politik zu unterlaufen, methodisch bereits dadurch, dass den Akteuren selbst, den saint-simonistischen Arbeiter/inne/n der 1830er Jahre, das Wort erteilt wird. Rancière

dokumentiert ihre Selbstzeugnisse, ohne sie einem Diskurs zu unterwerfen. Das Proletariat, das hier spricht, ist kein strategisches Subjekt, sondern eine in sich differenzierte Menge, die sich gerade nicht von ihrer Stellung im Produktionssystem her begreift, sondern die gesellschaftliche Aufteilung in Funktionsklassen angreift. Der Buchtitel verdankt sich den Bemühungen dieser Arbeiter/innen, sich als Schriftsteller/innen, Wissenschaftler/innen, Organisator/inn/en kommunitären Lebens zu betätigen: Dafür bleiben ihnen nur die Nächte, und diese Verkürzung gesellschaftlicher Teilhabe, nicht das Arbeitsregime selbst, ist der Grund ihres Aufbegehrens.

der französischen Arbeiterklasse während der »Juli-Monarchie«, ist lesbar als Analogon zu seinen Filmstudien. Auch hier hinterfragt er eine etablierte Fabel: die marxistische Konzeption eines Proletariats, das sich, zentralistisch organisiert, durch Aufklärung zum revolutionären Subjekt entwickelt. *La nuit des prolétaires* hingegen stellt proletarische Individuen vor, die mannigfaltige Vorstellungen vom gerechten Leben und vom Weg dorthin haben, Ideen- und Darstellungskomplexe, die sich aus der Kolportageliteratur nähren, aus Fragmenten christlicher Glaubenssätze und saint-simonistischer Parolen. Entgegen der geläufigen Verachtung, mit der eine orthodoxe Historiografie die »Bürgerlichkeit« dieser Arbeiter/innen sah, erblickt Rancière in ihrem Streben die Entfaltung des Wunsches nach einer anderen Welt: »Perhaps it is through a few singular passions, a few chance encounters, and a few discussions of the sex of God and the origin of the world that we may see the image of the great labor community take visible shape and hear its voice sound out.«[10] Methodisch präzis fügt Rancière die originären Aussagen und schriftlichen Zeugnisse der Akteure in sparsam kommentierte Montagen. Ein »Wortexzess« durchkreuzt die eine große teleologische Geschichtsfabel, die im Gegenzug den Exzess an Worten und Fabeln, degradiert zum sinnlosen Lärm, im Namen der »Klasse« oder des »Volkes« durchkreuzt. Wieder bedeutet durchkreuzen nicht annullieren: Die eigenwilligen Ausdrucksformen und Selbsterläuterungen der nachts schreibenden und diskutierenden Arbeiter/innen sind keine von außen kommenden Ideenkomplexe, sondern nähren sich von und korrespondieren mit in der Gesellschaft vorhandenen und sichtbaren Ideologien. Sie sind (aus der Sicht der Meisterdenker) ebenso verunreinigt wie die Bilder des narrativen Films.

Die Filmfabel und *La nuit des prolétaires* sind ohne Bezug zum Mai 1968 in Frankreich und zu dessen Konsequenzen für das Denken über Politik und Ästhetik nicht zu würdigen. Für Michel de Certeau, Michel Foucault und Rancière bestand das »Ereignis« des Mai 1968 in der Durchbrechung des Prinzips der politischen Repräsentation. De Certeau prägte die Formel *prise de parole*, Wortergreifung, als Ausdruck für das Singuläre dieser Revolte: die Selbstermächtigung »einfacher« Menschen zur öffentlichen Rede. Im Mai 68, so de Certeau, habe man das Wort ergriffen, so wie man 1789 die Bastille erstürmt hat; der dabei eroberte Platz sei das Wissen, durch das »Kulturverteiler« die Arbeiter/innen und arbeitenden Student/inn/en in ein System einzuschließen versuchten, das Individuen auf Funktionsgruppen fixiert. »Die Einnahme der Bastille und die Einnahme der Sorbonne – eine essenzielle Differenz charakterisiert das Ereignis vom 13. Mai 1968: Heute ist es das eingekerkerte Wort, das zu befreien ist.«[11] Die Wendung vom »eingekerkerten Wort« weist neben ihrer politischen Bedeutung auf den Einschnitt in der Theorie hin, der mit der Abwendung vom Strukturalismus insbeson-

---

10 Jacques Rancière, *The Nights of Labor. The Workers' Dream in Nineteenth Century France*, Philadelphia 1989, S. 23.
11 Michel de Certeau, *La prise de parole. Pour une nouvelle culture*, Bruges 1968 (Übers. des Zitats: S. M.).

dere Althusser'scher Prägung als hegemonialer Strömung innerhalb der französischen linken Intelligenz verknüpft ist. Gegenüber der obersten (objektivistischen) Analyseeinheit der *langue* setzt die *parole* die menschlichen Praktiken, die Subjektivität, wieder in ihre Rechte als Erkenntnisgegenstand ein – nicht auf naive, sondern durch Strukturen und Diskurse vermittelte Weise. Über eine von der französischen Spielart des Maoismus geprägte Aktivismus-Phase gelangt Rancière zum Bruch mit Louis Althusser (an dessen epochaler Marx-Exegese *Lire le Capital* von 1966 er noch mitgearbeitet hatte).[12]

Foucault und Rancière[13] fokussierten auf die Auflösung der funktionalen Verteilung der Gesellschaft: darauf, dass die Revoltierenden die ihnen zugeordneten Rollen (als Arbeiter/innen, Student/inn/en, Journalist/inn/en usw.) und die Orte, an denen allein sie legitimiert waren zu handeln (Fabrik, Universität, Redaktion), zurückwiesen. Die auf Repräsentation beruhende Politik, auch und gerade in ihrer modern-demokratischen Form, entzauberte sich (nicht zuletzt durch das Einschwenken der institutionel-

len Opposition auf den Regierungskurs, der den Konflikt ökonomisierte und damit verhandelbar machte) als in ihren Tiefenstrukturen *polizeiliche* Organisation der Regelung des öffentlichen Lebens und der Teilhabe daran: »In the immediate aftermath of '68«, so Kristin Ross in ihrer Auseinandersetzung mit dem theoretisch-politischen Bruch, der den Poststrukturalismus nach sich zog, »French theory became populated with police figures.« Und weiter: »The police appear regularly in the 1970s, as characters, as forces, within theoretical speculation: in the status of example (the ›hey, you there‹ of the interpellating cop on the street in Louis Althusser's staging of how ideology functions); in Michel Foucault's vast meditations on state repression […]; in Jacques Donzelot's Foucauldian analyses of how the family comes to be inserted into an intricate web of bureaucratic institutions and systems of management (*La Police des familles*, 1977). Their presence is a constant in Maurice Blanchot's analyses of the movement written in conjunction with the Comité d'Action Etudiants-Ecrivains, and it can be felt in a 1969 text like *La parole quotidienne*. […W]hen

---

12 Rancière stand schon 1966 der pro-chinesischen *Union de la Jeunesse Communiste (marxiste-léniniste)* nahe, einem Kreis von Althusser-Studenten in Opposition zu ihrem KP-loyalen Lehrer. Diese Gruppe wurde nach dem Mai 68 zur *Gauche Prolétarienne*, der sich Rancière anschloss. Er brach mit der GP 1973/74, mit dem Vorwurf, sie halte am Status der Intellektuellen als »Repräsentanten« der Arbeiterklasse fest. Zu Rancières politischer Biografie vgl. Donald Reid: »Introduction«, in: Rancière, *The Nights of Labor*, S. XVIff.; Francois Dosse, *Geschichte des Strukturalismus, Bd. 2. Die Zeichen der Zeit*, Hamburg 1997, insbes. S. 112ff., 226ff. Ironischerweise erreichte der Strukturalismus 1968 seinen Höhe-

punkt an Popularität; nicht zuletzt bedeuteten Christian Metz' 1968 erschienene *Essais sur la signification au cinéma* die Einverleibung auch des Films in die formalistischen Humanwissenschaften.

13 Auch Rancière unterstützte die von Foucault initiierte *Groupe d'information sur les prisons*. Gegründet zwecks Hilfe für inhaftierte Aktivisten des Mai 68, bildete sich die GIP zu einer Plattform um, die Häftlinge, deren Familien und das Gefängnispersonal adressierte. Ihre Politik zielte darauf, den (politischen wie kriminellen) Gefangenen zur Selbstartikulation zu verhelfen. Die Erfahrungen in der GIP gaben den Anstoß zu Foucaults *Überwachen und Strafen*.

the government's tangible fear of the population taking the streets again had manifested itself in a dramatic increase of police presence everywhere – in cafés, museums, on street corners, wherever more than two or three people gather – philosophy and theory begin to bear the trace of that presence. Thirty years later, the trace of May and its aftermath can still be found in Rancière's theoretical conceptualization of ›the police‹ as the order of distribution of bodies as a community […], and in his analyses of politics as the disruption, broadly speaking, of that naturalized distribution.«[14]

Dabei bezeichnet »polizeilich« nicht in erster Linie administrative und gewaltförmige Machtmittel des Staates, sondern jenen Common Sense, der einer bestehenden gesellschaftlichen Verteilung den Anschein größter gemeinschaftlicher Nützlichkeit gibt. Die von Rancière mitbegründete Zeitschrift *Les Révoltes Logiques*[15] zielte, gegen die revisionistischen »Neuen Philosophen«, nicht zuletzt auf die Ausarbeitung des Erbes des Mai 68 als Erfahrung des mythischen Charakters dieser Ordnung. Der Konsens, der die Felder der Politik, die befähigten Personen, die Verfahrensweisen und Institutionen einschließt, dissimuliert die ihm zugrunde liegende ungleiche Verteilung von Eigenschaften (wie Reichtum oder Macht), indem er Gleichheit auf diese Sphären beschränkt. Politik, so Rancière, bestünde aber im Gegenteil darin, die Ungleichheit infrage zu stellen, die entscheidet, welche Gegenstände zu den gemeinschaftlichen Angelegenheiten gehören und welche nicht, wer darüber entscheiden darf, sowie nach welchen Regeln diese Entscheidungen getrof-

fen werden. Politik gibt es folglich nur, wenn der Streit, der jede Gemeinschaft durchzieht, sinnfällig gemacht wird: »Die politische Tätigkeit ist jene, die einen Körper von dem Ort entfernt, der ihm zugeordnet war oder die die Bestimmung eines Ortes ändert; sie lässt sehen, was keinen Ort hatte gesehen zu werden, lässt eine Rede hören, die nur als Lärm gehört wurde. […] Aufsehen erregend oder nicht, die politische Tätigkeit ist immer eine Weise der Kundgebung, die die Aufteilung des Sinnlichen polizeilicher Ordnung durch die Inszenierung einer Voraussetzung zersetzt, die ihr grundsätzlich fremd ist, diejenige eines Anteils der Anteillosen, die selbst letztendlich die reine Zufälligkeit der Ordnung […] kundtut.«[16] Diese Bestimmung der Politik überschreitet deren institutionelle Grenzen, erweitert sie auf alle denkbaren Räume, die Öffentlichkeit hervorbringen können, und hier insbesondere auf das Kino hin. Zugleich macht sie eine wesentliche Einschränkung: Entgegen einer populären Ansicht führt sie den politischen Charakter eines Films nicht auf dessen manifeste Parteinahme

14 Kristin Ross, *May '68 and its Afterlives*, Chicago 2002, S. 24.
15 Zum Programm der *Révoltes Logiques* (1975–1981) siehe Ross, *May '68*, S. 124ff. Summarisch lautet es: Dekonstruktion des Repräsentationsmodus in Politik und Geschichte; Fokus auf Orte und Stimmen der jeweils aus der politischen Verteilung Ausgeschlossenen; eine Lesart der Dokumente, deren Fokus auf (in einem teleologischen Geschichtskonzept) unsinnigen Äußerungen liegt; Beharren auf der Singularität der Revolten statt Entwicklung von Ketten notwendiger oder quasigesetzlicher revolutionärer Aktionen; dokumentarische Rekonstruktion der gelebten Erfahrung und Träume der Revoltierenden.
16 Rancière, *Das Unvernehmen*, S. 41f.

zurück, sondern auf sein Potenzial, neue Subjektivitäten vernehmbar zu machen.

Nach dem Mai 68, gleichsam als sein umstrittenes Vermächtnis, stand das Verhältnis von Politik und Kunst respektive Film auf konkrete Weise neu zur Disposition. Die von den *Cahiers du cinéma* getragene autorenzentrierte cinephile Tradition wurde von Fragen nach dem Verhältnis von Film und Gesellschaft, der ideologischen Struktur des kinematografischen Apparats, der Radikalisierung der ästhetischen Form und der Funktion des Kinopublikums theoretisch herausgefordert. Neue, den divergenten politischen Programmatiken linker Organisationen verpflichtete Zeitschriften forcierten die »Politisierung« der Filmkritik und -theorie. Neue (kurzlebige) Produktionsweisen kollektiver Filmarbeit verfolgten auf Basis einer gemeinsamen kritischen Theorie höchst unterschiedliche Projekte, vom agitatorischen Dokumentarismus bis zur Sprengung von Form- und Genregrenzen.[17]

Ein Aufsatz Rancières in den *Révoltes Logiques* intervenierte 1978 in diesem Feld von Praktiken, das sich verkürzt unter »Aporien linker Kulturpolitik« subsumieren lässt. Der Aufsatz betrieb noch die Kritik parteikommunistischer wie maoistischer Konzepte von Klassen-Gegenkultur, verklammerte aber tendenziell schon Programme, die *La nuit des prolétaires* und der *Film-*

fabel zugrunde liegen: »Le compromis culturel historique« enthält Beobachtungen zu Bertrand Taverniers Film *Des enfants gâtés* (*Verwöhnte Kinder*, 1977), der Geschichte eines Drehbuchautors und Regisseurs, der sich fern seiner Familie zur Arbeit in einem Neubau einmietet und eine Affäre mit einer jungen Frau beginnt, die ihn in die Auseinandersetzung der Nachbarschaft mit den Hausbesitzern verstrickt. Rancières Aufsatz endet mit einer Kritik der Bemühungen von bildenden Künstlern, einen Fabrikstreik durch Ausstellungen in situ zu unterstützen: Die Künstler seien unfähig, das Repertoire der Repräsentation zu überschreiten; das symbolische Bild (die Faust, der Schraubenschlüssel), die Rhetorik (gemalte Parolen), die Analogie von Malerei und Fabriksarbeit (Paraphrasen auf das Künstler-Atelier) bestätigten Rancière zufolge nur die bestehende Aufteilung des Sinnlichen wie auch der (syndikalistischen) Ordnung. Sie suggerierten ein überlegenes Wissen (der Partei, der Klasse, der Künstler), das in direktem Zusammenhang stand mit dem Bestreben, über alles Kontrolle auszuüben, auch über die Bilder.

Anders stellte sich Rancière zu Taverniers *Des enfants gâtés* und ähnlichen Filmen: An ihnen konstatierte er einen Bruch in der linken Öffentlichkeit, nämlich die Schwächung agitatorischer Rhetorik zugunsten der Aufwertung des Bildes, die zugleich eine Aufwertung des Sinnlichen bedeutete. Im Mittelpunkt stand nicht mehr die Illustration theoretischen Wissens, typischerweise vermittelt über nostalgische Repräsentationen von Kämpfen. Vielmehr tauchten Bilder des Alltags, Gesten der Jugendlichkeit, der Zärtlichkeit, der neuen sozialen Be-

17 Vgl. Sylvia Harvey, *May '68 and Film Culture*, London 1980; Thomas Elsaesser, »Von der Filmwissenschaft zu den Cultural Studies und zurück: Der Fall Großbritannien«, in: Siegfried Mattl, Elisabeth Timm, Birgit Wagner (Hg.), *Filmwissenschaft als Kulturwissenschaft* (= *Zeitschrift für Kulturwissenschaften* 2, 2007), S. 85ff.

ziehungen auf. Auch die Erinnerung an Feste und kommunitäres Leben in Retro-Filmen zur französischen Arbeiter/innengeschichte löste die Tradition der »Lehrfilme« ab, die an einer Parteidoktrin orientiert waren. Filme wie *Des enfants gâtés* galten einer anderen Politik, die zugleich ein anderes Leben sein sollte, »eine neue Anordnung der Elemente: Kampf, Fest, Rede, Bild, Erinnerung«. In den Handlungen, Gesten und Gesichtern der Frauen im Zentrum von Taverniers Film verschmolzen Entschlossenheit und Sensibilität. Diese Bilder brachten für Rancière eine von der autonomen Frauenbewegung artikulierte »nouvelle citoyenneté« zum Vorschein, eine neue politische Verteilung: »Politik besteht hier nicht im Aufruf zu einer anderen Wohnungspolitik, sondern im Vorschlag eines neuen Bildes der befreiten und aktivistischen Frau, deren Aktivismus *[militantisme]* nichts anderes ist als eine Lebensweise; und die reicht, ganz kontinuierlich, vom Faible für das Tragen weiter Pullis ohne BH oder für kleine Mahlzeiten ohne großes Getue bis zum Bewusstsein gewerkschaftlicher Rechte. In dem weichen und zugleich bestimmten Gesicht, in diesem Wesen, das hungrig nach Genuss *[jouissance]* und zugleich nach Gerechtigkeit *[justice]* ist, zerbrechlich und autoritär, fordernd, aber ohne Ressentiment, steckt der Vorschlag zu einem modernen und linken Bild der neuen Freiheit, die das Volk führt. Es ist nicht die Liebe, die zum politischen Bewusstsein führt; die Politik ist hier die neue Liebe zum Bild eines neuen *Zoon politikon*, das für die Linke den linken Gegensatz von Aktivismus (männlich) und Genuss (weiblich) auflöst [...].«[18]

Später wird Rancière von solchen Bildern als »a-signifikanten« Bildern sprechen.[19] Nach dem vorübergehenden Enthusiasmus über die Annäherung von Erzählung, Funktion und Ästhetik im Post-68er-Film, nach diesem kurzen neuerlichen Aufleuchten der Utopie Kino, manifestieren nun jene Bilder, die außerhalb der narrativen Zweckbindung liegen, das filmische Potenzial, sich der Repräsentation (und damit der polizeilichen Politik) zu entziehen. Über die Spannung zwischen ästhetischer (romantischer) Logik des »reinen« Bildes und narrativer (klassischer) Logik der codierten Handlungen und Charaktere definiert sich die »Geschichtlichkeit« des Films, somit dessen Ausnahmestellung unter den Künsten. Genauer – und im Rückgriff auf Rancières paradigmatische Gegenüberstellung von Ray und Lang – gesagt: Es sind die unterschiedlichen Möglichkeiten, reine Bilder und erzählerische Logik in Konflikt zu setzen oder zu verflechten, die Intensitäten – und im Fall von *They Live by Night* auch »falsche« Erinnerungsbilder – hervorbringen. Doch das eine korrespondiert mit dem anderen, ganz so wie wir Rays romantische Bildpoetik wahrscheinlich nur im Prisma von Langs klassischer Panoptik bemessen und genießen können.

18 Jacques Rancière, »Le compromis culturel historique«, in: *Les Révoltes logiques* 7, 1978, S. 109, http://archives-autonomies.org/IMG/pdf/revolteslogiques/revolteslogiques–nspecial.pdf (24.3.2016) (Übers. des Zitats: S. M.).
19 Vgl. Jacques Rancière, »Die Geschichtlichkeit des Films«, in: Drehli Robnik, Thomas Hübel, Siegfried Mattl (Hg.), *Das Streit-Bild. Film, Geschichte und Politik bei Jacques Rancière*, Wien 2010, S. 218.

Möglicherweise aber geht Rancière mit Langs *You Only Live Once* zu streng ins Gericht. Denn auch in dessen Schlussszene könnte man ein Aufbrechen der konventionellen Form durch ein widerstrebendes Bild sehen, wenn die Inszenierung unvermittelt die Perspektive durch das Fadenkreuz eines Polizisten einnimmt, der die tödlichen Schüsse auf das flüchtende Paar abgibt.[20] Doch wer würde nicht, gegenüber dieser pessimistischen Sicht, der Luftaufnahme auf das Fluchtauto zu Beginn von *They Live by Night*, die einen Möglichkeitsraum eröffnet, den Vorzug geben?

20 Tom Gunning hält fest, dass diese Szene durch die Chormusik und die Vision des Protagonisten (»The gates are open ...«) ambivalent wird, deutet sie doch nicht nur in eine ironisch-nihilistische Richtung, sondern auch in Richtung einer christlichen Epiphanie. Vgl. Gunning, *The Films of Fritz Lang*, London 2000, S. 258ff.

Populare Erinnerung

Zur Nahbeziehung von Film und Geschichte

Vor nunmehr 30 Jahren elektrisierte ein Artikel von Michèle Lagny und Pierre Sorlin jene Historikerinnen und Historiker, die als gewohnheitsmäßig ins Kino Gehende nach einer Methode suchten, ihre Profession mit ihrer Filmleidenschaft zu verbinden. Lagny, Kulturhistorikerin an der Sorbonne, und Sorlin, Mediensoziologe an der Universität Paris III, schrieben unter dem Titel »Zwei Historiker nach einem Film: ratlos« über Jean Renoirs *La Vie est à nous* – und stellten ein neues historiografisches Genre in Aussicht: Ihre Analyse dieses Propagandafilms für die französische Volksfront aus dem Jahr 1936 mündete in die Skizze eines Hypertexts *avant la lettre*, der es einem kritischen Publikum ermöglichen sollte, zwischen ausgewählten Filmsequenzen und Kommentaren zu alternieren.

Lagny und Sorlin begründeten diesen Schritt mit der Inkommensurabilität von Bild und Schrift, die ihrer eigenen Erfahrung bei der Transkription des Films entsprach. Trotz ihrer filmsemiotischen Kompetenz (die in ihrer Sensibilität für Raumkonstruktionen, Blickbeziehungen und Rhythmen zum Ausdruck kam) meinten sie, ihre Verschriftlichung würde dem Film gerade seine unverwechselbare Eigenschaften, insbesondere seine performative Kraft nehmen. Andrerseits sahen Lagny und Sorlin

die Transformation des filmischen Texts in ein Dokument oder Zeugnis einer bestimmten Zeit als genuine Legitimation für die historiografische Beschäftigung mit Film. In Abgrenzung von der selbstgenügsamen Analyse der poietischen Verfahrensweisen, also von der im Strukturalismus vorgegebenen Analysepraxis, schlugen sie Folgendes vor: Durch die Verknüpfung mit Serien anderer, mit ihm nicht ursächlich verbundener Dokumente müsse der Film auf einen ihm äußeren Gegenstand bezogen werden – im Fall von *La Vie est à nous* auf die strategischen Programme der französischen KP, die patriarchale Unternehmenskultur der französischen Industrie zwischen den Kriegen oder aber auf langfristige Veränderungen in der Technik und in Arbeitszeit-Regimes. Die Aufnahme des Films unter die seriösen und legitimen Quellen der Historiografie sollte vor allem eines bewirken: die Stimulierung der Imagination sowohl bei den Historikerinnen und Historikern als auch bei jenen, an die ihre Interpretationen sich richteten. Und von diesen Interpretationen erwarteten sich Lagny und Sorlin eine Demokratisierung des Zugangs zur Vergangenheit: »Die gefilmte Geschichte böte jedem die Möglichkeit, sein eigenes Itinerar zu konstruieren, sie würde die Konvergenzen, auf denen ein Konsens beruht, vom Zufall abhängig machen.«[1] Einmal mehr ist damit Film als Utopie angesprochen – in diesem Fall nicht als Utopie des autonomen Kunstwerks, sondern als ein Geflecht herrschaftsfreier Kommunikation.

Lagnys und Sorlins Überlegungen zum Verhältnis von Film und Geschichte blieben institutionell folgenlos. Aber das ist eine andere Geschichte. Nur so viel sei gesagt: Die digitalen Realisierungsmöglichkeiten hypertextueller Verfahren, die in ihrer pragmatischen Skizze emphatisch mitbedacht waren, haben (das wäre aus heutiger Sicht die Pointe dieser Geschichte) vorwiegend Ängste ausgelöst, und zwar auf beiden Seiten – seitens der Cineastinnen und Cineasten wie auch seitens der Historiografinnen und Historiografen. Zum einen besteht erhebliche Unsicherheit hinsichtlich des Verschwindens der spezifischen Erkenntnisqualitäten des analogen Materials, zum anderen wird befürchtet, die historische Monografie könnte aus ihrer Rolle als Gravitationszentrum der Geschichte verdrängt werden – durch immersive Bilder und assoziative Verknüpfungen textueller, visueller und akustischer Fragmente.

1 Michèle Lagny, Pierre Sorlin, »Zwei Historiker nach einem Film: ratlos«, in: Rainer Rother (Hg.), *Bilder schreiben Geschichte. Der Historiker im Kino*, Berlin 1991, S. 128.

Bei größter Wertschätzung für den Beitrag von Lagny und Sorlin und in Anerkennung der anhaltenden Aktualität einiger seiner Aspekte und methodischen Überlegungen treten im Rückblick doch auch Unbestimmtheiten auf, die durch zwischenzeitliche epistemische wie praxeologische Entwicklungen deutlich werden (ohne dass damit auch schon neue konsensuale Verständnisse in Kraft getreten wären). Zum einen argumentierten Lagny und Sorlin noch auf Grundlage der dominanten Gleichsetzung von Film mit dem fiktionalen Kinofilm. In den letzten drei Jahrzehnten hingegen haben verschiedene Formen des *non-theatrical* und nicht-narrativen Films beträchtliche Aufwertung erfahren, nicht zuletzt durch filmarchivarische Neuorientierungen. Das hat eine Verschiebung bewirkt – weg von Fragen nach der Repräsentationsqualität von Film, hin zu Fragen nach den wechselnden kulturellen Settings, die Film mitgestaltet hat. Zum anderen begegneten Lagny und Sorlin der Geschichte noch im Modus der objektivierenden Historiografie, die auf repräsentativer Form und auf (wie auch immer rekonstruierter) Faktizität beharrt. Diese Art von Historiografie wird im akademischen wie im gesellschaftlichen Feld mittlerweile von verschiedenen Konzepten einer Gedächtnisproduktion herausgefordert, die auf nicht-schriftlichen und a-chronischen, ja affektiven Verhältnissen zur Vergangenheit beruht. Jenseits der Frage nach Film als historischem Dokument – die deshalb nicht notwendigerweise ausgeschaltet wird – wirft die »History as Memory«-Debatte die Frage nach dem Potenzial des bewegten Bildes auf, Konzepte von Zeit und Dauer, die der modernen Form der Rekonstruktion von Vergangenheiten zugrunde liegen, zu *generieren*, zu *festigen* oder *infrage zu stellen*.

Im Zuge beider Entwicklungen – also in dem Maß, in dem die Sicherheiten einer objektivierenden, linear gerichteten Historiografie schwinden und sich zugleich das beforschte Universum des *non-theatrical film* erweitert – wird es auch schwieriger, Film über eine Mediengeschichte zu definieren und ihn so einem epochalen Verständnis zu unterwerfen, wie es das Konzept des historischen Dokuments vorsieht.

Für mich als Historiker, der Film verstehen und mit Filmen arbeiten will, ist es wichtig, auf solche metahistorischen Fragen einzugehen. Wie Günter Riederer im jüngsten Standardwerk zur Visual History konstatiert, stehen Geschichtswissenschaft als akademische Disziplin und Film nach wie vor in einem gespannten Verhältnis.[2] Das Hauptargument der akademischen Gatekeeper ist der fiktionale Charakter der Geschichten und Settings des Films – ein Einwand, der natürlich die Verengung des Mediums auf spezifische Formen und Genres voraussetzt. Ein zweites Argument von dieser Seite bezeichnet Filme als »Mythomotoren«, die durch affektive Geschichtspolitik mit der Geschichtsschreibung konkurrieren. Daher operieren Historikerinnen und Historiker, die

sich dem Film zuwenden, meist mit dessen Quellenwert für eine Historiografie der Mentalitäten und des Imaginären; Film gilt als nützlich, weil er der Geschichtsschreibung neue Objekte bietet. Oder aber sie konstituieren auf pragmatischer Ebene vorweg einen über Synchronizität vermittelten Sachbezug von Filmen und historiografischen Topoi. »Die sozialhistorisch inspirierte Ausrichtung von Filmgeschichte hat sich mittlerweile als Paradigma filmhistorischen Arbeitens etabliert«, meint Riederer.[3] Das ist zweifellos ein bedeutender Schritt. Dennoch stellt die sozialhistorische Rückbesinnung auf Mentalitäten und Imaginäres die Differenz »fiktional versus faktisch« als Konstituens des behaupteten Spannungsverhältnisses von Film und Geschichtswissenschaft nicht infrage – ungeachtet des Umstands, dass schon auf der Ebene des Materials oder der Quellen filmische Bilder der Wirklichkeit dominieren (nicht nur quantitativ).

Eben die Faktizität (oder »Faktionalität«) der wissenschaftlichen Geschichtsschreibung ist allerdings seit einigen Dekaden fraglich geworden. Damit aus der Vergangenheit Geschichte wird, so lässt sich der von Hayden White, Paul Ricœur, Michel de Certeau und anderen eröffnete Diskurs zusammenfassen, müssen aus den Myriaden kontingenter verstrichener Vorfälle erst historische Tatsachen und Ereignisse geschaffen werden. Dabei wird nicht in Abrede

---

2 Vgl. Günter Riederer, »Film und Geschichtswissenschaft. Zum aktuellen Verhältnis einer schwierigen Beziehung«, in: Gerhard Paul (Hg.), *Visual History. Ein Studienbuch*, Göttingen 2006.

3 Riederer, »Film und Geschichtswissenschaft«, S. 104.

gestellt, dass einzelne Vorfälle aufgezeichnet worden sind und deshalb zuvorderst das Interesse der Historikerinnen und Historiker finden. Relevant wird die Unterscheidung aber dort, wo – jenseits der bloßen Merkwürdigkeiten in den Chroniken – die Informationen auf einen Prozess hin interpretiert werden. Erst die Einbettung in Serien und Ketten von Ereignissen, mithin in ein Denken nach der Logik von Ursache und Wirkung, führt zu Geschichte im modernen Sinn: zur regulativen Idee von verstehbaren – und in weiterer Folge »notwendigen« – Entwicklungsprozessen als Erkenntnisgegenstand der Historiografie.

Solchen Operationen geht das Erzählen als kulturelle Technik voraus. Man kann das mit Hayden White in die Formel pressen: Ein historisches Ereignis ist ein wirklicher Vorfall, der als Element eines »Plots« dienen kann. Als solches ist es nicht einfache, nackte Tatsache, sondern mit Bedeutungen aufgeladen, die ihren scheinbar verborgenen Sinn erst durch die Einordnung in eine Erzählung enthüllen. Die Möglichkeit von Geschichtsschreibung beruht daher auf der Entlehnung von Schemata und Strategien, wie sie die Literatur hervorgebracht hat. Wie die Literatur fingiert Geschichtsschreibung mit Mitteln der Rhetorik ein scheinbar evidentes und kohärentes Beziehungsgeflecht.

Seit ihrem Beginn ist die moderne Historiografie denn auch (mit)geprägt von Bestrebungen, die Form der Erzählung abzustreifen und eine fachwissenschaftliche Sprache zu ent-

wickeln: zuerst durch Anlehnung an die Geografie, später durch diagrammatische Darstellungsformen der Quantifizierung und der seriellen Geschichte. Konsequent zu Ende gedacht, hätte der damit verbundene Verzicht auf die Geschichte der menschlichen Handlungen und Vorstellungen allerdings die Auflösung eines eigenen historiografischen Erkenntnisbereichs bewirkt, sodass diese Richtungen vor allem als selbstreflexive und kritische Subdisziplinen stabilisiert worden sind. Denn, so Jacques Rancière in *Die Namen der Geschichte*: »Wer die Geschichtswissenschaft auffordert, die trügerische Sprache der Geschichten durch die universelle Sprache der Mathematik zu ersetzen, der fordert sie auf, schmerzlos zu sterben.«[4] Wie also kann man die Historiografie als fiktionalisierende Erzählung anerkennen, ohne ihren Anspruch aufzuheben, genuines, wissenschaftliches Wissen über die Vergangenheit zu generieren? Paul Ricœur insistiert hier auf dem Begriff der Spur, auf der Gewissheit eines vergangenen Geschehens, die nicht hintergangen werden darf, auch wenn die historiografische Erzählung durch die Formsetzung dessen Bedeutung fingieren muss. Der interessante Teil seiner Überlegungen, der uns wieder der Frage nach dem Verhältnis von Film und Geschichte näher bringt und den Fiktionalisierungsvorwurf an den Film entkräftet bzw. in geänderte Perspektiven stellt, spiegelt das Realitäts-Postulat der Historiografie auf die erzählenden Kunstformen zurück. Diese nämlich, so Ricœur, müssen ihre fingierten Ereignisse so behandeln, als hätten sie wirklich stattgefunden. Eine »überkreuzte Referenz zwischen Geschichtsschrei-

4 Jacques Rancière, *Die Namen der Geschichte. Versuch einer Poetik des Wissens*, Frankfurt/M. 1994, S. 14.

bung und Fiktionserzählung« nennt Ricœur diese wechselseitige Durchdringung.[5]

Aber handelt es sich bei Filmbildern überhaupt um fingierte Ereignisse? Ein relevanter Teil des überlieferten Filmmaterials basiert in evidenter Weise auf der Aufzeichnung verstrichener Vorfälle. Deren Faktizität wird (durch die angewendeten Codes der Repräsentation) in geringerem Maße konstruiert als im Fall einer Verschriftlichung derselben Vorfälle. Selbst im Rahmen formal geschlossener Spielfilmplots, fingierter Charaktere, erfundener Handlungen und künstlicher Räume wird die äußere Realität nicht (oder nicht notwendigerweise) vollständig getilgt. Das zeigt oder offenbart sich allerdings erst im zeitlichen Abstand, durch die Distanz zwischen Aufnahme und Betrachtung, innerhalb derer die Bilder ihre Evidenz verlieren. Für Siegfried Kracauer, auf den ich mich hier merklich beziehe (insbesondere auf *Geschichte – Vor den letzten Dingen*), liegt darin nicht nur das Potenzial, filmische – er nennt sie oft »fotografische« – Bilder als Quelle der Geschichtsschreibung zu nutzen, wie es der zuvor genannte sozialhistorische Zugang nahelegt. Vielmehr sieht er aus der Kontingenz, die den filmischen (fotografischen) Bildern eingeschrieben ist, eine Kraft erwachsen, die jener der Historiografie gleicht und Analogien zwischen beiden stiftet. Beiden ist gemeinsam, dass sie vergangene Lebensformen erschließen und deren Singularität festhalten. Und beide sind offen genug für veränderliche Interpretationen der Vergangenheit aus der jeweiligen Gegenwart und Zukunftserwartung heraus. Beide arbeiten damit einem modernen Geschichts-

bewusstsein zu, das sich über ein neues Verhältnis zur Zeit konstituiert – über eine Zeit, die zielgerichtet ist, die sich auf die Durchführung und Vollendung menschlicher Projekte richtet.

Paradoxerweise sieht Kracauer in der Historiografie und im Film aber auch Widerlager gegen die Totalisierung dieser geschichtlichen Zeit bzw. gegen die Teleologie, die diese in sich birgt. Beide, Historiografie und Film, werten vergangene Mannigfaltigkeiten auf, insistieren gegenüber einem Denken, das sich nach notwendigen und gesetzmäßigen Entwicklungen organisiert, auf der Kontingenz der Ereignisse. Für Kracauer bindet diese Fähigkeit Geschichtsschreibung und Film aneinander und weist ihnen einen gemeinsamen Raum in der modernen Gesellschaft zu. Da beide die Fülle des Daseins garantieren, sind sie Gegenkräfte zur Verdrängung lebensweltlicher Erfahrung durch die Wissenschaften und die Künste, aber auch zur Tendenz des allgemeinen Gedächtnisses, aus Erfahrungen simple und unveränderbare Merksätze zu destillieren.

Auf so eingängige Weise löst dieses Argument die Frage nach der Beziehung von Film und Geschichte in eine – beiden gemeinsame – gesellschaftskritisch-reflexive Funktion auf. Die Architektur dieses Arguments beruht auf einer Vorbedingung: Der Wirklichkeitsgehalt – die Nähe zur empirischen, zur »physischen«, zur »äußeren« Realität – muss jeweils gleich oder größer sein als die »formgebende Tendenz«,

---

5 Paul Ricœur, *Zeit und Erzählung. Bd. 1: Zeit und historische Erzählung*, München 1988, S. 129.

schreibt Kracauer – und weiter: »[D]ie ›Kamera-Wirklichkeit‹ [... hat] alle Kennzeichen der *Lebenswelt* an sich. Sie umfaßt leblose Objekte, Gesichter, Massen, Leute, die sich mischen, leiden und hoffen; ihr großartiges Thema ist das Leben in seiner Fülle, das Leben, wie wir es gemeinhin erfahren. Kein Wunder, daß die Kamera-Wirklichkeit eine Parallele in der historischen Wirklichkeit hinsichtlich ihrer Struktur und ihrer allgemeinen Verfassung hat. Genau wie die historische Realität ist sie teils geformt, teils amorph – in beiden Fällen eine Folge des halbgaren Zustands unserer Alltagswelt.«[6]

Für die Konsistenz von Kracauers Analogie-Theorie eines »gemeinsamen Vorraums« von Film und Geschichte sind Grenzziehungen im Bereich der Historiografie wie auch des Films erforderlich: Die Analogiebeziehung erfordert die Fokussierung auf einen bestimmten Typus von Historiografie, auf Mikro-Historie, und legt mit Blick auf den Film die Privilegierung dokumentarischer Formate nahe. Dies aber schafft wiederum Aporien, wenn man die eingangs genannten globalen Vorbehalte gegen die angebliche »Mythenmaschine« Film entkräften und zugleich die sozialhistorische Orientierung an der Repräsentationsfunktion des Films zurückweisen will. Davon abgesehen, könnte Kracauers Bestimmung von Kamera-Realität aus Sicht von Historikerinnen und Historikern eine solide Grundlage bilden, um das Geschick des Films und möglicherweise auch das einer künftigen Historiografie unter dem Zugriff des Digitalen zu erörtern.

Einen Ausweg aus dem Dilemma, bestimmte Genres oder Typen von Historiografie und Film vorweg ins Auge fassen zu müssen, um ihre Nahbeziehung zu definieren, bietet der Begriff der »Geschichtlichkeit«, den Rancière seinen Arbeiten zum Film zugrunde legt.[7] Was aber meint dieser Begriff? Geschichtlichkeit meint die Gesamtheit der Bedingungen, die Geschichten möglich machen und es gleichzeitig erlauben, Formen von Kohärenz zwischen diesen Geschichten zu denken. Die »Geschichtlichkeit des Films« ist deshalb nicht mit Filmgeschichte zu verwechseln, also mit einer Genealogie des Mediums selbst, sei diese technisch, stilistisch, lokal oder nach anderen Motiven konzipiert. Vielmehr baut sie auf Relationen auf – mit den Künsten einerseits, mit dem Politischen andererseits. Erst innerhalb dieses Geflechts lassen sich die spezifischen Eigenschaften des Films und seine modulierenden Effekte auf dieses Ensemble bestimmen. Das filmische Bild ist zweifelsohne die unverstellte Aufzeichnung der Wirklichkeit und des Werdens im Sinn des »mechanischen Auges« früher Filmtheoretiker. Aber es überschreitet den Status des wissenschaftlichen Experiments und der erweiterten Wahrnehmung durch die Verkettung der Bilder und Bildsequenzen zu kulturell signifizierten Bedeutungskomplexen. Rancières Bestimmung der Geschichtlichkeit des Films fokussiert weniger auf diese Verfahren selbst als vielmehr auf die Bedingungen, unter denen

6 Siegfried Kracauer, *Geschichte – Vor den letzten Dingen*, Frankfurt/M. 2009, S. 67, 69.
7 Siehe Jacques Rancière, »Die Geschichtlichkeit des Films«, in: Drehli Robnik, Thomas Hübel, Siegfried Mattl (Hg.), *Das Streit-Bild. Film, Geschichte und Politik bei Jacques Rancière*, Wien 2010.

diese unterdeterminierten Bilder als Material eines Sinn erzeugenden Werks akzeptiert werden. Dies ist möglich, weil die Tätigkeiten, die unter dem Begriff der Kunst versammelt sind, in einer bestimmten Zeit, die wir für gewöhnlich substantiviert »Moderne« nennen, von Vorschriften entbunden werden, die bis dahin regulierten, welche Themen in welcher Form zur Darstellung zu bringen seien. Diese Entbindung künstlerischer Tätigkeiten und ihre Hinwendung zu kontingenten Dingen der Lebenswelt nennt Rancière das »ästhetische Regime der Kunst«. Er setzt es ab vom »repräsentativen Regime der Kunst«, das nicht nur die Äquivalenz von Gegenstand und Form fordert, sondern auch die dazu eingesetzten Handlungen, Charaktere und Psychologien präfiguriert.

Die Beliebigkeit bzw. Gleichwertigkeit aller Sujets in der Kunst des ästhetischen Regimes koinzidiert mit der formalen Gleichwertigkeit der Individuen in der modernen Gesellschaft. Diese allerdings zählt zu den Paradoxien liberaler Ordnungsvorstellungen: Wie verhält sich die Verstreuung autonomer Individuen zu der Notwendigkeit, gemeinsame Bindungen an einen Ort zu konstruieren? Indem sie aus dem Beliebigen sinnvolle, verstehbare Ordnungen generiert, erschafft die Kunst eine Gemeinschaft, die sich auf sich selbst bezieht, die sich auf keine äußere Instanz berufen muss. Die Kunst arbeitet damit an einem Dispositiv, das die Menschen zum Subjekt ihrer eigenen Geschichte macht. Der Film differenziert sich innerhalb dieser Bestimmung der Künste noch einmal aus, indem er die Gleichwertigkeit aller Sujets radikalisiert und sein Material direkt der

Wirklichkeit entnimmt. Nichts anderes tut die Historiografie (etwa im Sinn der einflussreichen Formel einer *Invention of Tradition*).

In seiner Poetik historiografischen Wissens spricht Rancière metaphorisch von drei Verträgen, die die moderne Historiografie eingehen musste: Sie musste sich als Wissenschaft verpflichten, wahre Ordnungen komplexer Prozesse hinter den geschichtlichen Phänomenen aufzudecken; sie musste einen Gesellschaftsvertrag darüber eingehen, dieses Wissen in eine allgemein verständliche Form zu bringen, also zu erzählen; und sie musste sich politisch verpflichten, eine *gemeinsame* Geschichte zu erzählen.[8] Rancières Texte zum Film legen es nahe, ein solches Vertragssystem auch für den Film ins Auge zu fassen. Als Kunst der demokratischen Massengesellschaft par excellence musste sich der Film zum Erzählen verpflichten, um allgemein verständlich zu sein und Gemeinschaft zu konstituieren bzw. mit herzustellen. Zugleich eröffnete sich damit die prekäre Grenze im Vertragsverhältnis des Films zur Kunst, die dem Verhältnis von Historiografie und Wissenschaft ähnelt. Will der Film seine intrinsische Beziehung zur Realität bewahren, muss er auf den Autonomieanspruch der Kunst verzichten. An dieser Stelle kommt nun Rancières Konzept der »Geschichtlichkeit des Films« Kracauers Analogie-Denken nahe, ohne dessen Rettungsgedanken aufzunehmen. Vielmehr bietet uns Rancière eine filmgeschichtliche Analyserichtung. Diese zielt darauf ab, eine poetische Logik, die regelgeleitet und

8 Vgl. Rancière, *Die Namen der Geschichte*, S. 14f.

gestützt auf Plausibilität Wissen in Bilder umzusetzen trachtet, mit einer ästhetischen Logik zu verflechten, die das Bild von vorgängigem Wissen zu lösen bestrebt ist.[9]

Wirklichkeit, Gemeinschaft, Erzählung: Das scheint letzten Endes die Verbindung von Film und Geschichte auszumachen. Vielleicht bleibt diese Verbindung zu schwach für die Begründung eines Recherche- oder Analyseprogramms, das die zentrifugalen Kräfte, die in Film und Geschichte wirken, integrieren (oder unbeachtet lassen) könnte. Ich möchte deshalb Film und Geschichte zu etwas Drittem in Bezug setzen, das sie miteinander teilen und das selbst zu einem bevorzugten Gegenstand der Historiografie wie auch des Kinos geworden ist, und das ist die Erinnerung, spezifischer die Populare Erinnerung.

Ich widme mich im Folgenden nicht den kontroversen Debatten, die im Zeichen des *Memory Turn* geführt wurden, sondern einem Interview, das Michel Foucault 1974 den *Cahiers du cinéma* gab. Aus dessen Titel »Anti-Rétro« wurde in der englischen Übersetzung »Film and Popular Memory«.[10] Die deutsche Fassung behält den Titel »Anti-Retro« und wählt für »mémoire populaire« die Übersetzung »populäres Gedächtnis«; ich ziehe den Begriff »populare Erinnerung« vor. Anlass für das Gespräch

waren die aktuellen Kinospielfilme *Lacombe Lucien* (1974, Louis Malle) und *Il portiere di notte* (*Der Nachtportier*, 1974, Liliana Cavani), sowie *Le chagrin et la pitié* (*Das Haus nebenan – Chronik einer französischen Stadt im Kriege*, 1969), Marcel Ophüls' Rekonstruktion der deutschen Besatzungszeit aus Archivmaterial und Interviews mit deutschen Offizieren, französischen Kollaborateuren und Mitgliedern der Résistance. Foucault sah die Filme (im Zusammenwirken mit zeitgenössischen TV-Produktionen) als Teil einer politischen Um- oder Neuschreibung der Geschichte, die auf die Dissimulierung sozialer Kämpfe abzielte und die französische Rechte rehabilitierte. Er bezog dieses Umschreiben auf ein ideologisches Vakuum nach Charles de Gaulle, der noch den Mythos eines nationalen antinazistischen Frankreich gestützt hatte.

Das Interview wurde in den letzten Jahren wieder aufgegriffen, weil es eine für den Foucault der Jahre von *Überwachen und Strafen* eher untypische Auseinandersetzung mit dem historischen Subjekt der Marx'schen Tradition entwickelt und auf Erfahrung rekurriert. Schließlich behauptet Foucault darin nichts weniger, als dass die Analyse der Machtprozeduren nicht von den Kämpfen um die Erinnerung zu trennen sei.[11] Von Bedeutung ist dabei die Asymmetrie zwischen den verschiedenen mit der Macht verkoppelten Erinnerungen, die ihren Ausgang von der Form nimmt. Foucault definiert die Populare Erinnerung zunächst über ihre medialen Eigenschaften. Sie ist um eine orale Tradition zentriert, um lose Verknüpfungen von kleinen Erzählungen, Anekdoten, Merksprüchen, Lie-

9 Vgl. Rancière, »Die Geschichtlichkeit des Films«, S. 218f.
10 Vgl. »Film and Popular Memory«, in: Sylvère Lotringer (Hg.), *Foucault Live (Interviews, 1966–84)*, New York 1989.
11 Vgl. Michel Foucault im Interview »Anti-Retro«, in: ders., *Schriften in vier Bänden. Dits et Ecrits*, Band 2, S. 795–799.
12 Vgl. ebd., S. 795f.

dern, Hymnen und Gedenkritualen.[12] Es ist die geteilte Erinnerung von Gemeinschaften, die keinen Zugang haben zu schriftlichen oder visuellen Großformen und deren Meta-Narrativen. Letztere wiederum legitimieren sich ja gerade dadurch, dass sie die orale Populare Erinnerung als nicht der Vernunft teilhaftig und deviant zurückweisen.

Foucault geht es nun allerdings nicht darum, Populare Erinnerung als treue Hüterin eines wahren Wissens zu emphatisieren. Er spricht von ihr als einer Kraft, die von der aktuellen Selbstwahrnehmung und der Handlungsbereitschaft der erinnernden Gemeinschaften nicht zu trennen ist. In diesem Sinn formuliert er auch seine Kritik an den Filmen. Zum einen würdigt er die Filme von Malle und Cavani dafür, dass sie den Modus der Helden- und Märtyrergeschichte untergraben, wie er die offizielle Geschichte Frankreichs dominierte. Gegen diese Dominanz, die sich in der Historiografie wie auch in den filmischen Medien auf das Gegensatzschema Besatzung und Widerstand stützte, betonte Foucault ganz andere Ereignisketten und -rhythmen, die in der Popularen Erinnerung aufbewahrt seien. Zum anderen aber führen *Lacombe Lucien* und *Der Nachtportier* Foucault zufolge eine wichtige Verschiebung durch, indem sie die Frage nach dem Verhältnis von Politik und Gemeinschaft – mit Rancière gesagt: den Streit – in eine Frage von Erotik und Macht, mithin von Begehren als geschichtlicher Triebkraft verwandelten. Dies entspreche in einem höchst ambivalenten Sinn dem 1974 in Frankreich aktuellen Wandel vom patriarchal-etatistischen Pathos der Politik

unter de Gaulle zur libidinösen Inszenierung seines Nachfolgers Giscard d'Estaing, die sich – sozusagen im Windschatten einer umfassenden medialen Stilisierung des Nationalsozialismus – als faszinierende Ästhetisierung der Politik etablieren konnte.[13]

Das sukzessive Schwinden der Popularen Erinnerung, das Foucault in Rechnung stellte, hatte für ihn nicht ursächlich mit Film und Fernsehen zu tun. Aber diese Medien galten ihm – zumal wenn Malles und Cavanis linke politische Ambitionen mit einkalkuliert werden – als ein vertracktes, in seinen Effekten nicht definitiv festgelegtes Dispositiv im Rahmen der Strategien, die auf Kontrolle über die Populare Erinnerung zielten. Diese Kontrolle, so Foucault, »zeigt den Leuten nun nicht, was sie gewesen sind, sondern was sie als ihre Vergangenheit im Gedächtnis behalten sollen«.[14]

40 Jahre später wird im Rückblick auf Foucaults Ausführungen evident, wie grundlegend sich die Parameter verändert haben. Film und Fernsehen sind keine zeitlich und räumlich fixierten Institutionen mehr, sondern Teile eines interaktiven Medienverbundes. Die Historiografie hat sich mit der Auflösung des szientistischen wie auch des gesellschaftlichen Fortschrittsparadigmas dem negativen Modus des Katastrophenberichts unterworfen. Innerhalb einer globalisierten und hochmobilen Dienstleistungsgesellschaft verlieren sich die sozialen Subjekte der Popularen Erinnerung. Diesen Prozessen steht eine nie gekannte Sehnsucht

13 Vgl. ebd., S. 799–802.
14 Ebd., S. 796.

nach Geschichtlichkeit einerseits, nach Vergegenwärtigung von Vergangenheit andrerseits gegenüber; deren Ausdruck ist der Boom von Denkmalserrichtungen, Archivgründungen, *Cultural-Heritage*-Projekten, History-Tours, Vintage-Produkten und vielen anderen »mnemotischen« Praktiken und Erzeugnissen. Mit dem Web 2.0 schließlich werden die Historiografie wie auch der Film für Prozesse der Refiguration freigegeben. Die wissenden und kompetenten Adressatinnen und Adressaten des Proto-Hypertexts, den Michèle Lagny und Pierre Sorlin in Aussicht gestellt haben, erweisen sich als Konstrukteure ihrer eigenen multimedialen Geschichten. Unter bestimmten Aspekten kann man die Kannibalisierung und Umarbeitung von Filmen und von historiografischen Texten als emanzipatorische Akte betrachten, als fröhliches Wuchern von Gegengeschichten. Aber legen uns diese Phänomene nicht zuvor noch etwas anderes nahe? Ich denke, sie verlangen, dass die »Kamera-Realität«, die ihnen in mehrfacher Hinsicht als Voraussetzung dient, nicht länger übersprungen wird: Sie verlangen die Konzeption einer Gemeinsamkeit von Film und Geschichte als Nahbeziehung zweier mnemotischer Strategien – hergestellt durch den Anspruch auf Wirklichkeit, den Modus der Erzählung und die Adressierung von Gemeinschaft.

Kämpfe / Gedächtnisse

Bringing Up Baby (1938, Howard Hawks)

Film versus Museum

Glas splittert, Sprinkler setzen sich in Betrieb, präparierte Bestien fallen auf flüchtende Menschen, die eben noch im Naturhistorischen Museum von Chicago die Eröffnungsparty der anthropologischen Ausstellung *Superstition* genossen haben. Die Magie brasilianischer Indianer, einer der Höhepunkte der Ausstellung, ist Wirklichkeit geworden und mordet sich als Monster durch Wissenschaftler, Aufsichtspersonal und Mäzene des Museums hindurch. Wer ihm nicht unmittelbar zum Opfer fällt, wird von der panischen Menge in der Drehtür erdrückt. In *The Relic* (*Das Relikt*, USA/GB/J 1997, Peter Hyams) nimmt das primitive Leben furchtbare Rache an der szientistischen Moderne, die sich anmaßt, es zu analysieren, zu konservieren und teilnahmslos registrierenden Blicken zu unterstellen. (Im konkreten Museumssetting übernehmen bereits Videokameras und Computer die Arbeit des Beobachtens und Vergleichens.) Der Film zieht eine Spur kolossaler Verwüstung durch das Museum. Doch das ist nichts Neues. Im Grunde versammelt *The Relic* alle Aussagen, die das Kino über 100 Jahre hinweg zum Museum gemacht hat, um dessen Zerstörung (oder Plünderung) zu rechtfertigen: das Museum als Ort des Todes in *The Mummy* (*Die Mumie*, USA 1932, Karl Freund), der lebensfremden Hyperrationalität

in *Bringing Up Baby* (*Leoparden küßt man nicht*, USA 1938, Howard Hawks), der Perversion des Wertgesetzes in *Topkapi* (USA 1964, Jules Dassin), des symbolischen Kapitals in *Demolition Man* (USA 1993, Marco Brambilla). Ich will im Folgenden, vor allem anhand von *The Relic* und *Bringing Up Baby*, in dessen Mittelpunkt ein Brontosaurus-Skelett steht, dem System der Repräsentation nachgehen, das der Film dem Museum leiht oder – je nach Perspektive – aufzwingt. Damit meine ich, dass sich der Film, indem er das Museum zugleich materiell als Raum und symbolisch im einzelnen Objekt inszeniert, als Metasprache des Museums einsetzt und dessen Produktions- und Marktverhältnisse reguliert: Wo die intendierten Aussagen des Museums – etwa über den Performance-Charakter von Ritualen brasilianischer Indianer – an der Materialität der Objekte und ihrer Entkontextualisierung scheitern, stellt der Film mit seinen Kadragen und Montagen eine genuine, aber der Magie korrespondierende Wirklichkeit her. Er ändert die Sehgewohnheiten des Publikums fundamental und setzt das Museum dem Zwang aus, neue und populäre Präsentationstechniken zu entwickeln. Im Falle der Dinosaurier, Quotenjäger der großen Museen in den 1990er Jahren, lässt sich sogar beobachten, wie die Populärkultur – von *Gertie the Dinosaur*

(1914) bis *Jurassic Park* (1993) – den auf ein Massenpublikum orientierten Museen ihre Narrative und Personagen vorschreibt. (Auf die Saurier kommen wir noch zurück.) Die besondere Spannung in diesem Repräsentationssystem entsteht nicht nur aus der Phänomenologie des Films, sondern ebenso aus der jeweiligen Verbindung von Museum und Kino mit konkurrierenden kulturellen Strategien und Wissenssystemen. Schließlich muss noch in Rechnung gestellt werden, dass sich die Position beider in einem dynamischen und technologisch überformten kulturellen System historisch verändert. (Der Film ist inzwischen selbst »materielles« Objekt geworden und das Kino ein musealer Raum.) Unter Umständen lässt sich das filmische Zerstörungswerk deshalb als Katharsis denken, die dem Museum auferlegt wird, um es von der eigenen Arbitrarität zu überzeugen und für eine Allianz der Medien des Realen zu gewinnen. Eines indes ist sicher: Am Anfang war das Museum …

Ich nehme den Faden beim größten, ältesten und reichsten Museum der Welt auf, beim British Museum in London. Seine Geschichte liefert hinreichend Stoff für eine ideale Definition der Institution Museum. Das British Museum geht zurück auf den erfolgreichen Arzt Sir Hans Sloane (1660–1753): In seinem überquellenden Haus in Bloomsbury häufte er (ohne Zählung der Pflanzen und Bücher) eine Sammlung von 79.000 Objekten an, die zahlreiche Besucher anlockte, darunter den Prince und die Princess of Wales. Sloanes Sammelwut war keine Ausnahme: Der gebildete Mensch des 18. Jahrhunderts pflegte eine überschwänglich affirmative

Beziehung zu kulturellen Gegenständen und geradezu intimen Umgang mit den Dingen in seinem Besitz.

In Sloanes letzten Lebensjahren, um 1750, stand England vor einem kulturellen Bruch mit dieser Tradition. Enormes Wachstum an Wissen und Information erschütterte die souveräne Stellung des einzelnen Gegenstands und bewirkte den Übergang zu einer eher kommunikativ und dynamisch ausgerichteten, in öffentlichen Räumen konsumierten und durch Medien intertextuell vermittelten urbanen Kultur. Der Besitz eines Artefakts garantierte nicht länger den hinreichenden kulturellen Gebrauch; dieser musste erst sozial bestätigt und kollektiv sanktioniert werden. Zu solchen Zwecken gründeten sich Sammler-Gesellschaften, als erste 1734 die *Society of Dilettanti*, die im unvoreingenommenen Vergleich ihrer Besitztümer rationale Kriterien für die Beurteilung von und den Umgang mit Kunstgegenständen aufstellten und diese (etwas später) über Zeitungen, Magazine und Benimm-Bücher in Umlauf brachten.[1] Galerien, Salons und Museen wurden zu den anerkannten Orten, um »Geschmack« zu demonstrieren und kognitiv zu verhandeln. Durch ein großzügiges Offert in Sloanes Testament ging seine Sammlung für 20.000 Pfund in öffentlichen Besitz über. Finanziert wurde der Ankauf aus Mitteln einer Lotterie, die das Parlament zu diesem Zweck bewilligt hatte. Ein vom Parlament eingesetztes Komitee – Hono-

---

1 Vgl. John Brewer, *The Pleasures of the Imagination. English Culture in the Eighteenth Century*, New York 1997, S. 253ff., 427ff.

ratioren aus Aristokratie, Politik, Kirche und Wissenschaft – entschied in seiner ersten Sitzung, zusätzlich die »Cottonia« – die Bibliothek der Familie Cotton einschließlich eines *Beowulf*-Manuskripts – und die Manuskriptsammlung der Familie Harley anzukaufen.

Sammler und Mäzene sorgten für den Aufstieg des British Museum zur weltweit führenden Institution seiner Art. 1756 kam die erste Mumie ins Haus, und die Objektgruppen, die es einzigartig machen sollten, kamen im Lauf des 19. Jahrhunderts im Zuge von Expeditionen und systematischen Grabungen hinzu. [...] Die heutige Gestalt des Museums beruht also auf ununterbrochener Inkorporierung der Ergebnisse ziviler wie auch imperialer Projekte. Bis zur Etablierung einer Ordnung der Abteilungen und einer intelligiblen Aufstellung der Objekte dauerte es allerdings noch: Gegenüber der Verwahrung, Konservierung und Inventarisierung der Objekte war deren Präsentation von untergeordnetem Rang. Die ersten Jahrzehnte waren geprägt von der Tradition der Kunst- und Wunderkammern, ihrerseits Orte des Kult-Werts von Objekten und des ideologischen Projekts, den göttlichen Schöpfungsplan durch Exempel des Wundersamen und Raren zu feiern. Im Verlauf des 19. Jahrhunderts kam es jedoch in Nachholung der wissenschaftlichen Kulturenbildung zur Ausgliederung von Abteilungen und Spezialisierung von Departments [...]. Erst 1973 gab das British Museum dann jenen Be-

stand ab, der ursprünglich seine Identität fundiert hatte, nämlich die Bibliothek; sie hatte eine Leitposition gegenüber den anderen Abteilungen beansprucht, und aus dem Kreis ihrer Kuratoren wurde traditionellerweise (bis 1931) auch der Direktor des Museums bestellt.

Es dauerte, bis das Museum seine Rolle als Schule des Sehens und der Popularisierung des Wissens einnahm. Noch um 1817 lieferte ein Augenzeuge eine desaströse Beschreibung: »[A] German cicerone took charge of us, and led us *au pas de charge* through a number of rooms full of stuffed birds and animals; – many of them seemingly in a state of decay. We had a glimpse of arms, dresses, and ornaments of savages hung around; – of a collection of minerals; – next of antiquities from Herculaneum and Pompeia and monstrous Egypt. [...] We had no time allowed to examine any thing; our conductor pushed on without minding questions, or unable to answer them, but treating the company with double entendres and witticisms on various subjects of natural history, in a style of vulgarity and impudence which I should not have to have met in this place and in this country.«[2]

[...] Die Behandlung des Publikums war nicht dazu angetan, die Institution als sozialen Ort beliebt zu machen. Die ersten Benützungsbestimmungen gestatteten den Museumsbesuch nur in Gruppen zu fünf, unter Führung und für maximal eine Stunde. Erklärungen beschränkten sich dabei zumeist auf eine Litanei der Nomenklatur der Exponate. [...] Verwaltungsrat wie Kuratoren hatten wenig Interesse am Publikum, das sich unverhältnismäßig stark

2 *Journal of a Tour and Residence in Great Britain*, zit.n. Marjorie Caygill, *The Story of the British Museum*, London 2000, S. 13f.

aus den unteren Mittelklassen rekrutierte. Die Mittelklassen waren es auch, die öffentlich verbesserten Zugang und wissenschaftliche Qualifikation einklagten. Immerhin war der Eintritt frei. 1810 zählte man 120 Besucher pro Tag, bei vier Wochentagen Öffnungszeit circa 25.000 Besucher im Jahr. (Zwei Jahre ragen aus der Bilanz hervor: das Jahr 1851 mit der Weltausstellung, die 2,5 Millionen Besucher ins Museum brachte, und die Ausstellung des Grabes von Tutenchamun, die 1923 mehr als eine Million anlockte.)

Die Finanzierung durch die öffentliche Hand führte allerdings in den 1830er Jahren zu einem Grundsatzstreit zwischen dem Parlament und dem Museum: Die Politiker traten als Anwälte weitgehender demokratischer Öffnung auf, die Museumsvertreter als Verteidiger einer Tradition sozialer Distinktion, mit dem Argument, eine Öffnung des Museums würde nur »Seeleute mit ihren Mädchen« anlocken. Weiters fürchteten sie die Kinder, denen sie die museumsadäquate Disziplin absprachen. Dabei verstanden sie den öffentlichen Auftrag des Museums selbst als Mischung aus »Unterhaltung« und »Belehrung« – brachten so aber auch eine ihnen wichtige Opposition zwischen der kognitiven Arbeit der Kuratoren und der konsumtiven Zerstreuungslust der »Öffentlichkeit« zum Ausdruck. Die Parlamentarier hingegen etablierten einen Glaubensartikel, der zur *raison d'être* in der liberalen Ära des Museums werden sollte: Die Betrachtung von Kuriositäten übe »moralische« Wirkung aus, auch auf die Unterklassen. Diese Position setzte sich durch: Am Ostermontag 1837, dem ersten arbeitsfreien Tag, an dem das Museum geöffnet hatte,

kamen mehr als 23.000 Besucher/innen. Zu den »most popular objects of attraction« zählten Vögel, Mineralien, mexikanische und peruanische Antiken und die Magna Carta.

Vertraut man den Druckgrafiken, die das Innere des British Museum überliefern, dann wurde es nun zum sozialen Raum bürgerlicher Familien. Kanonisch wurde die Darstellung des flanierenden Paares mit einem Kind an der Seite – in gemessenem Schritt zwischen riesigen Glasvitrinen, die ihre Objekte wie Warendepots präsentieren: Mumien in drei Lagen gestapelt, Pultvitrinen mit zahllosen Dolchen, dicht an dicht. Was hier (und auf Fotografien der Zeit um 1900) zum Vorschein kommt, ist das Anliegen, Fülle zu demonstrieren. Die Methode gehört eigentlich noch zum Wissenssystem des 18. Jahrhunderts, zur Ordnung des Tableaus, in dem jeder individuelle Gegenstand nach konventionellen Kriterien klassifiziert wird. Das Museum appelliert damit an die Mitglieder einer Diskursgemeinschaft, ihr vorgängiges Wissen zu memorieren, und beraubt sich so der größten Stärke, die ihm heute zukommt, nämlich visuelle Attraktionen zu bieten. Nur zögernd beginnt das British Museum, sich als Dispositiv des Sehens zu verstehen und die Erfolge der Massenkultur zu reflektieren. Erst 1912 wird ein Verkaufsstand für Postkarten und hauseigene Publikationen, erst in den 1970er Jahren eine museumspädagogische Abteilung eingerichtet. Mit der Gründung eines eigenen Verlags, dem Vertrieb von Objekt-Repliken und thematischen Ausstellungen für ein Massenpublikum (zu Tutenchamun 1972: 1,6 Millionen Besucher), die auch vor fiktionalisierten, animierten historischen Welten (Wikinger-Ausstellung 1980) nicht zurückschrecken, wird das British Museum Teil der Kulturindustrie.

Das Museum ist eine Institution der liberalen Gesellschaft des 19. Jahrhunderts. Seine Aufgabe ist es, eine Kulturtechnik zu verallgemeinern, die auf Selbstkontrolle, Disziplin und Distanzierung affektiver Einstellungen beruht, die die Urteilskraft des autonomen Subjekts beeinträchtigen könnten. Svetlana Alpers spricht hier vom »attentiven Blick«: Das Museum isoliert den Gegenstand von seinem Kontext und exponiert ihn einer registrierenden Beobachtung, die neutral ist gegenüber seiner Verankerung in einer komplexen Welt. »What the museum registers«, meint Alpers, »is visual distinction, not necessarily cultural significance.«[3] Diese Technik des Sehens stellt ein formales Wissen um Regelhaftigkeiten und Serien her und produziert dabei Macht, d. h. das Potenzial, isolierte Dinge zu verketten, sowie die Sicherheit, in Abwesenheit Dritter die eigene Kultur zum Maßstab aller Erscheinungen zu machen. Schließlich schafft die Konvention des attentiven Blicks (und dessen Habitualisierung durch Besucherordnungen) kognitive Voraussetzungen für die Kommunikation dieses Wissens inner-

halb einer auf autonomen Individuen beruhenden Gemeinschaft.

Selbstverständlich ist der neutrale registrierende Blick eine epistemologische Fiktion der Moderne.[4] [...] In der internen Struktur des Museums zeigt sich ein paradoxes Misstrauen gegen diese visuelle Kraft daran, dass die Bibliothek als eigentlicher »Wissensspeicher« des Museums gilt. Dies kommt dem Eingeständnis gleich, dass die Schrift, nicht der Blick, das Wissen regiert. Darauf beharrte etwa der Anatom und Begründer des Wiener Pathologisch-Anatomischen Instituts Carl Rokitansky: Die Gegenstände des Museums seien Träger von Spuren, die erst mittels der Instrumente wissenschaftlicher Begriffssprache zu entziffern seien.[5] Doch seine öffentliche Funktion, die Bildung einer liberalen Gemeinschaft, kann das Museum nur erfüllen, wenn es dem visuellen Vergnügen Zugeständnisse macht. Das Museum etabliert sich schließlich in einer Ära der Kultur der Attraktionen, die – wie Roland Barthes anhand der Fotografie ausgeführt hat – dem »Punctum« verfallen ist, dem unvergleichlichen Moment in einem Bild, das Phantasmen freizusetzen vermag. Das Museum erhält seine lokale Identität nur durch spektakuläre emblematische Gegenstände. [...] Allerdings kollidieren die kulturellen Interessen unterschiedlicher Besuchergruppen in der Beurteilung der Signifikanz der Objekte. Zum Teil trägt die Ausdifferenzierung in Spezialsammlungen (Technik, Kunst, Medizin, Naturgeschichte) dieser Forderung Rechnung – wobei Naturhistorische Museen mit ihren Exotismen der affektiven Aneignung am meisten zu bieten scheinen und des-

3 Svetlana Alpers, »The Museum as a Way of Seeing«, in: Ivan Karp, Steven D. Lavine (Hg.), *Exhibiting Cultures. The Poetics and Politics of Museum Display*, Washington, London 1991, S. 30.
4 Vgl. zur Theorie des Blicks im 19. Jahrhundert Jonathan Crary, *Techniques of the Observer. On Vision and Modernity in the Nineteenth Century*, Cambridge, Mass., London 1990, hier insbes. S. 97ff.
5 Vgl. Carl Rokitansky, *Lehrbuch der Pathologischen Anatomie*, Bd. 1, Wien 1955, S. 5.

halb kulturell der städtischen »Masse« und den Kindern zugeordnet werden.[6]

Das Museum wird als Ort rationalen Wissens gegründet (Universitäten schließen in den meisten Ländern erst nach 1850 dazu auf); es produziert aber auch seine eigenen Narrationen. Es generiert »Geschichte« auf Basis eines Zeitpfeils und qualifiziert Unterschiede in Natur und Kultur nach Nähe oder Ferne zur eigenen Zivilisation.[7] Es wird damit im 19. Jahrhundert zum Träger der Idee von Fortschritt und Perfektabilität, für die es selbst – nach Ausscheidung der »Merkwürdigkeiten« und »Monstren« aus den Sammlungen – mit der Präsentation der »besten« Produkte der Menschheit (und der Kontrolle über Natur) Evidenzen schafft.[8] Das Museum ist der Aufklärung verpflichtet und trägt deren Ambivalenz – die »Dialektik der Aufklärung« – mit: jene Entzauberung der Welt, die in die ihrerseits magisch fundamentierte Unterordnung aller Erscheinungen unter allgemeine Prinzipien mündet.

Schließlich macht das Museum liberale Machtstrukturen plausibel, indem es sie kulturalisiert. Seine Sammlungs- und Präsentationstätigkeit beruht kategorial auf der strukturellen Opposition von »authentisch« versus »uneigentlich«, Original versus Serie, die zur Ausdifferenzierung von Systemen der modernen Gesellschaft maßgeblich beiträgt. Das Museum suggeriert quasi, dass jedem produzierten Gegenstand ein Original zugrunde liegt; die liberale Warengesellschaft kann sich dann mit der Zirkulation des reinen Zeichens begnügen. Zugleich findet diese formal egalitäre Gesellschaft im Museum (neben Theater, Konzertsaal

etc.) ein Feld der sozialen Differenzierung entlang des kulturellen Konsums. Die Nobilitierung von Objekten durch ihre Aufnahme ins Museum und die Rangabstufung zwischen ihnen begünstigen die Etablierung von Sonderkulturen und einer hegemonialen »Hochkultur«.[9] Das Museum ist ein Ort der kulturellen Auseinandersetzung.

Der Eintritt des Films in die gesellschaftliche Wirklichkeit um 1900 unterminiert die Illusion des interesselosen Beobachters, die im Museum ihr Paradigma hatte. Kino bedeutet bereits in der Frühzeit das Bekenntnis zu Faszination und Vergnügen am Visuellen. Das »Kino der Attraktionen« (Tom Gunning) erkennt die körperlichen Erregungszustände, die der *cinematic apparatus* auslöst, an und stimuliert sie. Mit dem Übergang zur Montage potenziert der Film diesen Effekt: Er bietet mehr als einen Blickpunkt und lädt zu wechselnden Identifikationen ein – mit enormen Auswirkungen für eine Kultur des Subjekts. Denn die spätmoderne Gesellschaft gründet in einem phantasmatischen Ich: Dessen »entwirklichte« Realität ist zur Wahrnehmungswelt der sozialen Subjekte geworden –

6 Vgl. die Karikaturen, die sozial differenziertes Verhalten und die Vorlieben der unteren Klassen für Naturgeschichte zeigen, in Caygill, *British Museum*, S. 40.

7 Kevin Moore stellt in *Museum and Popular Culture* (London, Washington 2000, S. 10f.) die These auf, das Museum sei zur Zeit seiner Gründung das einzige Medium, das die Massengesellschaft mit »Geschichte« konfrontiere.

8 Dies prägt auch die kuratorische Funktion: die Antizipation und Entscheidung darüber, was aus dem potenziell unendlichen Fundus sammlungsfähiger Objekte künftig bedeutend sein wird.

9 Vgl. Moore, *Museum and Popular Culture*, S. 3f.

einer Wahrnehmungswelt, die nicht wie die des Museums auf Dissoziierung der beobachtenden Körper beruht, sondern auf der permanenten Aneignung der Bewegungserfahrungen eines geradezu universalen Körpers.[10] An dieser Stelle, derjenigen der Bewegung, musste der Zusammenstoß des Films mit dem Museum erfolgen, früher oder später, exemplarisch jedenfalls 1938 mit Howard Hawks' *Bringing Up Baby*.

In »the screwiest of the screwball comedies« (Andrew Sarris) setzt Hawks die Affekte in ihre höheren Rechte gegenüber dem attentiven Blick ein. Das Stuyvesant Museum for Natural History präsentiert sich zunächst als Raum einer ins Extrem getriebenen Disziplin. Dr. Huxley (Cary Grant) sitzt wie Rodins *Denker* auf einem Gerüst, stumm sinnierend, wo an einem riesigen Brontosaurus-Skelett er den Knochen in seiner Hand anbringen kann. Ehrfürchtig bleibt die Kamera auf den Saurier in der Saalmitte fixiert, der das Verhalten der Menschen reguliert. Seine pure Präsenz gebietet den Wissenschaftler/innen, bloß zu flüstern. Sie gruppieren sich zum Tableau, das die Blickachsen des

10 Ich beziehe mich auf den Versuch, Film in Kategorien der Phänomenologie zu fassen, bei Vivian Sobchack, »The Scene of the Screen. Beitrag zu einer Phänomenologie der ›Gegenwärtigkeit‹ im Film und in den elektronischen Medien«, in: Hans Ulrich Gumbrecht, K. Ludwig Pfeiffer (Hg.): *Materialität der Kommunikation*, Frankfurt/M. 1988, S. 422; sowie bei Reiner Matzker, *Das Medium der Phänomenalität. Wahrnehmungs- und erkenntnistheoretische Aspekte der Medientheorie und Filmgeschichte*, München 1993, insbes. S. 141, ausgehend von Husserls Vorstellung eines zweifachen Ich: eines phantastischen (das Bildobjekt) und eines sympathisierenden (der/die Beobachter/in).

»klassischen« Museumsbesuchs nach der geometrischen Methode garantiert; eine Abfolge von Stillleben verweist auf die Antiquiertheit des Museums. Der Brontosaurus – er verkörpert die Unermesslichkeit der Zeit schlechthin, aber auch ihre majestätische Größe angesichts der Abstrusitäten des modernen Alltags – lässt durch den reizvollen Kontrast von monströser Dimension und augenscheinlicher Fragilität bereits erahnen, dass es so nicht bleiben wird. Der Film bereitet uns auf die Wende vor: Einerseits inszeniert er den attentiven Blick doppelt, im Habitus der Figuren wie auch in den Kameraeinstellungen; andererseits führt er durch die Montage bereits zu diesem Zeitpunkt jene Multiperspektivität und Dezentrierung des Blicks ein, die das Stillleben am Ende in einen Parcours verwandeln werden.

Hawks gibt den Menschen im Museum ihren Körper zurück. In der Schlussszene – nach Turbulenzen mit Leoparden, einem Foxterrier und Susan, einem weiblichen Wirbelwind mit Logorrhö (Katharine Hepburn) – inszeniert er denselben musealen Raum noch einmal, nun aber nicht mehr ausgehend von der Gravität des Skeletts, sondern von den umstehenden Geräten. Susans Verliebtheitseuphorie macht die Leiter, auf der sie die Schulterhöhe des Sauriers erklimmt, zur Schaukel und Dr. Huxleys Arbeitsgerüst zur schwankenden Rettungsinsel. Die Welt gerät ins Schwingen, bis das Skelett am Ende zusammenbricht. Vier Jahre harter wissenschaftlicher Arbeit sind damit vernichtet, aber das Desaster löst Dr. Huxley aus seiner skulpturalen Erstarrung: »I never had a better time …«

Das Kino setzt sich als Herausforderer des Museums ein. Es thematisiert, was das Museum zu vermeiden versucht: die Bewegung. Im Film stellt sich Wirklichkeit durch vielfältige Verknüpfung von räumlich erfahrenen Objekten her, nicht durch deren Isolierung. Die Objekte entfalten solcherart ein Eigenleben, das sie über jede »systematisierte« Funktion hinausträgt. Filmischer Perspektivismus lässt selbst noch ein denkbares »wildes« menschliches Sehen hinter sich, er ist »die reine Sicht eines nicht-menschlichen Auges, eines Auges, das in den Dingen wäre«.[11] Bei Hawks steigert sich dies zur temporeichen Stafette, bei der eine willkürliche Handlung absurde, dennoch logische Folgehandlungen auslöst, an denen Menschen wie Tiere und Dinge ziemlich gleichberechtigt teilhaben. *Bringing Up Baby* ist vor allem ein Film über Körper in Bewegung. Dafür steht nicht zuletzt der Leopard »Baby« ein, dessen Geschmeidigkeit und Exzentrik – er ist nur durch den Schlager »I Can't Give You Anything But Love, Baby« lenkbar – das ultimative Bezugsbild für alle anderen Körper in Bewegung abgeben. Lässt sich zu dieser Überhöhung des Bewegungs-Kinos ein perfekterer Kontrast denken als der Raum des Museums?

In der ersten Szene ist der Saurier noch das logische Zentrum des Raums; in der Schlussszene wird er zur letzten Barriere, die sich dem Happy End entgegenstellt. Deshalb löst ihn Hawks' Kadrage in eine quasiarchitektonische Struktur auf, ehe er zusammenbricht. Der Film verwehrt sich damit kategorisch gegen die Unterstellung, er könne das Museum »abbilden«, denn dies würde bedeuten, zum visuellen

Regime der unbeteiligten Beobachtung zurückzukehren.

Peter Hyams inszeniert 1997 in seinem Monster-Movie *The Relic* die Objekte in der großen Eingangshalle des Naturhistorischen Museums von Chicago nicht als Blickfänger, sondern als Blickbarrieren. Bei der Einführung des Schauplatzes fährt die Kamera in leichter Obersicht vom Kopf eines Dinosauriers an dessen Skelett entlang, bis sie die beiden Buben aus der vorangegangenen Szene quasi im bildfüllenden Geflecht der Knochen wiederfindet. Die Dioramen kämpfender Löwen und stolzierender Giraffen wirken nun, in den 1990er Jahren, wie Travestien barocker Skulpturen; bei ihnen darf sich die Kamera nicht lange aufhalten. [...] Obwohl die Museumshalle hier ohnehin schon zur Piazza mit Springbrunnen und Großtransparenten umorganisiert ist, setzt Hyams alle möglichen Strukturen zur Brechung des großen musealen Stilllebens ein. Kommt dieses dennoch ins Bild, dann signalisiert es durch bedrückende Stille, diffuses Licht und die Exponierung der nach Betriebsschluss im Haus verbliebenen Personen ein Moment von Unheimlichkeit und Gefahr. Gegen Ende werden sich (wie zu Beginn dieses Texts beschrieben) all die Objekte als tödliche Fallen für flüchtende oder stürzende Besucher erweisen.

In *The Relic* ist das Museum eine komplexe Maschine, mehr als ein (scheinbar) der Ewigkeit gewidmeter Schauraum. Es umfasst Forschungslabors, Depots, Serviceräume, einen

---

11 Gilles Deleuze, *Das Bewegungs-Bild. Kino 1*, Frankfurt/M. 1989, S. 115.

Vortragssaal, ausgeklügelte Technik- und Überwachungsräume, ein Restaurant und Toiletten, die alle ihre spezifische Repräsentation in einem arbeitsteiligen System erhalten. Einen besonderen Effekt trägt das nach Sektoren geordnete historische Inventar von Bildgebungstechniken bei: Computerbilder in den Labors, Videobilder in den Überwachungsräumen, Spirituspräparate in den Depots. Schließlich gibt es noch ein verzweigtes, unterirdisches System von Schächten und Gängen, in denen das Monster Überreste seiner Opfer entsorgt. Und es gibt einen Ausstellungsbereich: Mit der Ausstellung *Superstition*, die im Plot ursächlich mit dem Auftauchen des brasilianischen Rachemonsters verknüpft ist, bietet *The Relic* einen möglichen Kompromiss zwischen Film und Museum an. Denn die thematische Schau zum »Aberglauben« bemüht selbst eine visuelle Kultur, die dem Film nachstrebt. Sie dirigiert Besucher/innen auf linearen Pfaden durch komplexe Situationen, auch mithilfe beweglicher Architekturen, die – vergleichbar der Schnitttechnik – Übertritte zwischen Räumen organisieren. Thematische Ausstellungen sind eine Form von Storytelling, die ungeniert auf die strikte, sinnhafte Koppelung der im Museum sonst isolierten Dinge zielt und ihrem ästhetischen Wert vertraut; letzten Endes wird sie vervollständigt durch die Bewegung des Publikums, die ihrerseits durch *visual pleasure* gesteuert wird. […]

12 Caygill, *British Museum*, S. 51.
13 http://en.wikipedia.org/wiki/Unlucky_Mummy (26.3.2016).

Das Kino findet für das Museum einen präzisen visuellen Ausdruck. Es wird zur Grabkammer, in der jede Bewegung, d.h. jede wirkliche Entdeckung der Welt, zur Konfrontation führt. Das Museum, im 19. Jahrhundert Inbegriff zivilisatorischen Fortschritts, wird im Repräsentationsregime des Kinos zur erstarrten Ordnung – in struktureller Opposition zur Mobilität des Films. Insofern ist sein Untergang beschlossene Sache.

Es gibt eine lehrreiche Anekdote rund um einen ägyptischen Sarg im British Museum mit der Inventarnummer 22542. Schon um 1930 zirkulierten düstere Gerüchte um einen Fluch, die vom alten Ägypten über Spukerlebnisse und rätselhafte Todesfälle im Museum bis zum Untergang der *Titanic* führen.[12] […] Bei aller Koketterie mit der Macht der Magie thematisiert der *Urban Myth* um Objekt EA 22542 – nach wie vor im Besitz des British Museum und bekannt als »The Unlucky Mummy«[13] – auch profunde Zweifel an der Ontologie des Museums als Institution. Diese ist untrennbar mit dem Tod verknüpft, den sie zwar anerkennt, dessen Konsequenz sie aber auf Dauer aufzuhalten versucht. Die Konservierung und Klassifizierung »idealer« Dinge vermehrt die Last, die ein akkumuliertes Wissen den aktuellen Entscheidungen auferlegt, ohne die rationalistischen Zwänge relativieren zu können. »Der konservierte Tod«, schreibt Henri Pierre Jeudy im Standardwerk *Die Welt als Museum*, »erscheint idealiter als ein Bild, das nicht das von etwas Zerstörtem ist. Egal ob es sich um einen für die Kultur repräsentativen Gegenstand handelt, oder um eine Mumie, die mit derselben Sorgfalt wie ein lebender Körper umsorgt wird, immer werden die Andeutungen der Zerstörung durch das Bild der aufgehaltenen und erstarrten Bewegung des totalen Verschwindens überdeckt. Der museographische Wahn ist demnach in der Lage, durch spektakuläre Großanlagen Leben zu simulieren. [...] Inder aus Wachs, mit prachtvollen Gewändern geschmückt, hinter Glas, erinnern an die Gegenwart einer Kultur, die genau von denen vernichtet worden ist, die ihre Sitten und Gebräuche als Museumsgegenstände rekonstruieren. Die restlose Liquidierung von Kulturen ist somit die Garantie für eine umso strengere, ausdrucksstärkere und lebendigere Erhaltung. [...] Die Museographie lässt die Vergangenheit zu einem System kultureller Erinnerungszeichen erstarren, sie verwandelt die Erinnerung in ein Wörterbuch der Erhaltung.«[14]

Das Kino (das in seinen Anfängen auch als »Bioskop« auftritt) hat sich die Verbindungen des Museums mit dem Tod natürlich nicht entgehen lassen. In Karl Freunds *The Mummy* ruft die szientistische Arroganz der Forscher vom British Museum durch Störung der Totenruhe den alten Fluch wach. Brauchte dieser Horrorfilm von 1932 noch eine Rückblende, um jene Tradition des Frevels zu begründen, die einen untoten Wiedergänger plausibel erscheinen lässt, kommt das Kino der Aktion mit den Gewohnheiten des Alltags aus. In meinen Referenzfilmen *Bringing Up Baby* und *The Relic* wird das Museum durch Menschen repräsentiert, die ganz dem Intellekt verfallen sind; diese werden jeweils durch Instinktmenschen, deren physische Präsenz die Sache erst ins Laufen bringt,

mit der (praktischen) Welt konfrontiert. Dr. Huxley gerät in die peinliche Situation, dass er über seiner wissenschaftlichen Arbeit etwas Wichtiges vergessen hat: das Vorhaben, am nächsten Tag seine Assistentin Miss Swallow zu heiraten. Seine schüchtern geäußerten Vorstellungen von Honeymoon und Kindern räumt ihm Miss Swallow gleich ab: Für Flitterwochen sei keine Zeit, und ihr Kind hätten sie schon – den Brontosaurus. Erst als Susan über ihn hereinbricht, wird er nach und nach zum »Erlebnismenschen«. Größer kann der Gegensatz nicht sein: hier die Verknüpfung Frau–(Wild-)Katze–Tanzmusik–Sport, dort die von Mann–Dinosaurier–Zylinder–Arbeitskittel. Aber, wir wissen es bereits, wenn sich der Sex (als ultimatives Zeichen des Lebens) im Museum ausbreitet, geht bald das ganze Haus in die Brüche.

The Relic verschärft das Problem: Der Film verteilt die latente Thanatophilie der Wissenschaft auf mehrere Personen, von denen eine – der Direktor (James Whitmore) – an den Rollstuhl gefesselt ist, während seine Stellvertreterin (Linda Hunt) auffallend kleinwüchsig ist. Die im Museum tätige Evolutionsbiologin Dr. Green (Penelope Ann Miller) hat zunächst nur ihre Karriere im Kopf. Erst spät, mit subtilem Ausdruck und nach der Begegnung mit einem Police Detective (Tom Sizemore), entdeckt sie ihre Sexualität. Und die weist ihr – im neueren Monster-Movie-Kontext intertextuell begründet – die Rolle der Retterin in letzter Sekunde zu: die Frau, gezeichnet als Lebensspenderin

14 Henri Pierre Jeudy, *Die Welt als Museum*, Berlin 1987, S. 23f.

der Gattung Mensch, die, wie Ripley in *Aliens* (1986), am Ende die an Föten erinnernden Präparate im Depot und das Monster vernichtet.

Doch dazu muss sie erst von dem abergläubischen Detective (der seinen Kollegen verbietet, über Leichen zu steigen, weil dies Unglück brächte) lernen, instinktsicher zu handeln. Besser gesagt: Der Detective zwingt sie, sich aus den technologischen Apparaturen zu befreien – aus dem heideggerschen »Gestell«, einer Welt geschlossener Systeme und Axiome, in der paradoxe Wesen mit gemischter humaner und animalischer DNA nicht vorgesehen bzw. Monstren sind. Damit tut der Detective genau das, wozu uns das Kino immer schon anhält: Fiktionen als höhere Form der Wirklichkeit anzuerkennen – und der Welt der Tatsachen jene der Möglichkeiten auf Basis der Evidenz entgegenzustellen.

In seinem kleinen Aufsatz »Andere Räume« zählt Michel Foucault die Museen zu den »Heterotopen«, jenen Orten, an denen sich das Gesetz der bedeutungsfreien Zirkulation, das »moderne« Räume charakterisiert, bricht. Heterotope bergen eine anti-ökonomische Erfahrung, sind eine Art Bühne, auf der die Menschen affektiven Situationen ausgesetzt sind, ohne mit restlos vordefinierten Verhaltensroutinen bedient zu werden.[15] Wenn sich Foucault auch nicht direkt in diesem Sinn äußert, ist die Klasse der Heterotope doch teilweise eine Versammlung von Relikten geschichtlich »abge-

sunkener« Kulturen. Im Unterschied zum archäologischen Fund aber können diese manifesten Orte ihre internen Funktionen verändern und erneuern: Klöster etwa können ihren spirituellen Charakter ablegen und ihr genuines Disziplinarregime in ein Kurangebot umwandeln, innerstädtische Friedhöfe werden zu Skulpturengärten. Für Foucault gehört auch das Kino (nicht zuletzt kraft seiner Verschränkung von Voyeurismus, körperlicher Sensibilisierung und exaltierten Erzählungen) zu dieser Ordnung der »anderen Räume«, deren Konventionen und flexible Regeln einer spezifischen, ad hoc gebildeten Community gelten.

In welchem Sinn sind die Museen – von Orten der Moderne, die nach Übernahme ihrer Wissensrepräsentationsfunktion durch geeignetere Medien wie Illustrierte, Radio und Kino sich selbst hätten abschaffen müssen – zu Heterotopen mutiert? Und welche Bedeutung kommt dabei dem Film zu? Tatsächlich erreichte ja das Museum im letzten Drittel des 20. Jahrhunderts eine unerwartete Popularität, die wiederum öffentliche und private Investitionen in Museumsbauten, Ausstellungsprojekte und Infrastruktur legitimierte und intensive Diskurse zum Museum als »ideologischem Apparat« (oder auch Ort lokaler Identitätsproduktion) in Gang setzte. Dabei wich das Argument des Wissenstransfers (aus der liberalen Gründerära) einem Beschreibungskomplex, der ökonomische Argumente ebenso umfasst wie die Konstatierung einer demokratisierten Erinnerungskultur oder eines politischen Rechts auf Zerstreuung. [...] Die Motivation, ein Museum zu besuchen, wird heute nicht mehr bil-

15 Michel Foucault, »Andere Räume«, in: Jan Engelmann (Hg.), *Michel Foucault. Botschaften der Macht*, Stuttgart 1999, S. 145ff.

dungsethisch behübscht: Man bekennt sich dazu, dass man zum Vergnügen hingeht, insbesondere in Gruppen. Die Attraktivität des zeitgenössischen Museums bemisst sich daran, ob und in welchem Maß es soziale Aktivitäten stimuliert.

Der Akzeptanz des Museumsbesuchs als breite soziale Praxis ohne Verpflichtung zur Selbsterziehung kommt die Museumspolitik durch perfektionierte Ausstellungstechniken, Marketingsysteme und Erzählstrategien entgegen. Damit vollzog das Museum ab den 1970er Jahren den Übergang von der *highbrow* zur *popular culture*. Es tat dies vernünftigerweise, unter der Konkurrenz etwa von Themenparks, die seine hypermodernen Nachfolger sind – jedenfalls hinsichtlich der Definitionsmacht darüber, was »Geschichte« ist. Ohne eine universale Idee des Museums allerdings wäre dieser Wechsel kulturpolitisch wohl kaum zu bewerkstelligen gewesen – und an diesem Wendepunkt, denke ich, erweist sich der Film als Retter des Museums, trotz der ständigen Devastierungen, die er ihm im Namen des Menschenrechts auf Bewegung und Leben antut. Denn erst der Film schafft dem Museum ein System der popularen Repräsentation, die allein in einer demokratischen Massengesellschaft kommunizierbar ist.

Die Repräsentation des Museums im Film, somit seine Anbindung an die Populärkultur, wird dominiert von der Großechse und der Mumie. [...] Die Riesenechsen faszinierten ein Publikum, seit 1822 der erste Fund versteinerter Knochen deren vergangene Existenz suggerierte. Die Interpretation der (erstmals 1841 vom Paläontologen Richard Owen so genann-

ten) »Dinosaurier« unterlag einigem Wandel: Ging man vorerst von schlecht an ihre Umwelt angepassten »Monstren« aus, so brachte das 20. Jahrhundert das Bild der agilen Jäger. Die Dinosaurier und ihr rätselhaftes Aussterben stellten in gewisser Weise die Weltformeln der Naturwissenschaften und das imperialistisch gewendete Darwin'sche Weltbild infrage – zugleich waren sie so außerordentlich »fremd«, dass man sie als Museumsbesucher/in ob ihrer bloßen Erscheinung einfach bewundern konnte (und durfte), ohne sich mit Wissenskontexten belasten zu müssen. Die Mumien wiederum – ungeachtet der reichen Tradition an Reliquienkult, auf die der Katholizismus zurückblickt – streiften an ein weiteres Fundament der liberalen bürgerlichen Herrschaft, nämlich die koloniale Expropriation. Die (auch im Spielfilm prägende) Mumie des modernen Alltagsmythos steht in Zusammenhang mit dem Gold der Grabräuber und dem Menschenopfer, das auf die eine oder andere Art mit diesem allgemeinsten Wertäquivalent verbunden ist. Zentral für die populare Tradition der Mumie ist weniger der Schauer vor der Frage des »Jenseits« als vielmehr der blasphemische Akt, aus Gier nach Geld (oder nach Wissen) eine – von wem auch immer gezogene – Grenze zu einem »anderen« Wissen, einer anderen Kultur zu überschreiten. Saurier wie Mumien können im Kontext der Populärkultur also gelesen werden als eine Zurückweisung des Anspruchs der modernen gesellschaftlichen Systeme auf totale Geltung ohne ethische Selbstbindung, und sie können als Referenten eines Akts von *empowerment* bei jenen aufgefasst werden, deren Zugang zu Geld und Wissen für gewöhnlich eingeschränkt ist. Der Film setzt das Museum als idealen Ort ein, an dem dieser Konflikt zwischen »harter« Moderne und gegenkulturellen Mythen ausgetragen werden kann.

Selbst ein Kind des Gegenmythos, kann der Film das Museum nicht euphemistisch behandeln. Das Museum bleibt ritueller Raum einer Expertokratie und Hochsicherheitsgefängnis für Dinge und Kulturen (jedenfalls ist das in *The Relic* noch so: ein »Spukort«, an dem Kindern Furcht eingeflößt wird). Doch zugleich respektiert der Film das Museum. Was in den filmischen Blick kommt und was das Zerstörungswerk erst brisant werden lässt, ist die Singularität der Dinge, die im Museum zu finden sind: Museumsgegenstände sind inkommensurabel und – außer in Zeiten kultureller Revolutionen – der ökonomischen Zirkulation entzogen, jedenfalls diejenigen Gegenstände, die strategisch im System der filmischen Repräsentation positioniert sind: im Sprung erstarrte Löwen, Arte-

fakte und Präparate mit dämonischem Blick, ausgestorbene Arten, das Extreme (an Gestalt, Schönheit, Unmäßigkeit …). Der Film bestätigt die Einzigartigkeit des Sammlungsgegenstandes, doch er entwickelt sich entlang des Paradoxons, dass jede Entdeckung für das Museum die Dinge notwendigerweise paralysiert und ihre Stellung in der Welt auslöscht. Dem stellt der Film das unbegrenzte Potenzial an Eigensinn entgegen: Die Singularität erweist sich schließlich daran, dass der Brontosaurus gerade einer einzigartigen Liebesbeziehung im Weg steht. Freilich muss der Film auf externe Ressourcen der Naivität (*Bringing Up Baby*), des Leichtsinns (*The Mummy*), des Verbrechens und (antikolonialen) Krieges (*The Relic*) zurückgreifen. Doch indem er die Objekte rationalistischer Manipulation entzieht und die Möglichkeiten ihrer fantastischen Verwandlungen gerade auf ihrer »Materialität« aufbaut, gibt er letzten Endes dem Museum die Idee der Authentizität auf einer sozial verträglichen Ebene zurück.

Transgression und grotesker Körper

David Cronenbergs Dead Ringers

Zum grotesken Körper vorab eine lexikalische Definition. Eine Groteske ist ein derb-komischer oder närrisch-seltsamer Text oder Akt, der auf verzerrende, ungewöhnliche Art verschiedene nicht zusammenpassende Elemente, unvereinbare Gegensätze, vor allem Komisches und Grausiges, miteinander verbindet. Die Groteske dient(e) vor allem dazu, die Wahrnehmung einer Verzerrung, Verfremdung und Entstellung der Welt zu repräsentieren.

Dead Ringers (CDN/USA 1988) ist ein Film von David Cronenberg, jenem zeitgenössischen Regisseur, der am radikalsten Groteske, Körper und Transgression verbindet. Zu seinen mir vertrautesten Arbeiten zählen *Shivers, Crash, Videodrome* und *The Fly*. In *Shivers* dringen phallische Würmer in die Körper von Menschen ein und lösen eine Orgie aus. In *Crash* bauen Menschen, die sich bei Autounfällen gezielt selbst zerstören, ihre Körper mithilfe metallener Prothesen zu organisch/anorganischen Hybriden um. In *The Fly* infiziert sich ein mit Teleportation experimentierender Wissenschaftler mit den Genen einer Fliege und mutiert zu einem Insekt. In *Videodrome* erliegt der Betreiber einer TV-Station einem mysteriösen Videosignal, verstrickt sich in sadomasochistische Performances, die er von einem Piratensender empfängt, und entwickelt schließlich ein neues Organ an seinem Bauch, das starke Ähnlichkeit mit einem weiblichen Geschlechtsorgan hat.

Cronenbergs Filme handeln von der Getriebenheit einer verwissenschaftlichten Männergesellschaft, mittels Technologie neue Lebewesen zu schaffen. In *Videodrome* fällt der euphorische Ausspruch: »Long live the New Flesh!« – ein Fleisch, das organisch und künstlich-technisch zugleich ist. Cronenbergs Filme sprengen das Phantasma vom reinen, empfindungslosen menschlichen Gewebe, wie es die Molekularbiologie für die Zukunft verspricht. Die physischen Deformationen und die neuen Organe, die Cronenberg ins Bild rückt, führen hinter die Sicherheit unseres von der Sprache kolonisierten Körperbildes zurück. Traditionell verknüpfen sich solche Versuche mit Drogenexperimenten; Drogen spielen in *Dead Ringers* eine wichtige Rolle. Die Vorzüge des Films gegenüber Drogen liegen allerdings darin, dass sich die virtuellen Körperbilder nicht als unverbundene ekstatische Zustände darstellen, sondern zu folgerichtigen, sinnhaften und plausiblen Ereignisketten verknüpfen lassen. Wir stehen in einer kohärenten Gegenwelt und können uns reflektierend verhalten.

Grotesk ist eine Präsentation von Dingen, Körpern und Verhaltensweisen, die sich an den

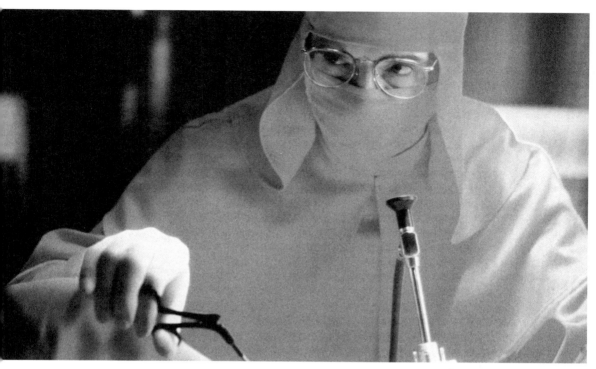

Dead Ringers (1988, David Cronenberg)

Common Sense anlehnt, die Dinge aber verzerrt und die Ordnung, in der sie stehen, umkehrt. Ihre klassischen Orte sind das neuzeitliche Jahrmarktspektakel und der Karneval. Das Höhere, das Erhabene, wird durch das Niedere, Unzivilisierte herausgefordert, etwa wenn Menschen in Mönchskleidung mit demonstrativ getragenen Attrappen von Geschlechtsteilen vulgäre Reden im Stil von Predigten halten. Im Mittelpunkt der Karnevalsgroteske steht der defäzierende, kopulierende, verschlingende und ausscheidende Körper. Die Auseinandersetzung mit dem Animalischen ist brisant. Der Philosoph Giorgio Agamben beschreibt, wie sich mittelalterliche Theologen mit der Frage abgequält haben: Kommen die Menschen am Tag der Auferstehung mitsamt den Eingeweiden ins Paradies, und sind diese Eingeweide möglicherweise noch gefüllt? Wie groß müsste das Paradies sein, um die Fäkalien aller Verstorbenen aufzunehmen? Und nehmen die Toten ihre Geschlechtsteile mit ins Paradies, werden sie sich weiterhin paaren, obwohl der Zweck der Fortpflanzung mit dem Eintritt ins ewige Leben weggefallen ist? Die Entscheidung fiel, wie Sie unschwer erraten werden, zugunsten der Seele und gegen den Körper. Darauf beruhte auch das Gebot von Disziplin und Askese, das die christliche Kultur des Körpers prägen sollte; aber auch die Entwicklung der europäischen Städte ist in diesem Licht zu sehen. Systematisch werden mit der Schließung der innerstädtischen Friedhöfe, mit der Kanalisation, der Müllabfuhr, der Vertreibung der Tiere, Geisteskranken und Behinderten aus dem öffentlichen Raum alle Zeugnisse der menschlichen

Physiologie den Sinnen entzogen und – soweit es geht – unsichtbar, unriechbar, unhörbar gemacht.

Im barocken Spektakel stand der physiologische Körper für das moralisch Niedere, der Geist für das Erhabene. Im Karneval kommt es sozusagen zur spielerisch erlaubten Rebellion und Umkehrung, aber in einem von der Obrigkeit gesetzten zeitlichen und räumlichen Ordnungssystem. Die *Form* dieser Kritik ist die Mimikry, die körperliche Ausscheidungs- und Vereinigungspraktiken durch Überzeichnung ins Absurde treibt. Dies, das Hinaustreiben der Nachahmung über die Grenze zur Absurdität, nennen Peter Stallybrass und Allon White Transgression. Transgression bedeutet für sich nicht die Durchsetzung einer Alternative. Im Regelfall dient sie zur Domestizierung einer latent vorhandenen Gegenkultur des Volkes.

Wie aber bekommen die Herrschenden in einer dynamisch und nicht rituell regulierten Gemeinschaft, also in einer bürgerlichen Gesellschaft, den grotesken Körper in den Griff? Wie können sie sicher sein, dass die kleine zeitliche Lücke, die sie ihm mit Karneval und Jahrmarkt eröffnen, nicht zum Exzess führt? Stallybrass und White sprechen in diesem Zusammenhang von der Poetik der Transgression. Gemeint sind damit künstlerische Verfahren, mit denen Fantasien vom reinen und hochstehenden Leben und erwünschte Handlungsweisen durch Übertreibungen des gegenteiligen Zustands plausibel gemacht werden. Transgressive Poetik ist eine Vermischung von Hohem und Niederem, ein Hybrid. Durch das

Mittel der Entstellung wird suggeriert, wie wohltuend die legitimen moralischen Normen und die gesellschaftliche Ordnung, die auf ihnen aufbaut, sind. Parallel zur Durchsetzung eines bürgerlichen Körpers als Ideal verlagert sich der Schauplatz des grotesken Körpers von gesellschaftlichen Praktiken wie dem Karneval hin zu Theater und Literatur, aber auch zu wissenschaftlichen Texten und in anatomische Museen. Der bürgerliche Körper zeichnet sich, grob gesagt, dadurch aus, dass er eine klare Grenze nach außen wie nach innen hat. Er bekommt – man denke nur an die Moden des 19. Jahrhunderts – eine zweite Haut, die ihn verhüllt. Der Körper wird von Spuren, die seine biologischen Eigenschaften zeigen, gereinigt: von Sekreten, Hautunreinheiten. Und er wird ultraweiß.

Ein bestimmter Aspekt der transgressiven Poetik führt uns wieder auf die Cronenberg-Spur: der deformierte Körper. Waren körperliche Anomalien wie Verwachsungen, Ganzkörperbehaarung oder Rumpfmenschen im 19. Jahrhundert noch jahrmarktähnliche Attraktionen, die zur erzählerischen Ausschmückung einer magischen Welt dienten, so bemühte sich die Wissenschaft bald darum, die über Vererbung von Generation zu Generation weitergegebene schädliche, niedrige Lebensführung dafür verantwortlich zu machen. Anomalien und physische Deformationen blieben nicht länger wunderliche Zeichen des Lebens, Zeichen einer verkehrten Welt, sondern wurden als Pathologien betrachtet, die es zu eliminieren galt. Ende des 19. Jahrhunderts trifft die Pathologisierung des Körpers aber auch mit einem

neuen Instrument der kulturellen Poetik zusammen. Dieses Instrument ist der Film.

Der Film entdeckte den Körper vor allem als Medium, um eine verborgene Wahrheit – und deren Schönheit – zum Ausdruck zu bringen. In seinem Zentrum stiftete er einen idealen Körper, den der makellosen weißen Schauspielerin. (Richard Dyer beschreibt im Rahmen seiner *Whiteness*-Studien, wie die Filmindustrie das Ideal des reinen weißen Frauenkörpers bis in die technische Entwicklung von Filmmaterial, Farbfiltern und Beleuchtung verfolgte.) Gleichzeitig präsentierten Filmformen wie die Slapstick-Komödie oder der Horrorfilm schon früh in der Kinogeschichte exzentrische Körper. Mit Tod Brownings *Freaks* von 1932 gelang es sogar, den grotesken Körper der Jahrmarktsattraktionen zu kulturalisieren und im Erzählzusammenhang Empathie für ihn zu entfalten. Was diesen Körpern jedoch zum Grotesken fehlt, ist das Spiel mit den vegetabilen Aspekten, den Säften, Höhlungen und offenen Stellen, kurz: mit ekelerregenden und antizivilisatorischen Welten.

Diese betreten das Kino erst mit dem *Body Horror* der 1970er Jahre, der dem grotesken Körper neue Beachtung schenkt. David Cronenberg zählt zu den wesentlichen Exponenten dieses Subgenres. Seine Filme setzen zu einem Zeitpunkt ein, an dem das Aufkommen von Biotechnologie und Artificial Intelligence ein Definitionsproblem mit sich bringt: Ist das Leben vielleicht gar immateriell, ist es bloß das Einwirken von Information auf anorganische Materie? Und, daran anschließend: Kann man den Körper mithilfe der Molekularbiologie gezielt verändern? Oder brauchen wir das inkorporierte Leben gar nicht mehr, wenn wir die Künstliche Intelligenz in Hardware einschließen? Cronenberg ist der Filmemacher, der sich am nachhaltigsten mit dem Wissensmilieu auseinandersetzt, in dem solche Ideen entstehen. Seine Filme erscheinen aber auch zu einem Zeitpunkt, an dem das Kino bereits 70 Jahre lang an der Fixierung eines »Standardkörpers« mitgewirkt hatte, der durch Blicke konsumiert werden kann.

Wir haben es also mit zwei Dimensionen zu tun: mit dem Verhältnis von Körper und Wissenschaft und mit der Repräsentation des Körpers im Film. Die erste Dimension verweist auf die Durchdringung des Fleisches durch Technologien und Machtbeziehungen des Spätkapitalismus. Wir begegnen in *Dead Ringers*, so wie in anderen Filmen Cronenbergs, einem kohärenten Inszenierungsstil, der diese Technologie und Macht atmosphärisch wiedergibt. In *Dead Ringers* sind es die kalten, blaubraunen Farben und glatten Oberflächen des italienischen Interieurs, die das Scheitern der Suche nach Nähe und Intimität reflektieren. Die Fertilisationsklinik als zentraler Schauplatz hat die Struktur eines Finanzunternehmens. Von besonderer Bedeutung ist die Thematisierung der technologischen Sichtbarkeit des Körperinneren durch Monitore und Mikrokameras, die gemeinsam mit den chirurgischen Instrumenten Patient/innen/enkörper in eine totale Apparatur zwängen. Die zweite Dimension, die Cronenberg reflektiert, ist die Rolle, die Film für die Ausbildung eines dominanten hygienisierten und disziplinierten Körperbildes gespielt hat. Allgemein ge-

sagt: die Beteiligung des Kinos an der Ausrichtung eines Blickregimes, das andere Arten der Erkundung des Körpers und der Welt abwertet. Cronenberg opponiert gegen die Art, wie das dominante Kino Wünsche einfängt, ordnet und reguliert, indem es gereinigte Modelle der Erfüllung anbietet.

Dead Ringers handelt von einer männlichen Fantasie: davon, dass sich moderne männliche Identität über die Erforschung, Taxierung, Bestimmung und Bildgebung des weiblichen Körpers konstituiert. Diese Fantasie ist im Film unübersehbar instrumenteller Art. Die Mantle-Brüder arbeiten schon als Studenten an der Verbesserung gynäkologischer Instrumente. Ihr obsessives Interesse gilt der Versachlichung ihrer Beziehung zum weiblichen Körper, den sie auf seine Reproduktionsfunktion reduzieren. Sie wollen das Frau-Sein in klinischer Weise verstehen, durch Zergliederung und Analyse, nicht durch Erfahrung, Emotion oder Intuition. Männliche Identität beruht auf dieser Distanz, die ein Machtverhältnis errichtet. In einer der eindrucksvollsten Szenen des Films zeigt Cronenberg einen der Ärzte, der sich für die Operation vorbereitet, in einem flammend roten Talar wie den Priester eines dämonischen Kults, der Leben nehmen und geben kann. Zum Vorschein kommt die Inszenierung einer technisch vermittelten Macht des männlichen Denkens über die Biologie der Frau.

Das Thema wird jedoch komplizierter: Beverly und Elliot Mantle, die Betreiber der Fertilisationsklinik, sind männliche Zwillinge. Diese Kombination wird produktiv gemacht. Gynäkologen repräsentieren in reinster Form männliche Macht über Frauenkörper sowie das, was man den medizinischen Blick nennt. Für diesen Blick gibt es eine erkenntnisleitende Instanz: die Form der Organe und ihre Bewertung nach ihrer Funktion. Zwillingspaare, namentlich eineiige, haben immer ein öffentliches Interesse gefunden, weil sie einen Grenzfall markierten. Legenden ranken sich um die Frage, ob Zwillinge so miteinander verbunden sind, dass sie keine einzelne Identität ausbilden können. Ein Geist in zwei Körpern sozusagen: Das erschüttert alle Annahmen über die Subjekteigenschaft des Menschen und unterminiert in *Dead Ringers* den körperlos-souveränen Blick des Gynäkologen.

Die Faszination durch eine Natur, die Zwillinge in die Welt setzt, wird heute von der Wissenschaft überflügelt. Die Genetik, ihr Konzept des Klonens, stimuliert die Vorstellung, durch Entschlüsselung des genetischen Codes idente Lebewesen industriell herstellen zu können. Damit würde die Sexualität ihre Funktion für die Fortpflanzung verlieren und der eigene Tod würde uns in die Hand gegeben. Das sind zwei Themen, die – als kultureller Kontext verwendet – Cronenbergs Filme über das Horrorgenre hinaustreiben und in den Rang einer kulturellen Poetik der Transgression setzen. Drittens, noch enger an Cronenbergs Grundthema heranführend, richtet sich das Konzept der Organ-Klonung auf die Produktion von ungestaltetem lebendem Gewebe: reines Fleisch, das bei Bedarf in die gewünschte Ordnung transformiert wird.

Die Mantle-Zwillinge sind zwar körperlich getrennt, aber sie entsprechen der landläufigen Vorstellung von siamesischen Zwillingen. Sie sind nur in Nuancen unterscheidbar und voneinander psychisch abhängig. Am zufriedensten scheinen sie zu sein, wenn sie sich wechselseitig imitieren und in der Rolle des jeweils anderen Dritte irreführen: vor allem Frauen, die sie so als Sexualpartnerinnen teilen bzw. missbrauchen. Aber der Film geht über dieses klassische Muster von Männerfantasien hinaus. Möglich macht dies der Exzess an brüderlicher Ähnlichkeit, und zwar auf eine Weise, wie es nur der Film vermag: durch Schnitte, durch Schuss-Gegenschuss, durch ein raffiniert reduziertes Set und durch Spezialeffekte wie die relativ neue Motion-Control-Kameratechnik. Deren Einsatz erlaubt es, beide Brüder – dargestellt von ein und demselben Schauspieler – gleichzeitig ins Bild zu bringen. Statt (wie in herkömmlichen Komödien) Hoffnung auf eine Aufdeckung der Farce zu machen, kehrt Cronenbergs umfassende Duplizierung eines Körpers die Logik der Erzählung um. Die unaufhebbare Ähnlichkeit wird zum Grundkonflikt, zum Drama. Die aufkeimende Zuneigung zu einer Patientin konfrontiert einen der Brüder mit dem Mangel, der aus seiner Identifizierung mit seinem Zwilling resultiert. Er kann keine vollständige, autonome Identität ausbilden, die für die Beziehung zur Patientin Claire nötig wäre. Claires Attraktivität liegt darin, dass sie eine anatomische Anomalie aufweist, eine Gebärmutter mit drei Kammern. Dies führt uns auch im buchstäblichen Sinn zum ärztlichen Blick als Modell für den männlichen Blick und für die männlichen Phantasmen. An einer Stelle erklärt einer der Gynäkologen sogar, es müsste

Schönheitswettbewerbe für Organe geben, für die schönste Milz, Leber etc. Wer würde da wohl in der Jury sitzen?

Claire weigert sich jedoch, diesen Fantasien nachzugeben: der Fantasie, ein neues Objekt der versachlichten Erforschung eines defizienten weiblichen Körpers erwählen zu können, sowie der Fantasie, sexuellen Genuss aus der Einbindung des Zwillingsbruders als imaginärem Dritten zu beziehen. Das Scheitern beim Bilden einer eigenständigen Identität macht Beverly mehr und mehr zum hysterischen Frauenhasser, der neue gynäkologische Instrumente erfindet und klagt, seine Patientinnen hätten nicht mehr die richtige Art von Körper. Er verletzt gar eine Patientin mit zoomorphen Instrumenten. Zugleich wenden sich die Machtverhältnisse: Das Fleisch der anderen lässt sich nicht länger als Sache behandeln. Den Zwillingen wird nicht nur ein Arbeitsverbot durch Medizingremien auferlegt, sie werden auch gezwungen, Prozesse der Unterwerfung am eigenen Leib zu erfahren. Dieser Konflikt kulminiert in einer der heftigsten Szenen des Films, einem Angsttraum: Claire versucht, die Stelle an der Hüfte durchzubeißen, an der Beverly und Elliot verwachsen sind. Der Filmtheoretiker Steven Shaviro hat vorgeschlagen, die Szene nicht metaphorisch zu sehen, als Visualisierung eines Gefühls psychischer Verwachsenheit, sondern als Affektbild, das erlebbar macht, wie sich körperliche Gefühle (z. B. Schmerz) mit psychischen (z. B. Angst) ununterscheidbar vermischen. Dies ist typisch für Cronenbergs Kino: Es geht, in Absetzung von Psychosomatik, um »Psychoplasmatik« (ein Ausdruck aus seinem

Film *The Brood*, in dem Lebewesen in tumorartigen Säcken am Körperäußeren der Patientin einer Psychotherapieklinik heranwachsen).

Der Körper ist bei Cronenberg Schauplatz gewaltsamster Entfremdung und intensivster Affekte. Das Fleisch ist potenziell polymorph und hat die Kapazität, Grenzen, die durch organische Funktionen und symbolische Artikulationen gesetzt scheinen, zu überwinden. Neue Arrangements des Fleisches brechen in Cronenbergs Filmen traditionelle binäre Oppositionen auf: zwischen Geist und Materie, Bild und Objekt, Ich und dem Anderen, Innen und Außen, Mann und Frau, Natur und Kultur, menschlich und unmenschlich, organisch und mechanisch. Mentale Prozesse wie Wünsche und Ängste, Affekte und Fantasien werden unmittelbar als körperliche Veränderung registriert. Cronenberg zwingt seine Figuren, bis ans Ende ihrer Gefühle von Abhängigkeit und Wut zu gehen; er versteht körperliche Extremveränderungen und Krankheiten nicht als Index psychischer Konflikte, nicht psychosomatisch, sondern vielmehr als direkten Ausdruck von Leidenschaften. Die Ordnung der Organismen besteht zu einem bestimmten Zeitpunkt mehr zufällig als zwingend. Das Leben könnte auch ganz andere Formen annehmen. Cronenberg zeigt eben dieses Unzeigbare am Leben, das Virtuelle, und er verhilft dem Unsagbaren, d. h. Zuständen und Situationen, für die es keine sprachliche Form gibt, zum Ausdruck.

In dieser Hinsicht ist *Dead Ringers* vielleicht nicht Cronenbergs spektakulärster Film, aber der am meisten nachdenklich stimmende. Hier geht es in einer doppelten Bewegung um das

Fleisch: einmal um einen grotesken Körper, eine Gebärmutter mit drei Kammern; zum Zweiten um Zwillinge, die Macht über dieses Fleisch ausüben wollen, dabei aber dem Schmerz begegnen, den ihre eigene Unvollständigkeit – ein Geist in zwei Körpern – nach sich zieht. *Dead Ringers* ist, wie auch andere Arbeiten des Regisseurs, kein im herkömmlichen Sinn »kritischer« Film, der z. B. ein Statement gegen Gentechnologie enthielte. Wenn Cronenbergs Filme die Opposition von Körper und Geist, Natur und Kultur aufbrechen, dann tun sie dies in einem gesellschaftlichen Kontext, der diese Oppositionen durch wissenschaftliche Manipulation außer Kraft setzen will. Sie begleiten diese aktuellen Strategien in der Tradition des grotesken Körpers und der Transgression: Sie denken die Fantasien, die den Körper als beherrschbare Materie kontrollieren und traktieren wollen, radikal vom Eigensinn des Körpers her weiter. Dieses Verfahren ist mitunter stärker als eine explizite und rationalistische Kritik an den Technologiephantasmen im Spätkapitalismus.

Cold War, Cool Warriors

Hollywoods Koreakriegsfilme um 1960

Wenn ich mich als leidenschaftlicher Pazifist, der sich dem Kriegsfilm immer verweigert hat, nun doch diesem Thema stelle, dann steht hinter dieser Entscheidung vielleicht so etwas wie ein Beharren von Bildern: in meinem Fall das der Schlussszene von *The Bridges at Toko-Ri* (Mark Robson, 1954). Der Protagonist, ein Jet-Flieger, findet ein erbärmliches Ende in einem Graben und wird wie ein Tier niedergeknallt. Dieses Ende, das mich immer stutzig gemacht hat, motiviert meine Auseinandersetzung mit Kriegsfilm unter den Bedingungen des Kalten Krieges. Ich beschränke mich auf eher randständige Filme, konkret: auf vier US-Produktionen, die (so wie *The Bridges at Toko-Ri*) vom Koreakrieg handeln. Die Auswahl folgt meinem Eindruck, dass sich im Zusammenhang mit dem Verlauf dieses Krieges die Unsicherheit über die eigene Mission, die die US-Gesellschaft in der postimperialen Zeit erfasst hat, vergleichsweise ungehindert artikuliert. Ich stelle Anthony Manns *Men in War* (1956), Hall Bartletts *All the Young Men* (1960) und Denis Sanders' *War Hunt* (1961) einem Ausläufer des klassischen US-Kriegsfilms gegenüber: John Fords Doku-Epos *This Is Korea!* (1951).

Am Ende von *This Is Korea!* ist ein Relief an Bord der *USS Missouri* zu sehen, dessen Inschrift besagt, dass an dieser Stelle die japanische Ka-

pitulationserklärung stattfand, die den Zweiten Weltkrieg beendete. Die Voice-over paraphrasiert dazu die US-Verfassung: Der Krieg in Korea sei notwendig, damit die Freiheit und das Streben nach Glück nicht von dieser Erde verschwänden. Danach begleitet die Kamera die G.I.s auf Augenhöhe beim Vorrücken durch die karge Hügellandschaft: »Remember us«, heißt es aus dem Off dazu. Fünf Jahre nach diesem patriotischen Dokumentarfilm in der *Why We Fight*-Tradition zeigt Anthony Mann – auch er ein großer Hollywoodregisseur, der auf Western-Erfahrungen zurückblickte – am selben Ort einen anderen Krieg: *Men in War* integriert die Kamera nicht in die Performance einer mächtigen Kriegsmaschine. Statt wie Ford eine Farborgie der Explosionen von Napalmbomben zu zelebrieren, zieht Mann sich auf die Rolle des Beobachters eines Psychodramas zurück. *Men in War* begleitet ein Platoon, das über wenig mehr als einen Jeep, einen Flammenwerfer und einen bewegungsunfähigen, traumatisierten Colonel verfügt, durchs Niemandsland. Die Führungsfähigkeit der Offiziere, die Moral der Soldaten und die Einheit der Truppe stehen zur Disposition. Die Kriegsmaschine gleitet in eine Ansammlung verunsicherter, angstbesessener Individuen ab. Jenseits militärischer und politischer Strategie klammern sie sich lakonisch an eine Logik sta-

Men in War (1956, Anthony Mann)
All the Young Men (1960, Hall Bartlett)

tistischer Erfahrung, die besagt, dass jeder Auftrag zumindest einen Überlebenden kennt.

Ford dreht *This Is Korea!* zu Beginn des Kalten Krieges; Mann dreht *Men in War* auf dessen Höhepunkt. 1955 verkündet Präsident Eisenhower eine neue Außenpolitik mit dem aus der Haute Couture entlehnten Begriff des New Look, der besagt, dass Amerika die konventionelle Rüstung zu teuer käme, um die Sowjets auf allen Ebenen zurückzudrängen. An deren Stelle sollte die Strategie der »Abschreckung« durch massive Erweiterung des Atombombenpotenzials treten. 1957 allerdings schicken die Sowjets den ersten Sputnik auf seine Umlaufbahn; am Horizont erscheinen damit Interkontinentalraketen, die die USA direkt bedrohen könnten. Die Latenz eines atomaren Konflikts revolutioniert die Strategie, vielmehr: setzt die Strategie als Teil der klassischen Kriegstheorie außer Kraft. Mit dem Militärhistoriker Martin van Creveld gesagt, zwingt die Gefahr der totalen und langfristigen gegenseitigen Vernichtung die Akteure schon im Rahmen eines konventionellen Krieges dazu, ihre Mittel und Ziele zu beschränken und den Feind nicht zu ultimativen Schlägen herauszufordern. Das Resultat waren seit 1945 *low-intensity conflicts*, die nicht auf Entscheidungsschlachten zielten, sondern auf ökonomische, politische und kulturelle Abnützung des Gegners unterhalb einer Grenzschwelle. Die Rhetorik des Atomkriegsszenarios, das keine Trennung in Fronten und Hinterland kennt, hat indes Mentalitäten und Kulturen einschneidend verändert. Das (Günther Anders zufolge) ins Absurde gekippte Alltagsleben stand nunmehr unter dem Diktat

einer Wahrscheinlichkeitstheorie, die die Zukunft des Sozialen in Einheiten von je einer Million Toten verrechnete.

Im filmischen Universum des Atomzeitalters ist, so Mick Broderick 1991 in seiner Studie *Nuclear Movies*, eine ohnmächtige Masse durch Monster, Mutanten, Mad Scientists und Spione bedroht und auf Schutz durch Staatsorgane angewiesen, die nicht länger den Rahmen für individuelles Streben nach Glück sichern, sondern das nackte Leben. Ein durchgängiges persönliches und soziales Grundgefühl der Paranoia erfasst auch den Kriegsfilm. In diesem Kontext werden die retrospektiven Koreakriegsfilme der Jahre um 1960 sprechend. Der dubiose Status eines Waffenstillstands, dem keine Kriegserklärung vorangegangen war und bis heute kein Friedensvertrag gefolgt ist, erlaubte eine differenzierte Verhandlung der (an die Weltkriegsfilme geknüpften) Symbolsysteme von Patriotismus, Idealismus, Heroismus und Logistik – differenzierter jedenfalls als Fords Kunstgriff, den Koreakrieg als Fortsetzung des Pazifikkrieges 1941–1945 zu präsentieren. Ich nutze deshalb *This Is Korea!* zur Bestimmung der Signifikanzen der drei anderen Filme.

Bereits mit dem Establishing Shot führt *This Is Korea!* in die klassische Kriegslehre ein, der die Sicherung des Territoriums zugrunde liegt. Panoramatische Einstellungen auf eine koreanische Seenlandschaft, dazu die Anklage eines skrupellosen kommunistischen Übergriffs in der Voice-over. Bilder spielender Kinder – eine Metaphorik der Zukunft – leiten über zur Repräsentation von US-Soldaten als Kindern der amerikanischen Nation. Serien von Close-ups der G.I.s, akustisch mit den Namen ihrer Herkunftsorte unterlegt, beschwören nationale Gemeinschaft. Wie schon im Pearl-Harbor-Film *December 7th* (USA 1943) bemüht Ford Bilder einer christlichen Feldmesse, um die Moralität der US-Truppen zu bekräftigen, ehe lange und unbewegte Einstellungen auf die Waffensysteme eine funktionelle Maschine präsentieren. Unterschiede zwischen Industriesystem und Militärsystem werden durch Studien der Arbeitsabläufe an den Waffen dissimuliert, ehe sich diese organische Maschine langsam durch Marschkolonnen der Infanterie nach vorn in Bewegung setzt. Durch das gegenläufige Bild zurückflutender Flüchtlinge wird die aus dem Off verkündete Mission suggestiv: Amerikas Kampfeinsatz unter UNO-Protektorat soll der koreanischen Bevölkerung Schutz vor kommunistischem Terror bieten.

Sodann geht Ford zum Angriff über, zusammengefasst im Bombardement eines namenlosen Dorfes. Die dominante Sequenz des Films ist von beachtlicher Länge und aus Augenhöhe der Infanterie gefilmt; sie wird zum grandiosen pyrotechnischen Spektakel, dessen Hauptlast die Kampfflieger tragen. Mühelos gelingt es Ford, durch Parallelmontage die Elemente einer effektiven konventionellen Kriegsmaschine zu präsentieren – Aufklärung, Kommunikation, Feuerkraft. Im Zentrum steht die Präzision, mit der verheerende Napalm-Bombenschläge geführt werden, gefolgt vom Artilleriebeschuss der brennenden Hütten. Die G.I.s haben dann bloß noch, wie es lakonisch heißt, Aufräumarbeiten zu leisten. Der Gegner bleibt in *This Is Korea!* weitgehend unsichtbar. Nur

Kreuze auf einem Soldatenfriedhof sind als Spuren von Feindeinwirkung lesbar, ebenso Bilder vom Abtransport der Verwundeten (die allerdings mehr als Hinweis auf die Effizienz der Helikopter und die Sorge der Armee um ihre Leute dienen).

This Is Korea! zelebriert noch einmal die Rede vom »Kriegstheater«, gestützt auf einen stabilen Point of View außerhalb der Gefahrenzone. Inszeniert wird eine Megamaschine, die technische Elemente und Relais kennt, aber keine Individuen, keine mentalen Einstellungen. Ein Subjekt existiert nur im Kollektiv, als Krieg führende Nation; deren Bevölkerung wird zu moralischer Unterstützung aufgefordert – und dazu, den Krieg und die G.I.s nicht zu vergessen. Gerade dies aber war der Fall: Mit der Stabilisierung der Front am 38. Breitengrad Anfang 1951 wurde der Koreakrieg zum »vergessenen Krieg«. Bis das Waffenstillstandsabkommen im Juli 1953 in Kraft trat, ging er als Stellungskrieg weiter und führte zur Dauerpräsenz der USA in Südkorea. Alternativen zum Abnützungskrieg zwecks Erhaltung des Status quo, der seit 1918 als überholt gegolten hatte, wären der Rückzug der USA oder ein Atomschlag gegen China gewesen – beides weder national noch international gangbar. Dass der eigenmächtig agierende Oberbefehlshaber MacArthur die atomare Option propagierte, führte zu einer tiefen politischen Krise, zur Machtprobe der US-Regierung mit dem militärischen Block, schließlich zur Ablöse MacArthurs, der sein Charisma mehr oder weniger offen zum Sturz Präsident Trumans einsetzte. Dies muss den Machern der späteren Filme bekannt gewesen sein.

Men in War, *All the Young Men* und *War Hunt* reflektieren eine Konstellation, in der Krieg, klassisch als Mittel der Politik konzipiert, zur sich selbst erhaltenden Routinetätigkeit geworden ist. Im Zentrum der Filme steht nicht mehr die Megamaschine mit politisch vorgegebenen Zielen, sondern das auf sich allein gestellte Platoon im fragwürdigen Einsatz. Keine Offensive, nur Aushalten auf einem Posten in einem kulturell nicht mehr spezifizierten, allein durch militärgeografische Koordinaten festgelegten Raum. Der Krieg wird zur Reise durch einen Angstraum, dessen Effekte die Kamera nah am Körper der Soldaten registriert. Ihre Stärke entfalten die Filme daher auch in der eindringlichen Inszenierung von Nahkampf, guerillaähnlichen Taktiken und mentalen Krisen. In *Men in War* nimmt ein Lieutenant die Sinnlosigkeit des Unternehmens zur Kenntnis, bewahrt sich seine Handlungsfähigkeit jedoch in nihilistischer Manier durch Unterwerfung unter die Regeln militärischer Führerschaft. In *All the Young Men* wächst ein schwarzer Sergeant im Widerstand gegen den weißen Rassismus in seiner Einheit über sich hinaus. In *War Hunt* durchlebt ein idealistischer G.I. mit seiner Initiation einen Prozess der Desillusionierung und Desorientierung. Der Fokus auf innere Zustände stützt sich auf Anleihen beim visuellen Stil des Film noir: Schattenwirkung und Dunkelheit dominieren die von Zweifel geprägte Szene. Weite Teile von *War Hunt* spielen in der Klaustrophobie der Gefechtsstände oder auf Nachtpatrouille im Niemandsland, das von Leuchtraketen gespenstisch aufgehellt wird. In *All the Young Men* gleicht der halbzerstörte Bau-

ernhof als letzte Zuflucht eher einem Gefängnis als einem Schutzraum. In *Men in War* leiden die G.I.s unter Reizentzug in der kargen, totenstillen Gerölllandschaft, exponiert gegenüber einem stets virtuell präsenten Feind.

Mit *This Is Korea!* als Matrix lassen sich in diesen Filmen fünf Episteme isolieren. Erstens: Angst und Ausgesetztheit. Wird bei Ford marschiert, so wird in den drei späteren Filmen vor allem gerobbt, gesprungen, Deckung gesucht. Im Zentrum stehen die Verwundbarkeit des Körpers und die existenzielle Angst der unerfahrenen G.I.s, affektiv erfasst in ungewöhnlichen Kamerawinkeln und dichten Close-ups. Vor allem Manns *Men in War* fokussiert in physiognomischen Studien den stets nahen Ausbruch von Panik. Das Platoon ist potenziell eine Meute: Manns Sergeant gibt einen von ihm getöteten Koreaner zur Ausplünderung frei; ein Großteil der *Young Men* ist ständig zur Flucht bereit. Diese Angst überwinden ihre Anführer durch Teilnahmslosigkeit gegenüber der Umwelt, durch fatalistischen Professionalismus, durch pathologische Persönlichkeitsstörung. In *Men in War* und *All the Young Men* wirkt das – solid im Genre verankerte – Prinzip der Selbstopferung zur Rettung anderer Einheiten nur vermischt mit solcher Ambivalenz. Die Protagonisten sind mehr nihilistisch, gar konformistisch, als heroisch: Trotz Zweifel an der (militärischen, moralischen, politischen) Zweckmäßigkeit ihrer Mission halten sie an ihr fest.

Zweites Epistem: Symmetrie der Kräfte. Auf dem Beobachtungsniveau des Platoon wird der Gegner zu einer beachtenswerten Macht. Die Logik des Body Count regiert: In *All the Young*

Men wird das Platoon gleich zu Beginn radikal dezimiert, in *Men in War* werden die G.I.s einzeln nach und nach getötet. *War Hunt* dreht diese Logik um – ein pathologischer Einzelkämpfer sammelt seine Opfer wie Trophäen –, doch es ist klar: Der Krieg kann nicht gewonnen werden. Mehr als von der Wirkung eigener Taktik und Technik auf den Feind sind die Bilder geprägt von brennenden Jeeps und zerstörtem Gerät der US-Truppen sowie von toten G.I.s, die (wie am Beginn von *War Hunt*) als verwesende Relikte in einer trostlosen Landschaft liegen bleiben. In *All the Young Men* wird zwar der letzte chinesische Sturmangriff auf die US-Bastion durch Kampfjets abgewendet, doch deren nicht-organische Verknüpfung mit dem Platoon suggeriert nur die Änderung einer augenblicklichen Kräftekonstellation, keinen Sieg einer überlegenen Maschinerie.

Angst und Kräftesymmetrie ermöglichen drittens den Fokus auf Desillusionierung. Fragen nach der humanistischen Funktion des Einsatzes, die die antifaschistischen *combat movies* wie auch *This Is Korea!* durchziehen, stellen die drei Filme nicht mehr oder beantworten sie negativ. Vor allem *All the Young Men*, der in seiner Grundstruktur den propagandistischen Kriegsfilmen am nächsten kommt, verhandelt politische Zweifel am militärischen Engagement. Gespräche im Platoon stellen offen die politische Fragwürdigkeit des Krieges und die Inkompetenz der Führung heraus (die Armee als eine Art Asyl für im Zivilleben Gescheiterte). Auch *Men in War* beschwört beharrlich die Sinnlosigkeit des Krieges, sein Verkommen zum trivialen Revanchismus. *War Hunt* schließ-

lich exemplifiziert die Korrumpierung in einem Krieg ohne glaubwürdige Mission. Kampf regrediert zum irregulären, grausamen Zeitvertreib, den die Vorgesetzten decken, weil sie sich Karrierevorteile innerhalb einer bürokratisch erstarrten Institution erwarten.

Damit wird viertens – und das ist das Genuine der Koreakriegsfilme – die Repräsentation von Konflikten innerhalb der Armee, teils bis zur binären Opposition gesteigert, zentral. In *All the Young Men* überträgt der sterbende weiße Lieutenant das Kommando an den von Sidney Poitier gespielten Sergeant Towler und stimuliert damit den Ausbruch von Rassismus im Platoon. Towler stehen zwei Repräsentanten des »White Trash« gegenüber: der zynische Veteran Kincaid (Alan Ladd), dem einer rassistischen Logik zufolge die Führung zustünde, und der Trinker und feige Hetzer Bracken, der in der Schlüsselszene versucht, die Besitzerin des Bauernhofes zu vergewaltigen. Mit beiden muss Towler sich prügeln, und die finale Auseinandersetzung scheint nur bis nach dem Krieg aufgeschoben – sollten sie ihn überleben. Anerkennung erhält Towler erst, als er dem schwerverletzten Kincaid (zu Brackens Entsetzen) sein Blut spendet. Towlers engster Verbündeter im Platoon ist ein tapferer Navajo – wie zur Verdeutlichung der ethnisierten Polarisierung und der Selbstverständniskrise der US-Gesellschaft im Zeitalter der beginnenden Bürgerrechtsbewegung. *Men in War* rückt ein anderes kontrovers diskutiertes Nachkriegssyndrom in den Mittelpunkt: die Bedrohung liberaler Öffentlichkeit durch »außengeleitete Massenmenschen«. Hier entspinnt sich der Hauptkonflikt zwischen Lieutenant Benson (Robert Ryan) und Montana (Aldo Ray), der den *shell-shocked* Colonel nach Pusan ins Lazarett bringen will. Benson, der Typus des rekrutierten Zivilisten, zieht stets die Selbstbeschränkung von Gewalt auch unter Extrembedingungen ins Kalkül; Montana vertritt den Berufssoldaten und eine weitere Art von White Trash – immer bereit zum Erstschlag und zur kaltblütigen Eliminierung des Gegners, zugleich aber dem Colonel bzw. der Institution auf fast hysterische oder animalische Art ergeben. In *War Hunt* wird die Polarität zwischen einer zivilen Logik, für die der Krieg politisches Mittel ist, und der exterminatorischen Logik des entgrenzten Krieges noch deutlicher. Als dramaturgisches Element fungiert das Thema des Kriegswaisenkindes, das einer der G.I.s adoptiert. Dies bedeutet aber kein Versprechen auf bessere, friedfertige Zukunft unter US-Hegemonie: Vielmehr bildet der Einzelkämpfer Endore (John Saxon) den koreanischen Waisen zum sadistischen Killer aus. Als der idealistische G.I. (Robert Redford in seinem Kinodebüt) diese Beziehung aufbrechen will und eine Zeit nach dem Krieg herbeiredet, in der es um Humanität und Bildung geht, bedroht ihn Endore; der Rest des Platoon bleibt gleichgültig.

Die Entwicklung der Erzählung entlang interner Konflikte führt fünftens zur Problematik von Leadership. Eklatante Insubordination in allen drei Filmen: Towler muss Befehle mit Fäusten und vorgehaltener Waffe durchsetzen; Benson muss Montana überlisten, niederschlagen, gar mit Erschießen bedrohen, um an den Jeep zu kommen; Einzelkämpfer

Endore bricht eigenmächtig den Waffenstillstand und versucht zuletzt, den Kommandeur zu töten. Kincaid, Bracken, Montana, Endore sind aber mehr als nur widersetzlich: In ihnen kehrt der Urtypus des instinktgetriebenen Jägers wieder, auch der Mythos des primitiven Kriegers, der im Töten und im Thrill der Gefahr einen Lebenssinn sucht. Die markanteste Szene dazu bietet *War Hunt*: Die Handkamera vollzieht Endores kreisenden Tanz um seine Opfer mit, fängt so das Rituelle ein, auf das der entgrenzte Krieg zusteuert. (Wer im Netz nach *War Hunt* sucht, stößt bald auf den Hinweis, dass angeblich Francis Ford Coppola beim Dreh des Films als Fahrer arbeitete. Davon angestoßen, wäre es spannend, *War Hunt* mit der magischen Aufladung des Krieges in Coppolas *Apocalypse Now* querzulesen.)

Dale Carter schreibt 1988 in *The Final Frontier: The Rise and Fall of the American Rocket State*, die kollektive amerikanische Mentalität im Kalten Krieg sei geprägt vom Gefühl des Machtverlusts der dominanten weißen Mittelklasse. Und er legt sinngemäß nahe, dass sich unter der scheinbar unmittelbaren Bedrohung durch Raketen, Atombomben und Spione (aber auch durch Minoritäten im eigenen Land und eine zum Mob gewandelte Masse) ein neues Imaginäres entwickelt. An die Stelle von Bildern lokaler Communities, an die Stelle auch des Konzepts einer Gesellschaft, die Integration auf Basis von Leistung verspricht, tritt seitens der Mittelklasse der Wunsch nach Abkapselung in fortifizierten Räumen – sowie die Utopie des postapokalyptischen Neubeginns für eine weiße Elite von Survivors. Der Preis für diese

Phantasmen ist der Konformismus: der Rückzug aus der kontroversen politischen Öffentlichkeit, die Selbstbeschränkung auf ein suburbanes Konsumentenleben im Familienverbund.

Dieser Zweifel an der Fähigkeit zur organischen Leadership der weißen Mittelklasse und ihrer Institutionen ist das stärkste Motiv in den hier behandelten Koreafilmen. Ihre Protagonisten sind keine patriotischen Helden, sondern Grübler und Defätisten, konfrontiert mit dem latenten Zerfall ihrer Einheiten und der zivilen Werte, die den Krieg für sie überhaupt erst legitimieren. Der Spielraum, der ihnen in einem *low-intensity conflict* ohne politisches Szenario bleibt, heißt: eigene Verluste möglichst limitieren, die des Feindes maximieren. In einem Handlungsraum ohne Möglichkeiten neuer Sinnkonstruktion entwickeln sie indes eine diffuse Coolness und Schicksalsergebenheit, die sie von der bloß instrumentellen Rationalität der Haudegen und Spezialisten unterscheidet.

»No-one else is gonna die!«

Urban Warriors und andere Ausnahmefälle in neuen Kriegen und Blockbustern

Gemeinsam mit Drehli Robnik

»*Our enemies, having watched Desert Storm on CNN, know they cannot engage the United States with conventional methods. These potential foes view cities as a way to limit the technological advantages of our military. They know that cities, with their narrow streets, confusing layout and large number of civilian non-combatants, place limits on our technological superiority and especially our use of firepower. We have to develop technologies that allow us to win while minimizing collateral damage.*«

Colonel Mark Thiffault, Direktor des Joint Information Bureau, Operation Urban Warrior[1]

Der Krieg zieht in die Städte. Am 16. März 1999 greifen 700 Infanteristen, unterstützt von 6000 Marines, Polizeieinheiten und Feuerwehren, die San Francisco Bay an. Mit Helikoptern, Amphibienfahrzeugen, digitalen Aufklärungssystemen und Hightech-Waffen wird die *Operation Urban Warrior* geübt – Bekämpfung lokaler Unruhen nach einer Katastrophe und Zusammenarbeit mit Behörden zur Wiederherstellung der Ordnung unter Bedingungen chemischer und bakteriologischer Verseuchung.

Die neue Doktrin heißt MOUT: *Military Operations in Urban Terrain*. Der »Urban Warrior« wird ihr hybrides militärisch-intelligentes Instrument sein. MOUT synthetisiert Erfahrun-

gen von auf den ersten Blick ganz unterschiedlichen Ereignissen: die Entführung des panamaischen Präsidenten Noriega in Panama City durch ein US-Luftlandekommando wegen Verdachts auf Verwicklung in internationalen Drogenhandel (Kämpfe mit der panamaischen Armee, Evakuierung von US-Bürgern); das Scheitern der afrikanischen Friedenstruppe ECOMOG in Monrovia / Liberia 1990 / 91 mangels Anerkennung durch Bürgerkriegsparteien und Bevölkerung; die Niederschlagung der Unruhen in Los Angeles 1992; das Desaster von US-Elitesoldaten, die am 3. Oktober 1999 in der somalischen Hauptstadt Mogadischu beim Versuch, zwei Adlaten des Warlords Mohammed Aidid festzunehmen, in einen Hinterhalt geraten; die Naturkatastrophe in Kobe 1995; die Kooperation von Polizei, Geheimdiensten und Militär anlässlich der Olympischen Spiele in Atlanta 1996; die unter Präsenz internationaler Friedenstruppen erfolgte Mobilisierung einer überkonfessionellen Bürgerbewegung zur Unterbindung von Gewalt zwischen den ethnischen Gruppen im bosnischen Tuzla 1996; die Evakuierung von 172 Amerikanern und Bürgern von Drittstaaten durch US Marines aus As-

---

1 zit. n.: www.defenselink.mil/specials/urban warrior; siehe: http://en.wikipedia.org/wiki/Operation_Urban_Warrior (17.2.2016).

mara, der vom Bürgerkrieg bedrohten Hauptstadt Eritreas, 1998. Urbane Kriegsführung definiert ein Feld aus Drogen- und Bandenkriegen, lokalen Bürgerkriegen, Terrorismus, Geiselnahmen und Entführungen, Volksaufständen, bis hin zu gewalttätigen Amokläufen. MOUT proklamiert einen permanenten Ausnahmezustand jenseits des klassischen Schlachtfelds, der militärische, politische und zivile Interventionen zu einem Komplex verschmilzt. *Urban warfare* erfordert die Kombination von militärischer Routine mit politischer Imagination, technologischer Kompetenz mit narrativer Kreativität, Faktionalem mit Fiktionalem. Der Krieg hat seinen Eigensinn als Fortsetzung der Politik mit anderen Mitteln abgestreift.

Die neue Doktrin[2] fügt sich in das politische Szenario ein, das Herfried Münkler als »das Ende der Entscheidungsschlacht« bezeichnet. Die »neuen Kriege« von heute sind (in ihrer Mehrzahl) poststaatliche Konflikte, initiiert von lokalen Machtgruppen, deren politisch-kulturelle Ziele sich kaum von ihren Interessen in der »globalen Schattenökonomie« unterscheiden lassen.[3] Moderne Warlords suchen urbane Agglomerationen als Operationsfeld und benutzen die Zivilbevölkerung als Geisel und Schutzschild. MOUT steht aber auch in Zusammenhang mit dem *control space* globaler Datennetzwerke, der aus der »lokalen« Stadt ein bloßes Viertel einer unsichtbaren »globalen Metastadt« ohne Zentrum und Umwelt hat werden lassen.[4] (Deshalb können US-Militärs kein Terrain mehr aus ihrem Interessensfeld aussparen.) Militärisch definierte Sicherheit wird ein beherrschendes Prinzip architektonischer, stadtplanerischer und sozialer Regeln, wenn finanzielle und politische Zentren zu Angriffspunkten (etwa terroristischer Gruppen) werden.[5] Das Konzept *urban warfare* reagiert auch auf die Entwicklung eines phantasmatischen »Angst-Raums«, der aus dem Zerfall der Soziabilität der (US-)Städte hervorgegangen ist und zur Adaptierung militärischer Taktiken durch die Polizei geführt hat, zur Zonierung von »defensible spaces«, die kein Versprechen auf bessere Zukunft mehr aufkommen lassen.[6]

2 Spezielle Einsatzgruppen bilden auch außerhalb der USA den Angelpunkt der Heeresreformen. Vgl. Erich Vad, »Transformation des Krieges«, *Neue Zürcher Zeitung*, 8.1.2002.

3 Herfried Münkler, *Die Neuen Kriege*. Reinbek bei Hamburg 2002, S. 30f., 165ff.; Mary Kaldor, *Neue und alte Kriege. Organisierte Gewalt im Zeitalter der Globalisierung*, Frankfurt/M. 2000, S. 144ff.

4 Paul Virilio, *Information und Apokalypse. Die Strategie der Täuschung*, München, Wien 2000, S. 17f.

5 Martin Pawley, *Terminal Architecture*, London 1998.

6 Mike Davis, *City of Quartz. Ausgrabungen der Zukunft in Los Angeles*, Berlin, Göttingen 1994, insbes. S. 257ff.

Der Krieg zieht in die Städte; der Kriegsfilm zieht mit. Zu den Skills von Urban Warriors zählt ein Blick/Sinn/Gespür fürs unsichere Urbane, wie dies auch heutige *combat films* prägt; diese spielen im Unterschied zu früheren Kriegsfilmen kaum in der Natur. Vietnam-Filme der 1970er/80er Jahre inszenierten den Ort der US-Intervention meist orientalistisch, als Dschungel der Konfrontation mit einem ethnisch-moralischen »Anderen«. Das Schlussdrittel von Stanley Kubricks *Full Metal Jacket* – *urban warfare* unter Sniper-Feuer in Trümmerlandschaft – kündigte allerdings 1987 andere Kriegsbilder an. Heutige, mit Medienbildern der neuen Kriege verflochtene Kriegsfilme geben der Stadt, ihrer materiellen/perzeptiven Kontingenz, Raum und Zeit; das Naturmystisch-Ozeanische von *The Thin Red Line* (Terrence Malick, USA 1998) ist da eher atypisch. Kriegsfilmen eignet heute ein Problem-Urbanismus im Sinn der Stadt als Verfallszone – Showdown in Kleinstadt-Trümmern: *Saving Private Ryan* (Steven Spielberg, USA 1998), Schutt-Wüste Mogadischu: *Black Hawk Down* (Ridley Scott, USA/GB 2001) –, aber auch als »Tatort«, der sich zum leistungsstarken Medien-»Standort« wandelt: Stalingrad als teleskopisch medialisierter Schau-Platz/Spiel-Platz/Themenpark in *Enemy at the Gates* (Jean-Jacques Annaud, D/GB/IRL/USA 2001).[7]

Neue Kriege neigen zu räumlich-zeitlicher Unbegrenztheit, zu unmarkierten Anfängen und Enden.[8] Dem entspricht die Auflösung der Konturen und Orientierungen von Handeln/Handlung im postklassischen Kriegsfilm: Zeitbilder anstelle organischer Erzählung – Blockierung,

Trance, traumatische, »optisch-akustische Situationen« (Gilles Deleuze). Die Krise kriegerischer Aktionsbilder: Das Kino kultiviert sie als ein Vergehen von Hören und Sehen in taktilen, immersiven Bildern. Nullpunkte von Wahrnehmung und Sinn als Angelpunkte für die Neubespielung historischer Gedächtnisorte: Normandie, Pearl Harbor, Mogadischu, Stalingrad. Modellhaft ist hier *Saving Private Ryan*: Die Omaha-Beach-Sequenz überträgt Dynamik, Sound und Unwägbarkeit des Krieges auf wahrnehmende Körper im Publikum, und die gebeutelten Körper im Bild werden inkommensurabel mit historischer Größe oder nationaler Mission. Einen prekären Moment lang fällt das historische Ereignis als »mikrophysisches« aus sinngebenden Erzählrahmen heraus. Während *Pearl Harbor* (Michael Bay, USA 2001) diese Sequenz so emuliert, dass mimetisches Extremsport-Erleben (Bungee-Jump mit ins Ziel segelnder Bombe) herauskommt, lehnt sich *Enemy at the Gates* enger an Spielbergs Konzept an: Auch dieser Film geht vom Krisenfall der Erzähl-Verkettung von Wahrnehmung und Aktion aus, und somatisch-affektive Einbrüche motivieren reflexive Prozesse der Re-Narrativisierung.

Das *Massaker* wird kategorial. In neuen Kriegen löst es die Schlacht als Zentral-Ereignis ab[9]; und auch *Enemy at the Gates* inszeniert Kämpfe um Stalingrad zunächst als konfuses Massaker,

---

7 Eine Dialektik von *Tatort* und *Standort* prägt die Kultur-Ökonomie des deutschen Kinos nach 1990, vgl. Thomas Elsaesser, »Introduction: German Cinema in the 1990s«, in: *The BFI Companion to German Cinema*, London 1999.
8 Münkler, *Die Neuen Kriege*, S. 27, 31.
9 Vgl. Münkler, *Die Neuen Kriege*, S. 25, 29.

das es danach in sinnträchtige Bilder militärischen Handelns rückzuübersetzen gilt. Wie *Saving Private Ryan* beginnt *Enemy at the Gates* mit einer Sequenz, die im klassischen Kriegsfilm als Klimax gedient hätte: Anhand taktiler Bilder von massenweise im deutschen Feuer »verheizten« Rotarmisten beschwört er einen Fall der für neue Kriege typischen Asymmetrie der Gegner als Notstand von Sinn und Repräsentation. Dem antwortet die filmische Umgestaltung der Schlacht zum *Duell* (so der Synchrontitel) eines sowjetischen und eines deutschen Scharfschützen: »Stalingrad« wird wieder erzählbar als formalisiertes, symmetrisches Aktionsbild. Um Individualisierung von Massenerfahrung geht es da, vor allem aber um die Begrenzung eines entgrenzten Krieges im Bild, im teleskopischen Detailblick der Sniper. Die Entwicklung von auf Distanz funktionierenden Präzisionswaffen im US-Militär nach Vietnam half mit, Kriege durch Eindämmung ihres Massenvernichtungscharakters weiter »führbar« zu machen; die Fadenkreuz-Optik auf Stalingrad hilft mit, Krieg im rekonturierten Bild repräsentierbar zu machen.[10]

~

10 Zur Rolle von Präzisionswaffensystemen in der »Revolution in militärischen Angelegenheiten« nach 1970 vgl. Michael Ignatieff, *Der virtuelle Krieg: Kosovo und die Folgen*, Berlin 2001, S. 150ff.
11 Martin van Creveld, *Die Zukunft des Krieges*, München 1991, insbes. S. 84ff.
12 Gen. Terrance R. Dake, »The City's Many Faces. Investigating the Multifold Challenges of Urban Operation«, in: Russell W. Glenn (Hg.), *The City's Many Faces. Proceedings of the RAND Arroyo-MCWL-J8 UWG Urban Operations Conference*, Santa Monica/Arlington 2000, www.dtic.mil/dtic/tr/fulltext/u2/a380683.pdf (18.2.2016).

Urbane Kriegsführung soll Gegner paralysieren, nicht wie im klassischen Staatenkrieg zu Verhandlungen oder Friedensschlüssen mit politischen Bedingungen zwingen.[11] Der unmittelbaren Gewaltanwendung gegen den Feind sind dabei Grenzen gesetzt durch die Rücksichtnahme auf die Zivilbevölkerung und die Minimierung von Zerstörungen. Um eigene Verluste gering zu halten und stationäre Truppen nicht zum Ziel von Anschlägen zu machen, werden Aktionen schnell, fokussiert und unerwartet durchgeführt. Die Aktion muss so organisiert sein, dass sie dem Feind Bewegungsraum nimmt und Chaos vermeidet. *Military Operations in Urban Terrain* lösen die Grenzen zwischen Krieg und Politik auf. Sie erfordern die Kontrolle der Bewegungen (etwa Fluchtbewegungen) der zivilen Gesellschaft und die Zusammenarbeit der Militärs mit institutionellen oder informellen Autoritäten, um die Unterstützung durch Nichtkombattanten und die Disziplin der Bevölkerung zu sichern. Dies setzt wiederum Kenntnis sozialer, ökonomischer, kultureller und demografischer Strukturen und Konfliktlinien des Einsatzgebietes voraus. Urbane Kriegsführung beruht auch auf Kenntnis lokaler Infrastrukturen (Schutz bzw. Zerstörung von E-Werken u. Ä.), schließt Polizeiaktionen etwa gegen Plünderer und Aufständische ein, ebenso Stadtplanung für den Wiederaufbau und Kompetenz zur Kooperation mit privaten und staatlichen Hilfsstellen. Schließlich erfordert sie präzises Wissen über die Effekte von Waffen(systemen), um mit Rücksicht auf Infrastruktur, eigene Truppen und Nichtkombattanten die angemessene Feuerkraft festzulegen.[12] (Erfahrungsgemäß sterben mehr Zivilisten bei der Zerstörung von Gebäuden als durch unmittelbare Waffeneinwirkung.)

~

Für Angehörige der US-Streitkräfte bringt das Konzept Urban Warrior eine Vervielfachung ihrer Rollen. In Hollywoods Soldaten-Bild schlägt sich dies als Identitätskrise nieder. Selbstreflexion, Legitimationsfragen, Wahrnehmungsstörungen: Ein ständiges »Sollen/dürfen wir schießen – und auf wen?« prägt die gebrochenen militärischen Aktionsbilder in Filmen über Interventions-Einsätze der 1990er Jahre – Persischer Golf in *Three Kings* (David O. Russell, USA 1999), Balkan in *Behind Enemy Lines* (John Moore, USA 2000), Mogadischu in *Black Hawk Down*.[13] Doch auch frühere Kriege(r) sieht Hollywood heute in der Rückprojektions-Optik des Urban Warrior und seiner multiplen Identität; die Filme loten den Zweiten Weltkrieg, den *Good War*, neu aus, als Sinn-Ressource zur Legitimität militärischen Handelns.

Saving Private Ryan geht von der Invasion zur Rettungsmission über. Diese Verschiebung sowie Rechtfertigungskonflikte um Erschießungen deutscher Kriegsgefangener spitzt *Band of Brothers* (USA/GB 2001), das Miniserien-Spinoff dieses Blockbusters, zu: Die Befreiung eines Nazi-Konzentrationslagers durch die 101st Airborne Division gibt rückwirkend Antworten auf Legitimationsfragen sowie auf die Sinnfrage *Why We Fight* – so der Titel der betreffenden Episode, in Anlehnung an Frank Capras titelgleiche Filmreihe von 1942–1945 (die den Krieg gegen Hitler noch vorwiegend als einen

Kampf für Meinungs- und Vereinsfreiheit propagierte). Das Sinn- und Filmgenre-Terrain des Zweiten Weltkriegs wird Schauplatz einer retroaktiven Antizipation von Ethos und Pragmatik des Urban Warrior: G.I.s erscheinen als Polizisten, die in den Prozess des Völkermords eingreifen, als Richter, die Kriegsverbrechen beurteilen. In der Image-, Medien- und Bündnispolitik neuer Kriege fungieren sie auch als »Diplomaten« im Sinn der Symbolisierung von US-Politik durch Soldaten. Ebendiese Repräsentation artikulieren heutige Kriegsfilme nicht organisch, wie noch im *combat movie* der 1940er Jahre (der G.I. als Teil des nationalen Ganzen, die Truppe als *melting pot*); vielmehr treten Subjektivität und Handeln der Soldaten in reflexive Beziehungen zur US-Großmacht-Politik. Stellvertretung wird explizit und prekär, etwa im Bruch mit Konventionen: Die ethische Entscheidung der *Three Kings* zur Rettung irakischer Flüchtlinge bricht mit dem eigenen Schatzsucher-Egoismus ebenso wie mit der US-Geopolitik (»*Schindler's List* im Golfkrieg« lautete ein Schlagwort dazu). Und der über Bosnien abgeschossene Pilot in *Behind Enemy Lines* symbolisiert US-Politik insofern, als er sie zum Exesshandeln provoziert: Die Militärintervention zu seiner Rettung setzt Rücksichten auf einen faulen Frieden und auf französische NATO-Partner außer Kraft – ein Moment der Wahrheit.

Als Interventionist und Diplomat in komplexen Allianzgefügen braucht der Urban Warrior

13 Vgl. Dominik Kamalzadeh, Michael Pekler, »Universal Soldiers«, in: *Jungle World* 16, 2002, http://jungleworld.com/artikel/2002/15/24144.html (18.2.2016).

Lokalkontext-sensitives Wissen. Kontingenz-Orientierung und differenzierende Skills inter- und transkultureller Kommunikation prägen Bild und Plot von *Three Kings* und *Behind Enemy Lines*; in Letzterem beweist sich ein bosnischer Moslem dadurch als bündnisfähig mit Amerika, dass er Fan von Elvis und Public Enemy ist. Urban Warriors machen ein Wissen, das bislang implizit oder marginalisiert war, zu militärischem Können. John Woos *Windtalkers* (USA 2002) liefert dazu eine 1944 beim Kampf um Saipan spielende Entstehungsgeschichte, arbeitet aus der Historie nationaler *victory culture* die Erfindung von militärischem *diversity management* heraus. Im klassischen US-Kriegsfilm war die Armee ein Schmelztiegel, der Unterschiede diszipliniert, einebnet; Woo, ein Hollywood-Regisseur aus Hongkong, nutzt die Armee, das Genre und den Pazifikkrieg zur Performance von Identitätspolitik; er sucht (wie schon 2000 in *Mission: Impossible 2*) eingangs John Fords Monument Valley auf, um dortigen Indigenen, zumal ihrem Beitrag zum *war effort* ein Monument zu setzen. Mit »Windtalkers« sind zu den Marines rekrutierte Navajos gemeint, deren Nützlichkeit gerade in ihrer irreduziblen ethnischen Differenz liegt: Ihre Sprache diente als für die Japaner nicht zu knackender Geheimcode.

~

Krieg im urbanen Terrain setzt das panoptische »Kriegs-Theater« außer Kraft. Sein neuer Krieger-Typus ist technologisch hochgerüstet, taktisch, kulturell und politisch versiert; er nimmt

autonom vor Ort Einschätzungen und Entscheidungen vor, unterscheidet Freund, Feind und Nichtkombattanten, leitet Luftwaffen- und Artilleriefeuer, identifiziert und bekämpft lokale informelle Machtzentren (wie Treffpunkte mafioser Gruppierungen); er sichert sich das Vertrauen der Bevölkerung, kontrolliert deren Verhalten, verhängt Sanktionen gegen Widersetzlichkeiten und managt die Organisation von Hilfsgütern. Er tut dies unter Beobachtung durch die und (zwangsweise) in Kooperation mit den Massenmedien, die aus urbanem Kriegsgebiet nicht fernzuhalten sind. Der Urban Warrior ist Soldat, Informationsoffizier, Unterhändler und Diplomat zugleich: »In many cases, the individual Marine will be the most conspicuous symbol of American foreign policy and will potentially influence not only the immediate tactical situation, but the operational and strategic levels as well. He will become […] the *Strategic Corporal*.«[14]

~

Der Hybridbegriff des »strategischen Unteroffiziers«, der z. B. auf Basis von Wahrnehmungen vor Ort eigeninitiativ Luftschläge anfordert, impliziert das Problem der Vermittlung von taktischer, situativ involvierter Nahsicht und strategischer, geopolitisch dimensionierter Fernsicht. Der Film kennt das analoge Problem der Heterogenität von Close-up und Totale, Immersion und Distanzierung. Im postklassischen Kriegsfilm wird das Problem oft akut: *Black Hawk Down* alterniert zwischen Marines in Mogadischu, die zu nah dran, und deren Vorgesetzten vor Live-Monitoren, die zu weit vom Schuss

14 *Marine Corps Gazette*, zit. n. Dake, »The City's Many Faces«, S. 215.

sind, um Feind und Stadt zu überschauen; die Vermittlung von Nahsicht und Tele-Medialität ist gestört; dem Kommandeur bleibt am Ende des gescheiterten Einsatzes nur, auf dem Lazarettboden Blut aufzuwischen. Eine Sequenz aus *Behind Enemy Lines* hingegen liest sich wie eine Allegorie erschütterten Vertrauens in die »Totalität« apparativer Wahrnehmung und in Institutionen von Staat und Heldentum: Bosnische Serben schießen einen US-Piloten ab; er flüchtet *behind enemy lines*, was seine Vorgesetzten vom Flugzeugträger aus mittels satellitenübertragener Wärmebilder beobachten. Als seine serbischen Verfolger bereits direkt neben dem Piloten stehen, wird auf dem Wärmebild nicht erkennbar, warum sie ihn nicht gefangen nehmen. Ein Schnitt zur Nahsicht des Geschehens zeigt, dass der Pilot in ein Massengrab voller Leichen gefallen ist, die aus der Distanz im doppelten Sinn unsichtbar sind – als Opfer ethnischer »Säuberung« vertuscht, als Körper zu kalt für Wärmebilder. Für seine Verfolger wiederum ist der Pilot das, was Stealth-Bomber sein wollen: unsichtbar – aber nicht kraft technologischer Asymmetrie; vielmehr macht ihn ein Akt der Mimikry an Tote bzw. eine ideologisch behauptete Symmetrie ununterscheidbar von unschuldigen Opfern. Hier fallen immersive Ästhetik und postheroische Rhetorik der Selbst-Viktimisierung zusammen: Aus medialisierter Fernsicht des Interventionsschauplatzes erscheinen Freund und Feind in schematischer, allzu missverständlicher Konstellation; aus der Nähe, aus dem Dreck heraus gesehen, gibt es anscheinend nur Opfer.

~

Das Gefechtsfeld des Urban Warrior ist digital. Er bildet die »Plattform« eines Netzwerks, das Luftaufklärung, Piloten, Artilleristen, Panzer, Kommandeure und Soldaten im Einsatz integriert. Kernelemente seiner Ausrüstung – Recheneinheit, Sender, Batterie, GPS – finden im Rucksack Platz; Kamera und Display sitzen im Helm. Orientierung bietet ein Monocular-Display, das es ermöglicht, Karten zu lesen, Befehle und Lageberichte entgegenzunehmen und per E-Mail in Verbindung mit Vorgesetzten und der Gruppe zu bleiben.[15] Handelsübliche Sensoren dienen zur Markierung feindlicher Ziele, handelsübliche Handys und Monitore sind Basis der internen Kommunikation; ein Übersetzungsprogramm hilft bei Verhandlungen mit der lokalen Bevölkerung.[16] Urbanes Terrain beeinträchtigt aber durch Funkschatten von Gebäuden, Signalstörungen durch elektrische Leitungen, Unterscheidungsprobleme zwischen parallel vorrückenden Einheiten u. a. m. die Kontakte von Einsatzgruppen und Kommandozentralen. »Urban fighting tends to be disorienting for many of those involved. Buildings and rubble often preclude an individual's seeing anyone beyond his immediate environs, a situation that sometimes leads to fear of abandonment.«[17] Das urbane Kampfgebiet wird zum paranoiden Raum.

~

15 Stefan Kaufmann, »Batman erblasst vor Neid. ›Electronic Soldier‹ – der Infanterist der Zukunft«, *Neue Zürcher Zeitung*, 7.3.2002, S. 33.
16 Vgl. Col. Gary W. Anderson, »Urban Warrior and USMC Urban Operations«, www.rand.org/content/dam/rand/pubs/conf_proceedings/CF148/CF148.appj.pdf (19.2.2016).
17 Russell W. Glenn, »… *We Band of Brothers«: The Call for Joint Urban Operations Doctrine*, Santa Monica 1999, S. 35.

Zweifach projiziert *Windtalkers* neue Kriege und Urban Warriors in den Zweiten Weltkrieg zurück: entlang der Wert-Logik, die implizites/kulturelles Wissen als Innovationspotenzial subsumiert, und entlang der Wert-Logik »postheroischer Kriegsführung«, der zufolge US-Soldaten zu wertvoll sind, um sie zu opfern. In Woos Film müssen Navajo-G.I.s bzw. ihr Spezialwissen um jeden Preis geschützt werden. Windtalkers und Urban Warriors sind kostbar wie Kämpfer vormoderner Kriege; ihr Tod ist ein Verlust hochqualifizierten Humankapitals. Umso obszöner der Anblick eines 1993 von Somalis durch Mogadischu geschleiften, getöteten Marine. Zu diesen TV-Bildern eines *All-American bo(d)y* – der Materialität nackten Lebens – verhält sich *Black Hawk Down* wie die Therapie zum kollektiven Trauma. Dabei werden der »Mogadischu-Effekt« und das Fernsehbild verstörender Sterblichkeit nicht qua narrativer Rationalisierung eingedämmt, sondern »homöopathisch« bearbeitet – durch Kinobilder, die diese nationale Opfer-Erfahrung spektakulär und sensualistisch neu durchspielen. Im Zeichen postheroischer Kriegskonzepte verlagern sich Sinn-Angebote der Filme von handlungsmächtigen Subjektivitäten zu Identitäten, in denen Opfer-, Zeugen- und Retter-Erfahrung changieren (wie in *Saving Private Ryan*). Positionen von Soldat und Publikum werden austauschbar, Opfer- und Zeugen-Status werden paradigmatisch: Kriegs-Erleben, Kriegsfilm-Konsum – beides heißt passive Empfindung heftiger

Erschütterungen, »schmerzvolles« Zuschauen. Hier weist die Emphase der Rettungsmission einen ethisch-pragmatischen Ausweg: Im Sinn therapeutischer Intervention in die Historie sucht Hollywood Gedächtnisorte der Massenkriegsführung auf, um rückwirkend mit der Geschichte militärischer Massenvernichtung zu brechen. Aus der postheroischen Position – und der des Holocaust als Geschichtsbruch der ersten und globales Gedächtnisparadigma der zweiten Moderne[18] – »erfinden« die Filme die Rettungsmission als Ausnahme inmitten des »Verheizens« wertvollen Lebens. »This time the mission is a man« nennt die Tagline von *Saving Private Ryan* diese Singularität.

Wertvoll sind westliche Leben. »Leave no man behind!« lautet die Tagline von *Black Hawk Down*. Die Asymmetrie neuer Kriege verläuft hier zwischen umzingelten Marines, jeder von ihnen kostbar und rettenswert, und reihum ins MG-Feuer laufenden somalischen Massen. Ein postkolonialer Rassismus zeichnet Mogadischu als *urban Vietnam*, Verfalls-Stadt des Mobs – und den Feind als ein Zerrbild des früheren »Wir«: des fanatisch opferbereiten Subjekts, das die Staats-Massenkriege der westlichen Nationalismen geführt hat. In der postkolonialen Lesart von *Windtalkers* hingegen ist gedächtnispolitisch relevant, dass hier die kostbaren Urban Warriors Indigene sind, Angehörige einer Kultur, die in der US-(Film-)Geschichte Opfer von Massenvernichtung und Marginalisierung war.

Im Freund-Feind-Bild von *Black Hawk Down* verkörpert sich allerdings auch eine eigentümliche Symmetrie im Kontext neuer Kriege(r), was ihren Status als permanente Ausnahmen

---

18 Vgl. Daniel Levy, Natan Sznaider, *Erinnerung im globalen Zeitalter: Der Holocaust*, Frankfurt/M. 2001.

vom Normal-Fall des modernen Kriegs und dessen massenhaft drohender Todeswahrscheinlichkeit betrifft. Gegenüber der modernen Verfasstheit von Krieg und jenen, die ihn ausübten, sind neue Kriege die auf Dauer gestellte, neue Krieger die zum Standard-Akteur gewordene Ausnahme-Konfiguration: einerseits der fanatisierte Fedajin oder Selbstmordattentäter, der *ganz sicher* im Kampf sterben wird – darin liegt seine relative Handlungs-macht; andererseits der US-Soldat, der »alles darf«, nur nicht sterben (»Nobody dies!« und »No-one else is gonna die!«, verspricht Nicolas Cage in *Windtalkers* seinen Jungs) – darin liegt seine relative Handlungs-Ohnmacht im Zeichen risikofreier, mediengerechter Kriegsführung, aber auch seine im Gedächtnismedium Hollywood wiedergewonnene Definitionsmacht als Opferfigur innerhalb einer zunehmend »viktimistischen« Sicht von Geschichte.

Arbeit in Bewegung

Das erste kinematografische Bild, zumindest der erste Film, der in der Öffentlichkeit gezeigt wurde: *La Sortie de l'Usine Lumière à Lyon*, 1895, 45 Sekunden. Ob es ein dokumentarischer Film ist, bleibt umstritten, denn einige Hinweise legen die Interpretation nahe, die Brüder Lumière hätten die Arbeiter beim Verlassen des Fabriktores dirigiert. In jedem Fall kündet *La Sortie* von einem engen Zusammenhang zwischen Film, Industrie und Arbeiterschaft. Der Zusammenhang ist auf der Ebene der Produktionsverhältnisse, der Kritik des »Studiosystems«, gut bekannt, ebenso hinsichtlich der Zusammensetzung des frühen Kinopublikums. Was der Film darüber hinaus für die Arbeiterschaft als soziales Subjekt und kollektiver Akteur bedeuten könnte (und umgekehrt), ob es eine intrinsische »realistische« politische Kraft des Films von jeder Generation von Filmemachern neu und originär zu entdecken gäbe – an diese Fragen wird man derzeit wohl nur durch Fallgeschichten herangehen können.

Auch in den beiden frühen Filmen Ruth Beckermanns – *Auf amol a Streik* (A 1978, gemeinsam mit Josef Aichholzer) und *Der Hammer steht auf der Wies'n da draußen.* (A 1981, gemeinsam mit Josef Aichholzer und Michael Stejskal) – kehrt die Kamera immer wieder zum Fabriktor zurück. Das Tor als Grenze und Schwelle,

ein Raum, in dem für den Moment des Schichtwechsels vieles in Bewegung gerät. Die hinter dem Schranken formierte und fixierte Menge löst sich in einzelne Gestalten und Gesichter auf, das Verhältnis zur Kamera wird uneindeutig, eine Palette von müder Ignoranz bis neugieriger Kontaktaufnahme. Machtbeziehungen und Identitäten werden registriert. Gilt die Aufmerksamkeit der Person, Mann oder Frau, jung oder alt, einsilbig oder expressiv, selbstbewusst oder resigniert? Oder ist man Staffage, Teil eines immer schon namen- und sprachlos gedachten Kollektivs? Und wenn Letzteres: In wessen Auftrag ist die Kamera da, auf Kommando der Fabriksdirektion, auf Anordnung einer Fernsehredaktion?

Die Filme *Auf amol a Streik* über den Streik 1978 beim Reifenproduzenten Semperit und *Der Hammer steht auf der Wies'n da draußen.* über die Protestdemonstrationen 1981 im Gussstahlwerk Judenburg verzichten nicht auf die filmische Ikone von *La Sortie* – allerdings nur deshalb, um der Kamera eine andere Aufgabe zuzuweisen, nämlich die Eigenschaft des Fabriktors als Grenze und Schwelle aufzuheben. Es ist der Beginn eines komplexen Unterfangens, in die Fabrik selbst vorzudringen und die Produktionsverhältnisse als Macht- und Gewaltverhältnisse zu decouvrieren, als Produktionsöf-

*Der Hammer steht
auf der Wies'n da draußen.*
(1981, Ruth Beckermann, Josef
Aichholzer, Michael Stejskal)

fentlichkeit, wie Alexander Kluge und Oskar Negt ihr gemeinsames literarisch-politisches Projekt benannt haben. (Dazu gehört, dass das Management Dreharbeiten auf dem Firmengelände verweigerte. Die Interviews konnten nur auf dem teilbefreiten Territorium der Gasthäuser durchgeführt werden.) Gegen die ästhetischen Verteilungen herrschafts- und sachrational orientierter Reportagen in den dominanten Medien setzten Beckermann und Aichholzer auf die Selbstartikulation von Arbeiter/inne/n, die in einem Konflikt standen: auf ihre Leidenschaften, ihr Gedächtnis, auch auf ihren Ernst und den Stolz auf ihre materielle Arbeit, etwas, das sich rund 25 Jahre später in der »Mac-Job-Gesellschaft« beinah als Anachronismus ausnimmt (oder als Testament, je nachdem).

Anliegen der Filme ist die Kommunikation der laufenden Ereignisse, nicht deren Kommentierung von außen; Ziel ist die Produktion eines sozialen Raums mithilfe der Kamera, der gemeinhin durch etablierte Sprachspiele professionalisierter Interessenvertreter absorbiert wird. Die Mittel sind karg, im ästhetischen wie im buchstäblichen Sinn: Videointerviews und Gesprächsprotokolle in Schwarzweiß, lange Einstellungen, Mitschnitte von Rundfunk- und Fernsehmeldungen dominieren die visuelle Gestalt des Semperit-Films. Die auf Farbfilm produzierten poetischen Sequenzen (Kamera: Bernd Watzek) für den Judenburg-Film ordnen sich dem rauen und flachen Gesamtbild unter, wenn sie auch retrospektiv ein tieferes Verständnis für die Kultur einer verschwundenen Industrielandschaft vermitteln. (Ihr Einsatz folgte allerdings weniger dramaturgischen Maß-

gaben als jenen der Ressourcen – wer zu welchem Zeitpunkt Material oder Geld für das autonome Projekt zur Verfügung stellte.)

Auf amol a Streik und *Der Hammer steht auf der Wies'n da draußen.* entstanden in einer Phase des sozialen, politischen und kulturellen Umbruchs, dessen Dauer und Effekte erst nachträglich konzeptuell zu erfassen waren. Die europaweiten, intensiven und langen industriellen Konflikte der 1960er und 1970er Jahre endeten mit der Auflösung der Großfabrikssstrukturen und dem Aufbau globalisierter Netzwerksproduktion; nicht ohne Zutun der Politik, die der 1979 an die Macht gelangten Margaret Thatcher darin folgte, die staatlichen Regulierungsinstrumente der fordistischen Fabriksgesellschaft zu zerstören. Wollten die Semperit-Arbeiter/innen 1978 noch mit steigenden Produktionsziffern im Rücken durch einen Streik höhere Löhne durchsetzen, so arbeiten 2007 in Traiskirchen statt 4000 Menschen nur noch an die 400. Dazwischen stand der Verkauf des semistaatlichen Unternehmens an den deutschen Continental-Konzern, die Filetierung des Konzerns und die Verlagerung der Reifenproduktion an osteuropäische und fernöstliche Standorte. Von Styria Judenburg blieben nach der Privatisierung Mitte der 1990er Jahre zwei, drei Stahlbetriebe mit maximal 350 Arbeiter/inne/n statt ehemals mehr als 1500 übrig. Aus den Company-Towns, die vom Arbeitsplatz bis zu den Sportvereinen und den Feuerwehren ein dichtes solidarisches Beziehungsgefüge aufwiesen, das auf dem lokalen »stummen« Wissen um Material, Techniken und Arbeitsorganisation beruhte, sind strukturschwache Gebiete

geworden, die an die Freizeit- und Tourismus-
ökonomie anzuschließen versuchen.

Für die beiden Filmprojekte stand allerdings
noch etwas anderes im Zentrum, nämlich die
nahezu vollständige Prägung der gesellschaftlichen Deutungshorizonte durch die industriellen Produktionsverhältnisse. Von der Bildungs-
bis zur Gesundheits- und Kulturpolitik hatte
sich alles dem nationalen Ziel fortgesetzten industriellen Wachstums unterzuordnen. Beide
Filme sind deshalb unschwer als Auseinandersetzungen mit der Disziplinargesellschaft und
ihren hauptsächlichen Repräsentanten, den Kon-
zernchefs und den Gewerkschaften, zu verstehen. Dies geschieht im Semperit-Film *Auf amol
a Streik* neben den Off-Kommentaren auf mitunter höchst ironische Art und Weise durch
den intermedialen Rückgriff auf Cartoons (von
Manfred Deix) und kontradiktorische Musik-
unterlegung. Im Judenburg-Film *Der Hammer
steht auf der Wies'n da draußen.* liegen die Dinge
komplizierter und erfordern ein paar Zusätze:
Bei Beginn der Dreharbeiten war nicht absehbar, wer unter den rivalisierenden Arbeiter / innen-Sprechern die Initiative übernehmen
könnte. Noch ehe sich dies herauskristallisierte,
konzentrierten sich die Filmemacher / innen –
ich würde meinen, nicht zuletzt wegen seiner
»authentischen« Erscheinung – auf den Be-
triebsrat Horst Scvarza, der gegen seine eigene
sozialdemokratische Fraktion rebellierte. Ihm,
dem später »Lech Walesa von Judenburg« genannten Sprecher der Basis, der zum Disziplin-
bruch bereit ist, folgt mit Fortgang des Films
das Bild, um in der Klimax einer Betriebsver-
sammlung zu enden. Ein Bild, das, wie mir

heute scheint, mit außerordentlicher Sensiti-
vität die Spannungen, die persönlich vermittelten Schwankungen zwischen Zweifel und Entschlossenheit einfängt und ein Psychogramm
sozialer Konflikte von überdauernder Bedeutung schafft.[1]

Sich einlassen, improvisieren, die Kamera als
dynamisierenden sozialen Akteur zum Einsatz
bringen – so in etwa stelle ich mir die Leitideen
von Ruth Beckermann, Josef Aichholzer und
Michael Stejskal 1978, 1981 vor. Dies im politischen Umfeld einer quantitativ kaum bedeutenden österreichischen bzw. Wiener Neuen
Linken, die den Kontakt zu den lokalen literarischen und filmischen Avantgarden vor ihrer
Zeit nicht gefunden hatte und sich deshalb ihre
kulturellen Philosophien und Instrumente
selbst schaffen musste bzw. durfte – in Abgrenzung aber auch zum Mainstream der kritischen
Erfolgsautoren im eben reformierten österreichischen Fernsehen. Wenn es in diesem Milieu
etwas an Traditionsbezug gab, dann vermittelt
über den Revolutionsmythos; eine Sympathie
für Sergej Eisenstein und Dziga Vertov, für die
Regelverachtung der Nouvelle Vague, aufge-
schlossen durch den »maoistischen« Jean-Luc
Godard. Ich weiß nicht, ob Chris Markers
À bientôt, j'espère (1968) und *Classe de lutte* (1969)

---

1 Der Abspann von *Der Hammer steht auf der Wies'n da
draußen.* verzeichnet die »Mitarbeit« zweier seit Jugend-
tagen eng befreundeter Obersteirer: Peter Pilz und
»Siggi Mattl«. Der notorisch häufig falsch geschriebene
Siegfried – im sozialen Umgang, auch schriftlich, stets
Siegi – Mattl ist in den Farbaufnahmen zu Beginn des
Interviews mit Horst Scvarza auf der Hollywood-Schau-
kel (Minute 22) als Teil des Filmteams rechts im Bild zu
sehen; siehe auch die Fotos auf S. 196 (Anm. d. Hg.).

bzw. *Die Kamera in der Fabrik* (1970)[2] hierzulande ins Kino kamen. Vielleicht bedurfte es aber auch gar keines reflektierenden filmischen Stilbewusstseins, um sich Markers Methode anlässlich eines Streiks in Besançon zu bedienen: den Arbeiter/inne/n das Wort zu geben, sich ihnen (oder präziser: einer spezifischen Konstellation von sozialen Kämpfen) unterzuordnen. Den Film in den Dienst einer Politik des »Unvernehmens« zu stellen – ein Potenzial des Mediums, das Jacques Rancière emphatisch unterstreicht. Vielleicht lag der agitatorische Film so in der Luft wie der Streik, an den er sich heftete.

2 *À bientôt, j'espère* und *Classe de lutte* von Chris Marker und der Groupe Medvedkine wurden 1970 unter dem Titel *Die Kamera in der Fabrik* vom NDR-Redakteur Hans Brecht kompiliert und bearbeitet.

Un-Verhältnisse

Der neue österreichische Dokumentarfilm und die österreichische Zeitgeschichte

Irgendwo am Land, im Weinviertel vor 30 Jahren. Kirchweihfeste, Maifeste, Feuerwehrfeste. Von Musikkapellen angeführte Aufmärsche, Fahnen und Tafeln, Versammlung, Reden. Danach Essen, Trinken, Tanzen. Aber was will das heißen: »Feste«? Ihr ursprünglicher Anlass und ihre gesellschaftliche Funktion sind vergessen, und sie müssen es bleiben, um die selbstverständliche Ordnung des Raums und der Zeit nicht zu gefährden. *Rituale* nannten Gustav Deutsch und Ernst Kopper eines der thematischen Bänder ihres zwischen 1980 und 1982 realisierten ethnografischen Video-Projekts über das Leben in einer niederösterreichischen Agrarregion. Kein Kommentar begleitet die Bilder, auch kein Interview. Wiederholung und Gleichförmigkeit, die Essenz des Rituals, werden allein durch die serielle Montage der einzelnen Aufzüge sinnfällig.

Mit der Geschichtswissenschaft verbindet *Rituale* zur Zeit seiner Produktion ein paradigmatischer Wechsel – ein Wechsel weg von den Institutionen hin zur Lebenswelt, und ein Wechsel von den ubiquitären Ideen zum Raum, zu den Regionen. Freilich sollte dieser Paradigmenwechsel seine Begrenzung in Form wissenschaftlicher Spezialisierung finden, so wie alle wissenschaftlichen Wenden, die notorischen *turns*, seit dem Strukturalismus den Anspruch auf Dominanz haben aufgeben müssen. Dennoch scheint die Koinzidenz von »Alltagsgeschichte« und Dokumentarfilm für Österreich symptomatisch, wenn wir für beide einen Neubeginn aus dem Geist des Widerspruchs – politisch und disziplinär – veranschlagen. Aber vielleicht greift diese Konkretisierung zu kurz: Sollten wir nicht überhaupt mit Eva Hohenberger und Judith Keilbach von »gemeinsamen Wurzeln und Denktraditionen« ausgehen, die Dokumentarfilm und Geschichte in einem Vorraum zu Wissenschaft und Kunst vereinen?[1]

Rituale lässt eine Aporie in der Reflexion des Verhältnisses von Dokumentarfilm und Geschichte hervortreten, die erklären kann, warum es bis heute seitens der (österreichischen) Zeithistoriker/innen keine monografischen oder theoretischen Beiträge gibt, die auf der These einer privilegierten inneren Beziehung beider Felder beruhen. (In Frankreich liegen die Dinge nicht zuletzt durch die Arbeiten von Christian Delage anders. Allerdings finden wir auch in Österreich filmische Praktiken von Zeithistoriker/innen, über die noch zu reden

---

1 Eva Hohenberger, Judith Keilbach, »Die Gegenwart der Vergangenheit. Zum Verhältnis von Dokumentarfilmen, Fernsehen und Geschichte«, in: dies. (Hg.), *Die Gegenwart der Vergangenheit. Dokumentarfilm, Fernsehen und Geschichte*, Berlin 2003, S. 9.

V. l. o. im Uhrzeigersinn:
Artikel 7 Unser Recht!/Pravica Naša! Člen 7 (2005, Thomas Korschil, Eva Simmler)
Jenseits des Krieges (1996, Ruth Beckermann)
Weg in den Süden (2003, Reinhard Jud)
The End of the Neubacher Project (2006, Marcus J. Carney)

sein wird.) Einerseits ist *Rituale* die Dokumentation einer vergangenen Wirklichkeit mit ästhetischen Mitteln. Als solche gibt sie Auskunft über historische Tatsachen. In ihrer formalen Gestaltung spricht sie aber auch über ihre eigene Zeitlichkeit, über das neue Material Video, dessen extensive Dreh- und Nachbearbeitungsmöglichkeiten und die gegenüber dem Kinofilm geänderten Adressierungsabsichten. Neben der Vergegenwärtigung einer äußeren Vergangenheit bedarf es also zum Verstehen auch einer Medienarchäologie, mit der Historiker/innen nicht unbedingt vertraut sind. Andererseits konnten Tatsachen wie das Leben am Land um 1980 nur deshalb historische werden, weil der dokumentarische (oder nicht-fiktionale) Film Wirklichkeiten auf genuine Art und Weise erfasst und speichert, Wirklichkeiten, die über die sprachlichen Grenzen zur Welt hinausführen. So schieben sich auch in die Sequenzen des Festablaufs in *Rituale* Bilder einer Wirklichkeit, die von einer strikt soziologischen, einer kontrollierten Beobachtung nicht erfasst werden. Da wären die auffallend vielen schlecht gehenden, ja hinkenden älteren Männer, gleichgültig ob in den katholischen oder sozialdemokratischen (oder »neutralen«) Gemeinschaften: Zeichen der langjährigen harten Arbeit, Spätfolge schlechter ärztlicher Versorgung, einfach billiges Schuhwerk oder doch Kriegsverletzungen? (Wer hat sich schon Gedanken über die sinnliche Präsenz des Krieges in den zahlreichen versehrten Körpern weit über 1945 hinaus gemacht und nach deren Bedeutung als Gedächtnisort gesucht? In Ruth Beckermanns *Jenseits des Krieges* werden sie hingegen signifikant, und

eine lädierte Physiognomie wird erkenntnisstiftend.)

Das Changieren zwischen dem Status als dokumentarischer Film und jenem als filmisches Dokument, zwischen diskursiv festgelegtem Gegenstand und erst noch zu interpretierender Spur, sei es das ästhetische Verfahren vor dem Hintergrund des selbstreflexiven Mediums oder die Eigensinnigkeit eines filmischen Bildes, schafft den Historiker/innen Probleme. Die potenzielle Einheit beider Dimensionen anzuerkennen, erforderte einen Konsens, der auf Siegfried Kracauers Konzept der »Mikrogeschichte« aufbauen müsste, d. h. auf der Entwicklung analytischer historischer Begriffe, die noch das einzelne Ereignis in sich bergen und es nicht als subjektive Perspektive verleugnen. Ein solcher Konsens wird aber immer unwahrscheinlicher, wo die Historiografie ihre Binnendifferenzierung ständig vorantreibt und am ehesten noch im Archiv – verstanden als Registratur von Dokumenten, die durch ihre Provenienz homogenisiert sind – eine gemeinsame Grundlage sucht. Hier auch, präziser gesagt: im virtuellen audiovisuellen Archiv, findet das Filmdokument bereitwillige Aufnahme unter den Historiker/innen – als methodisch konstruiertes Standardbild, idealiter als arbeitsteilig hergestelltes Videointerview.

Die Skepsis gegenüber der filmdokumentarischen Geschichtsästhetik wie der Nachträglichkeit dokumentarischer Filmbilder ist neueren Datums. Sie entwickelte sich paradoxerweise aus jener Konvergenzbewegung heraus, die Christa Blümlinger Mitte der 1980er Jahre als konstitutiv für den neuen österreichischen Dokumentarfilm beschrieb: eine Wende hin zur Zeitgeschichte, zum Politischen, zum Alltäglichen und zur biografischen Erfahrung.[2] Zwei Filme sind paradigmatisch dafür und deuten aus heutiger Sicht doch auch schon auf die kommende Trennung hin (wenngleich ohne das Zutun der beteiligten Filmemacher/innen und entkoppelt von deren auch später verfolgten Konzepten): *Küchengespräche mit Rebellinnen* von Karin Berger, Elisabeth Holzinger, Lotte Podgornik und Lisbeth N. Trallori (A 1984) und *Wien retour* von Josef Aichholzer und Ruth Beckermann (A 1983). Beide Filme handelten von einer jüngeren Vergangenheit, die öffentlich und wissenschaftlich ebenso intensiv diskutiert wie leidenschaftlich umstritten war. *Küchengespräche mit Rebellinnen* setzte sich mit dem Widerstand gegen den Faschismus nach 1934 auseinander, *Wien retour* mit den Jahren des »Roten Wien«. Gemeinsam war beiden eine – inzwischen nennen wir es »vergangenheitspolitische« – Heterodoxie. Und dies auf zwei Ebenen gleichzeitig: gegenüber der etablierten Historiografie wie gegenüber der standardisierten »politischen Dokumentation« des Bildungs- und Fernsehfilms. *Küchengespräche mit Rebellinnen* durchbrach mit vier lebensgeschichtlichen Interviews mit Frauen die Schemata der Widerstandsforschung, die nach Parteien und politischen Lagern, Organisations- und Aktionsformen hierarchisch strukturiert war. Die von ihm

selbst erzählte Geschichte des jüdischen Kommunisten Franz West in *Wien retour* verrückte die sozialdemokratische Stadtmythe, da der Kommunalsozialismus als nur eine Schicht in der urbanen Tektonik begreifbar wurde, in einer losen Beziehung zu konfliktbeladenen Alltagskulturen. Geschlecht und Ethnizität traten in beiden Filmen als geschichtlich bedeutsame Kräfte auf. Die Form des freien, auf der situativen Erinnerung statt auf faktizistischem »Expertenwissen« aufbauenden Interviews brachte diese zwischenzeitlich etablierten sozialhistorischen »Kategorien« in ihren eigenen Erzählweisen zum Ausdruck. In beiden Filmen kam der demonstrativen Beteiligung der Filmemacher/innen am Prozess eine besondere Bedeutung zu – Engagement und Nahebeziehung wurden anzeigt.

Formal gingen die Filme unterschiedliche Wege. *Küchengespräche mit Rebellinnen* nahm nur minimale Mittel in Anspruch – durchgehende Einstellungen und Einstellungsgrößen, Schwarzblende und musikunterlegte historische Fotografie zur Rhythmisierung der Interviews. *Wien retour* wählte nicht nur unterschiedliche Orte und Einstellungen, sondern montierte (nach umfassender Recherche zu historischen Film- und Fotodokumenten) einen komplexen visuellen und akustischen Rahmen. Mit Bill Nichols können wir aber von einem interaktiven Modus des Dokumentarischen sprechen, der beiden Filmen zugrunde liegt. Beide Male ging es um Zeugenschaft, um eine Zeugenschaft besonderer Art: jener der Erinnerung und der Tätigkeit des Gedächtnisses. Lange vor der Konjunktur des *memory turn*

2 Christa Blümlinger, »Wo bleibt der österreichische Dokumentarfilm?«, in: Josef Aichholzer, Christa Blümlinger, Manfred Neuwirth, Michael Stejskal (Hg.), *Dokumentarfilmschaffen in Österreich*, Wien 1986, insbes. S. 11.

konnte man in *Wien retour* die unterschiedlichen Register des Gedächtnisses und die Grenzen der »wissenschaftlichen« Rekonstruktion am Werk sehen, als am Ende Franz West die Initiative ergreift und die Filmemacher/innen mit einem Tonband konfrontiert, das er in der Nacht aufgenommen hat und auf dem er seine eigenen (noch heroisch-parteilich imprägnierten) Erzählungen reflektiert: Es sind die Namen der Familienmitglieder, die der nationalsozialistischen Vernichtungspolitik zum Opfer gefallen sind, eine Vergangenheit, die sich nicht mehr zur Erzählung fügt, sondern nur zum Gedenken.

Küchengespräche mit Rebellinnen und *Wien retour* entstanden in einer Umgebungskultur, der es um die Re-Appropriation einer Geschichte des Widerstandes und der Emanzipation ging, einer Geschichte, die durch ihre scheinbar legitimen Verwalter – die degenerierten Arbeiterparteien – hohl geworden war. Inspiriert von den neuen autonomen Bewegungen versuchte man, die Subjektivität und die Vielfalt der Motive und Handlungsweisen vor ihrem Eingehen in erstarrte, monumentalisierte Konzepte zu erretten – eine Parallele zu den sozialaktivistischen Projekten der History Workshops, der »Dig where you stand«-Bewegungen, der »Geschichtswerkstätten«, die auch in der bevorzugten Organisation als Film-Kollektiv (Filmladen, Medienwerkstatt, SYNC) zum Ausdruck kam.

Es wäre eine Einladung, die jüngere österreichische Zeitgeschichte radikal über ihr (nach dem eben beschriebenen gemeinsamen Feld: abruptes) Un-Verhältnis zum österreichischen Dokumentarfilm zu analysieren – und umge-

kehrt den Film entlang der Konjunkturen des Historischen zu erfassen. Lokale Bedingungen wären darauf hin zu befragen. Medienkulturell »bricht« sozusagen mit den ORF-Geschichtsfernsehreihen *Österreich I* und *Österreich II* ein neuer Typus visueller Geschichte herein, der sich politisch verliehene Deutungshoheit arrogiert: gegenüber der Historiografie durch die Verlängerung eines kaleidoskopischen Zeitbildes, das sich ein letztes Mal dem kleinen nationalstaatlichen Weltgeist unterordnet, gegenüber den Dokumentarfilmemacher/innen durch die Abnutzung des Archivs der Bilder in einem instrumentellen Recycling. Geschichtspolitisch verlagert die sogenannte Waldheim-Affäre den eben gewonnenen Fokus minoritärer emanzipatorischer Erfahrungen auf die Last einer »verdrängten«, unheimlich-wiedergängerischen nationalsozialistischen Vergangenheit. Und translokal? Geschichtsästhetisch verändert der paradigmatische Gegensatz von Steven Spielberg und Claude Lanzmann, von *Schindler's List* und *Shoah*, die Voraussetzungen historischen Denkens und der Repräsentation. Und die »kreative Destruktion« des Neoliberalismus entwertet die Vergangenheit als möglichen Erfahrungsort. (Reinhard Juds *Weg in den Süden* wird gerade in dieser Beobachtung seinen Ausgangspunkt finden.)

Der Platz, den in diesem Szenario die 1994 gegründete *Survivors of the Shoah Visual History Foundation* einnimmt, ist noch zu bestimmen. Aber als globales geschichtspolitisches Projekt kann man es wohl mit der Gründung der *Monumenta Germaniae Historica* zu Beginn des 19. Jahrhunderts vergleichen. Seine Zielsetzung

– ein ständig wachsendes und digital zugängliches Archiv – und seine methodischen Regeln – nach Kriterien der Oral History wissenschaftlich kontrollierte Interviews – haben die Vorstellungen der Historiker/innen von einer *Visual History* mehr geprägt, als die Fotografie und der Film es vermochten. Mit dem Dokumentarfilm teilt das Archiv zwar weiterhin die Werte der Zeugenschaft, der Authentifizierung und der Vergegenwärtigung, wenn wir bei den zentralen Begriffen bleiben, die nach Hohenberger und Keilbach Dokumentarfilm und Geschichte vereinen. Anders verhält es sich aber mit den Begriffen der Wirklichkeit und der Wahrheit. Wirklichkeit und Wahrheit nehmen sich im Archiv auf den Entstehungsprozess des Dokuments selbst zurück. Ästhetisches Verfahren und Poetik, also die genuin künstlerischen Dimensionen des Dokumentarfilms, müssen von einer »Video-History«, die vom Archiv absorbiert worden ist, so weit wie möglich ferngehalten werden.[3]

Mit Nietzsche könnte man von einer antiquarischen Grundeinstellung sprechen, die die Historiografie erfasst hat. Ihr vordringliches

Ziel ist es geworden, zu sammeln und zu bewahren.[4] Der Fluchtpunkt der Video-History heißt »Vermittlung«: Aufschub und Delegierung der Formfindung, auch und gerade an den dokumentarischen Film. Umso mehr müsste man sich Ruth Beckermanns *Jenseits des Krieges* (1996) annehmen – der Vermittlung einer Vermittlung sozusagen. Beckermanns Film über die umstrittene und skandalisierte Ausstellung *Vernichtungskrieg. Verbrechen der Wehrmacht 1941 bis 1944*, die 1995 auch in Wien zu sehen war, greift formal auf die elementarste Form des *Direct Cinema* zurück. Er ist die Chronik der Beobachtungen von Gesten und Kommentaren der überwiegend alten männlichen Ausstellungsbesucher vor den Fotografien der Gräuel, begangen von der deutschen Wehrmacht (einschließlich der angegliederten Österreicher). Wütende Dementi der fotografisch dokumentierten Ereignisse stoßen auf erläuternd-entschuldigende Bekenntnisse zu den Verbrechen, aber auch auf Erschütterung unter ein und derselben Gruppe von Kriegsteilnehmern; nüchtern-strategisches Registrieren neben emotionaler Betroffenheit und Voyeurismus vor den Bildern. »Die einzig mögliche Filmform: Auftritt, Abtritt; eine Serie. Eine Anhörung«, schließt Beckermanns Drehtagebuch.[5] Die einzig mögliche Form, um über die reine Evidenzproduktion – als ginge es hier um die bequeme Formel der »Verdrängung« der Vergangenheit als Ursache einer Reihe aktueller politischer Defizite – hinauszuführen und die Bedingungen ins Spiel zu bringen, die sehend und wissend machen. Diese liegen nicht in historischer Aufklärung, sondern in einer – wie der

3 Vgl. die als integriertes Dokumentarfilm-Projekt verfasste Diplomarbeit von Gerda Klingenböck, *Im Spannungsfeld von Erinnerung und audiovisueller Repräsentation: Historisches Konzept und filmische Realisation einer Video-Dokumentation von Lebensgeschichten aus dem Frauenkonzentrationslager Ravensbrück*, Dipl.-Arb., Wien 2003.

4 Vgl. Friedrich Nietzsche, *Unzeitgemäße Betrachtungen. Zweites Stück: Vom Nutzen und Nachtheil der Historie für das Leben*, in: ders., *Kritische Studienausgabe 1* (hg. von Giorgio Colli und Mazzino Montinari), München 1999.

5 Siehe Booklet zur DVD-Edition *Ruth Beckermann Film Collection*, Wien 2007, S. 44.

Film zeigt: höchst ungleich verteilten – politischen Sensibilität.

Wenn der in den 1970er und 1980er Jahren geknüpfte Faden zwischen dem Dokumentarfilm und der (institutionellen) Zeitgeschichte[6] gerissen ist, könnte dies nicht auch die Vorbedingung gewesen sein für eine Reihe von Dokumentarfilmen, die nach 2000 entstanden sind und pointiert, aber frei von den Erwartungen einer historiografischen Diskursgemeinschaft brisante zeitgeschichtliche Ereignisse fokussieren? Konnten sich Filme wie *Keine Insel – Die Palmers Entführung 1977* (Alexander Binder, Michael Gartner, 2006), *The End of the Neubacher Project* (Marcus J. Carney, 2006) und *Artikel 7 Unser Recht!/Pravica Naša! Člen 7* (Thomas Korschil, Eva Simmler, 2005) auch deshalb mit größerer formaler und erzählerischer Freizügigkeit ihrer Themen annehmen? Würden sie im *community mode* der frühen 1980er Jahre anachronistisch anmuten?

Der Tod beendet das *Neubacher Project,* das von der Kamera begleitete Sterben der Mutter des Filmemachers an einer Krebserkrankung. Sie ist es, die in ihrer Familie – die keinen Willen, aber auch keine Sprache dafür aufzubieten hat – die Schuld einer der prominentesten österreichischen Nazi-Familien abzuarbeiten versucht und dies nur auf dem Umweg über ihren weltweiten humanitären Einsatz als Ärztin vermag. Über den Großonkel Hermann Neubacher, den schillernden NS-Bürgermeister von Wien bis 1940, zuvor Direktor der gemeindeeigenen *Gesiba,* zwischendurch Berater der *IG Farben* für den Balkan, und danach Sonderbeauftragter für den »Südosten«, erfährt man

faktisch wenig, ebenso wie über den Großvater Eberhard Neubacher – ein, wie im Film zu sehen ist, leidenschaftlicher Jäger, der es im NS-Wien zum Leiter des Lainzer Tiergartens brachte. Aber diese Wissens- und Darstellungslücke ist aufseiten der Geschichtsschreibung trotz mehrerer Anläufe noch viel größer als aufseiten des Films. Die Frage nach der Vergangenheit geht indes ohnehin in eine andere Richtung als die des Erinnerns und Bewahrens (und sei es auch nur als Memento). *The End of the Neubacher Project* konfrontiert uns durch seine nur indirekten Zeitmarker und durch die Schleifen, in denen er immer wieder auf den schmutzigen Verstrickungen der Neubachers insistiert, mit einer Vergangenheit, die sich aus unterschiedlichen Dauern zusammensetzt: aus dem Kontinuum, das die Großmutter mit ihrer geliehenen Bürgerlichkeit repräsentiert; den Akten der Rebellion der Mutter gegen die Familie; den fragmentarischen Erinnerungen der Familienmitglieder an die patriarchale Persönlichkeit des Großvaters; der kurzen Zeit des Wiedersehens mit dem eigenen Vater … Der dokumentarische Film hat uns gelehrt, dass man geduldig auf den Moment warten muss, in dem die Anwesenheit der Kamera zum Geständnis nötigt; dass es einer selbstauferlegten, schonungslosen Distanz bedarf, um der Großmutter zu entlocken, dass ihre Bürgerlichkeit auf der »Arisierung« eines Parfümerie-Ladens beruht.

---

6 So ging Ruth Beckermanns kurzer Dokumentarfilm *Der Igel* (1985) über den antinazistischen Widerstand im Salzkammergut direkt aus der Zusammenarbeit mit dem Ludwig Boltzmann Institut für Historische Sozialwissenschaften (Gerhard Botz, Christa Blümlinger) hervor.

Mit einem ähnlich subjektiven Gestus, der an Überlagerungen von kollektivem und individuellem Gedächtnis anknüpft, arbeitet *Keine Insel* – ein Dokumentarfilm über die Ableger des linken Terrorismus in Österreich und die Entführung des Industriellen Walter Palmers 1977. Die leitende Rolle, die den Protagonisten der Entführung eingeräumt wird, der weitgehende Verzicht auf erzählerischen Perspektivenwechsel haben wiederholt zu moralischer Kritik am Film geführt. (Geschichtspolitisch gesprochen: Der Mangel an Reue und an Entschuldigungen bei den Opfern des Terrors wird als öffentlich nicht tragbar erachtet.) Dennoch lassen sich zwei gute Gründe dafür unterstellen. Zu nennen wäre einerseits die Entmythologisierung des Terrorismus durch den selbstbezeugten Dilettantismus bei der Vorbereitung und Durchführung der Tat. (Dies trifft freilich auch auf den ihm gegenüberstehenden staatlichen Apparat zu.) Zum anderen wird in der Selbstinszenierung und Rhetorik noch einmal so etwas wie eine Selbstverkennung sichtbar, eine Imitation historischer Konstellationen und Figurenrepertoires – mangels irgendwelcher Stimmen, die den Wendepunkt, Mitte der 1970er Jahre, zu einem neuen, sagen wir provisorisch: postdisziplinären Regime benennen hätten können. (Aber könnte eine traditionell verfahrende Zeitgeschichte, die stets auch Überschreibung des Mitgeteilten ist, die in der Rhetorik geborgene Mentalität überhaupt erfassen?) *Keine Insel* zeigt jedenfalls – allein schon im Ensemble der Medienberichte, die der Film heranzieht, der Artikulation der zuständigen Politiker und Polizisten, der

Öffentlichkeit – einen Übergang an, vor dessen Analyse die Historiografie sich bislang gedrückt hat.

Auch *Artikel 7 Unser Recht!* macht die historiografische Lücke empfindlich spürbar, die im sonst so geschichtssüchtigen Österreich dort vorhanden ist, wo kein politischer Mehrheitskonsens vorliegt. Dabei geht es weniger um die Auseinandersetzung mit der Geschichte der Minderheiten selbst, wie im Falle der Kärntner Slowenen, sondern um eine Geschichtsschreibung aus »präsentistischer« Position, d. h. aus der Vertrautheit mit der aktuellen Lage und mit den Fragen, die diese aufwirft – Fragen, die zu Orientierung und Engagement führen können. Ebendies versuchen Thomas Korschil und Eva Simmler mithilfe von Film- und Fernsehmaterial der 1970er Jahre, der Zeit des notorischen Kärntner »Ortstafelsturms«, und mithilfe der Selbstkommentierung der slowenischen Aktivisten in Konfrontation mit ihrem eigenen öffentlich-medialen Auftreten damals. Erneut erweist sich das filmische Material als beunruhigend und widersetzlich gegen die Monumentalisierung, die die deutschnationalen Attacken von 1972 inzwischen als fotografische Illustration zeitgeschichtlicher Handbücher erfahren haben: Die Kapitulation Bruno Kreiskys angesichts des für ihn unfassbaren Hasses, der ihm von Kärntner Funktionären der eigenen Partei entgegenschlug, wird zum politischen Lehrstück. Allerdings bedarf es zur Erläuterung auch des Kommentars der Filmemacher/innen – ist doch die Tonspur des Fernsehbeitrags mit den antisemitischen Krakeelern »verloren« gegangen.

Kehren wir nochmals zur Favorisierung des Archivs gegenüber dem Dokumentarfilm in der historiografischen Praxis zurück. (Unberücksichtigt muss hier bleiben, welchen Geschichtsmodus die Plattformen im Internet hervorgerufen haben und wie sie die Öffentlichkeiten der Historiografie wie auch des Films affizieren.[7]) Diese Entscheidung ist nicht arbiträr, sondern Effekt einer Selbstreflexion. Kein Begriff hat in den letzten zwei Jahrzehnten eine solche Konjunktur erlebt wie derjenige der »Konstruktion«. Entgegen der Täuschung im Projekt der modernen Geschichte, die Vergangenheit schreibe sich selbst ein – übrigens eines der Verbindungsstücke von Geschichte und Film –, stehen heute die konstitutiven Funktionen linguistischer Techniken für »die« Geschichte außer Frage. Dies macht das Schreiben von Geschichte aber prekär – umso mehr, wenn es um das Erzählen über längere Zeiträume hinweg geht. Verweist uns dies nicht zwingend auf Reinhard Juds *Weg in den Süden* (2003)? Entlang der Südbahnstrecke von Wien bis Triest entfaltet der Film einen komplexen historischen Raum, der ebenso sinnlich wie begrifflich vermittelt ist – und wo bereits die unterschiedlichen Zeitformen als Grundlage des Erzählens zur Geltung gebracht werden: die linear-chronologische Zeit des Zuges, die Dauer der Landschaft, die punktuelle Zeit der von den Zeitzeugen erinnerten Ereignisse, die projektive Zeit der jugendlichen Gesprächspartner. Die Zeiten, Erzählungen und Bilder verketten sich an den Orten und zwischen ihnen, sie bleiben individuell, zeigen Brüche und Kontinuitäten, gehen nicht zwingend ineinander auf. Die

Vergangenheit und Gegenwart einer Industrieregion (oder besser: ihrer Menschen), in der wie kaum anderswo die Transformationen im 20. Jahrhundert sichtbar werden, werden miteinander konfrontiert, ohne einem bestimmten Typus von Verknüpfungsregeln unterworfen zu sein. Arbeit, Widerstand, Solidarität: Nochmals käme darin die »Geschichtlichkeit des Films« zutage (die ästhetische Erfahrung der Gemeinschaft, von der Jacques Rancière spricht[8]), müsste *Weg in den Süden* nicht von den aktuellen Krisensymptomen, dem für die Region signifikanten Hang der Jugendlichen zur Selbstzerstörung ausgehen. Auch hier ist der Faden gerissen, aber es entfaltet sich eine andere Denkmöglichkeit, ein anderes Bild der Geschichte, das eines Rhizoms.

7 Vgl. die Beiträge zur Sektion *Digitalisierung und virtuelle Welt: Neue Herausforderungen für die Zeitgeschichte?*, insbes. Albert Lichtblau, »Erinnern im Zeitalter virtueller Realität. Möglichkeiten und Perspektiven des Einsatzes von digitalisierten Video-Interviews mit Zeitzeugen am Beispiel des Survivors of the Shoah Foundation-Projektes«, in: Gertraud Diendorfer, Gerhard Jagschitz, Oliver Rathkolb (Hg.), *Zeitgeschichte im Wandel. 3. Österreichische Zeitgeschichtetage 1997*, Innsbruck, Wien 1998, S. 542.
8 Vgl. Jacques Rancière, »Die Geschichtlichkeit des Films«, in: Drehli Robnik, Thomas Hübel, Siegfried Mattl (Hg.), *Das Streit-Bild. Film, Geschichte und Politik bei Jacques Rancière*, Wien, Berlin 2010.

Heimat / Filme

Viermal Niederösterreich

Erst seit Kurzem werden private Filme als erstrangige Träger von Erinnerung entdeckt und der Archivierung, Erschließung und öffentlichen Vorführung zugänglich gemacht. In ihrer rohen Form, als im Sinn der Filmästhetik »missratene Figuren«[1], widersprechen sie oft dem Kanon überlieferter Bilder der Vergangenheit wie auch tradierten Erzählungen. Manchmal irritieren diese Filme auch bloß deshalb, weil ihr narrativer und dramaturgischer Mangel den/die Betrachter/in zu detektivischer Interpretationsarbeit zwingt. Der Einsatz erfolgt beide Male in einem Spiel zwischen (scheinbar) Fremdem und (scheinbar) Vertrautem – eine Grauzone, in der die Grenzen kollektiver Vorstellungskraft ausgelotet werden müssen.[2]

ZUM MÄRZ 38 VON EVA BRUNNER-SZABO

Ausgangsmaterial von *Zum März 38* (2012) sind drei Filmdokumente zu den Tagen des »Anschlusses« Österreichs an das Deutsche Reich. Es sind zwei Amateurfilme – *Ha. Wei. 14. März 38* und *NSKK I (Hitlereinmarsch in Purkersdorf)* – sowie der Propagandafilm *Ein Volk – Ein Reich – Ein Führer* zur Volksabstimmung vom 10. April 1938. Der Flohmarktfund *Ha. Wei. 14. März 38* gelangte 2007 über Vermittlung des Filmemachers Christoph Weihrich ins Archiv des Österreichischen Filmmuseums. Autor oder Autorin des 16mm-Films sind bislang unbekannt; wahrscheinlich stammt er aus dem Besitz einer Wiener Hoteliersfamilie. *Ha. Wei. 14. März 38* ist ein provisorischer Archivtitel, hergeleitet aus der Identifizierung des Schauplatzes Hadersdorf-Weidlingau. Die Gesamtlänge von 13 Minuten lässt (bei Berücksichtigung des zeitgenössisch üblichen Amateurfilmmaterials) Rückschlüsse auf die Verwendung von sechs oder sieben Filmrollen zu, die offensichtlich in linearer Abfolge montiert wurden. Bildaufbau und Sequenzfolge deuten auf ein Anhalten des Films in der Kamera auch über einen längeren Zeitraum

1 Siehe Siegfried Mattls gemeinsam mit Michael Loebenstein verfassten Aufsatz »Missratene Figuren« in diesem Band (Anm. d. Hg.).

2 Der vorliegende Text befasst sich mit vier österreichischen Found-Footage-Filmen aus dem Jahr 2012 und fokussiert vor allem auf die historischen Filmdokumente, die diesen künstlerischen Arbeiten zugrunde liegen. Anlass für den Aufsatz war eine 2011 begonnene Edition der Medienwerkstatt Wien mit dem Titel *POSITION-N*, deren Ziel es ist, die umfangreiche Film- und Medienkunst-Produktion in und um das Land Niederösterreich anhand ausgewählter Beispiele zu dokumentieren. *POSITION-N #7 Heimat/Filme* wurde in Kooperation mit dem Österreichischen Filmmuseum produziert und von Michael Loebenstein kuratiert; die DVD enthält sowohl die Found-Footage-Filme von Eva Brunner-Szabo, Dariusz Kowalski, Gerda Lampalzer und Manfred Neuwirth als auch ihre fünf filmhistorischen Quellen (Anm. d. Hg.).

Ha.Wei. 14. März 38

hin. Eindeutig zu datieren ist allerdings die erste Sequenz: Man schreibt den 14. März 1938. Adolf Hitler befindet sich auf Triumphfahrt in offener Limousine nach Wien. Hadersdorf-Weidlingau (das sieben Monate später dem nationalsozialistischen Groß-Wien eingegliedert wurde), erwartet den »Führer«. Die erste Einstellung erfasst das von einer Hakenkreuzfahne geschmückte Landhaus der Familie. Wann genau Hitlers Konvoi den Vorort passieren wird, ist offensichtlich nicht exakt geplant. Als es so weit ist, verhindern ein schlechter Kamerastandort und das Tempo der Fahrzeuge eine gelungene Aufnahme. Dafür zeigen die ersten 100 Sekunden den 14. März als Tag des Wartens: wartende Militärfahrzeuge, wartende Gendarmen, auf und ab gehende Offiziere, wartende Dorfbewohner in der Durchzugsstraße. Solche Bilder des Wartens an der Kippe zur Langeweile finden sich oft in Amateurfilmen aus dem März 1938, ebenso die kompensatorischen Bemühungen (etwa auch in *NSKK I [Hitlereinmarsch in Purkersdorf]*), durch eigene Mobilität, notfalls per Motorrad, so viele Ereignisse an so vielen Plätzen wie möglich einzufangen. *Ha. Wei. 14. März 38* allerdings wendet sich für die folgenden elf Minuten von der Aktualität ab und dem Alltag der eigenen Familie zu. Einiges an Faszination geht dabei von jener Frau aus, die sich sukzessive auf gelassene Art den Bildraum erobert. Man sieht sie bei verschiedenen Tätigkeiten im Garten und Gewächshaus des Anwesens, beim Herumscherzen mit jüngeren Frauen, die sie umgeben, bei der Bewirtung von Familienbesuch und beim Herzen der Katzen und Hunde des Hauses. Fast immer hat sie eine Zigarette

im Mundwinkel, die sie (im Vergleich zu rauchenden Frauen in Spielfilmen und Werbesujets der Zeit) auf »männliche« Art raucht. Ihr Changieren zwischen Geschlechterrollen wird unterstrichen durch ihren Kurzhaarschnitt ähnlich dem Mode-Code lesbischer Frauen in den USA der 1930er Jahre. Die ihr gewidmeten Sequenzen, die den ersten Teil von Eva Brunner-Szabos Triptychon bilden, dementieren geradezu die martialischen Bilder vom Filmbeginn. Sie machen eine mögliche Normalität sichtbar, die vor dem Hintergrund der exaltierten NS-Massenästhetik die Unterscheidung von Verweigerung gegenüber dem Regime und Verstrickung durch Weiterführung des gewöhnlichen Lebens kompliziert.

Der Film *NSKK I (Hitlereinmarsch in Purkersdorf)* – auch dies ein Archivtitel – führt auf einen anderen Weg, wenngleich er nicht weniger an Ambivalenzen aufrührt. Die Familie Hohenberger-Bandera übergab ihn dem Filmmuseum 2009 gemeinsam mit anderen Filmen wie *Eine Fahrt ins Blaue / Budapest (Gewerberundreise) Mai 1936* und *NSKK III (Spendenaktion)*. Im Format 9,5mm und bei sieben Minuten Laufzeit bietet das Dokument ein Panorama der ersten »Anschluss«-Tage in Wien und Purkersdorf aus der Sicht eines Mitglieds des Nationalsozialistischen Kraftfahrkorps. Klemens Bandera entstammte einer Ottakringer Rauchfangkehrerdynastie. Als leidenschaftlicher Motorist richtet er seine Aufmerksamkeit zunächst auf die Veränderung in Wiens Straßen und die Prägung des Stadtbildes durch Wehrmachtsfahrzeuge. Von der stationären Beobachterposition an der Ringstraße wechselt er im Folgenden zu einem ausgedehnten *phantom ride* im Pulk nationalsozialistischer Motorrad- und Autofahrer, die Propagandafahrten durch die Mariahilfers Straße und andere Wiener Straßen veranstalten. Höhepunkt des Films sind allerdings Aufnahmen (meist Halbtotalen) vom 14. März 1938 in Purkersdorf: sozusagen der Vor-Schauplatz zu den Sequenzen in *Ha. Wei. 14. März 38*, doch nun ein tatsächlich spektakuläres Raumbild. Das erwähnte Warten löst sich in Purkersdorf in ein Volksfest auf, das der Dramatik der Situation zu widersprechen scheint. Damen im Pelzmantel schäkern mit Wehrmachtssoldaten. Diese laben sich an Bier, das sie offenkundig geschenkt bekommen haben, und treiben ihren etwas derben Spaß. Herumlungernde Soldaten der verschiedenen Waffengattungen werden präsentiert, als sei dies eine bizarre Modeschau, wofür nicht zuletzt die sportiven Kappen der Panzerfahrer einstehen. Die weiteren Sequenzen vor und während Hitlers Durchfahrt machen sichtbar, wie wenig die März-Tage mit dem Ordnungsbild zu tun hatten, um das sich die offiziellen Bildberichterstatter bemühten. Ein Karneval mit dem bekannten dämonischen Ausgang.

Die Effizienz des »Anschlusses« hing nicht nur von militärisch-politischen Mitteln ab. Die NS-Führung setzte ebenso strategisch auf die Kontrolle der Bilder mittels der Verklammerung von Massenornament (Aufmärsche, Paraden, Angelobungen) und Filmpolitik (Wochenschauen, UFA-Dokumentarfilme). Die Avantgarde hat sich retrospektiv oft an der Brechung dieser Macht versucht.[3] Wenn Eva Brunner-Szabo die beiden Amateurfilme zueinander in

Bezug setzt und zunächst ein Wechselbild von Affekten erzeugt, das eine andere Perspektive entfaltet als die NS-Eigendokumente[4], so lässt sie die Betrachter / innen doch nicht ohne ein vermittelndes drittes Bild. *Ein Volk – Ein Reich – Ein Führer*, die pathetisch-hysterische offizielle »Tonwochenschau«, führt beide Filme an die überdeterminierte, glatte und pseudomessianische Repräsentation des »Anschlusses« heran, die aufgrund ihres signifikanten Bildmaterials nach 1945 eine labyrinthische Fortexistenz in den Medien gefunden hat. Die Wirksamkeit der Propagandafilme wird beklemmend entfaltet, insofern visuelle Zeichen für unsere Erinnerung gar nicht mehr notwendig sind: Brunner-Szabo kommt mit einem Tonspurfragment aus, das sie dem dritten Akt ihres Films unterlegt. Schon das akustische Bild allein droht die Vorstellungskraft auf ein Merkbild zurückzuwerfen.

BUBEN VON DARIUSZ KOWALSKI

Ausgangsmaterial für *Buben* (2012) ist der anonyme Amateurfilm *Bubenwallfahrt nach Maria-Kirchbühel* (Archivtitel). Der 13 Minuten lange Film im Format 9,5mm kam 2007 gemeinsam

3 Siehe etwa Drehli Robnik, »Schatzi und Abfall. Nationalsozialismus im österreichischen Found-Footage-Film«, in: Michael Loebenstein, Siegfried Mattl (Hg.), *Filmdokumente zur Zeitgeschichte: Der »Anschluss« 1938* (= *Zeitgeschichte* 35, 1, 2008).

4 Zu einem breiteren Korpus von Amateurfilmen schreibt Hans Petschar in *Anschluss. Eine Bildchronik*, Wien 2008, S. 15: »Szenen und Orte tauchen auf, die bereits bekannt sind, die sich mit vorhandenen Fotografien und Wochenschaubildern vergleichen lassen, und die dennoch einen ganz anderen Eindruck vermitteln [...], weil die Propaganda und ihre bildliche Inszenierung nicht die Haupt-, sondern eine Nebenrolle spielt [...].«

mit drei anderen Filmen als Schenkung des Instituts Neulandschule an das Österreichische Filmmuseum. Als Kompilation von Aufnahmen unterschiedlicher Tätigkeiten (Spiele, Wanderungen) und Gruppen dokumentiert er Gemeinschaftsaktivitäten katholischer Jugendlicher um 1940. Wie oft bei Amateurfilmen erschwert die nicht-lineare und achronologische Zusammenstellung einzelner Sequenzen die Lesbarkeit. Durch Hinweise zu Handlungssträngen, Schauplätzen und Zeitpunkten in den Zwischentiteln lassen sich zumindest fünf distinkte Ereignisse bestimmen: eine herbstliche »Bubenwallfahrt nach Maria-Kirchbühel« – gemeint sein muss Maria-Kirchbüchl / Groß Höflein an der Hohen Wand; ein »Bubeneinkehrtag in Katzelsdorf«; eine Gruppe älterer Jugendlicher bei Spiel und Sport in einem Schloss- oder Gutshofpark; ein Skiurlaub »Christfahrt 1940«; eine Kinder-Sommerwanderung zur Ruine Aggsbach. Der unterschiedliche Stil der Aufnahmen lässt vermuten, dass hier Filme zumindest zweier Amateure kompiliert wurden: »Christfahrt 1940« zeigt sich mit ungewöhnlichen Kamerapositionen und Zeitlupeneinsatz zur Erfassung der Bewegungsabläufe von Skifahrern und -springern ästhetisch ambitioniert; die Dominanz der Totale sowie die rasche Folge kurzer Nahaufnahmen zur Vorstellung der Gruppenmitglieder in »Bubeneinkehrtag« verweisen auf eine / n stärker fotografisch orientierte / n Amateur / in als Autor / in. Aus der Montage lässt sich schließen, dass der Film zumindest einmal überarbeitet wurde. In der vorliegenden Form spiegelt sich die Funktion wider, das private Erinnerungsbild »glücklicher

Momente« einer organischen Gruppe festzuhalten.

Dariusz Kowalski hat Sequenzen aus dem »Bubeneinkehrtag« und aus der nicht betitelten Wanderung zur Ruine Aggsbach ausgewählt. Die kindlichen Kampfspiele aus dem einen, die Ruinenlandschaft aus dem anderen Filmdokument erzeugen einen Subtext, in dem die vermeintliche Unschuld der Kinder das Szenario von Krieg und Verwüstung in sich trägt. Im Kontext der Zeitgeschichte wird die antinazistische Funktion des Dokuments deutlich, ohne dass sich die Ambivalenz der Bilder selbst ganz auflösen lässt – handelte es sich in bestimmtem Sinn doch um eine doppelte Prägung der katholischen Jugendbewegung durch ihre »bündische« Tradition einerseits und die Konkurrenz durch die Hitlerjugend andrerseits.

Der Nationalsozialismus sah im Katholizismus einen seiner Hauptgegner in Österreich. Zahlreiche Gesetze schränkten die Stellung der Kirche in der Familien- und Erziehungspolitik ein; das breit gefächerte, partikularistische katholische Vereinswesen, das sich weit in die Freizeit auch von Jugendlichen erstreckt hatte (Sport-, Wander- und Kulturorganisationen) und mitunter nur lose Beziehungen zur Religiosität unterhielt, war aufgelöst. Aus den Schulen verdrängt und ohne das Vorfeld der Vereine war die kirchliche Seelsorge auf die Pfarren zurückgeworfen und musste sich von diesen aus reorganisieren. Die erzwungene, von manchen kirchlichen Stellen nicht ungern gesehene Konzentration auf das spirituelle Moment religiöser Erziehung zeigte allerdings Schwachstellen. Die herkömmlichen Disziplinierungsmittel im engeren kirchlichen Bereich gegenüber Kindern und Jugendlichen versagten angesichts der Konkurrenz der Hitlerjugend und des unentwegten Drucks der Nationalsozialisten auf Jugendliche und Eltern, aus der Kirche auszutreten. Deshalb mussten die »bündischen« Züge, d. h. die von der autonomen Jugendbewegung wie den »Wandervögeln« seit der Jahrhundertwende ausgehenden Sozialisationsmethoden (Wandern, Spiele, Laientheater), forciert werden. Hitlerjugend und Gestapo gingen gegen solche Aktivitäten vor, da sie das NS-Monopol auf Jugenderziehung infrage stellten. In einer Publikation zum kirchlichen Widerstand hieß es dazu nach dem Krieg rückblickend: »Sportliche Betätigung und Spiel mußten so gut wie ganz unterbleiben, das Wandern konnte nur mehr in sehr eingeschränktem Maße unter dem Titel von Wallfahrten und ähnlichem gepflegt werden [...].«[5]

Während die Amtskirche offenen Konflikt mit dem Regime vermeiden wollte, setzten sich Seelsorger und katholische Jugendliche schon durch den bloßen Versuch der Selbstorganisation dem Risiko der Verfolgung aus.[6] Hier ist ein weiterer Film aus der Schenkung des Instituts Neulandschule[7] aufschlussreich: Die Dokumentation einer Dankeswallfahrt von Jungpriestern nach Mariazell beginnt mit einer Außenaufnahme des Wiener Landesgerichts, in dem der Filmautor, einem Insert zufolge, mehrere Monate inhaftiert gewesen war. Interessant werden in diesem Kontext auch die erwähnten kurzen Porträtaufnahmen der Jugendlichen: In einer Zeit der Uniformierung und des nationalsozialistischen Typen-Ideals

stehen sie für Individualität und persönliche Integrität ein.

WACHAU VON MANFRED NEUWIRTH

Ausgangsmaterial von *Wachau* (2012) ist der 1954 hergestellte 14-minütige Kulturfilm *Weinlese in der Wachau*; Buch und Gestaltung stammten von Clarissa Dreyer-Patrix, die seit Mitte der 1930er Jahre als Assistentin, später Regisseurin, für die Herbert Dreyer Produktion tätig war. Für die Zeit vor 1945 werden ihr mindestens fünf Filme zugeschrieben, von denen *Kurenfischer* für die »Reichswoche des Kulturfilms 1941« nominiert war. In den 1950er Jahren drehte sie vier Filme, darunter *Weinlese in der Wachau*. Dass dieser nicht in die laufenden Verzeichnisse österreichischer Kultur- und Lehrfilme in Ludwig Geseks Zeitschrift *Filmkunst* aufgenommen wurde, liegt wohl daran, dass die Dreyer-Filmproduktion ihren Sitz in Deutschland hatte.[8] Aus besagten Verzeichnissen geht indes hervor, wie sehr Niederöster-

---

5 Karl Rudolf, *Aufbau im Widerstand. Ein Seelsorgebericht aus Österreich 1938–1945*, Salzburg 1947, S. 239.

6 Vgl. dazu allgemein Maximilian Liebmann, »Katholischer Widerstand – der Umgang mit Priestern, die aus den KZs zurückkamen«, in: Stefan Karner, Karl Duffek (Hg.), *Widerstand in Österreich 1938–1945*, Graz, Wien 2007.

7 Der *Bund Neuland* ging aus dem *Christlich-deutschen Studentenbund* hervor. Ursprünglich antisemitisch ausgerichtet, war der Bund der erste katholische Verein, der die Unvereinbarkeit einer Mitgliedschaft bei den Nationalsozialisten aussprach. Nach 1945 wurde er ein wesentlicher Träger für die Aussöhnung der Kirche mit der Moderne.

8 Dem britischen Dokumentarfilmer Arthur Elton zufolge, der sie seiner Regierung für die Herstellung deutschsprachiger Lehrfilme empfahl, übersiedelte sie 1947 von Berlin nach Düsseldorf.

reich im Kulturfilmschaffen gegenüber West-österreich ins Hintertreffen geraten war. Grund dafür waren nicht nur Niederösterreichs ökonomischer Rückstand und der Aufschwung der Tourismusindustrie in anderen Regionen, sondern auch der Mangel an »genuin« filmischen Schauplätzen – mit Ausnahme der Wachau, die ein Topos des österreichischen Heimatfilms geworden war.[9] *Weinlese in der Wachau* ist also vor dem Hintergrund der Prominenz der Donaulandschaft zwischen Melk und Krems im österreichischen Nachkriegs-Spielfilm und zugleich eines Mangels an dokumentarischen Bildern zu diesem Raum zu sehen. Dies gibt Dreyer-Patrix' Film gestalterische Freiheit und räumt ihm eine lokale wie filmhistorische Sonderstellung ein.

Die Dramaturgie von *Weinlese in der Wachau* ist chronotopisch: Sie setzt ein mit dem 15. Juli, dem Tag der Bestellung der »Weinhüter« in Dürnstein-Loiben, und endet mit dem Abbau der Wegzeichen, die das Betretungsverbot der Weingärten anzeigen. Alles Geschehen in den charakteristischen Steinterrassen wie im Ort – das Reifen des Weins, die Reinigung der Weinbutten, die Mostprobe, die Ernte, die erste Pressung – geht zwischen diesen Zeitmarkern vor

sich. Die schroffe Landschaft der steindurchsetzten Weinhänge und die wettergegerbten Gesichter der alten Weinhüter zeigen eine Familienähnlichkeit, die keine klare Unterscheidung zwischen Natur und Kultur erlaubt. Eine der von Manfred Neuwirth für seine Überarbeitung gewählten Einstellungen – ein Weinhüter in Halbtotale inmitten üppigen Rankenwerks – erinnert überdeutlich an die bukolischen Motive barocker Darstellungen des mythologischen Goldenen Zeitalters, die im Film anklingen.

Dass dieses Bild die Wirklichkeit einer von Tourismus und Wein-Marketing seit Jahrzehnten imprägnierten Ökonomie und Ökologie nicht wiedergibt, erstaunt heute weniger als die Konsequenz, mit der die Dreyer-Patrix jeden Anschein von Modernisierung bis hinein in die Materialität der Kellerwirtschaft aus dem Bild zu halten versteht.[10] Holz, eine Messerschneide, ein Gewinde und verständige Hände genügen, um jenes Gut herzustellen, dessen Wert sich schon in den Lichtreflexen der Trauben und des Stroms ankündigt. Kein Dampfschiff befährt die Donau, keine Bahn durchquert die Landschaft. Allerdings kommt *Weinlese in der Wachau* den Dingen nie so nah, dass die Arbeit und ihre Abläufe transparent und wägbar würden. Der Fokus liegt auf vermeintlichem Brauchtum, etwa der Institution der Weinhüter und den lokalen Symbolen, die sie umgeben. Dazu dienen auch inszenierte Szenen (verbotenes Naschen junger Mädchen an reifen Trauben) und unmotivierte Stimmungsbilder wie eine imaginäre musikalische Zwiesprache der alten Weinhüter, die ihre einfachen Flöten spielen. Der

---

9 Vgl. Monika Bernold, »Filmische Repräsentationen und historische Medienkonstellationen von/in Niederösterreich«, in: Oliver Kühschelm, Ernst Langthaler, Stefan Eminger (Hg.), *Niederösterreich im 20. Jahrhundert. Bd. 3. Kultur*, Wien, Köln, Weimar 2008, S. 179ff.

10 Ein verschollener Werbefilm hob 1955 die durch das *European Recovery Program* finanzierte Modernisierung des Kellereibetriebs der Winzergenossenschaft Wachau hervor. Vgl. Freie Weingärtner Wachau, *Wachauer Weinkultur 1938–2008*, Melk 2008, S. 60.

Hypersignifikanz der Bilder steht jedoch die Esoterik der Zeichen entgegen, die das Weinhüterwesen umgeben: Hüterstern, Wermutsbuschen, Holzkreuze. Deren Bedeutung muss von Laiendarstellern ausgesprochen werden – ein Verfahren, das in dokumentarischen Formaten eher verpönt ist, zumal in der deklamierenden Form, die Dreyer-Patrix den betreffenden Dialogen gibt.

Die – bescheidene – Filmkarriere der Regisseurin im »Dritten Reich« wirft den Schatten des Verdachts auf diesen Kulturfilm und seine Idylle. Mit der rezenten Neubewertung von Filmschaffen unter dem Nationalsozialismus wird eine Fort- und Weiterentwicklung filmästhetischer Avantgardismen auch unter dem NS-Regime konstatiert, vor allem in Bezug auf Kameraarbeit, etwa jener von Willy Zielke mit seinem neuen fotografischen Realismus.[11] »Fotografische« Einstellungen sind es auch, die Dreyer-Patrix' Film vom Tourismusfilm mit seinen Panoramen und Schwenks unterscheiden: In langen ruhigen Einstellungen mit exakter Kadrierung und starker Fokussierung fängt sie Gesten, Physiognomien und Bewegungen ein, die das Denken in eine andere Richtung lenken als in die des Brauchtums. Doch das ist nur ein Potenzial, das – wie in Neuwirths Arbeit – erst aus dem Fluss der Bilder herausgesprengt werden muss.

EIN HEIMATFILM VON GERDA LAMPALZER

Ausgangsmaterial für *Ein Heimatfilm* (2012) ist der 15-minütige Tonfilm *Niederösterreich. Land im Aufstieg* (16mm, s/w). Explizite Hinweise auf Verfasser/in oder Produzent/in fehlen, aber

ästhetische Mittel und Inhalt deuten auf einen Wahlwerbefilm der niederösterreichischen Volkspartei aus dem Jahr 1959 hin, der aus Wochenschauberichten zusammengestellt ist. *Niederösterreich. Land im Aufstieg* bietet ein Panorama im doppelten Sinn: Zum einen breitet er die Geschichte des Landes nach 1945 in markanten chronologischen Daten aus, die bereits in die kollektive Erinnerung übergegangen waren, nicht zuletzt durch mediale Repräsentationen der Ereignisse selbst, auf deren Archiv der Film zugreift. Zum anderen bietet er einen thematischen Querschnitt durch Arbeit, Alltag und Kultur im Nachkriegs-Niederösterreich, aus dem eine Gestalt mit klarer Identität erwachsen soll: ein Land, in dem Tradition und Fortschritt, Bauerntum und Industrie, Folklore und Hochkultur sich harmonisch ineinanderfügen. Sinnstiftung erfolgt über den Off-Kommentar in Verbindung mit Musikuntermalung: Über Ruinenlandschaften schwebt Schuberts *C-Dur-Sinfonie*. Der Fanfaren-Charakter des Solohorns sichert von Beginn an Ernst und Ehrwürdigkeit des Themas, und der Kommentar setzt gleich eingangs die entscheidende Zäsur: 1945, Elend und Not, die zerstörte Heimat und die Wichtigkeit der Erinnerung daran. Es folgen Ikonen des Wiederaufbaus: ausländische Nahrungsmittel-Hilfslieferungen 1945/46, Währungsreform 1947, Staatsvertragsunterzeichnung 1955, Fertigstellung des Kamptalkraftwerks Ottenstein 1957, Eröffnung der Wachau-Donauufer-

11 Vgl. Peter Zimmermann, Kay Hoffmann (Hg.), *Geschichte des dokumentarischen Films in Deutschland. Bd. 3. »Drittes Reich« 1933–1945*, Stuttgart 2005, S. 110–132.

straße 1958 und anderes mehr. Verhältnismäßig diskret wird an mehreren Stellen die eigentliche Botschaft des Films eingeflochten: Für volle Fleischerläden und Marktstände, für Straßen, Kraftwerke, Eigentumshäuser, die Freiheit, Melkmaschinen und elektrische Küchengeräte gebührt einem Mann Dank – dem amtierenden Bundeskanzler Julius Raab.

Niederösterreich hatte die Landtagswahlen vorverlegt und führte sie am 10. Mai 1959 gemeinsam mit den Nationalratswahlen durch. Die beiden überragenden niederösterreichischen Politiker der ÖVP, Julius Raab und Außenminister Leopold Figl, waren jedoch Bundespolitiker. Das führte zu einer wahlstrategischen Aporie. Im Gegensatz zu anderen Bundesländern entwickelte sich die Landesidentität Niederösterreichs als Projekt der politischen Eliten erst »verspätet« in den 1960er Jahren, mit Raabs Entmachtung und Figls Übernahme des Landeshauptmannspostens 1961 / 62.[12] Auch *Land im Aufstieg* ist von der starken Position der Niederösterreicher in der Bundesregierung geprägt. Der Anspruch auf Besonderheit des Landes gelingt dort nicht wirklich sinnfällig, wo zugleich für das Land und für den Kanzler in Wien geworben werden soll. Eher werden hier lokale Anker innerhalb der größeren Erzählung des Wiederaufbaus, der österreichischen »Erfolgsgeschichte« gesetzt. Vor allem muss kniffreich der Schwierigkeit begegnet werden, den wachsenden Rückstand Niederösterreichs im Wiederaufbau zu dissimulieren und die Benachteiligung nicht als offene Forderung des Landes gegenüber dem Bund zu reklamieren, wie es wahlkampftaktisch naheliegend gewesen wäre. Denn: Bis 1955 lag das Land in der sowjetischen Besatzungszone. Nicht zuletzt wegen des ausgedehnten Bereichs der sowjetischen Unternehmensverwaltung (USIA), die gut ein Drittel der Industrie kontrollierte, blieben Niederösterreich entscheidende Mittel der internationalen Kredithilfe (im *European Recovery Plan*) entzogen, auf denen der rasche Wiederaufbau im Westen Österreichs beruhte.[13] Die Arbeitslosigkeit lag signifikant über dem österreichischen Durchschnitt, die Einkommen erreichten nur 80 Prozent des gesamtstaatlichen Niveaus. Um dennoch eine landespatriotische Erfolgsbilanz vorzuweisen, führt *Land im Aufstieg* auf vordergründige Weise die technischen Großbauten (E-Werke, Erdöltürme, Gasnetzwerk) mit der Anhebung von Bequemlichkeiten im Alltag sowohl von Landwirten als auch Städtern zusammen. So wird wenigstens auf diesem Weg eine Gemeinschaft erzeugt, der es zwar noch an einer Landeshymne (und -hauptstadt) mangelt, die aber durch landeseigene Wirtschaftsbetriebe (NEWAG, NIOGAS) zusammengehalten wird – und durch die Gaben, die sie, dem Kommentar nach, aus der Hand des Kanzlers empfangen hat.

Kohärenz erzeugt vorteilhafterweise der einheitliche Kamerastil, der den Wochenschauen

---

12 Vgl. Roman Pfefferle, »Politische Kultur in Niederösterreich: Kontinuitäten und Brüche«, in: Stefan Eminger, Ernst Langthaler (Hg.), *Niederösterreich im 20. Jahrhundert. Bd. 1. Politik*, Wien, Köln, Weimar 2008, S. 363.

13 Vgl. Stefan Eminger, Ernst Langthaler, *Niederösterreich. Vom Ersten Weltkrieg bis zur Gegenwart*, Innsbruck, Wien 2013, S. 38/39.

– ob *Austria Wochenschau*[14] oder *Fox Tönende Wochenschau* – zugrunde lag. Halbtotalen von Politiker-Zeremonien und Bauabschnitts-Eröffnungen, obligate Panoramaschwenks über Natur- und Industrielandschaften, am Unterrichtsfilm geschulte Nahaufnahmen technisch-mechanischer Abläufe: Konventionen der Sensationalisierung des Trivialen bilden über die Jahre hinweg einen einheitlichen visuellen Stil, der auf den Gegenstand des Kompilationsfilms selbst übergeht. Gemeinsam mit dem Pathos der ebenso konventionalisierten Wochen-schau-Stimmen gewährleistet die geradezu epochale Filmsprache des Wochenschau-Archivs, dass *Niederösterreich. Land im Aufstieg* selbst zu einem jener Gedächtnisorte wird, deren Anerkennung (wie im Fall der »Stunde Null« der Ruinen von 1945) der Film von seinem Publikum verlangte. Gerda Lampalzers Umarbeitung deckt mit der Reduktion aufs Wesentliche, d. h. auf formale Redundanzen in Bild- und Tonmaterial, ebenso analytisch wie unerbittlich die Arbeitsprinzipien eines solchen ideologischen Apparats auf.

14 Es ist denkbar, dass die *Austria Wochenschau* auch als Produzentin des Films fungierte, wie dies für einige Filme im Auftrag der Stadt Wien dokumentiert ist.

Epochenbild

Über Michael Hanekes Das weiße Band

Was nachdrücklich in Erinnerung bleibt, ist die Stille, die Rücknahme der Musik auf den denkbar spärlichsten diegetischen Einsatz: Martin Luthers Choral »Ein feste Burg ist unser Gott«, gesungen von den unter Verdacht stehenden Kindern bei der Messe, oder die kammermusikalischen Übungen im Schloss des Barons, die mehr der Vertreibung provinzieller Langeweile dienen als dem Vergnügen. Der Kargheit des Sounds entsprechen die im zeitgenössischen Kino selten gewordenen langen Einstellungen, die dem Eindruck einer Montage fotografischer Tableaus gleichkommen und die atmosphärische Nähe zu Ingmar Bergmans Porträts protestantischer Lebensfeindlichkeit unterstützen. Der Wechsel der Jahreszeiten vollzieht sich in dieser malerisch unergiebigen Landschaft weder mit dem Versprechen auf Veränderung noch mit der tröstenden Sicherheit des Beständigen. Ein norddeutsches Dorf am Vorabend des Ersten Weltkrieges.

Die alten Bilder und Dinge gewinnen unsere Wertschätzung, sobald sie durch die verstrichene Zeit ins Unvertraute und neu zu Entdeckende abgesunken sind, meinte einmal Siegfried Kracauer bezogen auf den fotografischen Realismus. Haneke gelingt es, diesen Effekt zu steigern durch ein Changieren zwischen historischer Akkuratesse der Inszenierung und An-

leihen bei der Suspense-Dramaturgie des aktuellen Geschichtsfernsehens. Das Schwarzweiß der Fotografie verstärkt auf höchst suggestive Weise den dokumentarischen Zug, den Haneke Bildern wie jenem aus der Totenkammer unterlegt, in der die einfache Frau und Bäuerin – Opfer der Sorglosigkeit des Agrarunternehmers oder doch eines stets zu gewärtigenden Unfalltodes? – aufgebahrt ist. Beinahe möchte man in dieser kontemplativen Szene des trauernden Abschieds verweilen, dessen Erfahrung uns eine rationalisierte Verwaltung beraubt hat. »Die Schönheit der Monotonie« hat ein Wahlspruch in der architektonischen Moderne gelautet, und ähnlich wie in dieser Konzeption die jähe Unterbrechung durch möglichst freie Elemente eine existenzielle Spannung erzeugen sollte, so stürzen die geheimnisvollen Ereignisse in dieses filmische Panorama einer Nicht-Gegend, von der Erzählerstimme aus dem Off zugleich namhaft gemacht wie auch in ihren möglichen Effekten ruhiggestellt. Auch am Schluss von *Das weiße Band* bleiben die dramatischen Taten – die Drahtfalle, die den Arzt vom Pferd stürzen lässt und beinahe tötet, die Brandlegung an der Scheune des Barons, die Folter der Schwächsten unter den Kindern – dunkel, was ihre Gründe und Akteure betrifft (sofern man sich aus narratolo-

Das weiße Band (2009, Michael Haneke)

gischer Übung nicht schon längst auf die physisch und moralisch traktierten Kinder des Dorfes als Quelle des Übels festgelegt hat).

Das von Kracauer intendierte »antiquarische Interesse« an der Vergangenheit, das er mit der Erfahrung des eigenen Alterns verknüpft hat, ist, wenn man die gängigen Interpretationen zu Hanekes Film heranzieht, offenkundig verloren gegangen, und die Medienschule der *suspense history* ist allem Anschein nach nicht kompensationskräftig genug, um den Film als konkreten und historischen Ort hinzunehmen. Unter dem Druck einer apokalyptischen deutschen Erinnerungskultur wird *Das weiße Band* überwiegend als Studie zur Vorgeschichte des Nationalsozialismus und des Terrors reklamiert, als handle es sich um eine Illustration der Theorie des »autoritären Charakters«, die vor 40 Jahren ihre Konjunktur hatte. Michael Haneke selbst begünstigt solche Schlussfolgerungen natürlich mit seiner Selbsterläuterung des Films als Fabel zur Entstehung zwischenmenschlicher Gewalt, denn die Tauglichkeit der Kinder von 1913, in die Uniformen der Massenmörder von 1939–45 zu schlüpfen, lässt sich leicht errechnen. Der poetische Realismus des Films gibt allerdings der für eine Fabel essenziellen Allegorisierung ebenso wenig Raum wie einer Common-Sense-Psychologie. Die Verwüstung des herrschaftlichen Kohlfeldes etwa bleibt, was sie ist: der spontane Racheakt eines an patriarchalische Verhältnisse gebundenen Landarbeiters in Preußen um 1900. Die abgeschnittenen Kohlköpfe werden sich niemals in menschliche Körperglieder verwandeln, weil sie nur eine Ohnmacht der abhängigen Kleinbauern und Dienst-

leute zeigen, die aus dem Mangel an Zukunftsperspektiven hervorgeht; und aus der Fixierung dieses »Salzes der Erde« auf Natur.

Eine deutsche Kindergeschichte heißt der Film im Untertitel. Kindergeschichten dürfen alles, nur eines nicht: die innere Kohärenz aufbrechen. Auch deshalb sperrt sich *Das weiße Band* gegen die moralisierenden Interpretationen, und schon gar gegen die Auslegung als politisches Lehrstück. Viel zwingender ist die Zusammenführung des visuellen Stils und der Narration zu einem Epochen-Bild, zum Bild einer Zeitenwende, in der Veränderungen nur durch das Hereinbrechen äußerer Ereignisse in den starren »Gemeinschaftsfrieden«, den der Baron vor der versammelten Kirchen- bzw. Dorfgemeinde beschwört, erwartet, befürchtet und erhofft werden. Das Mysteriöse liegt nahe am Wunder, und der den Kindern zugeschriebene Sadismus als Reaktion und Weitergabe der Disziplinierungsrituale kann ebenso gut als Rebellion gedeutet werden. Nicht zuletzt lässt sich dies an der künstlerischen Avantgarde, an Futurismus, Expressionismus und Kubismus ablesen, deren Suche nach einem Ausdruck für die gärende Veränderung »zu einer Glorifizierung von Gewalt und Konflikt und zu Apologien des Ungewöhnlichen und Abstoßenden« führte, wie der Historiker George L. Mosse konstatierte. Die Ambivalenz der Gewalt, ihr terrorisierender wie ihr befreiender Charakter, sprengt ihre Begründung in einer Individualpsychologie und einem »schwarzen« pädagogischen Modell vor den Bildern des Auftakts zum »Großen Krieg«, mit denen Hanekes Film endet. Sie markiert ein gesellschaftliches Verhältnis. Nur dadurch sind ungleiche Untaten wie der Kindesmissbrauch des Arztes und die Tötung des Kanarienvogels des Pastors kommensurabel; und auf dieser Basis, als indirekter Angriff auf die triviale Ästhetik des zeitgenössischen Horror- und Kriegskinos, löst Haneke den selbstgestellten Anspruch auf eine »nicht affirmative Auseinandersetzung mit den Themen Gewalt und Angst« ein.

In der Stille eines norddeutschen Dorfes können die Stimmen der Autoritäten – der Pastor, der Baron, der Arzt – ihre volle Macht entfalten. Der Gewalt ihrer ideologischen Sprache steht ein unvernehmbares Wissen aufseiten der Kinder und der Frauen gegenüber, ein Wissen sowohl um die Täter/innen wie um die Uner-

träglichkeit der bestehenden Verhältnisse. Diese Stille als Epochen-Bild wie Epochen-Inhalt zerbricht mit 1914, denn der Krieg setzt dieser in *Das weiße Band* fiktionalisierten Asymmetrie eine neue Konstellation entgegen: den Lärm des Radios und die Bilderflut des Kinos. Sie bestimmen die Figuration der Gewalt in der nächsten Epoche, wenn wir an die Medien-Mimikry der politischen Massenbewegungen denken. Aber so viel Deutung braucht es vielleicht gar nicht. Eigentlich genügt die »Liebe zur Vergangenheit um ihrer selbst willen«, die Kracauer als Teil einer reflexiven Autobiografie durch mediatisierte Zeiterfahrung betrachtete, um *Das weiße Band* als Geschenk zu betrachten.[1]

1 Vgl. Siegfried Kracauer, *Geschichte – Vor den letzten Dingen*, Frankfurt/M. 2009, S. 83 (Anm. d. Hg.).

Journalist aus Leidenschaft

Über Claude Lanzmanns Memoiren Der patagonische Hase

Was wären unsere Bibliotheken ohne die Memoirenliteratur, vor allem wenn die Erinnerungen stilistisch so bestechend geschrieben – oder wie in Claude Lanzmanns Fall: diktiert – sind. In vielen Fällen lässt erst die Vermittlung zwischen vereinzelter Wahrnehmung, Erfahrung, Motivation, Handlung und dem kollektiv bedeutenden Geschehen die Fülle erfassen, aus der sich vergleichsweise dünne Diskursstränge herausschälen. Ähnlich kommt *Der patagonische Hase*[1] auf uns. Ein Buch, wie man annehmen sollte, über *Shoah* und die film- wie bildtheoretischen Kontroversen, die Lanzmanns Opus magnum gestiftet hat. Natürlich ist es auch dies, und die wahrscheinlich längste Produktions- und Distributionsgeschichte der Filmindustrie ist es wert, so ausführlich geschildert zu werden wie es in *Der patagonische Hase* geschieht; einschließlich der transnationalen Intrigen und Manöver, die für lange Zeit die Aufführung von *Shoah* in Polen verhindert haben und für Lanzmann mindestens so schmerzhaft waren wie die jahrelange Ungewissheit, ob der Film jemals fertiggestellt werden würde. Doch im Übrigen hält Lanzmann Distanz zu den ästhetischen und philosophischen Debatten über die Repräsen-

tationsfähigkeit oder die Nichtdarstellbarkeit des Massenmordes an den europäischen Juden, die sich im Spannungsfeld von *Shoah* und *Schindler's List* zum Gravitationszentrum der postmodernen Geschichtskonzeption entwickelt haben. Man gewinnt den Eindruck, dass dies eine bewusste Entscheidung war. Denn wenn Memoiren dazu da sind, eine dominante und stabile personelle Identität zu schaffen, dann wird deutlich, dass Claude Lanzmann Filmemacher aus taktischen Überlegungen, aus Leidenschaft aber Journalist ist. Und so – als überwältigende Konstruktion komplexer historischer Prozesse aus alltäglichen Vorfällen (in einem allerdings dramatischen und beschleunigten Leben) – geben sich auch seine Erinnerungen.

Eingestanden: *Der patagonische Hase* setzt mit Lanzmanns erster Kinoerfahrung ein: *L'Affaire du courrier de Lyon* aus dem Jahr 1937 von Claude Autant-Lara und Maurice Lehmann, zwei Namen, die Lanzmann bedeutungslos bleiben; ebenso bedeutungslos wie, mit kleinen Ausnahmen, alles Übrige, was von einer derart autorisierten Stimme zu Film und Kino zu erwarten wäre. Zum einen, weil die Erwähnung von *L'Affaire du courrier de Lyon* nur eines von Lanzmanns Lebensthemen in Stellung zu bringen erlaubt: die Todesstrafe und die mit ihrem Vollzug verbundene Demütigung der Verur-

1 Claude Lanzmann, *Der patagonische Hase. Erinnerungen*, Reinbek bei Hamburg 2010.

teilten. (Als Aktivist gegen den französischen Kolonialkrieg in Algerien begleitete ihn der Horror der Guillotine, die ihn im Kino aufgeschreckt hat, auch durch die 1950er Jahre.) Zum anderen, spiegelbildlich, weil sie auf Lanzmanns immer wieder bekundeten unstillbaren Lebenshunger hinführt – ein Begehren, in Bewegung zu bleiben; letzten Endes: zu kämpfen, ob als halbes Kind im bewaffneten Widerstand gegen die deutschen Besatzer oder als Redakteur im Streit um die öffentliche Meinung. An der Seite Simone de Beauvoirs und Jean-Paul Sartres, dessen Herausgeberschaft bei *Les Temps Modernes* er später übernehmen wird, ist Lanzmann Exponent der *rive gauche*, der im doppelten Wortsinn linken (intellektuellen) Hälfte von Paris, einschließlich ihrer mehr intimen Dimensionen, die uns auch Gilles Deleuze, einen der Liebhaber seiner unglücklichen Schwester Èvelyne, auf besondere Art kennenlernen lassen. Seine journalistischen Arbeiten für *France Soir, Elle, L'Express* und *Le Monde* diktieren ihm von selbst das engagierte Naheverhältnis zu den politischen und gesellschaftlichen Brennpunkten der Zeit nach 1945 (samt ihren Protagonisten wie Frantz Fanon oder Jacques Vergès) und zu den Brüchen und Zäsuren innerhalb der Linken. Vor allem der Umschlag der antikolonialen Revolution in Algerien in die arabische Front gegen Israel führt Lanzmann zu seiner intensiven filmischen Auseinandersetzung mit Israel und danach mit der Shoah: Das Jahr 1973 bringt sein Filmdebüt *Pourquoi Israël*, das aus einer Reportage für das französische Fernsehen hervorging. Unmittelbar anschließend wird Lanzmann von israeli-

schen Politikern kontaktiert, ob er nicht einen Film über die Vernichtung der europäischen Juden machen wolle, ein Werk jenseits der Memorialkultur, aber auch abseits der filmischen Tradition.

Spät, auf den letzten Seiten des voluminösen Buchs, kommt die treibende geschichtsästhetische Kraft hinter *Shoah* (wie hinter *Sobibór* und *Le Rapport Karski*) dann doch noch zur Sprache. Über Alain Resnais' *Nuit et brouillard* sagt Lanzmann: Es ist ein schöner, ein idealistischer Film, der trotz seiner grauenvollen dokumentarischen Bilder tröstet. Ein Film, der Tränen erzwingt, aber letzten Ende ermöglicht, dass das Leben weitergeht. *Shoah* hingegen sollte, wie Lanzmann an anderer Stelle erläutert hat, auf der Fortdauer der *Sache* bestehen, wie er das Filmprojekt die längste Zeit mangels eines angemessenen Begriffs für sich nannte. Der Film sollte entgegen den historisierenden Museen und Medienprodukten die »halluzinatorische Überzeitlichkeit« des Ereignisses erfassen, die sich in den Orten und den Wunden der zeugenden Personen erhalten hat. Er sollte »vergegenwärtigen«. Dem konnte tatsächlich weniger ein Denken in Bildern als eines in Tönen und Reden gerecht werden, die gespannte Aufmerksamkeit für die Sprache und die sie begleitenden Gesten, die sich mehr der Erfahrung des Reporters verdankt als jener des Dokumentarfilms. Tatsächlich gibt uns das Buch auch tausendmal mehr Aufschluss über die Recherchen und die dabei bedeutsamen Beobachtungen als über die stilistischen Entscheidungen. In jedem Fall werden die beharrenden, bohrenden, verletzenden und provozierenden Fragen aus der

Erfahrung des Journalismus und seines ganz anders gearteten Umgangs mit Zeit verständlicher. Die neuen Ausdrucksmöglichkeiten, die Lanzmann dem Film gegeben hat, wären ohne die intensiven personellen Netzwerke, die das linke intellektuelle Paris bis in die frühen 1970er Jahre geprägt haben, wohl kaum möglich geworden. Diese Botschaft wird auch von dem notorischen Machismo, der Lanzmanns Buch einiges an Kritik eingebracht hat, nicht überdeckt.

Gladiator

Tod und Auferstehung des Erzählkinos in der Arena

Jean-François Lyotard hat die Fabel als die letzte mögliche Erzählform ins Spiel gebracht. Jenseits von Wahr und Falsch, Gut und Böse, offeriert sie einen unbestimmten Raum für spekulatives Denken, das dennoch nicht metaphysisch ist, sondern effektive technologische und politische Realitäten verhandelt. Lyotard wiederholt damit sein Thema vom Ende des finalistischen und subjektzentrierten Entwurfs der Moderne: Diese hat sich selbst überholt – in den Resultaten autonomer Wissenssysteme, in denen ihr historischer Optimismus gründete. Dieses »Leiden am Fehlen der Finalität«, an der Zerstörung des Vertrauens in die zukünftige Vernünftigkeit der eigenen vergangenen wie gegenwärtigen Handlungen, »ist der postmoderne Zustand des Denkens, also das, was man heute seine Krise, sein Unbehagen oder seine Melancholie nennt«.[1]

Paradoxerweise steht der Wirkungsverlust legitimierender *Meta-Histoires* der Faszination der Vergangenheit nicht entgegen, sondern intensiviert sie sogar. Zeitgenössische Geschichtskultur (als *Public Memory* und *Popular History*) ist geprägt von geradezu obsessiven Investitionen in die Vergangenheit: Museumsgründungen, Denkmalstiftungen, TV-Dokumentationen.[2] Wir können darin einen Reflex auf den Verlust von Erfahrungsmöglichkeit in einer Welt beschleunigter Innovation sehen, die (zumal als Bildschirmwelt des Imaginären) individuelle Erinnerungen als dysfunktional erscheinen lässt. Das gesteigerte Interesse an der Vergangenheit für sich repräsentiert, so Andreas Huyssen, aber noch keine Gegeninstanz zum aktuellen Erfahrungsverlust. Es ist eher ein Fall von Nostalgie und Staunen über das »Überleben« von Dingen und Handlungen trotz ihres Bedeutungsverlustes. Die verbindliche Verknüpfung der Vergangenheit mit Gegenwart und Zukunft scheint nicht mehr zu gelingen – oder aber sie deutet auf eine Katastrophe hin (etwa die Wiederkehr »großer« – nationalistischer – Erzählungen in postkommunistischen Staaten).[3]

EIN UNBEWEGTER HELD

Auch die Film-Phänomenologin Vivian Sobchack verknüpft die Krise der modernen legitimierenden Erzählung mit dem Wechsel zu einem neuen dominanten Medium: zu den

1 Jean-François Lyotard, *Postmoderne Moralitäten*, Wien 1998, S. 95.
2 Vgl. Andreas Huyssen, *Twilight Memories. Marking Time in a Culture of Amnesia*, New York, London 1995, insbes. 249ff.
3 Vgl. Paul Ricœur, *Das Rätsel der Vergangenheit: Erinnern – Vergessen – Verzeihen*, Göttingen 1998.

Gladiator (2000, Ridley Scott)

elektronischen Bildern (und Tönen), die nicht auf materiellen Spuren basieren.[4] Das (klassische) Fernsehen produziert mit seinen Momentbildern aus einem implodierten Raum eine radikal gegenwärtige Kultur, in der die geschlossene Erzählform durch die kaleidoskopische Versammlung affektiver Bilder ersetzt wird. (Die neuen digitalen Medien potenzieren dieses Vermögen.) Es ersetzt die Temporalität »geschichtlicher Ereignisse« durch die Performance »historischer Momente«, die ihr Material zunehmend in banalen, aber spektakulären Alltagsgegebenheiten sucht. Man mag das als »Demokratisierung« und Multiperspektivierung der Geschichte betrachten oder als deren Zerstörung[5]; jedenfalls korrespondiert dem Erfolg dieses Mediums der Niedergang des (klassischen Hollywood-)Films als Medium der popularen Meistererzählung.

Diesen Verdrängungsprozess reflektiert *Gladiator*, Ridley Scotts Spielfilm über einen fiktiven römischen General spanischer Herkunft um 180 n.Chr., der einer Intrige zum Opfer fällt und als Sklave in der Arena endet, auf genuine Weise. Der Protagonist, General Maximus, verkörpert kein dauerhaftes aktives Prinzip mehr: keinen in christlichen Missionarismus mündenden Überlebenswillen wie der Titelheld von William Wylers *Ben-Hur* (1959), keinen unbändigen Widerstandswillen wie Stanley Kubricks *Spartacus* (1960), keinen politischen Reformwillen wie General Livius in Anthony Manns *The Fall of the Roman Empire* (1964). Maximus' Weg und der Weg des Films werden bestimmt von zufälligen Ereignisverkettungen und versäumten Möglichkeiten. Das

beginnt mit seinem Zaudern, Marc Aurels politisches Testament anzunehmen und mit den Senatoren vor Ort die Wiedereinführung der Republik auszuhandeln; sein weniger zögerlicher Gegenspieler, Marc Aurels Sohn Commodus, erdrosselt derweil den eigenen Vater und befiehlt Maximus' Exekution durch Prätorianer. Scott inszeniert diese Einführung in aristotelischer Einheit von Zeit und Raum, deren Zwang zur psychologischen Essenzialisierung (hier: Vatermord) geschichtliche Fakten der Regierungen von Marc Aurel und Commodus zum Opfer fallen. Nach Maximus' wundersamer Selbstbefreiung aus den Händen des Hinrichtungskommandos setzt eine Parallelerzählung seinen Ritt vom germanischen Kriegslager in seine spanische Heimat gegen das Eintreffen der Prätorianer auf seinem Anwesen, wo sie seine Familie töten. Struktural statt genetisch dann die Konstellation mit dem Gladiatorenunternehmer Proximo in der nordafrikanischen Kolonialstadt Zucchabar: Dirigierte zuvor die politische Macht den Soldaten Maximus, so kommandiert ihn nun das Entertainmentkapital als Killermaschine in der Arena. Die organische Verbindung zwischen den beiden weißhaarigen Autoritäten wird hergestellt durch die

4 Vivian Sobchack, »The Scene of the Screen. Beitrag zu einer Phänomenologie der ›Gegenwärtigkeit‹, im Film und in den elektronischen Medien«, in: Hans Ulrich Gumbrecht, K. Ludwig Pfeiffer (Hg.), *Materialität der Kommunikation*, Frankfurt/M. 1988, S. 424ff.
5 Vgl. Monika Bernolds instruktive Einführung zur Theoriegeschichte des Fernsehens: »Fernsehen ist gestern. Medienhistorische Transformationen und televisuelles Dabeisein nach 1945«, in: *Österreichische Zeitschrift für Geschichtswissenschaft* 12, 4, 2001, insbes. 11ff.

Offenbarung, dass Proximo ein von Marc Aurel freigelassener ehemaliger Gladiator ist. Zuletzt die Verweigerung einer Apotheose: Auf dem Höhepunkt seiner Beliebtheit beim Publikum tötet Maximus den tyrannischen Kaiser Commodus im Duell in der Arena und stirbt ebendort (da Commodus ihn zuvor auf heimtückische Weise tödlich verletzt hat); aber die Wiedererrichtung der Republik widerspräche den Geschichtsfakten und den Prämissen des Films (Marc Aurels Idee eines mit sich selbst versöhnten Empire), also muss Maximus' Tod sinnlos und die Erzählung ohne *closure* bleiben – zumal im Vergleich mit den teleologischen Märtyrer-Schlussbildern von *Quo Vadis* (1951) bis *Ben-Hur* und *Spartacus*. Ridley Scotts Geschichtslektion erschöpft sich in Desillusionierung. Es gibt keinen Halt in einer Instanz außerhalb des zeitgenössischen sozialen Gewebes, nur das Publikum und dessen Geschmack. Den entscheidenden Satz raunt »Coach« Proximo Maximus zu: »Win the Crowd!« Und das heißt: Beachte die Regeln des Mediums.

Wie Thomas Wiedemann ausführt, bildeten Circus und Spiele den politischen Raum des Imperiums.[6] Zwar kam den *munera* (Spielen) bereits in der römischen Republik im Rahmen von Totengedächtnisfeiern die Rolle zu, die Macht der veranstaltenden Familie zu demonstrieren, aber erst Augustus machte sie, indem er

faktisch (in Rom, nicht in den Provinzen) ein kaiserliches Monopol über sie errichtete, zu institutionellen politischen Veranstaltungen. Im Spektakel manifestierte sich die Souveränität des Volkes über Leben und Tod außerhalb der – und gegen die – Gerichte. Entscheidend war dabei nicht das Vergnügen an der Grausamkeit, sondern, so Wiedemann, das Recht, eine Gruppe infamer Menschen – Kriegsgefangene, verurteilte Verbrecher – nach Beweis ihrer *virtus* im Kampf wieder in die Gemeinschaft aufzunehmen, ihnen somit symbolisch die Wiedergeburt zu schenken.[7] Gladiatorenkämpfe bildeten also einen politischen Transgressionsmechanismus, der im zeitlich-räumlich fixierten Ausnahmezustand die organische Repräsentation des Volkes durch den Kaiser behauptete und legitimierte.

Scott führt den römischen Antikfilm in die Arena – den »auffälligsten Ort« römischer Städte (Wiedemann). Er führt die Gladiatorenkämpfe auf ein handlungsrationales politisches Kalkül zurück, wenn er Commodus die Theatralisierung des öffentlichen Raums beschwören lässt – als Gegenprogramm zu jener Politik öffentlicher Fürsorge, die der Senat zur Stabilisierung der korrumpierten Stadt fordert. Das im Medium der Arena verstandene Rom ist, so der Kaiser (im Dialog mit seiner Schwester als Stichwortgeberin), eine »Vision«, und das im doppelten Sinn: panoptisches architektonisches Dispositiv und Illusion einer politischen Vergemeinschaftung durch den (obszönen) Blick. Kubrick hingegen schloss in *Spartacus* das Gladiatorenthema mit der Szene der Privatvorführung eines Kampfes auf Leben und Tod vor

---

6 Thomas Wiedemann, *Kaiser und Gladiatoren. Die Macht der Spiele im antiken Rom*, Darmstadt 2001, S. 163ff.

7 Die im Rahmen der Spiele stattfindenden Tierhetzen und Hinrichtungen wiederum bekräftigten die souveräne Macht der Bürgergemeinschaft über Natur und »Barbaren«.

einem dekadenten römischen General (Metapher einer saturierten Bourgeoisie) ab, um die Existenz und Entfaltung von (proletarischer) Solidarität selbst unter entwürdigenden Bedingungen herauszuarbeiten.[8] Für Kubrick (der sich noch einem republikanischen Rom widmet) ist die Stadt hinreichend durch das stilisierte Innere des Senats repräsentiert. Bei Anthony Mann, dessen *Fall of the Roman Empire* einigen Erzählkonfigurationen in *Gladiator* als Blaupause diente[9], agieren die Gladiatoren bloß als Symbolfiguren ohne konkreten Ort: einmal als irreguläre Krieger, deren möglicher Einsatz gegen die Germanen durch Commodus die Berufsoffiziere brüskiert; einmal als Grenzfiguren der legitimen Kultur, als sich am Ende ein Gladiator als Commodus' illegitimer Vater zu erkennen gibt, womit eine »natürliche« Erklärung für Irrsinn und Grausamkeit des Kaisers gefunden ist. Die im Vergleich dazu zentrale Position des Kolosseums und der dortigen Kämpfe in *Gladiator* führt nun aber nicht zu einer Analyse der Arena als politischer Raum. Vielmehr fällt diese in die Rolle eines beliebigen Raums zurück: Raum eines universalen Unterhaltungsmediums. Programmatisch ruft Maximus nach einer virtuosen Blutorgie in der Arena zu den Rängen hinauf: »Are you not entertained?«

Schon Scotts Eröffnungsszene setzt das Publikum in sein Recht auf Skopophilie und Entertainment ein. Die Inszenierung der Vernichtungsschlacht gegen die Germanen orientiert sich am Bild der Landung auf Omaha Beach in Steven Spielbergs *Saving Private Ryan* (1998): Es regiert ein Hyperrealismus aus Schockbildern, mit abgetrennten Gliedmaßen, beschleunigten

Schnitten, Zeitlupe, subjektiver Kamera; auf der Tonspur Schreie, Befehle, Kampflärm – und Stille. Das zeitgenössische Kino bietet seinem Publikum eine Extremerfahrung, die (im Gegensatz zum realen Erleben traumatischer Situationen[10]) auf eine affirmative Ästhetik des Todes hinausläuft. »In *Gladiator*, any specific notions of social responsibility are lost in a spectacle of violence that is neither moral nor political [...].«[11] Das macht Scotts Film zum typischen Exemplar im Mainstream-Kino der 1990er Jahre. Wheeler Winston Dixons *Disaster and Memory* zufolge hat sich der Blockbuster einer vom Fernsehen strukturierten Kultur der Amnesie anverwandelt, die ein unstillbarer Hunger nach Bildern von Tod und Zerstörung antreibt. Anhand der prägenden Katastrophenfilme der späten 1990er Jahre (*Twister*, *Independence Day*, *Volcano*, *Dante's Peak*, *Titanic*, *Godzilla*) variiert Dixon einen Zentraltopos der zeitgenössischen Filmkritik: »the switch to spectacle as a replacement for narrative«. Unabhängig allerdings von Genrebindungen sind spek-

8 Kubrick inszeniert auch zwischen den Gladiatorenfiguren eine andere »Vision«, ein anderes Sehen als Scott: Die direkte Blickbeziehung schafft Empathie und verunmöglicht ihnen, einander zu töten.

9 Schon bei Mann findet sich die Fiktion der Ermordung Marc Aurels durch (bzw. im Interesse von) Commodus, um seiner Absetzung als Thronfolger zuvorzukommen; ebenso vorweggenommen ist die Rolle von Commodus' Schwester Lucilla.

10 Vgl. Martin Jay, *Downcast Eyes. The Denigration of Vision in Twentieth-Century Thought*, Berkeley, Los Angeles, London 1993, S. 212ff.

11 Hilary Radner, »Hollywood Redux. *All about My Mother* and *Gladiator*«, in: Jon Lewis (Hg.), *The End of Cinema as we know it: American Film in the Nineties*, New York 2001, S. 79.

takuläre Gewalt, Sadismus und Folter, so Dixon, zu Attraktoren des nachklassischen Kinos geworden, das sich auf visuelle Stilisierung und Special Effects, »excessive spectacularity« und »postnarrative« konzentriert.[12]

Die Beziehung des Mainstream-Kinos zu seiner medialen Umwelt ist allerdings weder parasitär, wie Dixons Ausführungen zunächst nahelegen, noch uneingeschränkt affirmativ. Postklassisches Hollywood-Kino ist vielmehr geprägt von der Auseinandersetzung mit der eigenen Vergangenheit, in Form von Remakes, Revivals und Zitaten. Es ist damit nicht nur Ausdruck gegenwärtiger – oben problematisierter – Formen des Zeitbewusstseins, sondern auch, ob intentional oder aus inhärenten Gründen, Selbsterläuterung des »prothetischen Gedächtnisses«, das Drehli Robnik theoretisiert hat.[13]

Eher als eine fiktionale Repräsentation von Geschichte ist *Gladiator* ein Film über mediale Voraussetzungen popularer oder öffentlicher Erinnerung.[14] *Gladiator* ist in erster Linie eine Auseinandersetzung mit Bildspeichern: mit archäologischen Resten wie den Ruinen des Kolosseums, mit Albert Speers Adaption antiker Herrschaftsarchitektur, mit Fragmenten historischer Einbildungskraft wie dem Licht auf Jean-Léon Gérômes Historienbild *Pollice Verso* von 1872 und den Interieurs in Lawrence Alma-Tademas Gemälden römischer Paläste, schließlich mit Duell-, Schlachten- und Massenszenen in US-Historienfilmen der 1950er und 1960er Jahre (neben den genannten etwa auch *The Robe*, 1953, und *Cleopatra*, 1963), die im visuellen Gedächtnis »westlicher« Gesellschaften tief verankert sind. »A fascinating world to revisit«, so Ridley Scott im Begleitbuch zu seinem Film[15]: Diese vergangene Welt ist vor allem wegen ihres hohen Schauwerts und ihrer Entwicklung zum Palimpsest interessant.[16]

Ausschlaggebend für die Reanimation des antiken Rom durch Scott rund 40 Jahre nach Ende des betreffenden Subgenres war letztlich

12 Wheeler Winston Dixon, *Disaster and Memory. Celebrity Culture and the Crisis of Hollywood Cinema*, New York 1999, S. 129.
13 Drehli Robnik, »Körper-Gedächtnis und nachträgliche Wunder. Der Zweite Weltkrieg im ›traumakulturellen Kino‹« in: Siegfried Mattl, Drehli Robnik (Hg.), *Und das Kino geht weiter: Vergangenheit im Hollywood der Gegenwart* (= *Zeitgeschichte* 29, 6, 2002), S. 297f.
14 Zum Film als Gedächtnis ohne Erinnerung vgl. Anton Kaes, »History and Film: Public Memory in the Age of Electronic Dissemination«, in: *History & Memory* 2, 1, 1990, insbes. S. 120f.
15 Diese und andere Informationen zum Film entstammen: Ridley Scott, Walter Parkers, *Gladiator: The Making of the Ridley Scott Epic*, London 2000.
16 Vgl. Vivian Sobchack, »The Insistent Fringe: Moving Images and the Palimpsest of Historical Consciousness«,

Screening the Past 6, 1999. http://tlweb.latrobe.edu.au/humanities/screeningthepast/firstrelease/fr0499/vsfr6b.htm (23.3.2016). Sobchack verweist auf die Überlagerung der popularen wie der akademischen Geschichtsbilder durch Historienfilme kraft deren Imaginationsleistungen, wobei sie »misrepresentations« (aus der Gegenwart stammenden Versatzstücken in Inszenierungen, Kostümen etc.) einen affektiven Wert zugesteht. Von Interesse wäre in diesem Kontext die Rekonstruktion musikalischer Überschreibungen im Falle von *Gladiator*: Hans Zimmers Rekurs auf Motive und Passagen von Wagner (*Das Rheingold*) und Ravel (*Bolero*), orientiert an Miklós Rózsa, der wiederum für seine »römischen« Filmmusiken – Marschfanfaren, Festmusik-Bläser etc. etwa in *Quo Vadis, Ben-Hur* oder Nicholas Rays *King of Kings* (1961) – auf Schemata mittelalterlicher Musik zurückgegriffen hatte. Vgl. www.cinemusic.de/2000-2792-

die Chance der Anwendung neuer Technologien auf die überkommene Bildgeschichte, insbesondere die Erweiterung des Bildfeldes durch digitale Nachbehandlung und eine komplexere Gestaltung der Kämpfe durch Einsatz von Blue Screens. Mittels Computeranimation (und früher gedrehter Aufnahmen) wurde auch Proximos Todesszene erstellt, um den tatsächlichen Tod seines Darstellers Oliver Reed zu kaschieren; die Vermarktung des Films hob dies als einen *production value* hervor. Insgesamt bot David Franzonis Drehbuch inmitten einer von Aliens und Starship Troopers bevölkerten Kinowelt die Option, alle Möglichkeiten des klassischen Kinos durchzuspielen und sich durch den Hyperrealismus der Bilder zum Vollender einer unterbrochenen Geschichte des Historienfilms (bzw. eines seiner Subgenres) zu stilisieren.

GEDÄCHTNIS, GESCHICHTSSCHREIBUNG, PROJECTING ROME

Als Pastiche aus archäologischen Monumenten, Historiengemälden und Historienfilmen kann *Gladiator* eine Umkehrung der Perspektive vornehmen. Entwickelten Wyler, Kubrick und Mann ihre Erzählungen aus den Konflikten personifizierter schicksalhafter Mächte – Paganismus versus Judentum/Christentum, Freiheit versus Sklaverei, Zivilisation versus Barbarei/Exotismus –, deren Geschichte sich organisch in die Gegenwart verlängert, wird *Gladiator* von einer antizipierten Vergangenheit reguliert. Die Handlung nimmt ihren Ausgang von Marc Aurels Unterredung mit Maximus, dem er seine politische Philosophie vorträgt:

Der Sinn des Lebens liege nicht in der Macht, die man erringt, sondern darin, wie man von der Welt erinnert werden wird. An dieser zukünftigen Vergangenheit – an seinem Wunsch, als der Kaiser erinnert zu werden, »who gave Rome back her true self« – richtet er seine letzten Entscheidungen und seine Aufträge an Maximus aus: Verhinderung des Machtantritts seines Sohnes Commodus, Wiedererrichtung der Republik, Aufwertung von Armee und Senat im Sinn eines Machtgleichgewichts. Die Form der Zeit – die zukünftige Erinnerung – macht es unmöglich, den Handlungen einen ethisch-moralischen Sinn zu unterlegen. Sie bietet dem, der über Macht verfügt, bloß ästhetische Optionen auf unterschiedliche Erinnerungsfiguren: Marc Aurel könnte auch als Philosoph, Krieger, Tyrann erinnert werden. Es ist ein Spiel mit Unbekannten: Marc Aurel kann nicht wissen, wie das zukünftige Gedächtnis jenen Typus, für den er sich entscheidet, einschätzen, ja, ob es ihn überhaupt kennen wird.

Die Orientierung an der künftigen Vergangenheit (als Modus des modernen Subjekts) ändert im Fortgang des Films ihren Status: Statt Optionen für Lebensentwürfe zu initiieren, wird sie zur Möglichkeit, den eigenen Tod zu ertragen. Gladiatorentrainer Proximo sagt es so: »Ultimately, we are all dead men. Sadly we cannot choose how, but we can decide how we meet that end in order that we are remembered – as men.« In dieser Sinn-Reduktion bleibt die Instanz des Gedächtnisses das regulierende Prinzip des Films: als gelebtes Gedächtnis, das als Ritual die Form der Spiele in der Arena – Totenfeier, Genealogie – annimmt (und das ideelle

Zentrum des Films konstituiert); als Maximus' inkorporiertes Gedächtnis, das den ausgebildeten Elitesoldaten – im Unterschied zur rohen Naturkraft von Kubricks Spartacus – komplexe Kampfsituationen bestehen lässt (und es erlaubt, equilibristische Kunststücke nach Art von John Woo zu inszenieren); als symbolisches Gedächtnis – die legitimatorische Erzählung vom Kampf der Römer gegen die Karthager »in hallowed antiquity« durch den Moderator der Kämpfe im Kolosseum –, das den Gegensatz von »Zivilisation« und »Barbaren« markiert (und visuell in der Differenz von Architekturen, Materialien und Masken an den Schauplätzen Germanien, Nordafrika und Rom auftritt). Diese externalisierten Gedächtnisse mit ihren objektähnlichen Erinnerungen sind »stark« in dem Sinn, dass sie Handlungen motivieren. Das individuelle Gedächtnis des Protagonisten jedoch, seine Subjektivität und Identität, ist fragil; seine Erinnerungen sind uneindeutig (Maximus' Todessehnsucht nach seiner Traumatisierung durch den Anblick seiner ermordeten Familie, Veränderung seiner Identität durch Trauerarbeit), ganz so wie das wiederkehrende Erinnerungsbild (seine Hand streift durch ein Ährenfeld), das einmal als intentionales Bild vor der Germanenschlacht, einmal als Flashback,

einmal als Fiebertraum und zuletzt als Flashforward-Phantasma im Moment seines Todes auftritt. Erinnerung als Tradition (und Blockade) hingegen, um die herum sich die ethisch-politischen Grundkonflikte von Wylers, Kubricks und Manns »Aufbruchsutopien« entzündeten [17], spielt bei Scott keine Rolle mehr. Auch Landschaften und Architekturen fungieren eher als Dystope und Heterotope denn als räumliche Marker historischer Zeiten (wie etwa »Fortschritt« versus zyklische Zeit).

»Rom« ist moderner Topos und Intertext, schreibt Maria Wyke in »Projecting Ancient Rome«: Das 19. und frühe 20. Jahrhundert machten regen Gebrauch von allegorischen Qualitäten der römischen Republik wie auch des Imperiums. In den USA des 19. Jahrhunderts – etwa in Lew Wallace's Roman Ben-Hur: A Tale of the Christ (1880) – dominierte die Verweisungsfunktion des republikanischen Rom auf Ideen der Bürgerfreiheit, der zivilen Tugenden und demokratischen Regierungsform, flankiert vom imperialen Rom (Europa) als Sinnbild für Dekadenz und Repression, deren Überwindung aus den (jüdisch-christlichen) Kolonien (USA) kommen müsse. Im Italien des 19. Jahrhunderts wiederum ging es zwischen Laizisten und Papisten um republikanische bürgerliche Tugenden versus christliches Märtyrertum als privilegiertes geschichtliches Erbe – ehe sich beide Seiten Anfang des 20. Jahrhunderts im Zeichen der Hegemonieansprüche des Königreichs Italien im Mittelmeerraum affirmativ auf eine gemeinsame imperiale Vergangenheit einschworen.[18] In der Französischen Revolution rückte die römische Republik in den Rang eines Ar-

17 Vor allem Mann greift in der zentralen Szene der Senatsverhandlungen über die Verleihung römischer Bürgerrechte an die »Barbaren« die Tradition des Imperiums – den Kult um militärische Stärke, die politische Rolle der Familie etc. – als leeres Pathos an, das politische Paralyse bewirkt.

18 Vgl. Maria Wyke, »Projecting Ancient Rome«, in: Marcia Landy (Hg.), The Historical Film. History and Memory in Media, London 2001, S. 125ff.

chivs der Formen öffentlicher Rituale auf; in Deutschland wiederum erfolgte die Projektion des antiken Rom seit der Aufklärung in skeptischer Form, unter Verweis auf etruskische, d. h. »barbarische« (in nationalistischer Diktion: »orientalische«) Einflüsse in der römischen Zivilisation.[19] In der einen oder anderen Weise verband sich das imaginierte Rom mit der Produktion des Nationalstaates, der Integration und Homogenisierung der »Masse« und der Domestizierung triebhafter Natur – Themen, die das frühe »nationale« Kino kongenial umsetzte. In der Zeit des »Kalten Krieges« aber transformierte das international dominante US-Kino das nunmehr als tyrannisch imaginierte Rom in das europäische »Andere« Amerikas: in ein nur temporär pazifizierbares sadistisches Begehren nach Macht und unproduktiver Verausgabung, wie es etwa das skeptische Ende von *The Fall of the Roman Empire* zeigt.[20]

Dass sich das Kino von Beginn an des neuzeitlichen Mythos vom antiken Rom angenommen hat, beruht auf Roms politischen Qualitäten und auf seinem inhärenten visuellen Potenzial: auf den sublimen Monumenten der »ewigen Stadt«, der Inszenierung von Massenpolitik als Schauspiel, den Exzessen organisierter Gewalt. Dieses Potenzial wurde in der Historienmalerei oder auch bei Flaubert[21] als Gegenwelt zur rationalisierten Moderne »entdeckt« – und für *Gladiator* wiederbelebt. In der Projektion des antiken Rom, so Wyke, reflektiert der (Hollywood-)Film sich selbst als Spektakel der technisch-ästhetischen Überwältigung von Publikumsmassen.[22]

Die Rückkehr zu einem »Sandalenfilm«

stellte, so Scott im Begleitbuch, ein Risiko dar. Nicht zuletzt Satiren wie Richard Lesters *A Funny Thing Happened on the Way to the Forum* (1966) oder Monty Pythons *Life of Brian* (1979) hatten Genreelemente wie szenische Opulenz, Exotismus, melodramatische Zuspitzung des psychologischen Konflikts, Märtyrertum und Heilsgeschichte vollends verbraucht. Umso nachhaltiger verlässt sich *Gladiator* auf die Funktion der Kampfszenen, in denen das Kino auf sich selbst trifft. Zeitlupe, subjektive Kamera, Panoramaschwenks, 360°-Fahrten um die Gladiatoren, Special Effects, digitale Bilderstellung und ein mimetisch abgestimmtes Sounddesign[23] liefern ein synästhetisches oder, wie Scott sagt, »viszerales« Bild. Scott leistet so einen Beitrag zur forcierten »Taktilität« heutiger Kultur, die das Interagieren mit Bildern über deren kognitive Rezeption stellt.[24] Dieser

19 Wiedemann, *Kaiser und Gladiatoren*, S. 9; zur Konzeption eines »Rassegedächtnisses« im 19. Jahrhundert vgl. Ernst H. Gombrich, *Aby Warburg. Eine intellektuelle Biographie*, Hamburg 1992, S. 323ff.
20 In Manns Schlussszene wird zwar Livius nach seinem erfolgreichen Duell mit Commodus von den eben noch illoyalen und korrupten Legionen zum Kaiser ausgerufen; aber Livius irrt durch die Szene, desillusioniert vom erfahrenen Verrat und vom Scheitern seiner politischen Idee einer einzigen kosmopolitanen Kultur – ein Ende, das zugleich Neuanfang wäre, zeichnet sich nicht ab.
21 Vgl. Monika Bosse, André Stoll, Nachwort zu: Gustave Flaubert, *Salammbô*, Frankfurt/M. 1979.
22 Vgl. Wyke, »Projecting Ancient Rome«, S. 137.
23 So ist bestimmten Bewegungen (wie der Hand, die über Kornähren streicht) und Materialien (unterschiedliche Sounds von Metall, Leder etc.) ein jeweils distinktes, hyperreales Geräusch zugeordnet.
24 Vgl. die antipsychologische Theorie des Kinobildes als »incorporeal materialism« bei Steven Shaviro, *The Cinematic Body*, Minneapolis 1993.

akognitive Akzent ist mitverantwortlich dafür, dass Maximus wie ein Somnambulist durch seine eigenen Duelle geht.[25]

Die Einwände, die Historiker gegen *Gladiator* erheben können, sind, so Allen Ward, »Legion«: Weder gab es eine letzte große Schlacht gegen die Germanen zur Zeit von Marc Aurels Tod, noch konnten Feuerkatapulte und Pfeilschleudern in offener Schlacht eingesetzt werden; ebenso wenig ist der Einsatz von Kriegshunden verbürgt, und keinesfalls handelte es sich um einen (in der Antike unbekannten) deutschen Schäferhund, wie er Maximus im Kampf begleitet.[26] Gegen solche Forderungen nach Faktentreue wendet Marcia Landy ein, »Authentizität«, (miss)verstanden als Akkuratesse im Verhältnis zu archivalisch gesicherten Daten, könne kein Referenzpunkt der Kritik sein; dieser liege vielmehr im Epistem eines »filmischen Texts«, der gegen den historiografischen Text gesetzt werden müsse und der aus einer Vielzahl von Elementen besteht: aus visuellen und akustischen Bildern, die selbst wiederum einer Vielzahl von Kategorien zuge-

ordnet werden können – von Erzähl- und Montagetechniken der Bildverkettung bis zu ihrer Einbettung in zeitgenössische Diskurse und Mythen.[27] Alle diese Elemente repräsentieren nicht nur Geschichte, sondern produzieren divergente Modalitäten, Zeitlichkeit (als Erzählzeit, als Dauer, als Entwicklung, als Ende, als Wiederkehr …) zu denken.[28]

In Anschluss an Nietzsches Formen der Geschichte (Monumentalismus, Antiquarianismus, Kritizismus) meint Landy: »Rather than reflecting history through verisimilitude, films reflect our received notions of the past and offer, either reflexively or obliquely, an understanding of how cinematic history is constituted in monumental, antiquarian, and critical fashion as well as in ways that counter the excesses of these modes.«[29] Gilles Deleuze zufolge ist die Fähigkeit, Nietzsches Geschichtsformen auch zu synthetisieren, ein Spezifikum früher Hollywood-Historienfilme wie D. W. Griffiths *Intolerance* (1916) oder Cecil B. DeMilles *The Ten Commandments* (1923): »Der monumentalische Aspekt der Geschichte betrifft […] die natürliche und

25 »Somnambulistisch« nennt Marcia Landy (mit Bezug auf Deleuze) eine der Varianten der Umarbeitung des »monumentalen« Protagonisten im Nachkriegsfilm: Marcia Landy, »Introduction«, in: Landy (Hg.), *The Historical Film*, S. 3ff.
26 Vgl. Allen Ward, »*Gladiator* in Historical Perspective«, in: Martin M. Winkler (Hg.), *Gladiator: Film and History*, Oxford 2004. Den Filmemachern waren solche Einwände durchaus bewusst. So sollte statt eines Schäferhundes ursprünglich ein Wolf eingesetzt werden, doch erhielt man in England keine Genehmigung zum Dreh mit diesem Tier.
27 Vgl. Landy, »Introduction«.
28 Zu Konstruktionsmöglichkeiten von »Geschichte« vgl. Reinhart Koselleck, *Vergangene Zukunft. Zur Semantik*

geschichtlicher Zeiten, Frankfurt/M. 1984, insbes. S. 130ff; zur Bedeutungssetzung durch Erzählschemata, die den Daten der Vergangenheit übergeordnet sind, als Vorbedingung für Historiografie vgl. Hayden White, *Die Bedeutung der Form. Erzählstrukturen in der Geschichtsschreibung*, Frankfurt/M. 1990; zu konstruktiven Voraussetzungen von Geschichtsschreibung (Modellen der sinnhaften Datenverknüpfung) und deren Dissimulierung in der Darstellung selbst vgl. Michel de Certeau, *Theoretische Fiktionen. Geschichte und Psychoanalyse*, Wien 1997.
29 Landy, »Introduction«, S. 5; vgl. Friedrich Nietzsche, *Unzeitgemäße Betrachtungen. Zweites Stück: Vom Nutzen und Nachtheil der Historie für das Leben*, in: Nietzsche, *Kritische Studienausgabe 1*, München 1999.

architektonische Umwelt. Babylon und seine Niederlage bei Griffith, die Hebräer, die Wüste oder das sich teilende Meer [...] bei Cecil B. DeMille: [...] Die großen Momente der Menschheitsgeschichte kommunizieren von Gipfel zu Gipfel miteinander und bilden eine ›Sammlung von Effekten an sich‹, so dass sie leicht verglichen werden können, was sie dem Geist des zeitgenössischen Zuschauers umso zugänglicher macht.«[30] Die Ausstattung der Historienfilme, die Schauwerte, die die »Aktualisierung der Epoche« legitimieren, sieht Deleuze als Primärsache der antiquarischen Haltung zur Geschichte.[31] Schließlich die ethische Erzählung vom Verfall der »alten« Zivilisation: »Die älteste oder jüngste Vergangenheit muss vor den Richterstuhl und abgeurteilt werden, damit sich herausstellt, was Dekadenz ist und was Neuanfang, worin die Fermente der Dekadenz und die Keime des Neuen bestehen, was die Orgie und das Zeichen des Kreuzes, die Allmacht der Reichen und das Elend der Armen bedeuten. Ein starkes ethisches Urteil muss [...] von der heraufkommenden Zukunft künden, kurzum: immer wieder Amerika entdecken ... umso mehr, als von Anfang an strikt darauf verzichtet worden ist, nach den Ursachen zu forschen.«[32]

Für Deleuze war das »Wunderbare« am Hollywood-Historienfilm eben dessen Fähigkeit zur Synthese monumentaler, antiquarischer und ethisch-kritischer Historie in deren Unterordnung unter das Schema der Aktion (anstelle der Befragung von Ursachen) und seiner Montagetechniken (Opposition, Akzeleration). Dem gegenüber gewinnen mit dem nach-

klassischen Film, der den (für das kommerzielle Kino) *sad sixties* antwortet, visuelle Effekte einen Eigenwert, und Protagonisten sterben sinnlose Tode.[33] *Ben-Hur* – der Romanvorlage zufolge *A Tale of the Christ* – begann (in seiner *Overture*) mit einer Einstellung auf Michelangelos *Erschaffung Adams* und endete mit einem malerischen Golgatha-Panorama; die Voiceover zu *The Fall of the Roman Empire* endete mit dem Satz »A great civilization is not conquered from without until it has destroyed itself from within«. *Gladiator* hingegen muss das »Reich«, die politische Ethik, immer schon als Selbstbetrug naiver Erfüllungsgehilfen enthüllen: Maximus kann (trotz seines machtvollen Namens) auf Marc Aurels Nachfrage hin das Imperium

30 Gilles Deleuze, *Das Bewegungs-Bild. Kino 1*, Frankfurt/M. 1989, S. 203f.
31 Deleuze, *Das Bewegungs-Bild*, S. 205.
32 Deleuze, *Das Bewegungs-Bild*, S. 206. Durch diese ideologische Sinnstiftung hindurch können allerdings Elemente des Films auch Eigensinn bewahren. Als (dokumentarische oder fiktionale) »Spur« des Abwesenden machen die Bilder auf Dinge aufmerksam, die sich dem Diskurs entziehen und eine »andere« Realität des Vergangenen erinnern, die in der Erinnerungsstruktur der Moderne keinen Raum findet. So schreibt Sobchack in »The Insistent Fringe« zur Versinnlichung des (»niederen«) Materiellen im Historienfilm: »Amidst competing narratives, contradictions, fragments, and discontinuities, the massive authority of institutions and the small compass of personal experience, sometimes the representation of phenomenal ›things‹ like dirt and hair are all we have to hold on – are where our purchase on temporality and its phenomenological possibilities as ›history‹ are solidly grasped and allow us a place. A general premise, a ground (however base) from which to transcend our present and imagine the past as once having ›real‹ existential presence and value.«
33 Vgl. Lorenz Engell, *Sinn und Industrie. Einführung in die Filmgeschichte*, Frankfurt/M., New York, Paris 1992, S. 260ff.

nicht politisch definieren, sondern nur in visuellen Metaphern umschreiben: das Licht gegen die Dunkelheit der Welt. Dieses Licht – eine Allegorie der Kino-Utopie als Gegenwelt zur entzaubernden Moderne – gilt es zu retten.

EMPIRE UND EPIPHANIE DES REGISSEURS

Scotts Neustart zur mythopoetischen Inszenierung des römischen Reiches erfolgt zeitgleich zu jener Reprise, in der Michael Hardt und Antonio Negri die Begriffsgeschichte des »Imperiums« und den Faden einer unterbrochenen politischen Tradition wiederaufnehmen. »Empire« bezeichnet in ihrer Lesart eine Deterritorialisierung der Macht, Abkoppelung der Verhaltenssteuerung von der Beherrschung des Raums.[34] Das »Empire« wurde (von seinen ersten Konzeptualisierungen bei Polybius her) als universale Friedensordnung über differenten kulturellen Lokal-Einheiten verstanden, doch war es von einem Widerspruch geprägt: Die Dynamisierung der Machtbeziehungen band sich an unterschiedliche Formen kolonialer Ausbeutung unter Beachtung lokaler Rechtstraditionen, die weder administrativ

34 Vgl. Michael Hardt, Antonio Negri, *Empire. Die neue Weltordnung*, Frankfurt/M., New York 2002.
35 Vgl. Peter Garnsey, Richard Saller, *The Roman Empire. Economy, Society and Culture*, London 1996, insbes. die Verweise auf Konkurrenz zwischen aristokratischen Eliten und den Machtzuwachs von Subalternen (Freigelassene, Frauen, Sklaven …), die als Verwaltungsexperten zu wichtigen politischen Ratgebern der Kaiser aufstiegen.
36 Hardt, Negri, *Empire*, S. 391.
37 Vgl. Gilles Deleuze, »Postskriptum über die Kontrollgesellschaften«, in: Deleuze, *Unterhandlungen 1972–1990*, Frankfurt/M. 1993.

noch politisch konsensual zu lösen waren.[35] Deshalb, so Hardt und Negri, knüpft sich an das Konzept »Empire« immer schon das von »Verfall« und »Korruption« – als Verselbständigung der Macht gegenüber der politisch artikulationsfähigen Menge bzw. Multitude.

Das Bild eines (vergangenen) Regimes universaler Ordnungsbestrebungen – ohne Bürokratie und allgemeine Bürgerrechte, dafür im permanenten Krisenzustand – scheint Hardt und Negri geeignet, die gegenwärtige Verfassung von Politik und Gesellschaft zu theoretisieren: ein Gefüge von supranationalen politischen und militärischen Institutionen und von transnationalen Kapital- und Migrationsbewegungen, das selbstverständlich etwas Neues darstellt. »Das grundlegende Prinzip des Empire« besteht darin, »dass dessen Macht kein wirkliches und lokalisierbares Terrain oder Zentrum hat. Imperiale Macht ist über mobile und artikulierte Kontrollmechanismen netzwerkartig verteilt« – also über Medien.[36] Hardt und Negri denken (mit Deleuze[37]) Kontrolle nicht in traditioneller Weise als Repression von Abweichungen, sondern als Beobachtung und Adaption an emergente neue Verhaltensweisen und Bewusstseinsformen: Neue »Subjektivitäten« werden durch flexible Formen von Produktion und Konsum stimuliert und versuchen zugleich, sich gegen strikte Sinnzuweisung durch die Flexibilisierung zu behaupten. »Differenz« und das Begehren danach sind essenziell für die Funktion der Kontrollmechanismen, und genau dadurch gefährden diese sich selbst.

Hardts und Negris radikaldemokratischem Optimismus wäre wohl die Latenz zur charismatischen Führerschaft entgegenzuhalten, die sich in Kontrollmechanismen einrichtet.[38] In diesem Sinne wäre *Gladiator* auch als Allegorie auf den neuen Populismus lesbar – ein politisches Moment, das Scott allerdings mit dem Gegensatz von guten und bösen Akteuren wegmoralisiert. Jedenfalls hat Scott den Topos des Empire, der ab 1975 in die Science-Fiction und in den Orbit verlegt worden war, wieder in die Vergangenheit zurückgeholt. Dabei wird ihm das Kolosseum zur Parabel für den aktuellen medialen Raum der »artikulierten Kontrollmechanismen«. Wenn Commodus die »Vision«, das visuelle Spektakel, zur Basis seiner Herrschaft macht und die Instanz der politischen Repräsentation (den Senat) beseitigt, dann begibt er sich, wie die Kontrollmächte bei Hardt und Negri, zugleich in die Hände des Publikums in der Arena. Er kann das Publikum täuschen und manipulieren, aber er muss den Einsatz dafür und damit sein Risiko ständig erhöhen. Scott aber unterschlägt in dieser Parabel eine wesentliche Dimension der Gladiatorenkämpfe: die symbolische Rivalität zwischen »Volk« und Kaiser um die Souveränität, die im Recht über Leben und Tod (auch im Sinn der Wiedereinsetzung des »infamen« Gladiators in seine Bürgerrechte) gipfelt. Durch diese Unterschlagung kann der Film schlussendlich die Kämpfe und den gewaltsamen Tod als sportliches Ereignis akkulturieren, d. h. die Fremdheit der Vergangenheit eliminieren bzw. in eine melancholische Erinnerungskultur integrieren. Und an den Ort des Souveräns, den kein Kaiser und kein Volk mehr ausfüllt, setzt Scott (wie Thomas B. Byers auch anhand von James Cameron und

Titanic konstatiert[39]) eine ultimative Instanz der Macht über Leben und Tod – und der Fähigkeit, Unsterblichkeit zu verleihen: den Filmregisseur. Durch einen Zufall erfüllt *Gladiator* diesen Allmachtsanspruch auf besondere Weise, nämlich in der bereits angesprochenen – technologischen – Re-Animation des am Drehort verstorbenen Oliver Reed, der als Proximo sein reduziertes Ethos des Sich-Stellens gegenüber dem unvermeidlichen und undefinierbaren Lebensende verkündet hatte.

Gladiator zerstört die Teleologie des klassischen Historienfilms. Dennoch ist er ein Versuch, das Kino der großen erzählenden Form vor dem Untergang in einer kaleidoskopischen Medienkultur zu retten. Das Leben der Gladiatoren ist nur eine Vorgeschichte, und ihr Tod ist eine Passage zur »erfüllten« Zeit, die sie mit ihren Ahnen und ihren Familien vereint sieht: »But not yet … not yet!« Diese Wendung bescheidet sich mit dem Status einer notwendigen Fiktion. Was bleibt, ist augenzwinkerndes Einvernehmen mit dem Publikum, das den Subtext versteht: Wir wollen naiv sein, damit das Kino weitergehen kann.

38 Vgl. Fred Weinstein, *History and Theory after the Fall. An Essay on Interpretation*, Chicago, London 1990.
39 Vgl. Thomas B. Byers, »Titanic Histories«, in: Mattl, Robnik (Hg.), *Und das Kino geht weiter*, S. 294ff.

Die Masken der Authentizität

Von D. A. Pennebakers Don't Look Back *zu Todd Haynes'* I'm Not There

Der Begriff der Authentizität, seit Mitte des 20. Jahrhunderts scheinbar fest eingebunden in die antitechnizistische, antikommerzielle Gegenkultur und mit dieser ihren Bedeutungsverlust teilend, erlebt, angestoßen von unerwarteter Seite, eine neue Konjunktur. Luc Boltanski und Ève Chiapello stellen in ihrer Analyse des *Neuen Geists des Kapitalismus* Authentizität gemeinsam mit Autonomie und Emanzipation als dominante semantische Ressource zeitgenössischer Management-Theorien heraus, die flexible, projektbezogene und affektive Arbeitstätigkeiten als Chance zur persönlichen Selbstverwirklichung propagieren.[1] Boltanski und Chiapello sprechen von einer »Entwendung« der gesellschaftskritischen Gehalte, die den Diskurs der Künstlerboheme gesteuert haben, zugunsten kontrollgesellschaftlicher, auf Selbstverwertung der Individuen angewiesener Unternehmensstrategien.

I'm Not There, das Bob-Dylan-Porträt von Todd Haynes, zeigt das Janusgesicht der Codes der Authentizität, die in der Popkultur der 1960er Jahre entstanden sind – eine Doppelung, die auch Boltanski und Chiapello nicht unbekannt ist. In einer kurzen Sequenz des Films

lässt Haynes ein Studententheater Gedichte von Rimbaud vortragen, dessen »Ich ist ein anderer«, verkürzt und in seiner Ambivalenz, paradigmatisch für die Verweigerung des selbstreflexiven modernen Künstlers gegenüber auferlegten gesellschaftlichen Rollen geworden ist. Arthur Rimbaud wird nicht nur herbeizitiert, sondern ist, gespielt von Ben Whishaw, auch eine der mannigfaltigen Figuren, die Haynes in seiner zeitgenössischen Variante der *Metamorphosen* mit dem Musiker, Dichter, Prediger Dylan überblendet; hier im Film als junger Dichter, der einem Untersuchungsausschuss erklären soll, warum er das Schreiben aufgegeben hat.

Authentizität ist an den Rändern der Kunst des 19. Jahrhunderts und ihrer Selbstdeutung nicht das Aufscheinen einer noch verborgenen lokalen oder nationalen Identität, wie es die Romantik von der Kunst forderte, sondern gerade die Flucht aus solchen Netzen der Heteronomie. Doch das »Eigentliche« oder »Echte« bleibt stets nur die negative (oder unbestimmbare) Form der Phänomene, die als »Entfremdung« erlebt werden, denn jede Form der Anerkennung einer auf Dauer gestellten »Andersheit« wird, da sie selbst wieder auf Codes und konventionalisierte Regeln zurückgreifen muss, paradox. Was bleibt, und was die Subjekte der

---

1 Luc Boltanski, Ève Chiapello, *Der neue Geist des Kapitalismus*, Konstanz 2006, insbes. S. 449ff.

flexiblen Netzwerksproduktion mit Dylan verbindet, ist der »stete Grund zur Sorge« (Boltanski/Chiapello): Wie ist die Forderung nach stetigem Wandel auf Grundlage eines spezifischen dauerhaften Ichs zu erfüllen?

Zur Bestimmung der Historizität dieser Sorge scheinen nicht nur Dylans Person und Biografie in singulärer Weise geeignet. Mit *I'm Not There* und D. A. Pennebakers Tourneefilm *Don't Look Back* aus dem Jahr 1967 eröffnet sich die Möglichkeit eines Vergleichs der künstlerischen Strategien und Sprachspiele von Authentizitätsgewinn durch Wandel sowie das Spannungsverhältnis von damit bewirkten Effekten und Prozessen der Selbstadaption an die neuen Codes.

Don't Look Back begleitet Dylan auf seiner Englandtournee 1965. Es ist ein entscheidender Moment für die Popmusik wie für den Musikfilm: In dieses Jahr fällt der sogenannte »Verrat« Dylans an der Folkmusik, eingeleitet mit dem »Subterranean Homesick Blues«. Der Verrat liegt einmal im Musikalischen, da Dylan von Gesang und akustischer Gitarre zur elektrischen Gitarrenband wechselt, zum anderen in den Songtexten, die aus dem Modus der *common language* der weißen Bürgerrechtsbewegung in Sprachcodes des schwarzen anarchistischen Underground wechseln und dadaistische Techniken bemühen. Drittens wäre zu erwähnen, dass die toupierten Haare und die Lederjacke, die Dylan nun statt der Farmer-Bluejean trägt, als exzentrischer Verstoß gegen den Habitus der Folk-Bewegung aufgenommen werden.[2]

Mit »Subterranean Homesick Blues« eröffnet denn auch Pennebakers Film, in einer der überraschendsten Einstellungen der Dokumentarfilmgeschichte: In einer ramponierten Seitengasse in New York hält Dylan einen Stoß kartonierten Papiers mit den Schlüsselwörtern des Songs, die er Seite für Seite weiterblättert, während aus dem Off die Musik zugespielt wird. Am linken Rand des Bildes steht der Beat-Poet Allen Ginsberg und unterhält sich scheinbar absichtslos mit einem noch unbekannten Mann – Dylans Tour-Manager, wie man später erfahren wird. Mit der letzten Strophe queren beide Männer das Bild, ohne dass daraus irgendeine Bedeutung ablesbar wäre. Umso mehr liegt der Fokus der Eingangsszene auf dem Sound aus dem Off und der irritierend stummen Performance des Musikers. Doch Pennebakers Film setzt in der Folge Musik sehr sparsam ein. *Don't Look Back* ist kein Konzertfilm und keine Rock-Dokumentation (die sich beide als Genre bereits etabliert hatten).[3] Es ist vielmehr der erste Backstage-Dokumentarfilm der Musikgeschichte, konzentriert auf drei wiederkehrende Szenen einer typischen Tournee: auf die Zeit des Wartens in Hotel- und Künstlerzimmern vor dem Auftritt, auf die Begegnung mit den Fans und auf die Presseauftritte, im Fall Dylans: Pressekonfrontationen. Die gefilmten Konzertauftritte sind spärlich, wenngleich durch das Überwiegen von Nahaufnahmen und durch die Akkuratesse, mit der kleine Unterbrechungen

2 Vgl. zu den biografischen und pophistorischen Daten Heinrich Detering, *Bob Dylan*, Stuttgart 2007.
3 Vgl. zum Genrebegriff Jürgen Struck, *Rock around the Cinema. Die Geschichte des Rockfilms*, München 1979; insbes. zur Transformation durch das *Direct Cinema* und dessen technologische Innovationen (Magnet-Tonaufzeichnung und handliches 16mm-Filmformat), S. 58.

I'm Not There (2007, Todd Haynes)

und Irritationen ungeschnitten gezeigt werden, von großer Intensität.

Don't Look Back sucht nach einer Wahrheit hinter der Performance des Musikers, so als bestünde eine Wahlverwandtschaft Dylans mit dem *Direct Cinema*, das Pennebaker Anfang der 1960er Jahre mitbegründet hatte und das von sich annimmt, durch neue Kamera- und Tontechniken einen unverstellten Zugang zur Wahrheit des Lebens[4] erzielen zu können. Die seit den Anfängen der Popmusik gestellte Frage nach der identitären oder nicht-identitären Beziehung zwischen dem Performer auf der Bühne und der privaten Person bringt aber in diesem Film ein noch unbekanntes Phänomen hervor. Der Dylan *backstage* agiert weniger konform, als man sich dies von einem darstellenden Künstler erwartet, der konventionsgemäß in Rollen zu schlüpfen hat. Vielmehr entdeckt sich uns eine Konstellation, in der »die (öffentliche) Persona im Vergleich mit seiner Persönlichkeit nur einen faulen Kompromiss mit einem noch nicht so avancierten Publikum« repräsentiert. Ein Kompromiss nicht zuletzt deshalb, weil Dylan für diese Tournee noch an der akustischen Gitarre und an einem Teil seines Folk-Repertoires festhält. Pennebakers Film wird damit, wie Diedrich Diederichsen ausführt, zum Blueprint für ein filmisches Genre, das später mit der Identifizierung von Bühnen- und Backstage-Leben »der Festschreibung von Rock-Musik auf deren Authentizität [dient] und den Fetisch des live auf der Bühne sein Leben lebenden Helden« fixiert.[5]

Haynes' *I'm Not There* übernimmt 2007 zentrale Motive und Einstellungen von Penneba-

ker. So eröffnet er seinen Film mit einer Szene aus *Don't Look Back*. Die Point-of-View-Kamera geht an Dylans Stelle wie ein moderner Gladiator durch Gänge des Konzertgebäudes. Doch sogleich stellt Haynes alles auf den Kopf. Es gibt nicht mehr *einen* Bob Dylan wie bei Pennebaker, sondern deren sechs; diese haben verschiedene Namen und leben in verschiedenen Zeiten und Räumen; überdies verzichtet der Film auf ein lineares Narrativ oder Schnittfolgen, die klare Relationen schaffen würden.

I'm Not There enthält uns so gut wie alle Reminiszenzen an Konzertszenen, die übliche Klimax der Musikfilme, vor. Der Performer verschwindet hinter seinen eigenen kulturindustriell zirkulierenden Produkten, die aus dem Off zu hören sind. Die zum Soundtrack mutierte Musik spielt Programmfunktionen aus – fast ausschließlich sind es Dylan-Kompositionen und -Interpretationen, in einigen Fällen Coverversionen (etwa von Calexico oder Antony and the Johnsons). Nur Woody Guthrie alias Dylan, der zwölfjährige afroamerikanische Bluesspieler, jammt mit zwei alten Männern; weiters wird der kurze und provokative, von randalierenden Folkniks unterbrochene Auftritt mit der Paul Butterfield Blues Band beim Newport Folk Festival 1965 burlesk rekonstruiert; und Christian Bale als Dylans Alter Ego Jack Rollins stellt ein rares Filmdokument von Dylans Auftritten unter schwarzen und weißen

---

4 Vgl. Jean-Louis Comolli, »Der Umweg über das *direct*«, in: Eva Hohenberger (Hg.), *Bilder des Wirklichen. Texte zur Theorie des Dokumentarfilms*, Berlin 2000, S. 243.

5 Diedrich Diederichsen, *Eigenblutdoping. Selbstverwertung, Künstlerromantik, Partizipation*, Köln 2008, S. 105f.

Bürgerrechtskämpfern im ländlichen US-Süden 1963 nach – mit dem legendären Song »The Lonesome Death of Hattie Carroll«, den Pennebaker als eine der wenigen historischen Referenzen in seinen Film montiert hatte. Statt in Hotelzimmer und Konzertsäle führt uns Haynes in ein fantastisches Amerika der populären Tradition und ihrer brutal-korrupten, kommerziell-politischen Gegenspieler. Eine Arche Noah ist dies auf der einen Seite, die auf der Grundlage biblischer Texte, solidaristischer Bewegungen, der Mythen von Moby Dick und oraler Tradition Freiheit und Gesetzlosigkeit zusammenbringt. In dieser Welt bewegt sich Richard Gere alias Billy the Kid alias Bob Dylan. Mit beschleunigten Schnitten verwandelt sich der Film in ein Archiv filmischer Codes und Ästhetiken, das vom unterbelichteten Schwarzweiß der wackelnden *Direct-Cinema*-Kamera zur *oral testimony* der (fingierten) Zeitzeugen, von den märchenhaft schönen Landschaften der Dreamworks-Studios zur Grobkörnigkeit der Fernsehbilder, vom poetischen Kamera-Travelling durch die Täler des amerikanischen Südens zum perfektionierten *visual style* von Nostalgie-Filmen führt; Letzterer wirbt vor allem um Cate Blanchett, die als Jude Quinn die Englandtour 1965 und deren bei Pennebaker ausgesparte Drogenexzesse bestreitet.

Zwischen *Don't Look Back* und *I'm Not There* ereignet sich ein signifikanter Wechsel. Die Suche nach der Authentizität ist in Pennebakers Film die Frage nach der Aufrichtigkeit; so wird sie von der Intervention der Journalisten, die Dylan überall auflauern, beständig markiert. Bei Haynes geht die Frage nach Authentizität

unter Aufbietung aller ästhetischen Erfahrungen des Kinos und durch die Collage von Fluchtpunkten in einem uferlosen kulturellen Gewebe auf. Dylan kommuniziert in jeder denkbaren Dimension mit dieser Bewegung, die, wie eingangs vorgeschlagen, nicht eine bloße Erfindung zweier Regisseure ist, sondern eine Bewegung hin auf eine aktuelle gesellschaftliche Konstellation.

Zwischen *Don't Look Back* und *I'm Not There*, zwischen 1967 und 2007, liegen Ereignisse und Verschiebungen, die aus einer experimentellen Situation – dem frei gewählten Wechsel musikalischer und performativer Stile – ein nachmodernes Paradigma haben werden lassen. Drei Aspekte, die zu dieser These berechtigen, hat Axel Honneth anlässlich des ersten akademischen Kongresses zu Bob Dylan am Frankfurter Institut für Sozialforschung 2006 hervorgehoben. Erstens das Problem von Zeit und Geschichtlichkeit: In Dylans permanenter performativer Reinterpretation der eigenen Songs und der Erweiterung des Repertoires seiner *Never Ending Tour* um das Inventar beinah der gesamten US-amerikanischen populären Musik begegnen wir dem postmodernen Konzept von Nietzsches »ewiger Wiederkehr«, die nicht Repetition des Gleichen meint, sondern vielmehr die objektivistische Geschichtsteleologie in Zweifel zieht und auf der Virtualität des Ereignisses besteht. Zweitens die Autonomie der Kunst: Etwas kryptisch meint Honneth damit, dass die populare Kultur trotz der kulturindustriellen Rahmensetzung Erfahrung statt simpler Anpassung möglich macht, Erfahrung im emphatischen Sinne, wo Erkenntnis des Neuen und Affekt nicht trennbar sind. In dieser Lesart hat Dylans ständige Auslotung dieser Erfahrungsmöglichkeit die Rockmusik zum festen Bestandteil der zeitgenössischen Ästhetik werden lassen. Drittens nennt Honneth – als Voraussetzung dafür, dass Rockmusik zur ästhetischen Erfahrung wird – die Abwehr des Fetischcharakters durch den Künstler, dessen freie Entwicklung durch die Erwartungshaltung seines Publikums blockiert wird. Für Honneth firmiert dies unter den noch zu erörternden »Masken des Bob Dylan«.[6]

Ich füge vor dem Hintergrund von *Don't Look Back* und *I'm Not There* einen vierten Punkt hinzu, nämlich die Selbstbezüglichkeit der Massenmedien: Was in der rohen Ästhetik des *Direct Cinema* (Handkamera, Überbelichtung, Rückkoppelungen als Tonspuren der Live-Performance) noch Ausdruck von Unmittelbarkeit ist bzw. sein soll, wird von der ästhetischen Erfahrung zum konventionellen Signifikanten von Authentizität weiterentwickelt. (Ein ähnliches Schicksal wird man dem Gitarrenriff in der Rockmusik nach Jimi Hendrix zuschreiben dürfen.) Authentizität wird verdinglicht oder auch versprachlicht und zum verhandelbaren Wert oder symbolischen Kapital im kulturellen Feld. Wir müssen aber gleichzeitig einschränken, dass die vom *Direct Cinema* behauptete unverstellte Erfassung des Lebens durch die Kontrollprozeduren der Szenenauswahl und Montage bereits jene Momente des Fiktionalen in sich trägt, die die Aufnahme seiner Authentifizierungsstrategien in die filmische Fiktion eines Todd Haynes auf reflexive Weise ermöglichen.

Doch inwiefern korrespondieren diese Tendenzen mit Bob Dylan, wie weit kommen wir über das arbiträre Zusammentreffen zweier Filme hinaus, und warum diese Reminiszenz jetzt? Wahrscheinlich deshalb, weil in Dylans künstlerischem Gesamtwerk zwischen Neuerfindung und Travestie schwer zu unterscheiden ist, und weil seine Biografie als Performer die Legitimität dieser kulturwissenschaftlichen Unterscheidung stets infrage stellt. Auf dem Höhepunkt seines Einflusses als Rockmusiker bricht er mit dieser »kulturellen Formation«, der *Rock Formation* (Larry Grossberg), um zu Country- und Grass-Roots-Musik zurückzukehren. Doch die Rückkehr zu den Outlaws und Arbeiterführern von *John Wesley Harding* (1967), sozusagen das schlanke und realistische Gegenstück zu *Sergeant Pepper's Lonely Hearts Club Band*, führt weiter zum ironischen Selbstbezug von *Self Portrait* (1970), das amerikanische Crooner der 1940er und 1950er Jahre zu ehren scheint. Die anschließenden Welttourneen mit The Band präsentieren ihn wieder als Sänger eigener Rocksongs, der nun allerdings mehr auf den Effekt der Verstärker als auf seine Stimme vertraut und dies noch zu Big-Band-ähnlichen Arrangements weitertreibt. Der nächste Schritt ist die Konversion zum fundamentalen Christentum, die einen mehr predigenden als singenden Dylan auf die Bühne bringt, während der Sound zu Soul und Funk wechselt. Auf seine desaströse Gospel-, Reggae- und Disco-

6 Axel Honneth, »Verwicklungen von Freiheit. Bob Dylan und seine Zeit«, in: Axel Honneth, Peter Kemper, Richard Klein (Hg.), *Bob Dylan. Ein Kongreß*, Frankfurt/M. 2007, S. 15ff.

Phase der 1980er Jahre folgt der Weg zurück zu Coverversionen eigener und zu Country-Songs in kleiner Besetzung, ein Programm, das Dylan bis heute, bis zu *Modern Times* (2006), systematisch um das Inventar der popularen Musik der USA erweitert.

Heinrich Detering, dessen exzellenter Dylan-Biografie dieser geraffte Durchgang entnommen ist, hält allerdings fest, dass die stilistischen Veränderungen und auch Verengungen immer wieder von Dylans an Komplexität gewinnender Lyrik wie von wechselnden performativen Praktiken überlagert und durchkreuzt werden. Die klassischen Erzählmodelle von früher Reife und Verfall, die nicht wenigen Pop-Biopics zugrunde liegen, gelten deshalb nicht. Ebenso wenig erklären die aus traditionellen Künstlerbiografien bekannten persönlichen Schicksalsschläge, nicht Dylans Motorradunfall 1966 und nicht die Trennung von seiner Familie Ende der 1970er Jahre. Schon in Pennebakers Film wird klar, dass Dylans Konzept darauf hinausläuft, dem Pop-Format, wie Diederichsen es nennt, zu entgehen, d. h. dem Zwang zur Eigentlichkeit, den die medialisierte Kultur und ihre omnipräsenten Beobachtungssysteme ausüben. Aber auch dies ist nicht das Unbehagen von jemandem, der sich in seiner Intimität gestört fühlt, sondern tiefer in einer Reflexion verankert. Die Referenz dafür bildet, wie schon eingangs dargelegt, Rimbaud und der damals noch nicht inflationierte Satz, wonach »Ich ein ande-

rer« sei. Dieser Aufforderung zu ständiger künstlerischer Beweglichkeit als Lebensform verschafft Dylan mit wechselnden Namen, permanentem Stilwandel und dem Wechsel medialer Ausdrucksformen Raum – schließlich schreibt er auch Bücher und dreht Filme. Es scheint die einzige Möglichkeit, dem Irrtum zuerst der politisierten Folk- und Bürgerrechtsanhänger, später der Pop-Fans zu entgehen: dem Irrtum, dass der Künstler einer ursprünglichen und reinen gemeinsamen Herkunft seine Stimme leihe. Von dieser bewussten, mitunter aggressiven Enttäuschung seiner wechselnden Anhängerschaft handelt auf affirmative Weise *Don't Look Back* und auf kritische Weise *I'm Not There*. Affirmativ ist *Don't Look Back*, weil der Film gerade in Dylans sich abzeichnendem Maskenspiel die Garantie seiner Aufrichtigkeit präsentiert. Kritisch ist *I'm Not There*, weil hier nicht nur die beiden Leben, das private und das öffentliche, formal-ästhetisch auf Distanz gehalten werden, sondern die Masken der Authentizität in das Bild einer multiplen Persönlichkeit münden. Diese Persönlichkeit ist bei Haynes allerdings nicht ein schizoides Individuum, sondern das Figurenrepertoire einer widerständigen popularen Kultur[7]: die Hobos, die Wanderschauspieler, die Gelegenheitsräuber … Diese Figuren haben einen Anfang, aber – so möchte ich die Konstellation der Authentizität in *I'm Not There* sehen – sie haben keinen Ursprung, im Gegensatz zu den Mythenfiguren der vernakularen Kulturen. (Der anfängliche Billy the Kid tritt bei Haynes nicht zufällig auf dem Cover einer illustrierten Zeitung auf.) Ihre »Echtheit« liegt in ihrer aktualisierten Formbar-

---

7 Vgl. zur »Erfindung« einer »amerikanischen« Geschichte durch die populare Kultur Greil Marcus, *Mystery Train. Rock'n'Roll und amerikanische Kultur*, Berlin 1999.

keit und Wieder-Erzählbarkeit als Widerlager einer zur Konformität zwingenden Gesellschaft des Marktes, in den Metamorphosen, die von Billy the Kid zu Woody Guthrie zu den mannigfaltigen Bob Dylans und zurück führen. Diese Zirkularität beschreibt auch Dylans künstlerische Biografie, die sich, so Detering, von einem vergangenen, aber nie wirklichen Amerika in weit ausholendem Bogen in die Gegenwart und wieder zurück biegt.

Vielleicht muss man aber nochmals tiefer in Haynes' Film gehen, um den Einsatz zu bemessen. Die wiederkehrenden Jahrmarktszenen sind äußerlich eine Referenz an die Diebe und Zauberer, die Gaukler und Gauner, die Dylans Poesie durchziehen. Sie verweisen aber auch auf eine institutionelle Konstante in seinem Werk, und zwar auf die Bedeutung, die das historische Phänomen der amerikanischen Minstrels darin einnimmt: jene Schauspieler der weißen Unterschichten, die, als *blackfaces* maskiert, die dominante Kultur attackierten. Wir haben es also mit einer verdoppelten Travestie zu tun, bei der man sich nie sicher sein kann, gegen wen sie sich letztlich richtet, so wie in Dylans eigenen Werken die Spannung zwischen unterschiedlichen Bedeutungsebenen Rätsel wie Attraktion bleibt.

Flucht in die Maske, um authentisch zu bleiben – zumindest in diesem einen Punkt, dem der Identität aus unentwegter Veränderungsbereitschaft. So sieht es zumindest Detering. Aber ist das auch tatsächlich eine Flucht? Ist es nicht vielmehr ein Paradox? Wir sollten vielleicht darauf achten, wo der Begriff der Authentizität eine zentrale epistemische Bedeu-

tung gewonnen hat, nämlich in den *Postcolonial Studies* und den postkolonialen Bewegungen; die *Blackface*-Minstrels weisen ja auch in diese Richtung. Gareth Griffin hat in *The Myth of Authenticity* überzeugend dargelegt, dass die Berufung auf ursprüngliche, authentische Praktiken und deren räumliche Effekte eine Argumentation ist, die parasitär an der Meistererzählung der hegemonialen Macht ansetzt.[8] Aber es ist dieser Eintritt in eine gemeinsame Fiktion, der überhaupt erst Gegenkräfte in Bewegung geraten lässt. Authentizität sozusagen als notwendige Fiktion, als Medium, das politisches Verhandeln möglich macht, zumindest im postkolonialen Feld. Aber dennoch strahlt von daher die Ambivalenz der Suche nach dem Authentischen. Denn sobald es den Status des Spieleinsatzes verliert und zum Fetisch verhärtet, wird es zur Selbstfesselung. Aus dieser Situation, das scheint *I'm Not There* vorzuschlagen, hilft nicht der ständige Rollenwechsel allein. Es braucht auch jenes augenzwinkernde Eingeständnis des Spielers seiner medialen Umwelt gegenüber, das Richard Gere alias Billy the Kid alias Bob Dylan so gut beherrscht.

8 Gareth Griffin, »The Myth of Authenticity«, in: Bill Ashcroft, Gareth Griffin, Helen Tiffin (Hg.), *The Post-Colonial Studies Reader*, London, New York 1999, S. 237ff.

Film/Historiografie

Anthropologie, Repräsentation, Gedächtnis and beyond
(mit den Lumières, Dreyer, Kubrick und Todd Haynes)

Der französische Historiker Marc Ferro hat Anfang der 1970er Jahre das Verhältnis der Historiker zum Film schlicht als »ignorant« bezeichnet. Historiker, so Ferro, qualifizierten den Film als kulturell minderwertige Unterhaltung ab, tatsächlich aber sähen sie sich bedroht. Filme zeigen Ferro zufolge eine Vergangenheit, die die Historiker vergessen zu machen suchen; sie zeigen, dass die Welt der Vergangenheit nicht nur eine der politischen Fakten und sozialen Ereignisse ist, sondern vor allem eine der Imaginationen. Für Ferro enthält der Film Gegengeschichten – gegen die Erfolgsstorys der nationalstaatlich ausgerichteten akademischen Historiografie. Historische Filmanalyse wäre damit immer auch »Gegenanalyse«, brächte Vorstellungswelten, Wünsche und Motive derer zur Sprache, die in den herrschenden Konzepten von Staatlichkeit und Institutionen keinen Platz gefunden haben. Ihr Vorzug wäre die Vielfalt möglicher, nicht hierarchischer Vergangenheiten.[1] Aus dem in Ferros Sicht allerdings gewaltigen Programm dieser »Gegenanalyse« isoliere ich eine bescheidene Themenauswahl und folge drei Strängen.

Diese betreffen die Bedeutung der visuellen Kultur für politische und soziale Machtbeziehungen; die Bedeutung der kulturellen Form für die Rekonstruktion der Vergangenheit; schließlich die Pluralisierung und Medialisierung der »Geschichtskultur« als »Gedächtniskultur«.

Diese Diskursstränge sind nicht ohne weiteres zu verbinden. Sie entsprechen unterschiedlichen Anliegen, mit dem Phänomen einer von laufenden Bildern geprägten Wirklichkeit zurechtzukommen; sie treten zu unterschiedlichen Zeiten auf, asynchron zu Entwicklungsstadien des Films, und sie rücken auch jeweils andere Aspekte in den Mittelpunkt der Debatten: wahrnehmungstechnische, ästhetische, soziale, ideologische … Mit anderen Worten: Die historiografischen Auseinandersetzungen mit Film weichen erheblich von dem ab, was uns als chronologisch und topografisch geordnete Filmgeschichte erscheint. Hier gilt es, nochmals Ferros Einspruch aufzugreifen: Wenn der Film die scheinbaren Gewissheiten der Historiografie zerstört – über eine Ordnung in der Vergangenheit, die nur noch aus Beschreibungen rekonstruiert werden müsse –, dann darf nicht umgekehrt der Film selbst zu der einen und einzigen Geschichte, zu einem rationalen Ganzen gemacht werden.

1 Vgl. Marc Ferro, »Der Film als ›Gegenanalyse‹ der Gesellschaft«, in: Claudia Honegger (Hg.), *Schrift und Material der Geschichte. Vorschläge zur systematischen Aneignung historischer Prozesse*, Frankfurt/M. 1977.

Ich stelle hier drei signifikante Paradigmenwechsel in den Geschichtswissenschaften dar, die sich in Konfrontation mit Film (und dessen Veränderungen) herausgebildet haben. Eines dieser Paradigmen betrifft die historiografische Methode selbst: Ich werde zu zeigen versuchen, welche Rolle Film für das Programm einer »Geschichte der Mentalitäten« gespielt hat. Davor wende ich mich dem Paradigma der Modernität zu, die – im Unterschied zu »Moderne« und »Modernisierung« – den gesamten Bereich alltagskultureller Aneignung und Verarbeitung von wissenschaftlich-technischen, künstlerischen und ökonomischen Neuerungen bezeichnet und uns insbesondere an das frühe *Kino der Attraktionen* als analytischen Ausgangspunkt zurückverweist. Das dritte Paradigma betrifft die aktuelle Aufmerksamkeit gegenüber einer Kultur der Erinnerung und deren Abhängigkeit von den dominanten Medien. Meine Filmbeispiele sind ausschließlich aus den Beständen des Österreichischen Filmmuseums ausgewählt und fungieren nicht als Illustrationen, sondern bestimmen meine Schwerpunkte und Argumentationslinien.

MODERNITÄT UND MEDIENANTHROPOLOGIE

»Modernität« wurde erst in den 1990er Jahren zu einem Schlüsselbegriff in der Geschichtswissenschaft, parallel zur Aufwertung des Bereichs der Konsumtion. Der Auslöser dieser Neuorientierung liegt in der Diagnose, dass die hyperkapitalistische Gesellschaft nicht mehr durch Arbeit und Produktion organisiert wird, sondern durch die kulturellen Sinnproduktionen und Wertorientierungen, mit denen das Universum der Waren aufgeladen ist. Die Rückprojektion dieser Theorie auf die Vergangenheit förderte erstaunliche Ergebnisse zutage, die zu einer intensiven Beschäftigung mit dem frühen Kino führten. Galt das Kino der Attraktionen einer evolutionären Filmhistoriografie als »primitives« Stadium, so räumt ihm das Konzept der Modernität einen eminenten Rang ein. Tom Gunning hat die herkömmliche Sichtweise sogar umgedreht und anhand der Narrativisierung des Films von einem »Rückfall« des Kinos auf den Status des Theaters gesprochen.[2]

Ich beziehe mich auf einen anderen rasch einflussreich gewordenen Text zur medialen Modernität, nämlich *Spectacular Realities. Early Mass Culture in Fin-de-Siècle Paris* von Vanessa Schwartz. 1998 erschienen, hat dieses Buch unsere Vorstellungen über die Kohärenzkräfte moderner Gesellschaften gründlich verändert. Schwartz stellt die These auf, dass nicht Industrien, Politik oder Schulen die moderne Form von Vergemeinschaftung stifteten, sondern die Medien des realen Lebens: Zeitungen, Wachsfigurenkabinette, Panoramen und das Kino. Sie erzeugten eine visuelle urbane Gemeinschaft und kompensierten die Entfremdung in der anonymen Großstadtmasse. Ich paraphrasiere Schwartz' Ausführungen: Die Spektakularisierung der Realität, die Inszenierung alltäglicher Ereignisse, erlaubte es den Städtern, die Wahrnehmung jener Instrumente, mit denen eine neue Kollektivität konstruiert wurde, als Ver-

2 Vgl. Tom Gunning, »Das Kino der Attraktionen. Der frühe Film, seine Zuschauer und die Avantgarde«, in: *Meteor. Texte zum Laufbild* 4, 1996.

Velvet Goldmine (1998, Todd Haynes)
Barry Lyndon (1975, Stanley Kubrick)

gnügen zu genießen. Anstatt als entfremdete, heimatlose Individuen in der Masse unterzugehen, versammelte sich die Menge als neue Gemeinschaft vor dem Spektakel des Realen. Als Bestandteil des Publikums, so Schwartz, wurden sie zu Parisern.[3]

Schon 1895/96 musste die Pariser Polizei den Massenansturm auf den Salon Indien beim Boulevard des Capucines regeln, wo die Brüder Lumière von zehn Uhr morgens bis elf Uhr abends halbstündige Programme mit den heute legendären Szenen *La Sortie de l'Usine Lumière à Lyon* (1895) und *L'Arrivée d'un train en gare de La Ciotat* (1896) vorführten. Was um 1900 in den Vorführräumen tatsächlich gezeigt wurde, darüber geben Verkaufskataloge von Filmfirmen wie Lumière, Pathé oder Edison Auskunft: Reise- und Stadtbilder, Staatsbesuche, Militärparaden, Denkmaleinweihungen und volkstümliche Umzüge, dazu Nachstellungen von Naturkatastrophen, Hinrichtungen und Kriegsszenen, Boxkämpfe, Mörder- und Künstlerporträts sowie Szenen aus der Kolportageliteratur oder aus populären Liedern. Das frühe Kino bot demnach Ereignisse an, die für die Filmoperateure voraussehbar oder durch Zeitungsberichte bereits als populärer Gesprächsstoff aufbereitet waren. Die Filme zirkulierten, ehe um 1905 reguläre Kinounternehmen entstanden, in einem Unterhaltungsverbund. Sie wurden im Programm von Vaudeville-Theatern, in Wachsfigurenkabinetten oder Zirkusprogrammen vorgeführt und konnten vom Vorführer beliebig kommentiert und sogar anders etikettiert werden. Ihre Anziehungskraft als Spektakel lag in der Überwältigung der sinnlichen

Wahrnehmung; das verband sie mit einer Reihe anderer neuer körperlicher Sensationen wie der Hochschaubahn, den Radrennen oder der Aeronautik.

Sabine Lenk zufolge wurden kritische Einwände bezüglich der »Echtheit« der filmischen Ereignisse nicht vor 1907/08 erhoben: Erst mit dem Aufkommen narrativer Filme werden öffentliche Zweifel an der »Authentizität« des Films generell geäußert. Lenk erklärt uns dieses Phänomen mit einer Änderung in der Struktur und den Erwartungen des Publikums: Das Publikum des frühen Kinos, so ihre plausible Vermutung, begnügte sich mit der Realitätstreue des Films, mit der Sichtbarmachung einer Welt, die die Masse sonst bestenfalls aus mündlichen Erzählungen oder aus schriftlichen Berichten kannte. Der Wert des frühen Kinos liegt in der Errichtung einer, wie Lenk es nennt, universalen »Augenzeugenschaft«.[4] »Augenzeugenschaft« oder Evidenz sind keine Naturgegebenheiten, wenn auch das Sehen selbst voraussetzungslos zu sein scheint. »Augenzeugenschaft« ist vielmehr eine kulturelle Konvention, die sich im 18. Jahrhundert innerhalb einer bürgerlichen Elite herausbildet. Sie hat ihren Ursprung in den naturwissenschaftlichen Experimentiersälen, wo sie zum Wahrheitskriterium erklärt wurde: Wahr ist, was die Beobachter der Experimente bezeugen, gesehen zu haben. Die Fotografie leistet in dieser Hinsicht zwar Vorarbeit, aber

3 Vanessa R. Schwartz, *Spectacular Realities. Early Mass Culture in Fin-de-Siècle Paris*, Berkeley, Los Angeles, London 1998.
4 Vgl. Sabine Lenk, »Der Aktualitätenfilm vor dem Ersten Weltkrieg in Frankreich«, in: *KINtop* 6, 1997.

erst der Film wird eine Kultur der reinen und allgemeinen Visualität begründen, die eine einzige und ungeteilte Realität für alle Individuen schafft.

Um die gesellschaftliche Bedeutung der Realitätsproduktion durch das Kino der Attraktionen vollständig würdigen zu können, müssen wir auch eine Anleihe beim deutschen Philosophen und Soziologen Georg Simmel machen. Simmel lieferte eine klassisch gewordene Definition der neuen sozialen Konstellation: Die moderne urbane Gesellschaft ist für ihn ein Paradox. Myriaden individueller eigennütziger Handlungen überlagern sich in einem sozialen Raum, und dies führt ohne strenge Regeln, sozusagen hinter dem Rücken der Handelnden, zu sinnvollen Ergebnissen. Das Geheimnis dieses Vorgangs liegt in der massenhaften und beschleunigten Kommunikation, die nicht ohne Verlust zu erreichen ist: Moderne Individuen müssen auf komplexe Motiverforschung und feste Routinen verzichten und sich an oberflächlichen Erscheinungen und rasch wechselnden Moden des urbanen Lebens orientieren. Die moderne Kultur beruht auf der Ausdeutung visueller Zeichen; die Individuen müssen die unvermittelte körperliche Erfahrung und taktile Erkundung ihrer Umgebung aufgeben. Allerdings fehlte es dieser Gesellschaft an einer homogenen Kultur: Simmel und andere hofften, ein einheitlicher, moderner visueller Stil würde die Entfremdung der Individuen zugunsten einer neuen kollektiven Identität aufheben.

Was sie für die Welt der Waren anstrebten, das fiel dem frühen Kino von selbst zu: Die durch eine starre Kamera, geringe Lichtempfindlichkeit des Filmmaterials und hohe Kosten bedingte geringe Variationsmöglichkeit der Bilder führte im Verbund mit den durch soziale Konventionen vorselektierten Bildthemen zu einer idealen Einlösung des geforderten homogenen visuellen Stils. Der städtische Alltag und seine Akteure wurden als Thema, als Bildinhalt und als Zuseher zu dessen Quasi-Avantgarde: Diese Aufwertung der Massen – bis hin zu ihrer auffälligen Selbstemphatisierung – tritt uns in frühen Filmen entgegen.

So zeigt etwa *Entrée du Cinématographe à Vienne* (1896, Société Lumière) die Wiener Kärntner Straße, Ecke Krugerstraße, und die Fassade der dortigen Filmvorführstätte. Das eigentlich sichtbare Ereignis aber sind die Passanten, die zufällig ins Bild geraten, vom Geschehen fasziniert sind, ihren Weg unterbrechen, sich der Kamera nähern und frontal ins Objektiv blicken. Livio Belloi zitiert einen Lumière-Kameramann, der berichtet, wie Zufallspassanten den Aufnahmeprozess als Chance zur Selbstdarstellung nutzten. »Ich konnte keinen Schritt in der Stadt tun, ohne von einer Menge verfolgt zu werden, die sich in einer Szene aufnehmen lassen wollte, um sich später auf der Leinwand zu sehen. Wie oft habe ich nicht ›leer‹ gekurbelt vor Menschen, die sich in einem Abstand von weniger als zwei Metern vor dem Apparat aufgebaut hatten.«[5] Belloi vermutet in solchen Berichten einen Gutteil an Werbestrategie der Filmfirmen, aber das ändert nichts daran, dass sich die sogenannten »kleinen Leute« im und

5 Livio Belloi, »Lumière und der Augen-Blick«, in: *KINtop* 4, 1995, S. 30f.

durch das Kino als sensationswürdige Existenzen betrachteten. Das frühe Kino produzierte
eine radikaldemokratische Öffentlichkeit, die
wenig mit dem engen politischen Verständnis
von Öffentlichkeit im liberalen Sinne zu tun
hat.

Die Konstruktion einer visuellen Kultur warf
allerdings ein Kontrollproblem auf. So wie man
in Industrie- und Handelsmonopolen die einzige Garantie erblickte, einen homogenen Stil
durchzusetzen, so entwickelte sich auch der
frühe Film unter anderem entlang von Souve-
ränitätstechniken weiter. Ich folge nochmals
Belloi, der an einigen Beispielen der Lumière-
Produktion die Verdrängung der sogenannten
»Gaffer« aus dem Bild und den Kontrollzu-
wachs aufseiten der Kameraleute rekonstruiert.
Belloi erläutert exemplarisch anhand eines
kurzen Films über eine Bootslandung bei Lyon,
wie auf rudimentäre Weise ein souveräner Ka-
merablick produziert wurde. Durch die leicht
seitlich versetzte Positionierung der Kamera
am Ende des Landungsstegs konnten sich an
Land wartende Passanten nicht vor die Kamera
drängen, während die Passagiere nur links, an
der Kamera vorbei, abgehen konnten. Die Enge
des Landungsstegs erlegte den Passagieren eine
geordnete und rhythmisierte Reihenfolge beim
Abgang auf, sodass sie erst im letzten Augen-
blick die Kamera entdeckten und keine Zeit
mehr fanden, sich in die Posen der üblichen
Gaffer zu werfen. Durch diese mit einfachen
Mitteln herbeigeführte Zentrierung des Bildes
gelingt es dem Film, die Kontrolle über Raum
und Bewegungen zu erreichen.

Vienne en tramway (Pathé Frères, 1906), ein
phantom ride auf der Wiener Ringstraße, zeigt
etwas der Tendenz nach Ähnliches, wenngleich
nur halb erfolgreich. In diesem Film ist die
Kamera eng neben dem Führerstand der Tramway fixiert. Die Kontrolle über den Raum ergibt sich hier durch die Fahrt bei konstanter
Geschwindigkeit und gleichbleibendem Aufnahmewinkel. Die Kombination von Kamera
und Vehikel scheint die meisten Passanten so
zu überraschen, dass sie dem Blick des Apparats
nicht mehr ebenbürtig begegnen können. Andererseits aber – das ist der Unterschied zu
Bellois Beispiel – lässt die Tiefenschärfe, die
während der Aufnahme nicht geändert werden
konnte, die Kontrolle über die Bewegungen
aufbrechen. In der Vielzahl der unkoordinier-
ten und gegenläufigen Bewegungen, die ins
Bild kommen und uns zu immer neuen Fokus-
sierungen und Vermutungen über die Personen
und Gegenstände zwingen, geht die Kontrolle
tendenziell verloren.

Es gibt eine Kontroverse darüber, ob der
Film dem Modell des Blicks folgt, oder ob, umgekehrt, das filmische Bild einen neuen Blick
erfindet.[6] Jedenfalls stattet das frühe Kino die-

6 Die Faszination, sich zumindest potenziell selbst im
Kino zu sehen, führt zu einer weiteren Einsicht über den
Zusammenhang von Film und Modernität. Hier ist vor
allem Friedrich Kittlers Forschungsprogramm der
Medienanthropologie zu nennen. Die mimetische Abbildung des menschlichen Körpers in Bewegung schafft
einen bislang unbekannten Gegenstand. In allen Verfahren vor dem Film – bildende Kunst, Roman, Theater –
handelte es sich immer um eine Idealisierung, um eine
Re-Präsentation, für deren Verständnis kulturelles Vorwissen notwendig war: Es ging um den Ausdruck von
allgemeinen Ideen, von Prinzipien und Charakteren,
kurz: um ein Wesen des Menschen, dem man sich

jenigen, die zuvor nicht repräsentiert wurden, mit Macht aus, indem es sie öffentlich sichtbar macht. Wir sollten uns ins Gedächtnis rufen, dass der Großteil der Bevölkerung Wiens um 1900 von der institutionellen Macht ausgeschlossen war. An der liberalen Öffentlichkeit und an bürgerlichen Rechten durfte aktiv nur teilnehmen, wer als mündig und vernünftig beurteilt wurde. Mündig und vernünftig aber war nur, wer unabhängig war – von der Meinung und wirtschaftlichen Macht anderer: So begründete sich der Ausschluss der Frauen, der Kinder, der Arbeiter/innen und der sogenannten »Irren« von demokratischen Grundrechten. Um 1900 sind gerade einmal 38 Prozent der Einwohner Wiens auch Bürger der Stadt, der Rest der zumeist Zugewanderten – immerhin sind ein Drittel der Wiener Tschechen und zehn Prozent Juden – lebt unter der Bedrohung, im Krankheits- und Armutsfall abgeschoben zu werden. Wahlberechtigt sind bloß vier Prozent. Die Zeitungen stehen unter Zensur und Verbreitungsverboten, und Demonstrationen und Kundgebungen können verboten oder von der Staatsgewalt gewaltsam aufgelöst werden.

durch Selbstverbesserung annähern oder von dem man sich trennen sollte. Das Schöne deutete auf das anzustrebende Wahre und damit auch auf das Gute hin (wofür sich auch das Konzept »high culture« eingebürgert hat); das Hässliche spiegelte ex negativo diese Aufgaben. Der Film hingegen repräsentiert zunächst nicht, sondern er präsentiert. Er verdoppelt die Realität. Aber indem er die Realität, etwa eine komische Geste oder eben das Starren in die Kamera, verdoppelt, wertet er das bislang Missachtete auf, macht es zum Ereignis, zum Gesprächsstoff, eben zur Sensation, die keiner weiteren Erklärung bedarf.

7 Vgl. Gunning, »Das Kino der Attraktionen«.

Unter diesen Vorzeichen sind frühe Filme über Wiener Straßen, Plätze und Ereignisse politisch aufgeladen: Sie heben die Privilegien auserwählter »Augenzeugen« auf, die etwa die Muße hatten, bei der täglichen Wachablöse an der Hofburg dabei zu sein, oder die einen Platz im Spalier beim Blumenkorso der sogenannten »Wiener Gesellschaft« ergattern konnten; und sie bleiben dabei auf charakteristische Weise unpathetisch, sozusagen neutral registrierend. Sie schließen niemanden aus, wie dies beispielsweise die Feuilletons, Stadtführer und Romane tun, die dem lesenden Bürgertum eine von ständisch-vormodern geprägten »Wiener Typen« bevölkerte Stadt vermitteln. Im Zusammenspiel mit den Vorführpraktiken und dem proletarischen Publikum machen diese Beispiele etwas deutlich, von dem ich mit Vanessa Schwartz ausgegangen bin, nämlich die Konstituierung einer zweiten Öffentlichkeit durch das frühe Kino. Dies ist eine Öffentlichkeit des Publikums, ein protopolitischer sozialer Raum, der das Terrain für die Modernität aufschließt.

Wenn Gunning ausführt, das Kino habe 1907/08 im Übergang zu erzählenden Filmen auf der Grundlage der Filmmontage einen »Rückfall« in das Modell des Theaters durchgemacht, dann fügt er hinzu, dass sich die Attraktion nicht ganz aus dem Film verdrängen ließ.[7] An Wiener Beispielen wie *Wo sich das Rathaus die Steuern holt* (1923) und *Wo sind die Millionen?* (1925) lassen sich die Bedeutungsveränderungen ablesen, die damit – hinsichtlich der These von der zweiten Öffentlichkeit – einhergehen. Beide Filme bringen uns den Aspekt der Kontrolle über das Geschehen auf unterschiedliche Weise nahe. In *Wo sind die Millionen?* begeben sich die Protagonisten auf eine burleske, teils akrobatische Reise durch Wien, um einen verborgenen Schatz zu finden. In diesem *sponsored film*[8] im Auftrag eines Fahrradhändlers ist der Raum für unterschiedliche Formen der Aneignung offen und entwickelt sich aus den Aktionen heraus. Das potenzielle Chaos wird allerdings durch die Kamera bzw. einen Medienverbund (Radio, Zeitungen, »Film im Film«) bewältigt, der zum eigentlichen Motor der Bewegung wird. Erfahren wir an diesem Beispiel bereits die Kontrolle der Kamera über das Geschehen, so geht es doch um reine Schaulust und den Reiz der Attraktion. Anders *Wo sich das Rathaus die Steuern holt*: Der etwa zeitgleich produzierte Propagandafilm der sozialdemokratischen Stadtverwaltung Wiens kontrastiert kontinuierlich Positives mit Negativem – neue Wiener Fürsorge- und Sozialpolitik versus großstädtische Vergnügungen. Die vollständige Kontrolle über das Bild, die Ausdruck findet in wiederholten Panoramaschwenks über geordnete Massen und Architekturen, soll zur distanziert-kognitiven Identifizierung des Zusehers beitragen; das sogenannte »Rote Wien« will auf durchgängiger Raum- und Affektkontrolle aufbauen. Hier wird die zweite Öffentlichkeit des frühen Kinos exemplarisch in eine Öffentlichkeit der Institutionen überführt.

ERZÄHLKINO UND REPRÄSENTATIONSKRITIK

Carl Theodor Dreyers *Vredens Dag (Dies irae; Tag der Rache*, DK 1943), nach einem Theaterstück über Hexenprozesse im 17. Jahrhundert, und Stanley Kubricks *Barry Lyndon* (GB/USA 1975), über Aufstieg und Fall eines irischen Kleinadeligen im 18. Jahrhundert: zwei Filme, die in der sehr schmalen geschichtswissenschaftlichen Literatur zum Spielfilm als herausragende Referenzbeispiele fungieren. Ich beziehe mich auf den 1991 veröffentlichten Sammelband *Bilder schreiben Geschichte: Der Historiker im Kino* mit Beiträgen prominenter Historiker und Historikerinnen wie Natalie Zemon Davis, Robert Rosenstone, Marc Ferro, Michèle Lagny und Pierre Sorlin.[9] Diese Texte durchzieht die Frage, welche Effekte Film auf das Selbstverständnis der Historiker ausübt, welche kritischen Revisionen er erzwingt. Als geschichtsphilosophische Fragestellung ist das Problem nicht so neu. Reinhart Koselleck fasste es in der Formel der »historischen Zeiten«, mit der Unterscheidung zwischen vergangener Gegenwart – die Gesamtheit aller Lebensvorgänge zu einem bestimmten zurückliegenden Zeitpunkt – und gegenwärtiger Vergangenheit – die sich überlagernden Nachwirkungen aller dieser möglichen Leben im Heute.[10] Aus dieser Unterscheidung folgt, dass wir die Vergangenheit nie aus sich heraus begreifen können, sondern stets

---

8 Vgl. Rick Prelinger, *The Field Guide to Sponsored Films*, San Francisco 2006 (Anm. d. Hg.).
9 Rainer Rother (Hg.), *Bilder schreiben Geschichte: Der Historiker im Kino*, Berlin 1991.
10 Vgl. Reinhart Koselleck, *Vergangene Zukunft. Zur Semantik geschichtlicher Zeiten*, Frankfurt/M. 1989.

mit den Denkweisen unserer eigenen Kultur interpretieren. Die Historiografie hat sich dieser Unsicherheit durch Beschränkung auf die Schrift entzogen. Ihr ureigenes Material sind die schriftlichen Dokumente, denen sie eine zeitüberdauernde Intelligenz zuspricht. Der Philosoph und Historiker Michel de Certeau hat indes deutlich gemacht, dass die Schrift ein Medium ist, das uns von der Lebenspraxis, d. h. vom Körper, trennt und die Welt als Ansammlung isolierter Gegenstände und Handlungen organisiert: »Die Gewalt des Körpers erreicht die geschriebene Seite nur durch Abwesenheit, durch die Vermittlung von Dokumenten, die der Historiker am Strand hat sehen können, wo die Gegenwart (wie das Meer) zurückgegangen ist und sie liegenlassen hat – und durch ein fernes Rauschen, das die unbekannte, das Wissen reizende und bedrohende Unendlichkeit hörbar macht.«[11]

Der Film verkompliziert die Frage nach der gegenwärtigen Vergangenheit, indem er die Grenzen zwischen abwesenden und anwesenden Körpern verwischt: Er führt uns hier und jetzt reale, mit ihrer Umwelt interagierende Körper vor. Er konfrontiert uns mit der Lebenswelt. Die Vergangenheit tritt dabei in unterschiedlichen Formen auf. Wir begegnen ihr als historischer Dokumentaraufnahme, als historisch gewordenem Spielfilm, als altem

oder aktuellem Historienfilm. Die zuvor erwähnten Historikerinnen und Historiker richten ihre Aufmerksamkeit vor allem auf den Historienfilm. Ich konzentriere mich auf den Beitrag von Natalie Zemon Davis, nicht zuletzt weil sie auf Filme von Dreyer und auf Kubricks *Barry Lyndon* näher eingeht.[12] Davis grenzt sich deutlich ab von der archivalischen Kritik an faktischen Ungenauigkeiten in Historienfilmen, wie sie im Common Sense den Standpunkt professioneller Historiker markiert (etwa in Form der Einwände gegen Ridley Scotts Einsatz eines Schäferhundes in *Gladiator* – wo sich doch Schäferhunde nicht vor dem 12. Jahrhundert nachweisen lassen …). Ihr Ausgangspunkt ist vielmehr die Unterscheidung von Erzählung und Darstellung. Historiker, so Davis, versuchen Geschichte zu erzählen, während Filmemacher die Vergangenheit darstellen, also vergegenwärtigen wollen. Sollen die Erzählungen der Historiker (zumindest gemäß Davis' Anspruch) bruchstückhaft, inkohärent, relativierend und faktenorientiert sein, so zielt der Historienfilm auf »historische Authentizität«. Dieser Begriff der »Authentizität«, d. h. der Wirklichkeitstreue und Plausibilität, nicht der faktische Wahrheitsgehalt, wird zum Beurteilungskriterium des Historienfilms. Nicht jeder Historienfilm erreicht diesen Status, den Davis vor allem im Look des Films verankert, im visuellen Stil nach Maßgabe der *mise-en-scène*, d. h. der Kohärenz von Requisiten, Gesichtern, Licht, Gesten, Architekturen usw. (wie dies etwa an *Barry Lyndon* bewundert wird). Davis nennt auch andere filmische Strategien der »Authentizität«: Im Fall von René Allios *Moi, Pierre Rivière …* (1976),

---

11 Michel de Certeau, *Das Schreiben der Geschichte*, Frankfurt/M. 1991, S. 13.

12 Natalie Zemon Davis, »›Jede Ähnlichkeit mit lebenden oder toten Personen …‹: Der Film und die Herausforderung der Authentizität«, in: Rother (Hg.), *Bilder schreiben Geschichte*.

nach Michel Foucaults Buch über den Muttermörder Rivière, konfrontiert der Regisseur seine Laiendarsteller mit Originaltexten und lässt sie darüber Szenen debattieren und gestalten; hier ist es das Rest-Wissen der Darsteller, das Authentizität verbürgt.

Schließlich konzentriert sich Davis auf Dreyers *La Passion de Jeanne d'Arc* (1928) und *Vredens Dag*. Bei Dreyer sieht sie »Authentizität« vor allem durch die Choreografie der Blicke und die Lichtwerte der Bilder gegeben; das Changieren von Grau- und Weißtönen zeigt in *Vredens Dag* die Unbestimmtheit des sexuellen Begehrens der Protagonistin und lässt der Überlagerung von rationalistischen und magischen Denkweisen in Gesellschaften des 17. Jahrhunderts ihre Fremdheit. Wenn Davis *Jeanne d'Arc* und *Vredens Dag* als Refigurationen von Wertvorstellungen und Sensibilitäten einer vergangenen Zeit würdigt, dann deutet dies auf das in der französischen Geschichtswissenschaft gebildete Paradigma der »Mentalitätsgeschichte« hin, das mit den Namen Marc Bloch und Lucien Febvre verknüpft ist. Zwischen dem Geschichtskonzept dieser beiden Gründer der *Annales*-Schule und dem Film besteht ein direkter genealogischer Zusammenhang. Marc Bloch selbst gibt in seiner *Apologie der Geschichte* einen entscheidenden Hinweis. Er erläutert die von ihm entwickelte »regressive Methode« der Geschichtswissenschaft durch eine Analogie mit dem Film: Man nehme eine beliebige Filmrolle, die beschädigte Bilder enthält und stellenweise unvollständig ist. Um den Film dennoch zu verstehen, müsse man mit dem letzten intakten Bild beginnen und den Film rückwärts laufen

lassen; so würden sich die Brüche und Lücken überwinden lassen. In die Geschichtsforschung übertragen heißt das: Der Historiker soll nicht chronologisch von einem stets willkürlichen »Ursprung« aus rekonstruieren, sondern vom umfassenderen aktuellen Gesamtbild zurück in die Vergangenheit gehen.[13] Der tiefere Gehalt der Analogie von Film und regressiver Methode lässt sich in Blochs Biografie finden: Als Luftaufklärungsoffizier war er mit der Auswertung chronofotografischer Bilder von Zerstörungen durch Artilleriefeuer befasst, die ihren Informationswert erst entfalteten, wenn man sie quasi in filmischer Abfolge, ausgehend von der letzten Aufnahme, hintereinander betrachtete. Als Aufklärungsoffizier simulierte Bloch faktisch die Bewegungen im kadrierten Raum der Kamera. Als Historiker arbeitete er im Anschluss daran sein Konzept aus, das den realen physischen Raum und die Interaktionen von Gegenständen und Personen zum Ausgangspunkt hatte. Mit Bloch und seinem durch Kriegsfotografie und -kinematografie geschärften Verständnis für sinnliche Wahrnehmung gelangte (so Ulrich Raulff) erstmals das Visuelle als regulierende Idee in die Geschichtswissenschaft. Oder, wie es Blochs Kompagnon Febvre ausdrückte: Er war der Erste, der sich darum kümmerte, wie Ochsen oder Pflüge tatsächlich aussahen.[14] So war er auch der Erste, der für ein Programm der visuellen Geschichte eintrat und den Film bereits 1935 als Gegenstand der histo-

13 Vgl. Marc Bloch, *Apologie der Geschichte oder Der Beruf des Historikers*, Stuttgart 1980, S. 63.
14 Lucien Febvre zit. n. Ulrich Raulff, *Ein Historiker im 20. Jahrhundert: Marc Bloch*, Frankfurt/M. 1995, S. 112f.

rischen Forschung propagierte. Bloch forderte eine materiale Rekonstruktion der Vergangenheit, die die Körper und Dinge und deren räumliche Wechselbeziehungen ins Zentrum stellte. Das affektive Leben vergangener Zeiten aus den überlieferten Bildern und aus den mit zeitgenössischem Wissen rekonstruierten Wahrnehmungen sichtbar zu machen: Das war der nie ganz eingelöste Anspruch von Bloch und Febvre, der ohne Film, insbesondere den Historienfilm, kaum zu erheben gewesen wäre, und dem gegenüber die Historiografie so etwas wie eine Bringschuld hat.[15]

Allerdings ist damit nicht allen Filmen, schon gar nicht allen Historienfilmen, die Anerkennung der Historiker sicher. Davis bindet die Vorstellung von »Authentizität« – das mag paradox anmuten – an die Wahrung einer Distanz zur refigurierten Vergangenheit. »Authentisch sein« heißt mit sich selbst ident sein. »Authentizität« kann also nicht geteilt werden, man kann sie nur beobachten und sich ihr annähern. Rainer Rother, der Herausgeber von *Bilder schreiben Geschichte*, unterscheidet daher zwischen dem trivialen und dem reflexiven Historienfilm: Ersterer versucht, die Fremdheit der Vergangenheit zu eliminieren, indem er Prota-

gonisten mit einem zeitgenössischen herrschenden Common Sense ausstattet, konventionelle Motive einführt, einer konventionellen Bildästhetik folgt, historische Zeichen überstilisiert (etwa die notorischen »hartnäckigen Stirnfransen« der Antikenfilme der 1950er und 1960er Jahre). Der reflexive Historienfilm, für den Dreyers und Kubricks Filme stehen, versucht gerade umgekehrt, mittels unkonventioneller mimetischer oder symbolischer Verfahren das »Authentische« durch Abstand zu zeitgenössischen visuellen Konventionen offenzulegen.[16] […]

In *Vredens Dag* formuliert Dreyer am explizitesten die Themen seines Lebenswerks: die Diskurse von Politik und Religion im Rahmen patriarchaler Ordnungen und die Bedeutung des Übernatürlichen. Was aber gibt *Vredens Dag* seine Ausnahmestellung? Ich beschränke mich hier auf einen Aspekt, der auf die Mentalitätsgeschichte zurückverweist, und das ist die Frage der Sichtbarkeit: *Vredens Dag* wird in hohem Ausmaß von Blicken, nicht von Handlungen, strukturiert. Das betrifft zum einen den Blick der Hauptfigur Anne, in dem sich alle Sensibilitäten und Deutungsmöglichkeiten ausdrücken; ein Blick, der sich mit ihren inneren Zuständen verändert, sich aufhellt oder verdunkelt, und der von ihrer Umwelt auf bezeichnende Weise gegensätzlich beurteilt wird. Und es betrifft andrerseits den weitgehenden Verzicht auf Blickachsen und Schuss/Gegenschuss-Folgen; dank dieses Verzichts kann Dreyer den Raum über das Gesichtsfeld einer einzigen Person konstruieren. So ist es auch möglich, dass Anne in einer Szene faktisch

15 Erwähnenswert ist hier, wie sehr sich die *production values* zeitgenössischer Historienfilme auf die immense Arbeit an der Rekonstruktion historischer Geräte und deren Handhabung, auf die Expertise von Waffen- und Kostümhistorikern, auf den mimetischen Nachvollzug vergangener Tätigkeitsformen durch Schauspieler, auf Anleihen bei Themen und Stimmungen kunstgeschichtlicher Werke usw. stützen.
16 Vgl. Rainer Rother, »Vorwort: Der Historiker im Kino«, in: Rother (Hg.), *Bilder schreiben Geschichte*.

allein und ungesehen in der Folterkammer dem Verhör der als Hexe angeklagten Marte zusehen kann. Wenn Anne sich der Folterkammer nähert, konstruiert Dreyer aus einer Kombination von Kameraschwenk in die eine und Kamerafahrt in die andere Richtung einen Raum, der von der Figurenführung unabhängig ist, der uns also mit einem unbestimmten Status zwischen Realem und Imaginärem konfrontiert. Indem Dreyer die Emotion – im Gegensatz zur filmischen Konvention seiner Zeit – nicht in Aktion übergehen lässt, sondern in den Gesten einschließt, vermeidet er die Identifizierung der Zuseher mit den Protagonisten und zwingt ihnen eine distanzierte Haltung auf. Dies scheint mir auch bemerkenswert an der Szene, in der die Kamera Martes nackten Oberkörper beim Folter-Verhör erkundet: Diese in der Grundkonstellation verfänglich patriarchal-voyeuristische Position wird dadurch neutralisiert, dass sich die Kamera wie ein sachlich registrierender Apparat – es ist wohl zu gewagt, zu sagen: wie ein göttliches Auge – zwischen Marte und ihre Peiniger vorbewegt. In Hinblick auf metahistorische Aussagen des Films wäre Mark Nash zu nennen: Er hat darauf hingewiesen, dass in dem dualen Prinzip, das Dreyer so gut wie allen Elementen seines Films unterlegt, der Gegensatz von Schrift und Körper herausragende Bedeutung erlangt.[17] Das Verhörprotokoll sowie Noten und Text des *Dies irae*, das den Film motivisch begleitet, stehen für eine Ordnung des Todes; der weibliche Körper hingegen trägt die Magie des Lebens. Damit streicht Dreyer die aufklärerische Historiografie der Hexenprozesse durch, die sich auf die

Rationalität der Schriftquellen berufen und das Handeln der Inquisitoren als Folge von Verblendung und Unreife beurteilt hatte. Annes überraschendes freiwilliges Geständnis am Filmende (mit dem sie sich dem Feuertod als Hexe preisgibt) konfrontiert uns mit einer fremden Realität, einer historischen Realität, in der Täter und Opfer durch ein gemeinsames kulturelles System verknüpft waren, in dem beide an das Übernatürliche glaubten, das sich der Körper bemächtigen konnte.

Eine der vielen Konnotationen von *Vredens Dag* liegt in der kontinuierlichen Begleitung der Entwicklung der Frauenbewegung, die sich durch Dreyers Werk zieht. In diesem Zusammenhang ist es von größter Bedeutung, dass Dreyer Anne mit einem aktiven sexuellen Begehren ausstattet. Damit stellt er sich gegen Freud und dessen Konzeption einer passiven sexuellen Natur der Frauen, aber auch gegen die Repräsentationen von Frauen in den Filmen seiner Zeit, gegen ihre Stereotypisierung als Vamp, Kindfrau, aufopferungsvolle Mutter oder Sekretärin. Dreyers Anne befreit sich (auch im bildlichen Sinn) mit ihrem Geständnis von den Barrieren und Abhängigkeiten, die ihren Raum im Film festlegen. Sie setzt diese Geste der Selbstbehauptung gerade angesichts ihres kommenden Todes. Dieses Ende verweist auf ein weiteres synchrones Ereignis. 1943, als Dreyer *Vredens Dag* dreht, ist Dänemark so wie das übrige Europa von den Nationalsozialisten

17 Vgl. Mark Nash, *Dreyer*, London 1977. Siehe auch Tom Milne, *The Cinema of Carl Theodor Dreyer*, New York, London 1971; David Bordwell, *The Films of Carl Theodor Dreyer*, Berkeley, Los Angeles, London 1981.

okkupiert und erlebt eine Welle von Verfolgungen und Torturen. Wenige Jahre zuvor erschütterten die Moskauer Schauprozesse gegen die kommunistische Prominenz die internationale Öffentlichkeit: Angeklagte gestanden und wurden hingerichtet auf Basis absurder Anschuldigungen, nicht unähnlich jenen in *Vredens Dag*. Wir können Filme nicht einfach als Parabeln auf politische Ereignisse lesen, aber wir können die genuine Verarbeitung aktueller Problemstellungen zu erkennen versuchen; in diesem Fall die Verarbeitung der Frage: Wie können Individuen in einer durch Heilslehren aufgeladenen politisch-sozialen Ordnung, die auf der Eliminierung des imaginierten »Anderen« beruht, ihre Selbstachtung wahren?

Stanley Kubrick wird ein ähnlicher Ausnahmestatus zugeschrieben wie Dreyer. Außergewöhnlich lange Intervalle zwischen einzelnen Filmen sind ein Charakteristikum der Biografie beider Regisseure, ebenso die Kohärenz von Stil und Inhalt ihrer Filme. Georg Seeßlen und Fernand Jung nennen Kubrick *den* Theoretiker des visuellen Denkens unter den Filmemachern und den Zerstörer einer Film-Utopie, nämlich der Vorstellung, auf der restlosen Sichtbarmachung der Welt ließe sich so etwas wie eine universale Moral oder radikaldemokratische Ordnung begründen. *Barry Lyndon* handelt, wie Kubrick-Biograf Kay Kirchmann

ausführt, im Kern von nichts anderem als der Revision eines Aufklärungs-Dogmas: dass sich im Rekurs auf unmittelbar einsichtige Sinneswahrnehmungen eine unstrittige und wahre Gerechtigkeit herausbilden könnte.[18] *Barry Lyndon* kam – trotz mäßigen Erfolgs bei Publikum und Kritik – bereits beim Kinostart ein historischer Status zu; dies aufgrund grandioser technischer Neuerungen, vor allem der Verwendung hochempfindlicher Kameralinsen, mit denen Innenaufnahmen unter Verzicht auf künstliche Beleuchtung bzw. ausschließlich bei Kerzenlicht gedreht werden konnten. Kubrick leistete damit so etwas wie eine Archäologie der Wahrnehmung, die als entscheidendes Kriterium für die »historische Authentizität« des Films reklamiert wird.

Zugleich gilt *Barry Lyndon* als eminenter Beitrag zur Entwicklung von Selbstreflexivität im narrativen Film. Mark Crispin Miller zufolge sind die erzählten Fakten durchwegs irreführend, weil der Film alles andere als die konventionelle Geschichte eines Spitzbuben repräsentiert.[19] Diese andere Geschichte bezieht ihre Spannung schon aus der Gegenläufigkeit von Voice-over und Bild. Der sarkastische Kommentar stellt Barry als gewissenlosen Opportunisten und oberflächlichen Karrieristen dar, während die Handlung von Barrys Begehren nach der Beseitigung eines fundamentalen Mangels in seinem Leben vorangetrieben wird, nämlich des Mangels an Intimität, emotionaler Geborgenheit und stabiler Orientierung. Barrys emotioneller Ausbruch während seines Antrittsbesuchs beim Chevalier du Balibari folgt nicht der erzähltechnischen Logik, sondern

18 Vgl. Georg Seeßlen, Fernand Jung, *Stanley Kubrick und seine Filme*, Marburg 1999; Kay Kirchmann, *Stanley Kubrick. Das Schweigen der Bilder*, Bochum 2001.
19 Vgl. Mark Crispin Miller, »Kubrick's Anti-Reading of the Luck of Barry Lyndon«, www.visual-memory.co.uk/amk/doc/0087.html (16.3.2016).

markiert eine Bruchstelle, an der Barry glaubt, endlich jene Autorität, jene Vaterfigur gefunden zu haben, deren Verlust seine bisherige ziellose Reise bestimmt hat. Barrys anschließender Aufstieg und Fall haben weniger mit individuellen Charakterzügen zu tun als mit dem Versagen desjenigen, der mit den Regeln der Affektsteuerung in einer Gesellschaft der allgemeinen Sichtbarkeit nicht vertraut ist. Der Film greift damit eine Aporie der Aufklärung auf: Die einfache Registrierung von Sinnesdaten schafft noch keinen Konsens, erst die Kombination mit gesellschaftlichen Konventionen verleiht den Daten Sinn. Kubricks Film (so stimmen Seeßlen/ Jung und Kirchmann tendenziell überein) reflektiert die Mythologisierung der Skopophilie von der Aufklärung bis in unsere Zeit, indem er quasi als Gang durch eine Bildergalerie fungiert. Landschaftstableaus im Stil von Constable und Gainsborough wechseln mit der Strenge spätbarocker Schloss- und Gartenarchitektur und mit Szenen, die den moralisierenden Kupferstichen Hogarths nachgestellt sind. Die Kamera klärt uns über das Illusionistische und Konstruierte an diesen herrschaftlichen Blickweisen auf. Rückwärtsfahrten zerstören die fokussierende Sicherheit des Beobachters, der etwa eine in sich ruhende Ruinenlandschaft vor sich zu haben meint und plötzlich mit dem Einbruch marschierender Soldaten ins Bild konfrontiert wird. Der sparsame und exakt kalkulierte Einsatz von Handkamera und Parallelfahrten in den Kampfszenen lässt das vorerst – im Stil von Historienmalerei – heroische Geschehen bald in Barbarei umschlagen. Barry schließlich bekommt seine Lektion, wenn er in einer Galerie

ein Bild erwirbt: Seine Redeweise überführt ihn als Dilettanten und lässt ihn ganz offensichtlich zum Opfer eines Betrugs werden.

Barry Lyndon ist vieles zugleich, nicht zuletzt Selbstkritik des Kinos und des Films, sofern sie die Perfektionierung der Affektmodulation durch den Augensinn zu verantworten haben. Kubricks Film ist aber auch eine kongeniale Entdeckung der technologischen Ausgangsbedingungen der Moderne und ihrer Subjekte, wie sie zur selben Zeit Michel Foucault beschrieben hat: Es geht um die Installierung eines pragmatischen Gewissens durch das Modell des panoptischen Blicks, den sich die bürgerliche Kunst, die Pädagogik und Strafjustiz und die Wissenschaften des 18. Jahrhunderts zu eigen gemacht haben.[20]

POSTMODERNE UND GEDÄCHTNISKULTUR
Bisher waren wir mit einer unproblematischen Gegenüberstellung von Vergangenheit und Geschichte konfrontiert: Geschichte als begründete Auswahl vergangener Ereignisse, die durch mentale Konzepte (etwa Fortschritt) und durch Darstellungstechniken (etwa Erzählung) ein sinnhaftes Geschehen suggeriert. Geschichte, vor allem in ihrer idealtypischen Form als nationale Geschichte, zielte stets auf ein gutes Ende für das große Kollektiv; gerechtfertigt wurde dieses Ende durch Prüfungen, Leiden und ideologisch orientiertes Handeln. Beginnend mit D. W. Griffiths *The Birth of a Nation* (1915) hat das klassische Erzählkino sich diese

20 Vgl. Michel Foucault, *Überwachen und Strafen. Die Geburt des Gefängnisses*, Frankfurt/M. 1976.

große Form angeeignet und noch überboten. Strittig war die Interpretation, nicht aber die Vernünftigkeit der Geschichte selbst. Mit den 1980er Jahren aber traten neue Überlegungen auf, die Geschichte im Sinne von Geschichtsschreibung nur noch als eine von mehreren Formen betrachteten, in denen sich die Vergangenheit zurückmeldet. Rund um die hochsignifikanten Begriffe »Erinnerung« und »Gedächtnis« etablierte sich ein Forschungszweig, der so unterschiedliche Disziplinen wie Neurologie, Literatur- und Medienwissenschaft, Artificial Intelligence und Geschichtswissenschaft zusammenbringt.

Auf dem komplexen Terrain von Erinnerung und Gedächtnis nimmt etwa der Neurologe Daniel Schacter folgende Differenzierung vor: Erinnerungen, so Schacter, sind instabile Erfahrungsinhalte, in denen sich Wahrnehmungen und Gefühle überlagern; sie unterliegen ständiger Überarbeitung durch nachfolgende Geschehnisse, abhängig von unserer Persönlichkeitsentwicklung. Erinnerungen sind keine vollständigen Abbildungen und Speicherungen von Situationen, die wir durchleben, sondern nur Fragmente davon; sie werden im Rahmen aktuell plausibler Muster refiguriert, die nicht individuell, sondern sozial, z. B. durch Sprache, vermittelt sind. Die Verknüpfung von Erinnerungen geschieht durch das Gedächtnis. Dieses spaltet sich in unterschiedliche Formen auf; mit Schacter ließen sich etwa implizite körperliche

21 Vgl. Daniel L. Schacter, *Wir sind Erinnerung. Gedächtnis und Persönlichkeit*, Reinbek bei Hamburg 2001.
22 Vgl. Andreas Huyssen, *Twilight Memoires. Marking Time in a Culture of Amnesia*, New York, London 1995.

Gedächtnisse unterscheiden von logischen Gedächtnissen oder solchen, die emotionell bzw. episodisch operieren.[21] Zwei Folgerungen daraus sind für unser Thema besonders relevant. Die eine betrifft das Material der Erinnerungen. Durch die Überlagerung von Wahrnehmung und Gefühl, die vom körperlichen Gedächtnis prozessiert wird, wird der Gegensatz zwischen realer und medialer Erfahrung bedeutungslos: Medienikonen – etwa die Explosion der Raumfähre *Challenger* – markieren in unseren Biografien signifikante Ereignisse. Die zweite betrifft die prägende Form des gesellschaftlichen Gedächtnisses: Im Fernsehzeitalter sind wir der Dominanz des episodischen Gedächtnisses unterworfen, das emotional und subjektiv ist.

Andreas Huyssen hat mit Bezug auf die explosionsartige Ausdehnung der »imaginären Welt der Bildschirme« einen paradoxen Wandel in der Geschichtskultur ausgemacht. Unter dem Eindruck des episodischen Mediengedächtnisses zerbrechen die »großen Erzählungen«, die bislang von politischen Erfolgen, menschenbeglückenden Erfindungen oder heroischen Selbstaufopferungen für eine bessere Zukunft kündeten. Zugleich aber nimmt die Faszinationskraft der Vergangenheit in Form subjektiver Erinnerungen an vermeintlich homogene Stil- und Gefühlsepochen zu.[22] Fredric Jameson hat dies anhand von Beispielen wie *American Graffiti* (1973) oder *Something Wild* (1986) registriert: Für ihn tut sich hier eine Bruchlinie auf zwischen der Investition in einen hocheleganten Epochenstil und einer nicht epochenkohärenten Story. Jameson nutzt den Begriff der »Gedächtnisorte«, um die Ablöse der *einen* Geschichte durch generationen-, gender- oder ethnospezifische Image-Scapes zu bezeichnen.[23] Thomas Elsaesser schließlich meint: Während die Geschichte großer Kollektive sich verflüchtigt und zum Zeichen des Inauthentischen, des Falschen und Fälschbaren wird, hat die persönliche Erinnerung sich den Status eines Rückzugsorts für genuine Erfahrung erobert: ein letztes Refugium, das unsere Entfremdung aufhält und uns zu dem macht, was wir sind. Anders gesagt: Im Mittelpunkt der medialisierten Geschichtskultur stehen die private Erinnerung an öffentliche Ereignisse und deren emotionelle Glaubwürdigkeit.[24]

Das in den letzten zwei Jahrzehnten so bedeutsam gewordene historiografische Paradigma der Gedächtniskultur nahm seinen Ausgang von zwei konträren filmischen Auseinandersetzungen mit dem Holocaust: Claude Lanzmanns *Shoah* (1985) und Steven Spielbergs *Schindler's List* (1993). Von Letzterem heißt es oft, er nutze das Erzählkino und seine Form der Dramatisierung, um eine Sinnverschiebung herbeizuführen: Die Repräsentation des Holocaust ist nicht eine exemplarische Leidensgeschichte, die politische oder psychologische Prinzipien verhandelt, um zu einer kollektiven politischen oder moralischen Lehre aus der Geschichte zu führen; stattdessen führt sie zu einer sehr persönlichen Haltung, nämlich zum Glauben an Errettung. Drehli Robnik hat von Spielbergs Filmen als einem Kino des Wunders gesprochen (womit die Geschichte wieder der religiösen Metaphysik angenähert wäre).[25] Claude Lanzmann hingegen beharrt mit *Shoah* darauf, dass dem Holocaust kein historischer Sinn verliehen werden kann. Filmisch darstellbar sind deshalb auch nicht die Ereignisse, sondern nur die Unfähigkeit der Zeugen, dem Geschehen Ausdruck zu geben. Die Vergangenheit ist traumatisch: Erinnerung stellt sich als schmerzhaftes Wiedererleben ein, das keiner tröstenden kulturellen Gestaltung unterworfen werden kann, sondern im psychischen Zusammenbruch vor der Kamera einen ultimativen Authentizitätsbeweis erbringt. Paradoxerweise wurden ebensolche Zusammenbrüche, die bei Lanzmann Zeichen einer kritischen Haltung zur Darstellbarkeit der Vergangenheit sind, in ein Superzeichen heutiger historischer Wahrheitsfindung transformiert: Es gibt kaum mehr eine TV-Dokumentation, die auf den traumatisierten Zeugen und seine emotionelle Bewegtheit verzichtet, und kaum ein Blockbuster kommt ohne traumatisierte Helden und Heldinnen aus.

Um von den verschiedenen Möglichkeiten, die diese Gegenüberstellung eröffnet, nur einen Aspekt aufzugreifen: Im Paradigma der Gedächtniskultur ist nicht das Verhältnis von rekonstruierender Faktizität und refigurierender Imagination entscheidend, sondern die Poetik der unterschiedlichen Erinnerungen sowie der

23 Vgl. Fredric Jameson, *Postmodernism or The Cultural Logic of Late Capitalism*, Durham 1991.

24 Vgl. Thomas Elsaesser, »›Un train peut en cacher un autre‹. Geschichte, Gedächtnis und Medienöffentlichkeit«, in: *Montage a/v 11, 1*, 2002.

25 Vgl. Drehli Robnik, »Körper-Gedächtnis und nachträgliche Wunder. Der Zweite Weltkrieg im ›traumakulturellen Kino‹« in: Siegfried Mattl, Drehli Robnik (Hg.), *Und das Kino geht weiter: Vergangenheit im Hollywood der Gegenwart* (= Zeitgeschichte 29, 6, 2002).

Grundton in den Haltungen zur Vergangenheit. Friedrich Nietzsche hat die Grundtöne für das 19. Jahrhundert, das Zeitalter des historiografischen Texts, als entweder heroisch-monumentalisch, archivalisch-antiquarisch oder ethisch-kritisch charakterisiert.[26] Für das ausgehende 20. Jahrhundert, das Zeitalter der historischen TV-Dokumentationen und digitalen Bildarchive, stellen Huyssen, Elsaesser und andere Verschiebungen fest, hin zum Post-Heroischen, Melancholischen und Nostalgischen.

Ich schließe mit *Velvet Goldmine* (1998), weil Todd Haynes' Film diesem Befund auf mehreren Ebenen entgegenkommt – allerdings auf kritische Weise. *Velvet Goldmine* kann deutlich machen, was Film heute für die Historiografie bedeutet. Er ist ein Gedächtnisort, dessen Form uns über aktuelle Möglichkeiten orientiert, aus der Geschichte heraus Identitätspolitik zu betreiben. *Velvet Goldmine* widmet sich dem Mythos des Glam-Rock, einer generationsspezifischen Erinnerung. Zu einem Soundtrack aus Originalaufnahmen, Coverversionen alter Hits und im Glam-Stil gestalteter neuer Nummern zeigt er Aufstieg und Fall von Brian Slade, einem fiktiven Londoner Rockstar der 1970er, der als Chimäre von Größen wie David Bowie und Bryan Ferry inszeniert ist. Slade entzieht sich durch ein fingiertes Attentat der Maschinerie der Kulturindustrie, die ihn zu vermarkten

beginnt und so seine »Authentizität« – die Schlüsselvokabel der »Rock-Formation« (Larry Grossberg) – bedroht. Diese Geschichte – das unterscheidet *Velvet Goldmine* von Beginn an von affirmativen Rock-Filmen – wird aus der Perspektive eines jungen Zeitungsreporters erzählt, der zehn Jahre nach Slades Tod einen Recherche-Auftrag erhält. Auf seinen Nachforschungen begegnet er nicht nur den Karrieren Slades und anderer Musiker (wie etwa Curt Wild, ein Proto-Punk mit Zügen von Iggy Pop und Lou Reed), sondern vor allem seinen eigenen Erinnerungen als Glam-Fan und den Erinnerungen anderer.

Die Verstrickung in die eigenen Erinnerungen setzt Haynes in überraschende Bilder der Vergangenheit um: Die 1980er, in denen der Reporter seine Recherche anstellt, erscheinen in Grautönen, Regenstimmung und mit zombiehaften Passanten, die im polizeibesetzten New York wie ferngesteuert Musik-Clips auf Riesenbildschirmen anstarren – also in einem visuellen Stil, der die historische Perspektive umkehrt. Wie Alexander Horwath angemerkt hat[27], inszeniert Haynes die 1980er als Orwell'sche Vision im Blick der imaginierten 1970er. Das Zeitalter von Ronald Reagan und Margaret Thatcher steht damit für einen unwiederbringlichen Verlust, ohne dass die politischen Vorleistungen dazu Erwähnung fänden. Haynes wurde vorgeworfen, er habe die Ära des Glam-Rock zu einer realen Utopie gestylt, in der Bisexualität, Exzentrik in Mode und Drogenkonsum und künstlerische Kreativität in eine friktionslose Kultur der Überschreitung eingehen. Selbstverständlich war das London der

26 Vgl. Friedrich Nietzsche, *Unzeitgemäße Betrachtungen. Zweites Stück: Vom Nutzen und Nachtheil der Historie für das Leben*, in: ders., *Kritische Studienausgabe 1*, München 1999.
27 Alexander Horwath, »Das Glück ist elektrisch«, in: *Falter* 48, 1998.

1970er anders; es war auch das rassistische London der aufstrebenden National Front und der Massenstreiks von Druckern und Müllabfuhr. Andrerseits aber lässt Haynes mit seinen Anleihen beim Vaudeville-Theater und mit ästhetisch übercodierten Traumsequenzen kein Missverständnis darüber aufkommen, dass es ihm um die Rettung der Fantasie vor der Wirklichkeit geht. Der Code der »Authentizität«, hier: der Rock-Kultur, wird aus der ständigen künstlerischen Selbstreflexion heraus als eine notwendige Fiktion entwickelt. *Velvet Goldmine* ist sentimental, enthält sich aber der nostalgischen Verklärung im Soundtrack wie auch im Bild. Opernähnliche Kulissenlandschaften verketten sich mit Tableaus von Modezeitschriften und realistischen Bildern zu einem Pastiche.[28] Anleihen bei früheren Rock-Filmen – wie die viel zitierte Fan-Verfolgungsjagd aus Richard Lesters Beatles-Film *A Hard Day's Night* (1964) – stellen klar, dass die Geschichte der Popkultur in hohem Maß inszeniert und selbstbezüglich

ist. Wenn Haynes darüber hinaus mit der Rahmenhandlung vom recherchierenden Reporter das Verfahren von *Citizen Kane* (1941) aufnimmt, dann ist das mehr als eine filmgeschichtliche Reminiszenz. So wie Orson Welles' Reporter das Rätsel von Kanes letztem Wort »Rosebud« nicht löst, wodurch ein eindeutiges Ende ausbleibt, so löst auch die Entdeckung von Haynes' Reporter, dass Slade unerkannt als reaktionärer Rockmusiker namens Tommy Stone weitergemacht hat, keinen Sinn ein. Von Bedeutung bleibt hingegen die Erinnerungsarbeit, die Reise auf der Suche nach der verlorenen Zeit, die immer neue Fragmente abwirft. Schließlich versagt uns schon die erste Sequenz des Films, die ins Jahr 1854 zur Geburt Oscar Wildes führt, eine »realistische« Interpretation: Von Zeit zu Zeit lassen Außerirdische der Welt Gnade zuteilwerden und senden Boten, die uns vor Augen führen, dass auch das ganz Andere möglich ist. Zumindest in filmischer Form.

28 Vgl. Richard von Busack, »Citizen Ziggy«, *metroactive*, www.metroactive.com/papers/metro/11.05.98/vevletgoldmine-9844html (16.3.2016).

Entrée de Cinématographe à Vienne (1896, Société Lumière)

Filmregister

Für zahlreiche ephemere Filme, die in Siegfried Mattls Aufsätzen ausführlicher diskutiert werden, sind hier Online-Adressen angegeben.

Quellennachweise

A SENSE OF PLACE
Vortrag im Österreichischen Filmmuseum, Wien, am
25. Oktober 2003, unter dem Titel »Wien im Film: A Sense
of Place. Von Lumière bis *Maskerade*«, im Rahmen der
Reihe *Imagining the City. Fünf Lectures und Filmpräsenta-
tionen*. Erstveröffentlichung: Eugen Antalovsky, Alexander
Horwath (Hg.), *Imagining the City. Dokumentation der
Wiener Wissenschaftstage 2003*, Wien: Europaforum 2004,
S. 14–17

KONTRAST DER BEWEGUNGSFORMEN
Christian Dewald (Hg.), *Arbeiterkino. Linke Filmkultur der
Ersten Republik*, Wien: Filmarchiv Austria 2007, S. 11–22

PAUSENFÜLLER
Vortrag am Institut für Theater-, Film- und Medienwissenschaft, Universität Wien, am 25. Mai 2014, zum Abschluss
der Tagung *Nachtrag zur Umwälzung, Aufstand im Rückblick:
Postrevolutionärer Film* (organisiert von Helmut Draxler und
Drehli Robnik für das IWK Institut für Wissenschaft und
Kunst, die Akademie der Bildenden Künste Nürnberg und
das Ludwig Boltzmann Institut für Geschichte und Gesellschaft)

IN DER FLUIDEN STADT
Elisabeth Büttner (Hg.), *Paul Fejos. Die Welt macht Film*,
Wien: Filmarchiv Austria 2004, S. 156–167

ÖSTERREICH IM KOPF UND IN DEN BEINEN: OPERNBALL
Österreich im Kopf [= *Österreichische Zeitschrift für
Geschichtswissenschaft* 6, 1, 1995], S. 121–124

DIE EPHEMERE STADT
Brigitta Schmidt-Lauber, Klara Löffler, Ana Rogojanu, Jens
Wietschorke (Hg.), *Wiener Urbanitäten. Kulturwissenschaft-
liche Ansichten einer Stadt*, Wien, Köln, Weimar: Böhlau
2013, S. 214–231. Mit freundlicher Genehmigung des Böhlau-
Verlags. Dieser Text beruht auf Recherchen im Rahmen des
FWF-Projekts P 23093-G 21 *Amateur Film Archeology* am
Ludwig Boltzmann Institut für Geschichte und Gesellschaft
2011–2013.

HAFTRAUM WIEN: DIE HAUT DES ANDEREN
filmarchiv Nr. 4, 2002, S. 40–45 [Retrospektive *Projiziertes
Land. Österreich-Bilder im internationalen Kino*, Red.
Franz Grafl], unter dem Titel »Mit der Haut des Anderen«

FILMGESCHICHTE ALS SOZIALGESCHICHTE
Michael Dippelreiter (Hg.), *Wien. Die Metamorphose einer
Stadt*, Wien, Köln, Weimar: Böhlau 2013, S. 355–395. Mit
freundlicher Genehmigung des Böhlau-Verlags. Dieser Text
beruht auf Arbeiten des Forschungsprojekts *Film. Stadt.
Wien.*, durchgeführt aus Mitteln des Wiener Wissenschafts-,
Forschungs- und Technologiefonds, Call *Art(s)&Sciences*;
Kooperationspartner/innen: Ludwig Boltzmann Institut für
Geschichte und Gesellschaft, Österreichisches Filmmu-
seum, Gustav Deutsch & Hanna Schimek

FOTO, FILM, GESCHICHTE
Drehli Robnik, Amàlia Kerekes, Katalin Teller (Hg.), *Film
als Loch in der Wand. Kino und Geschichte bei Siegfried
Kracauer*, Wien, Berlin: Turia + Kant 2013, S. 116–127

MISSRATENE FIGUREN
Michael Loebenstein, Siegfried Mattl (Hg.), *Filmdokumente
zur Zeitgeschichte: Der »Anschluss« 1938* [= *Zeitgeschichte* 35,
1, 2008], S. 35–46

»EINE ANDERE REALITÄT, DIE ZUR KAMERA SPRICHT«
Vortrag an der University of Liverpool, am 25. Februar 2010,
unter dem Titel »*Film. Stadt. Wien. A Transdisciplinary Ex-
ploration of Vienna as a Cinematic City*«, im Rahmen der
Konferenz *Mapping, Memory and the City*. Der Text beruht
auf Recherchen für das Forschungsprojekt *Film. Stadt.
Wien.* am Ludwig Boltzmann Institut für Geschichte und
Gesellschaft, in Kooperation mit Gustav Deutsch & Hanna
Schimek und dem Österreichischen Filmmuseum, gefördert
vom Wiener Wissenschafts-, Forschungs- und Technologiefonds.

FIKTION UND REVOLTE
Drehli Robnik, Thomas Hübel, Siegfried Mattl (Hg.), *Das
Streit-Bild. Film, Geschichte und Politik bei Jacques Rancière*,
Wien, Berlin: Turia + Kant 2010, S. 115–129

POPULARE ERINNERUNG

Vortrag am IFK, Wien, am 25. November 2014, unter dem
Titel »Popular Memory: Zur Nahbeziehung von Film und
Geschichte«, als Keynote zur Konferenz *Das unsichtbare
Kino: Film, Kunst, Geschichte und das Museum* (konzipiert
von Alejandro Bachmann, Alexander Horwath und Ingo
Zechner für das Österreichische Filmmuseum und das IFK –
Internationales Forschungszentrum Kulturwissenschaften)

FILM VERSUS MUSEUM

Hans-Christian Eberl, Julia Teresa Friehs, Günter Kastner,
Corinna Oesch, Herbert Posch, Karin Seifert (Hg.), *Museum
und Film* [Museum zum Quadrat 14], Wien: Turia + Kant
2003, S. 51–73

TRANSGRESSION UND GROTESKER KÖRPER

Vortrag im Österreichischen Filmmuseum, Wien, am
27. Mai 2006, im Rahmen der Ringvorlesung *Film/Körper*,
einer Kooperation des Filmmuseums mit dem Institut
für Kulturmanagement und Kulturwissenschaft an der
Universität für Musik und darstellende Kunst Wien, dem
Institut für Theater-, Film- und Medienwissenschaft und
dem Institut für Zeitgeschichte an der Universität Wien

COLD WAR, COOL WARRIORS

Vortrag im Österreichischen Filmmuseum, Wien, am
21. Mai 2005, unter dem Titel »Cold War, Cool Warriors:
Film und Krieg nach 1947«, im Rahmen des *Synema*-
Symposiums mit Filmreihe *Combat Cinema: Film im
Krieg × Krieg im Film* (Konzept: Drehli Robnik)

»NO-ONE ELSE IS GONNA DIE!«

Gabriele Mackert, Gerald Matt, Thomas Mießgang (Hg.),
Attack! Kunst und Krieg in den Zeiten der Medien [Aus-
stellungskatalog der Kunsthalle Wien], Wien, Göttingen:
Steidl 2003, S. 40–47

ARBEIT IN BEWEGUNG

Ruth Beckermann Film Collection, Wien 2007, Booklet zur
DVD, S. 24–26

UN-VERHÄLTNISSE

Ray Filmmagazin Special: Zehn Jahre dok.at, Wien 2010,
S. 46–52, unter dem Titel: »Der neue österreichische
Dokumentarfilm und die österreichische Zeitgeschichte:
Eine wechselhafte Familiengeschichte«

HEIMAT / FILME

Online: *Position-N #7 Heimat / Filme*, Medienwerkstatt
Wien, 2013. www.position-n.at/programme/prog7.php

EPOCHENBILD

kolik.film Sonderheft 12, 2009, S. 84–88

JOURNALIST AUS LEIDENSCHAFT

kolik.film Sonderheft 15, 2011, S. 117–119

GLADIATOR

Siegfried Mattl, Drehli Robnik (Hg.), *Und das Kino geht
weiter: Vergangenheit im Hollywood der Gegenwart*
[= *Zeitgeschichte* 29, 6, 2002], S. 313–325

DIE MASKEN DER AUTHENTIZITÄT

Michael Rössner, Heidemarie Uhl (Hg.), *Renaissance der
Authentizität? Über die neue Sehnsucht nach dem Ursprünglichen*, Bielefeld: transcript 2012, S. 175–184. Wiederabdruck
mit freundlicher Genehmigung durch den transcript Verlag
(2016)

FILM / HISTORIOGRAFIE

Vortrag im Österreichischen Filmmuseum, Wien, am
22. April 2004, im Rahmen der Ringvorlesung *Film als
Material*, einer Kooperation des Filmmuseums mit dem
Institut für Kulturmanagement und Kulturwissenschaft an
der Universität für Musik und darstellende Kunst Wien,
dem Institut für Theater-, Film- und Medienwissenschaft
und dem Institut für Zeitgeschichte an der Universität Wien